全国高校古籍整理委员会项目（教古字［2008］
西安文理学院中国古代文学省级重点学科资助出版

中说校释

李小成／著

科学出版社

北京

内 容 简 介

本书致力于探究"天人之事",围绕"天人"关系这个核心,阐述了隋代大儒王通的自然观、认识论和历史观等思想,表现了朴素唯物主义的倾向和主变思想。用讲授记录的形式保存了王通讲课时的主要内容,以及与众弟子、学友、时人的对话,共为 10 个部分,是后人研究王通思想及隋唐之际儒家思想发展的主要依据。另外,本书还对王通的生平事迹、年谱进行了详细考证。本书可供中国古代史、中国古代文学等专业阅读和参考。

图书在版编目(CIP)数据

中说校释/李小成著. —北京:科学出版社,2017.7
ISBN 978-7-03-053411-8

Ⅰ. ①中… Ⅱ. ①李… Ⅲ. ①王通(584—617)–
哲学思想–思想评论 Ⅳ. ①B241.15

中国版本图书馆 CIP 数据核字(2017)第 133932 号

责任编辑:任晓刚 / 责任校对:彭 涛
责任印制:张 伟 / 封面设计:天穹教育

科 学 出 版 社 出版
北京东黄城根北街 16 号
邮政编码:100717
http://www.sciencep.com

北京中石油彩色印刷有限责任公司 印刷

科学出版社发行 各地新华书店经销

＊

2017 年 7 月第 一 版 开本:720×1000 1/16
2017 年 7 月第一次印刷 印张:16 1/4
字数:300 000

定价:82.00 元

(如有印装质量问题,我社负责调换)

序　言

隋代大儒王通，在中国学术史上有着崇高的地位，不但名盛于隋，而且声明及于唐。他的著作多已散佚，今所存者《中说》，题为王通著、阮逸注。《元经薛氏传》，署名王通撰，人多以为伪。

王通，字仲淹，生于隋文帝开皇四年（584年），卒于隋炀帝大业十三年（617年），时年三十四岁。隋绛州龙门（今山西万荣县通化镇，通化镇1972年由山西河津县划入万荣县）人。通父王隆，隋开皇初曾以国子监博士待诏云龙门。通为王隆第二子，早慧，"十五岁为人师"，十八岁秀才高第，十九岁任蜀郡司户书佐、蜀王侍读。仁寿三年（603年），西游长安，见隋文帝，献《太平十二策》，不用，遂作《东征》歌而归。大业元年（605年），炀帝征之，辞以疾，隐北山白牛溪，续《六经》，作《元经》，九年而成。王通终生以教授为业，弟子众多，按其弟王绩在《游北山赋》自注所云："此溪之集，门人常以百数。"许多弟子为唐显宦，后世所称王通为"文中子"，即为门弟子私谥。

在中国学术史的发展过程中，王通占有比较重要的地位。从儒学发展史来看，文中子王通是从汉晋经学向宋明理学过渡的关键人物，他以不同于经学的学术形式，在隋末产生了很大的影响，至中晚唐形成了儒家子学复兴的局面。宋明理学诸儒兼具经学的特点，皆源自于王通之学。南北朝到唐朝的学术演变过程中，王通具有变革性的作用，并对此后学术的发展起到了重要的作用，许多学者的论著中都不同程度地涉及文中子的思想。宋代高似孙在《子略》中，以学术史的眼光给王通以突出的地位，云："呜呼！盖自孟子历两汉数百年而仅称扬雄，历六朝数百年而仅称王通。历唐而三百年而唯一韩愈，六经之学，其着于世者若此已是匪难乎。"不久前去世的著名学者霍松林先生在《唐代文学的文化精神》一书的序中说："王通是孟子以后最大的一位儒者。"所以，我们关注、研究在中国哲学史和中国学术史上这么重要的人物是很有意义的。

自唐以来，学者们就非常重视文中子，但是真正进行深入研究的人并不多，主要原因是成书于唐初的《隋书》只字不提王通，致使疑信者参半。近人研究哲学思想，亦有疑之而一字不录者；虽有信之，而寥寥数语，论而不证，如邓之诚《中华二千年史》；有大言坐实，谓其书足以"表现一个时代的社会意识形态"者，如吕振羽《中国政治思想史》。虽然针对文中子的研究中有不同的声音，但今天的大部分学者基本上还是肯定文中子其人其书的。

对王通其书的注释始于宋代，有阮逸的《中说注》《元经注》（现流传注本，《四库总目》有记）。宋人王观国承认阮逸注《文中子》，但是不赞同阮逸给每篇命名的做法。王观国在《学林》中云："阮逸注《文中子》，又作叙篇……阮氏不察，乃以《文中子》十篇作《叙篇》，曲折傅会而为之说，则误矣。"暂且不管他对《文中子》题名的看法，起码他是承认阮逸注《文中子》的。龚鼎臣亦有注本，以甲乙冠篇。南宋陈亮见龚氏注本与阮氏注本有异，随后即类次《文中子》。他说："余以暇日，参取阮氏、龚氏本，正其本文，以类相从，次为十六篇，其无条目可入，与凡可略者，往往不录，以为王氏正书。"（《陈亮集》增订本）龚氏注本惜已不存，但《困学纪闻》所引，略存数条。李格非为龚氏注本写有跋语，其文云："龚自谓明道间得唐本于齐州李冠，比阮本改正二百余处。"此说见于马端临的《文献通考·经籍考》。

明代崔铣有《中说考》，可以说是在阮、龚作注之后，真正进入研究的一部著作，其序存于《洹词》卷五。他在序中分析了王通其书为何流传甚难，为何知者寡而罪者多（如僭经、拟孔子、学不师圣、仿《论语》、文又驳杂）。崔铣云："铣为别白其词，权量其旨，类分为三：曰内，曰外，曰杂。"与南宋陈亮的《中说》类次意同。莫友芝的《邵亭书目》载《中说考》七卷，言："明崔铣撰，与此文所记，凡二十篇不同。"《永乐大典》六千八百三十八卷中收有司马光《文中子补传》、司空图《文中子碑》、皮日休《文中子碑》、宋释契嵩《文中子碑》，还有一些从丛书、志中摘出的有关文中子的论述。例如，《能改斋漫录》《元一统志》《河中县志》《书文中子传后》

《资治通鉴·隋高祖纪》、孔平仲《杂说》《王福畤记》、郑内翰《郑溪集》《朱子语续录》《山堂考索》《黄氏日抄》、龚鼎原《东原录》《贾氏谭录》《杨龟山语录》《程氏遗书》《史子朴语》和《容斋随笔》。另外,《永乐大典》在《事实》的题目下,分道德、学业、礼乐、教学、言语、著书、献策、不仕、通类等九类,从《中说》《世家》和司空图《文中子碑》等文中,摘出一些事实,以证其类。对于《元经》,从宋到明的学者们基本上认为是伪的。胡应麟在《四部正伪》中的观点亦源于陈振孙,鲜有发明。

有清一代,虽集学术研究之大成,然对王通其人其书的研究未有太大进展,仍旧真伪存半。所论者有顾炎武的《日知录》,俞正燮的《癸巳存稿》(卷十四),俞樾的《读文中子》、朱彝尊的《经义考》(余嘉锡在《四库提要辨证》中已辨其伪)、周中孚的《郑堂读书记》(卷十六)、姚际恒的《古今伪书考》(列为伪书)、李慈铭的《越缦堂读书记》、章学诚的《文史通义·校雠通义》、《四库全书》和《四库总目提要》。以上书中所论比较客观,但是清代辨伪大家阎若璩在《潜丘札记》中引《中说》多至十余条,无一语及其真伪问题。清人多疑文中子书者,其主要原因在于考据学家多崇汉学,不肯读唐以后的书。

近代以来,文中子研究向新的领域开掘。桐城汪吟龙,于文中子研究最为用功,有《文中子考信录》,其书分人考和书考两部分,收集材料最为广博。他以坚实的文献考证做基础,得出了比较公允的结论。王立中的《文中子真伪汇考》一书,篇幅不大,承认有王通其人,但其书所持态度与《四库提要》同。这两部书均收入王云五主编的《国学小丛书》中。

近些年来,从各方面关注文中子的论著逐渐增多。大陆方面著作仅有尹协理、魏明的《王通论》,既有考证,又有思想研究,但主要内容是关于政治、哲学、伦理等方面的。这本书是迄今文中子研究中最具有学术价值的一部著作,在考证方面材料比较翔实,亦有突破之处,但是考证时所用材料来源不足,尤其是对原始文献的利用不够。台湾方面有骆建人的《文中子研究》,偏重于文献方面的研究,于版本的搜集较为全面,考证时所用原始材料较多,有相当高的学术价值;邓小军的《唐代文学的文化精神》,虽然是研究唐代文学的,但把对文中子的研究作为研究唐代文学的基石,有一定的学术推进。拙著《文中子考论》重点考证了王通的弟子及其《续六经》等前人忽略的问题，以期对文中子基础研究献力。随着对中国传统文化的重视，最近文献注释学方面出现了郑春颖的《文中子中说译注》一书，该书为普及读物，但对人们了解文中子有一定帮助。张沛的《中说校注》和《中说译注》，立足文本研究，学术与普及并重，于文中子的研究有着非常重要的基础性价值。

自古而今，于文中子研究，分歧多端。学术有纷争，是为常理，它可以辨明是非，有助于推动研究的深入展开，期望争鸣之重现。

李小成

2016 年 10 月

例　言

　　本书校释，以《四部丛刊》本为底本，此本为常熟瞿氏铁琴铜剑楼藏南宋取瑟堂刻本，上海涵芬楼影印。参照明顾春的世德堂本，亦即《六子书》本，清光绪时期浙江书局所刻《二十二子》本。

　　本书在注释中，参照比对诸家版本，具列于此：宋本《文中子中说》（《续古逸丛书》），张元济等辑；文渊阁《四库全书》（子部儒家类）本；《丛书集成初编》本，中华书局版；明代崔铣《中说考》，《续修四库全书》（子部儒家类）本；另外，在中国可以看到有一日本刊刻的四册日文注音版《文中子》，包背装，页九行，行十九字，双行小字注，因有注音，行亦为十九字。书题"深田先生校正，书林修文堂寿梓"，牌记处写"浅草文库"，跋语中说"修文堂石田鸿钧子梓"。书后收有司马光的《文中子补传》，其后有居士吴郡顾春识的"刻六子书跋"，可见日本的这个刊本就是由明世德堂本翻刻的。日本翻刻的《文中子》，与明世德堂本有个别字的出入，如卷十末，世德堂本书"贞观"，而日本浅草文库本写作"正观"，还有"杆"与"於"字的写法不同。版心也有区别，世德堂本是单线鱼尾，日本浅草文库本为单黑鱼尾，并无太大出入。

　　正文所为校释，先列宋阮逸注，其后为校释者校正及注释，有些地方阮逸未注，校释者则直接作注。

　　作注的原则是尽量采用前人之语以释解正文，不掺入个人主观色彩。

　　所为注释，尽量客观地提供多一些的各方面的研究史料，有时就显得不够简明扼要。

　　校释只针对《中说》十卷，后叙篇所列之《文中子世家》《录唐太宗与房魏论礼乐事》《东皋子答陈尚书书》《录关子明事》《王氏家书杂录》，注释个别地方，基本上不予释解。

目　　录

序言⋯⋯⋯⋯⋯⋯⋯⋯⋯⋯⋯⋯⋯⋯⋯⋯⋯⋯⋯⋯⋯⋯⋯⋯⋯⋯⋯⋯⋯ⅰ

例言⋯⋯⋯⋯⋯⋯⋯⋯⋯⋯⋯⋯⋯⋯⋯⋯⋯⋯⋯⋯⋯⋯⋯⋯⋯⋯⋯⋯⋯ⅴ

文中子中说序⋯⋯⋯⋯⋯⋯⋯⋯⋯⋯⋯⋯⋯⋯⋯⋯⋯⋯⋯⋯⋯⋯⋯⋯⋯ 1

卷一　王道篇⋯⋯⋯⋯⋯⋯⋯⋯⋯⋯⋯⋯⋯⋯⋯⋯⋯⋯⋯⋯⋯⋯⋯⋯ 6

卷二　天地篇⋯⋯⋯⋯⋯⋯⋯⋯⋯⋯⋯⋯⋯⋯⋯⋯⋯⋯⋯⋯⋯⋯⋯ 26

卷三　事君篇⋯⋯⋯⋯⋯⋯⋯⋯⋯⋯⋯⋯⋯⋯⋯⋯⋯⋯⋯⋯⋯⋯⋯ 48

卷四　周公篇⋯⋯⋯⋯⋯⋯⋯⋯⋯⋯⋯⋯⋯⋯⋯⋯⋯⋯⋯⋯⋯⋯⋯ 64

卷五　问易篇⋯⋯⋯⋯⋯⋯⋯⋯⋯⋯⋯⋯⋯⋯⋯⋯⋯⋯⋯⋯⋯⋯⋯ 78

卷六　礼乐篇⋯⋯⋯⋯⋯⋯⋯⋯⋯⋯⋯⋯⋯⋯⋯⋯⋯⋯⋯⋯⋯⋯⋯ 90

卷七　述史篇⋯⋯⋯⋯⋯⋯⋯⋯⋯⋯⋯⋯⋯⋯⋯⋯⋯⋯⋯⋯⋯⋯ 101

卷八　魏相篇⋯⋯⋯⋯⋯⋯⋯⋯⋯⋯⋯⋯⋯⋯⋯⋯⋯⋯⋯⋯⋯⋯ 112

卷九　立命篇⋯⋯⋯⋯⋯⋯⋯⋯⋯⋯⋯⋯⋯⋯⋯⋯⋯⋯⋯⋯⋯⋯ 125

卷十　关朗篇⋯⋯⋯⋯⋯⋯⋯⋯⋯⋯⋯⋯⋯⋯⋯⋯⋯⋯⋯⋯⋯⋯ 138

《中说》附录一　叙篇⋯⋯⋯⋯⋯⋯⋯⋯⋯⋯⋯⋯⋯⋯⋯⋯⋯⋯⋯ 144

《中说》附录二　文中子世家⋯⋯⋯⋯⋯⋯⋯⋯⋯⋯⋯⋯⋯⋯⋯⋯ 145

《中说》附录三　录唐太宗与房魏论礼乐事⋯⋯⋯⋯⋯⋯⋯⋯⋯⋯ 148

《中说》附录四　东皋子答陈尚书书录⋯⋯⋯⋯⋯⋯⋯⋯⋯⋯⋯⋯ 150

《中说》附录五　录关子明事⋯⋯⋯⋯⋯⋯⋯⋯⋯⋯⋯⋯⋯⋯⋯⋯ 152

《中说》附录六　王氏家书杂录⋯⋯⋯⋯⋯⋯⋯⋯⋯⋯⋯⋯⋯⋯⋯ 156

《中说校释》附录一　《中说》的版本⋯⋯⋯⋯⋯⋯⋯⋯⋯⋯⋯⋯ 158

《中说校释》附录二　文中子文献著录⋯⋯⋯⋯⋯⋯⋯⋯⋯⋯⋯⋯ 165

《中说校释》附录三　文中子年谱⋯⋯⋯⋯⋯⋯⋯⋯⋯⋯⋯⋯⋯⋯ 220

参考文献⋯⋯⋯⋯⋯⋯⋯⋯⋯⋯⋯⋯⋯⋯⋯⋯⋯⋯⋯⋯⋯⋯⋯⋯ 246

后记⋯⋯⋯⋯⋯⋯⋯⋯⋯⋯⋯⋯⋯⋯⋯⋯⋯⋯⋯⋯⋯⋯⋯⋯⋯⋯ 249

文中子中说序

周公，圣人之治者也，后王不能举，则仲尼述之，而周公之道明[1]。仲尼，圣人之备者也，后儒不能达，则孟轲尊之，而仲尼之道明[2]。文中子，圣人之修者也，孟轲之徒欤，非诸子流矣。盖万章、公孙丑不能极师之奥，尽录其言，故孟氏章句略而多阙[3]。房、杜诸公不能臻师之美，大宣其教，故王氏"续经"抑而不振[4]。

《中说》者，子之门人对问之书也，薛收、姚义集而名之[5]。唐太宗贞观初，精修治具，文经武略，高出近古。若房、杜、李、魏、二温、王、陈辈，迭为将相，实永三百年之业，斯门人之功过半矣[6]。贞观二年，御史大夫杜淹，始序《中说》及《文中子世家》，未及进用，为长孙无忌所抑，而淹寻卒[7]。故王氏经书，散在诸孤之家，代莫得闻焉。二十三年，太宗没，子之门人尽矣。惟福畤兄弟，传授《中说》于仲父凝，始为十卷[8]。今世所传本，文多残缺，误以杜淹所撰《世家》为《中说》之序。又福畤于仲父凝得《关子明传》，凝因言关氏卜筮之验，且记房、魏与太宗论道之美，亦非《中说》后序也。盖同藏缃帙，卷目相乱，遂误为序焉。

逸家藏古编，尤得精备，亦列十篇，实无二序。以意详测，《文中子世家》乃杜淹授与尚书陈叔达，编诸《隋书》而亡矣[9]。关子明事，具于裴晞《先贤传》，今亦无存[10]。故王氏诸孤，痛其将坠也，因附于《中说》两间，且曰"同志沦殂，帝阍悠邈。文中子之教，郁而不行。吁！可悲矣"。此有以知杜淹见抑，而"续经"不传；诸王自悲，而遗事必录。后人责房、魏不能扬师之道，亦有由焉。

夫道之深者，固当年不能穷；功之远者，必异代而后显。方当圣时，人文复古，则周、孔至治大备，得以隆之。昔荀卿、扬雄二书，尚有韩愈、柳宗元删定，李轨、杨倞注释，况文中子非荀、扬比也，岂学者不能伸之乎？是用覃研蕴奥，引质同异，为之注解，以翼斯文。

夫前圣为后圣之备，古文乃今文之修，未有离圣而异驱，捐古而近习，而能格于治者也。皇宋御天下，尊儒尚文，道大淳矣；修王削霸，政无杂矣；抑又跨唐之盛，而使文中之徒遇焉。彼韩愈氏力排异端，儒之功者也，故称孟子能拒杨、墨，而功不在禹下[11]。孟轲氏，儒之道者也，故称颜回，谓与禹、稷同道[12]。愈不称文中子，其先功而后道欤？犹文中子不称孟轲，道存而功在其中矣。唐末司空图嗟功废道衰，乃明文中子圣矣[13]。五季经乱，逮乎削平，则柳仲涂宗之于前，孙汉公广之于后，皆云圣人也[14]。然未及盛行其教。

噫！知天之高，必辩其所以高也。子之道其天乎？天道则简而功密矣。门人对问，如日星丽焉，虽环周万变，不出乎天中。今推策揆影，庶仿佛其端乎？大哉。中之为义！在《易》为二五，在《春秋》为权衡，在《书》为皇极，在《礼》为中庸[15]。谓乎无形，非中也；谓乎有象，非中也。上不荡于虚无，下不局于器用；惟变所适，惟义所在；此中之大略也。《中说》者，如是而已。李靖问圣人之道，子曰："无所由，亦不至于彼。"[16]又问彼之说，曰："彼，道之方也，必也。无至乎？"魏徵问圣人忧疑，子曰："天下皆忧疑，吾独不忧疑乎？"[17]退谓董常曰："乐天知命，吾何忧？穷理尽性，吾何疑？"[18]举是深趣，可以类知焉。或有执文昧理，以模范《论语》为病，此皮肤之见，非心解也。逸才微志勤，曷究其极！中存疑阙，庸俟后贤。仍其旧篇，分为十卷。谨序

卷一	王道篇	卷二：天地篇
卷三	事君篇	卷四：周公篇
卷五	问易篇	卷六：礼乐篇
卷七	述史篇	卷八：魏相篇
卷九	立命篇	卷十：关朗篇

附录　叙篇	文中子世家
录唐太宗与房魏论礼乐事	东皋子答陈尚书书录
录关子明事	王氏家书杂录

注　释

[1] 周公：《史记·鲁周公世家》云："周公旦者，周武王弟也。自文王在时，旦为子孝，笃仁，异于群子。及武王即位，旦常辅翼武王，用事居多。武王九年，东伐至盟津，周公辅行。十一年，伐纣，至牧野，周公佐武王，作《牧誓》。破殷，入商宫。已杀纣，周公把大钺，召公把小钺，以夹武王，衅社，告纣之罪于天，及殷民。释箕子之囚。封纣子武庚禄父，使管叔、蔡叔傅之，以续殷祀。徧封功臣同姓戚者。封周公旦于少昊之虚曲阜，是为鲁公。周公不就封，留佐武王。……其后武王既崩，成王少，在强葆之中。周公恐天下闻武王崩而畔，周公乃践阼代成王摄行政当国。……成王长，能听政。于是周公乃还政于成王，成王临朝。周公之代成王治，南面倍依以朝诸侯。及其年后，还政成王，北面就臣位，夔夔如畏然。"

仲尼：孔子，名丘，字仲尼父，仲是排行。中间的"字"，一般与名的字义有联系，尼与丘对应，丘是山丘，尼是尼山，为孔子出生地也。末一字可以省略，故孔子之字常称仲尼。按《仪礼·士冠礼》，给步人成年的青年加冠之后，还要为其取字，即"宾字之，冠者对"。在姓名之外取表字，以示对父亲所取之名的尊重，在古代社会交往中，只有长辈或尊者对卑者可以直呼其名。平辈之间、晚辈对长辈则要以字相称，以示尊敬。即"字"是成年人交际时使用的，故《礼记·冠义》云："已冠而字之，成人之道也。"

[2] 孟轲：《史记·孟子荀卿列传》云："孟轲，驺人也。受业子思之门人。……与万章之徒序《诗》《书》，述仲尼之意，作《孟子》七篇。其后有驺子之属。"

[3] 《孟子注疏》汉赵歧章句云："万章者，万，姓，章，名，孟子弟子也。""公孙丑者，公孙，姓，丑名，孟子弟子也"。

[4] 房、杜：指房玄龄、杜如晦，皆初唐名臣。《旧唐书》卷六十六有传。

[5] 薛收、姚义：《中说》载文中子弟子。薛收，《旧唐书》卷七十三有传。

[6] 房、杜、李、魏、二温、王、陈：指房玄龄、杜如晦、李靖、魏徵、温大雅、温彦博、王珪、陈叔达，《中说》载文中子弟子，皆初唐名臣。李靖，《旧唐书》卷六十七有传。魏徵，《旧唐书》卷七十一有传。温大雅，《旧唐书》卷六十一有传。温彦博，《旧唐书》卷六十一有传。王珪《旧唐书》卷七十有传。陈叔达，《旧唐书》卷六十一有传。

[7] 杜淹：《中说》后所附《文中子世家》题名杜淹撰，《旧唐书》卷六十六有传。

长孙无忌：河南洛阳人，其先为拓拔氏。唐有功之臣，其妹为文德皇后。《旧唐书》卷六十五有传。

[8] 福畤：杜淹《文中子世家》云："文中子二子：长曰福郊，少曰福畤。"《旧唐书》卷一百九十上《王勃传》云："文中子二子：福畤、福郊。""福畤，天后朝以子贵，累转泽州长史，卒"。《新唐书》卷二百一《王勃传》云："父福畤繇雍州司功参军，坐勃故左迁交址令。"《宋文鉴》卷一百四十九司马光《文中子补传》云："二子，曰福郊、福畤，此皆通之世家及《中说》云尔。"《旧唐书》卷一百六十三《王质传》云："五代祖通，字仲淹，隋末大儒，号文中子，通生福祚，终上蔡主簿，福祚生勉，登进士第，制策登科，位终宝鼎令。勉生怡，终渝州司户。怡生潜，扬州天长丞。质则潜之第五子。"

凝：《全唐文》卷一百六十一载王福畤《王氏家书杂录》云："太原府君，讳凝，文中子亚弟也。"杜淹《文中子世家》云："先夫人返于故居，又以书授于其弟凝。"《新唐书》卷一百九十六《王绩传》云："初兄凝为隋著作郎，撰隋书未成，死，绩续余功，亦不能成。"

[9] 陈叔达：《旧唐书》卷六十一云："陈叔达字子聪，陈宣帝第十六子也。"在隋拜内事舍人、绛郡通守、丞相主簿，封汉东郡公。入唐，封江国公，贞观初加授光禄大夫。贞观九年（635 年）卒，谥曰缪，后赠户部尚书，改谥曰忠，有集十五卷。

[10] 裴晞：《新唐书》卷一、卷八十六及《资治通鉴》卷一百八十九《唐纪五》中，提到裴晞为唐刺史。

[11] 孟子、杨、墨：《史记》卷七十四《孟子荀卿列传》云："孟轲，邹人也。受业子思之门人道既通，游事齐宣王，宣王不能用。适梁，梁惠王不果所言，则见以为迂远而阔于事情。当是之时，秦用商君，富国强兵；楚、魏用吴起，战胜弱敌；齐威王、宣王用孙子、田忌之徒，而诸侯东面朝齐。天下方务于合纵连横，以攻伐为贤，而孟轲乃述唐、禹、三代之德，是以所如者不合。退而与万章之徒序《诗》《书》，述仲尼之意，作《孟子》七篇。"杨：即杨朱，吕思勉《先秦学术概论》下编分论《杨朱》云："杨朱之事，散见先秦诸子者，大抵与其学说无涉，或则竟系寓言。惟《孟子》谓'杨子取为我，拔一毛而利天下，不为也'，当系杨朱学术真相。孟子常以之与墨翟并辟，谓'杨朱、墨翟之言盈天下；'又谓'，逃墨必归于杨，逃杨必归于儒'，则其学在当时极盛。今《列子》中有《杨朱》一篇，述杨子之说甚详。此篇也，或信之，或疑之。"墨：即墨子，《淮南要略》云："墨子学儒者之业，受孔子之术，以为其礼烦而不说，厚葬靡财而贫民，服伤生而害事，故背周道而用夏政。"

禹：《史记》卷二《夏本纪第二》载其事迹。《集解》云："《谥法》曰：受禅成功曰禹。"《正义》云："《帝王纪》云：禹受封为夏伯，在豫州外方之南，今河南阳翟是也。"

[12] 颜回：《史记》卷六十七《仲尼弟子列传》云："孔子曰：'受业身通者七十有七人'……颜回者，鲁人也，字子渊。少孔子三十岁。颜回问仁，孔子曰：'克己复礼，天下归仁焉。'孔子曰：'贤哉回也！一箪食，一瓢饮，在陋巷，人不堪其忧，回也不改其乐。'回也如愚；退而省其私，亦足以发，回也不愚。'用之则行，舍之则藏，唯我与尔有是夫！'回年二十九，发尽白，蚤死。孔子哭之恸，曰：'自吾有回，门人益亲。'鲁哀公问：'弟子孰为好学？'孔子对曰：'有颜回者好学，不迁怒，不贰过。不幸短命死矣，今也则亡。'"

稷：即后稷。《史记》卷四《周本纪第四》云："周后稷，名弃。其母有邰氏女，曰姜原。姜原为帝喾元妃。姜原出野，见巨人迹，心忻然悦，欲践之，践之而身动如孕者。居期而生子，以为不祥，弃之陋巷，马牛过者皆辟不践；徙置之林中，适会山林多人，迁之；而弃渠中冰上，飞鸟以其翼覆荐之。姜原以为神，遂收养长之。初欲弃之，因名曰弃。弃为儿时，屹如巨人之志。其游戏，好种树麻、菽，麻、菽美。及为成人，遂好耕农，相地之宜，宜谷者稼穑焉，民皆法则之。帝尧闻之，举弃为农师，天下得其利，有功。帝舜曰：'弃，黎民始饥，而后稷播时百谷。'封弃于邰，号曰后稷，别姓姬氏。后稷之兴，在陶唐、虞、夏之际，皆有令德。"《诗·大雅·生民》是周史诗，追述了周人始祖后稷的事迹。《毛序》云："《生民》，尊祖也。后稷生于姜原，文武之功起于后稷，故推以配天焉。"

[13] 司空图：《旧唐书》卷一百九十下《文苑下·司空图》云："司空图字表圣，本临淮人。……图咸通十年登进士第，主司王凝于进士中尤奇之。"后司空图曾任光禄寺主簿、礼部员外郎等职。晚年与名僧高士游，为文放达，尝拟白居易《醉吟传》为《休休亭记》。唐祚亡之明年，闻辉王遇弑于济阴，不怿而疾，数日卒，时年七十二。有文集三十卷。

[14] 柳仲涂：即北宋柳开，字仲涂。大名（今河北大名县）人，开宝六年（973 年）进士。历典州郡，终于如京使。事迹具《宋史·文苑传》，《四库全书》集部别集类收其《河东集》十五卷、附录一卷。

孙汉公：《文献通考》卷二百三十四《经籍》六十一云：："《孙汉公集》三十卷。晁氏曰：宋朝孙汉公，字汉公，蔡州人。淳化三年应进士，殿、省俱中第一。四迁起居舍人，知制诰，性卞急，尝任京西东两浙转运使副颇事苛察，幼笃学嗜古，为文宗经，与丁谓同为王元之所称，时谓之'孙丁'，集有丁谓序。"又见南宋史家李心传《建炎以来朝野杂记》（甲、乙集四十卷）卷十三云："国朝三元，孙汉公，淳化二年举进士，自开封至南省，廷试皆第一，前未有也。按：淳化二年未行贡举，据《长编》卷三十三及《宋史》卷三百六《孙何传》，孙何（汉公）中进士乃在淳化三年。"2000 年中华书局出版了徐规点校的《建炎以来朝野杂记》。

[15] 在《易》为二五：《周易集解纂疏》卷一《乾》卦云："郑玄曰：'二于三才为地道'。五在天位，即郑玄所谓'五在三才为天道'。二五得中，故皆'利见大人'。""杨雄云：'龙之潜亢，不获中矣。过中则惕，不及则跃。二五其中乎，故有"利见"之占。'"在一卦的六爻中，第二爻居内卦之中，第五爻居外卦之中，总体来说，二多誉，五多功。

在《春秋》为权衡：《经义考》卷一百六十八《春秋一》云："董仲舒曰：《春秋》上明先王之道，下辨人事之纪，别嫌疑，明是非，定犹豫，存亡国，继绝世，补弊起废，王道之大者也。又曰：《春秋》文成数万，其指数千，万物之聚散，皆在《春秋》，故有国者不可以不知《春秋》。前有谗而弗见，后又贼而弗知，为人臣者不可以不知《春秋》，守经事而不知其宜，遭变事而不知其权。"

在《书》为皇极：《经义考》卷七十三《书二》云："《春秋说题词》曰：《尚书》者，二帝之迹，三王之义，所以推其期运，明授命之际，《书》之言信而明天地之情、帝王之功，凡百二十篇，第次委曲。尚者上也，上世帝王之遗书也。""葛洪曰：《尚书》者，政事之集也。""司马光曰：《尚书》者，二帝三王嘉言要道尽在其中，为政之成规，稽古之先务也。""柴中行曰：唐虞三代，圣帝明王与其良臣硕辅，精神心术之妙，推之天下以为大经者，尽在于《书》"。

在《礼》为中庸：朱子《中庸集注》云："子程子曰：不偏之谓中，不易之谓庸，中者天下之正道，庸者天下之定理，此篇乃孔门传授心法。子思恐其久而差也，故笔之于书，以授孟子。其书始言一理，中散为万事，末复合为一理。放之则弥六合，卷之则退藏于室。其味无穷，皆实学也。善读者玩索而有得焉，则终身用之有不能尽者矣。"《中庸》为《礼记》中的一篇，礼乃人们日常行为之规范，礼至为要者在于"不偏，不倚，无过，不及。"故阮逸有此言。

[16] 李靖：《旧唐书》卷六十七《李靖列传》云："李靖本名药师，雍州三原人也。祖崇义，后魏殷州刺史、永康公。父诠，隋赵郡守。靖姿貌瑰伟，少有文武材略。……大业末，累除马邑郡丞。……武德二年，从讨王世充，以功授开府。……太宗嗣位，拜刑部尚书，并录前后功，赐实封四百户。贞观二年，以本官兼检校中书令。三年，转兵部尚书。……二十三年，薨于家，年七十九。册赠司徒、并州都督，给班剑四十人、羽葆鼓吹，陪葬昭陵，谥曰景侯。"

[17] 魏徵：《旧唐书》卷七十一《魏徵列传》云："魏徵字玄成，巨鹿曲城人也。父长贤，北齐屯守令。徵少孤贫，落拓有大志，不事生业，出家为道士。好读书，多所通涉，见天下渐乱，尤属意纵横之说。大业末，武阳郡丞元宝藏举兵以应李密，召徵使典书记。……太宗新即位，励精政道，数引徵入卧内，访以得失。徵雅有经国之才，性又抗直，无所曲挠，太宗与之言，未尝不欣然纳受。……初，有诏遣令狐德棻、岑文本撰《周史》，孔颖达、许敬宗撰《隋史》，姚思廉撰《梁》、《陈史》，李百药撰《齐史》。徵受诏总加撰定，多所损益，务存简正。《隋史》序论，皆徵所作，《梁》、《陈》、《齐》各为总论，时称良史。……太宗夜梦徵若平生，及旦而奏征薨，年六十四。"

[18] 董常：又作董恒，河南人。受业于文中子，备闻六经之义。《文中子世家》云："门人自远而至，河南董常、太山姚义。"《录唐太宗与房魏论礼乐事》中亦提及董常，参见《山西通志》卷一百四十八。

卷一　王道篇

文中子曰："甚矣！王道难行也。吾家顷铜川六世矣[1]，未尝不笃于斯[2]，然亦未尝得宣其用[3]，退而咸有述焉，则以志其道也[4]。"盖先生之述，曰《时变论》六篇，其言化俗推移之理竭矣[5]。江州府君之述，曰《五经决录》五篇，其言圣贤制述之意备矣[6]。晋阳穆公之述，曰《政大论》八篇，其言帝王之道着矣[7]。同州府君之述，曰《政小论》八篇，其言王霸之业尽矣[8]。安康献公之述，曰《皇极谠义》九篇，其言三才之去就深矣[9]。铜川府君之述[10]，曰《兴衰要论》七篇，其言六代之得失明矣[11]。余小子获睹成训，勤九载矣[12]。服先人之义，稽仲尼之心，天人之事，帝王之道，昭昭乎[13]！

子谓董常曰："吾欲修《元经》[14]，稽诸史论，不足征也[15]，吾得《皇极谠义》焉[16]。吾欲续《诗》[17]，考诸集记，不足征也[18]，吾得《时变论》焉[19]。吾欲续《书》[20]，按诸载录，不足征也[21]，吾得《政大论》焉[22]。"董常曰："夫子之得，盖其志焉。"[23]子曰："然。"

子谓薛收曰："昔圣人述史三焉[24]：其述《书》也，帝王之制备矣，故索焉而皆获[25]；其述《诗》也，兴衰之由显，故究焉而皆得[26]；其述《春秋》也，邪正之迹明，故考焉而皆当[27]。此三者，同出于史而不可杂也。故圣人分焉[28]。"

文中子曰："吾视迁、固而下，述作何其纷纷乎[29]！帝王之道，其暗而不明乎？天人之意，其否而不交乎？制理者参而不一乎？陈事者乱而无绪乎[30]？"

子不豫[31]，闻江都有变[32]，泫然而兴曰："生民厌乱久矣[33]，天其或者将启尧、舜之运[34]，吾不与焉，命也[35]。"

文中子曰："道之不胜时久矣，吾将若之何？"[36]董常曰："夫子自秦归晋，宅居汾阳，然后三才五常，各得其所。"[37]

　　薛收曰："敢问《续书》之始于汉，何也？"子曰："六国之弊，亡秦之酷，吾不忍闻也，又焉取皇纲乎[38]？汉之统天下也，其除残秽，与民更始，而兴其视听乎[39]？"薛收曰："敢问《续诗》之备六代，何也？"子曰："其以仲尼《三百》始终于周乎？"[40]收曰："然。"子曰："余安敢望仲尼！然至兴衰之际，未尝不再三焉。故具六代始终，所以告也。"[41]

　　文中子曰："天下无赏罚三百载矣，《元经》可得不兴乎？"[42]薛收曰："始于晋惠，何也？"子曰："昔者明王在上，赏罚其有差乎？《元经》褒贬，所以代赏罚者也[43]。其以天下无主，而赏罚不明乎[44]？"薛收曰："然则《春秋》之始周平、鲁隐，其志亦若斯乎？"[45]子曰："其然乎？而人莫之知也。"[46]薛收曰："今乃知天下之治，圣人斯在上矣；天下之乱，圣人斯在下矣[47]。圣人达而赏罚行，圣人穷而褒贬作。皇极所以复建，而斯文不丧也[48]。不其深乎？"再拜而出，以告董生。董生曰："仲尼没而文在兹乎？"[49]

　　文中子曰："卓哉，周、孔之道！其神之所为乎[50]？顺之则吉，逆之则凶[51]。"

　　子述《元经》皇始之事[52]，叹焉。门人未达，叔恬曰[53]："夫子之叹，盖叹命矣。《书》云：天命不于常，惟归乃有德。戎狄之德，黎民怀之，三才其舍诸？"[54]子闻之曰："凝，尔知命哉！"

　　子在长安，杨素、苏夔、李德林皆请见[55]。子与之言，归而有忧色。门人问子，子曰："素与吾言终日，言政而不及化[56]。夔与吾言终日，言声而不及雅。德林与吾言终日，言文而不及理[57]。"门人曰："然则何忧？"子曰："非尔所知也。二三子皆朝之预议者也[58]，今言政而不及化，是天下无礼也[59]；言声而不及雅；是天下无乐也[60]；言文而不及理，是天下无文也[61]。王道从何而兴乎？吾所以忧也[62]。"门人退。子援琴鼓《荡》之什[63]，门人皆沾襟焉[64]。

　　子曰："或安而行之[65]，或利而行之[66]，或畏而行之[67]，及其成功，一也。稽德则远[68]。"

　　贾琼习《书》至《桓荣之命》[69]，曰："洋洋乎！光明之业[70]。天实监尔，能不以揖让终乎[71]！"

繁师玄[72]，将着《北齐录》，以告子[73]。子曰："无苟作也。"[74]

越公以《食经》遗子，子不受。曰："羹藜含糗，无所用也。"答之以《酒诰》及《洪范》"三德"[75]。

子曰："小人不激不励，不见利不劝。"[76]

靖君亮问辱[77]。子曰："言不中[78]，行不谨[79]，辱也[80]。"

子曰："化至九变，王道其明乎[81]？故乐至九变，而淳气洽矣[82]。"裴晞曰："何谓也？"[83]子曰："夫乐，象成者也。象成莫大于形，而流于声，王化始终所可见也[84]。故《韶》之成也，虞氏之恩被动植矣，乌鹊之巢，可俯而窥也，凤皇何为而藏乎[85]？"

子曰："封禅之费，非古也[86]，徒以夸天下，其秦、汉之侈心乎[87]？"

子曰："易乐者必多哀，轻施者必好夺。"[88]

子曰："无赦之国，其刑必平[89]；多敛之国，其财必削[90]。"

子曰："廉者常乐无求，贪者常忧不足。"[91]

子曰："杜如晦若逢其明王，于万民其犹天乎？"[92]董常、房元龄、贾琼问曰[93]："何谓也？"[94]子曰："春生之，夏长之，秋成之，冬敛之。父得其为父，子得其为子，君得其为君，臣得其为臣，万类咸宜。百姓日用而不知者，杜氏之任[95]，不谓其犹天乎[96]？吾察之久矣，目光惚然，心神忽然[97]。此其识时运者，忧不逢真主以然哉[98]！"

叔恬曰："舜一岁而巡五岳，国不费而民不劳，何也？"[99]子曰："无他，道也。兵卫少而征求寡也。"[100]

子曰："王国之有风，天子与诸侯夷乎[101]？谁居乎[102]？幽王之罪也[103]。故始之以《黍离》，于是雅道息矣[104]。"

子曰："五行不相沴[105]，则王者可以制礼矣[106]；四灵为畜，则王者可以作乐矣[107]。"子游孔子之庙[108]。出而歌曰："大哉乎。君君臣臣，父父子子，兄兄弟弟，夫夫妇妇！夫子之力也[109]。其与太极合德，神道并行乎[110]？"王孝逸曰："夫子之道，岂少是乎？"[111]子曰："子未三复白圭乎[112]？天地生我而不能鞠我，父母鞠我而不能成我，成我者夫子也。道不啻天地父母，通于夫子，受罔极之恩[113]。吾子汩彝伦乎[114]？"孝逸再拜谢之，终身不敢臧否。

韦鼎请见[115]。子三见而三不语，恭恭若不足[116]。鼎出谓门人曰："夫子得志于朝廷，有不言之化，不杀之严矣。"[117]

杨素谓子曰："天子求善御边者，素闻惟贤知贤，敢问夫子。"子曰："羊祜、陆逊，仁人也，可使。"[118]素曰："已死矣，何可复使？"[119]子曰："今公能为羊、陆之事则可，如不能，广求何益？通闻：迩者悦，远者来，折冲樽俎可矣。何必临边也？"[120]

子之家，《六经》毕备[121]，朝服祭器不假[122]。曰："三纲五常，自可出也。"[123]

子曰："悠悠素餐者，天下皆是，王道从何而兴乎？"[124]

子曰："七制之主，其人可以即戎矣。"[125]

董常死，子哭于寝门之外[126]，拜而受吊[127]。

裴晞问曰："卫玠称人有不及，可以情恕，非意相干，可以理遣。何如？"[128]子曰："宽矣。"[129]曰："仁乎？"[130]子曰："不知也。"[131]"阮嗣宗与人谈，则及玄远，未尝臧否人物，何如？"[132]子曰："慎矣。"[133]曰："仁乎？"[134]子曰："不知也。"[135]

子曰："恕哉，凌敬[136]！视人之孤犹己也[137]。"

子曰："仁者，吾不得而见也，得见智者，斯可矣。智者，吾不得而见也，得见义者，斯可矣[138]。如不得见，必也刚介乎？刚者好断，介者殊俗[139]。"

薛收问至德要道。子曰："至德，其道之本乎？要道，其德之行乎[140]？《礼》不云乎，至德为道本[141]。《易》不云乎，显道神德行[142]。"子曰："大哉神乎！所自出也[143]。至哉，《易》也！其知神之所为乎[144]？"

子曰："我未见嗜义如嗜利者也。"[145]

子登云中之城[146]，望龙门之关[147]。曰："壮哉，山河之固！"贾琼曰："既壮矣，又何加焉？"子曰："守之以道。"[148]降而宿于禹庙[149]，观其碑首曰："先君献公之所作也，其文典以达。"[150]

子见刘孝标《绝交论》，曰："惜乎，举任公而毁也。任公于是乎不可谓知人矣。"[151]见《辩命论》，曰："人道废矣。"[152]

子曰："使诸葛亮而无死，礼乐其有兴乎？"[153]

子读《乐毅论》，曰："仁哉，乐毅！善藏其用。智哉，太初！善发其蕴。"[154]

子读《无鬼论》[155]，曰："未知人，焉知鬼？"[156]

注　释

[1] 阮逸注（以下简称阮注）云："上党有铜堤县。"按：《四库全书》本《困学纪闻》卷十云："文中子父曰铜川君，阮氏注本上党有铜川县，龚氏注：初置铜川县，今忻州秀容县是。愚考《隋·地理志》定襄（若璩按：当作楼烦，始统秀容）郡。秀容县，开皇初置新兴郡铜川县，十八年置忻州。龚注是也（若璩按：龚氏名鼎臣，明道［明道只有两年即元年和二年，公元 1032 或 1033 年］间人）。"《隋书·地理志》："楼烦郡，大业四年置。统县三，户二万四千四百二十七。秀容，旧置肆州，后齐又置平寇县。后周州徙雁门。开皇初置新兴郡、铜川县。郡寻废。十年废平寇县。十八年置忻州。大业初州废，又废铜川。"铜川即今忻州市西。唐李吉甫撰的《元和郡县图志》卷十五《河东道四》云："铜鞮县，本晋大夫羊舌赤邑，时号赤曰'铜鞮伯华'。汉以为县，属上党郡。隋开皇十六年改属沁州，大业二年省沁州复属潞州。武德六年属韩州，贞观十七年废韩州复隶潞州。石梯山，在县西三十里。阏与城，在县西北二十里。《史记》曰：'秦昭襄王攻赵阏与，赵奢曰：其道远险狭，譬犹两鼠于穴中，将勇者胜。遂破秦军，解阏与之围。晋铜鞮宫，在县东十五里。子产曰：'今铜鞮之宫数里'。断梁城，在县东北三十里。下临深壑，东西北三面阻涧，广袤二里，俗谓之断梁城。叔向墓，在县东十八里。"宋王存等撰的《元丰九域志》卷四《河东路》云："同下州，威胜军。太平兴国二年以潞州铜鞮县置军，治铜鞮县。中，铜鞮。三乡，西汤一镇，有铜鞮山、石梯山、洇水、交水。"《元和郡县图志》和《元丰九域志》均作"铜鞮县"，唯《二十二子》本作"铜堤县"，应以"鞮"为是。《山西通志》卷二十五、卷五十九分别云："铜鞮山，在州南四十里，一名紫金山，有文中子书室。""文中子读书处在铜鞮山……文中子祠碑，在紫金山，唐皮日休袭美氏撰"。《大清一统志·沁州志》卷一百二十六："文中子祠有二，一在州之铜鞮山麓，久废；一在州学左，明万历中改建，本朝康熙中屡修，春秋致祭，有唐皮日休断碑，旧在铜鞮山祠，今移学宫左。"《唐文粹》收有关于先生的两篇"墓碑记"，一为皮日休《文中子碑》，一为司空图《文中子碑》，而前者最早就立于铜鞮山麓。明俞汝为《重创先儒文中子庙碑》云："隋大儒王先生通，字仲淹，沁之铜川人……《六子书》仲淹自谓曰：'吾家铜川六世矣。'读书山中，遗址尚在，州人祀之乡贤。"清大学士、乡人吴琠《题文中子读书处》云："废洞依稀石窟阴，山灵招我一来寻。泥横残篆碑犹在，门掩苍崖鸟乱吟。献策绿知非钓主，退耕何事已违心。浮沉千载谁能识，房魏区区尚古今。"《山西通志·祠庙·沁州》（卷一百六十六）云："李卫公（唐李靖）祠，在东北峡石村，公从文中子讲王霸之略，流寓铜鞮，因庙祀之，以尉迟敬德配，旱祷辄应。"看来，文中子当年在铜鞮讲学，影响颇大，就连唐朝的开国元勋、当时雍州人李靖都被吸引了过来，流寓铜鞮，以至沁州人为之立碑祭祀。

[2] 阮注云："斯文。"

[3] 阮注云："时不遇。"

[4] 阮注云："志，记。"

[5] 先生，即文中子祖也。杜淹《文中子世家》云："玄则字彦法，即文中子六代祖也，仕宋，历太仆、国子博士，常叹曰：'先君所贵者礼乐，不学者军旅，何闲为哉？'遂究道德，考经籍，谓功业不可以小成也，故章为洪儒；卿相不可以苟处也，故终为博士，曰先师之职也，不可坠，故江左号王先生，受其道曰王先生业。于是大称儒门，世济厥美。"可见，"王先生"时，家尚在江东。

[6] 杜淹《文中子世家》云："先生（玄则）生江州府君焕。"

[7] 杜淹《文中子世家》云："焕生虬，虬始北事魏，太和中为并州刺史，家河汾，曰晋阳穆公。"吕才《东皋子集序》云："高祖晋穆公，自南北归，始家河汾焉，历宋、魏，迄于周、隋，国史家牒详焉。"

[8] 杜淹《文中子世家》云："穆公生同州刺史彦，曰同州府君。"

[9] 杜淹《文中子世家》云："彦生济州刺史，一曰安康献公。"

[10] 杜淹《文中子世家》云："安康献公生铜川府君，讳隆，字伯高，文中子之父也，传先生之业，教授门人千余。隋开皇初，以国子博士待诏云龙门。时国家新有揖让之事，方以恭俭定天下。帝从容谓府君曰：'朕何如主也？'府君曰：'陛下聪明神武，得之于天，发号施令，不尽稽古，虽负尧、舜之姿，终以不学为累。'帝默然曰：'先生朕之陆贾也，何以教朕？'府君承诏着《兴衰要论》七篇。每奏，帝称善，然未甚达也。府君出为昌乐令，迁猗氏、铜川，所治著称，秩满退归，遂不仕。开皇四年，文中子始生。铜川府君筮之，遇《坤》之《师》，献兆于安康献公，献曰：'素王之卦也、何为而来？地二化为天一，上德而居下位，能以众正，可以王矣。虽有君德，非其时乎？是子必能通天下之志。'遂名之曰通。开皇九年，江东平。铜川府君叹曰：'王道无叙，天下何为而一乎？'文中子侍侧十岁矣，有忧色曰：'通闻，古之为邦，有长久之策，故夏、殷以下数百年，四海常一统也。后之为邦，行苟且之政，故魏、晋以下数百年，九州无定主也。上失其道，民散久矣。一彼一此，何常之有？夫子之叹，盖忧皇纲不振，生人劳于聚敛而天下将乱乎？'铜川府君异之曰：'其然乎？'遂告以《元经》之事，文中子再拜受之。十八年，铜川府君宴居，歌《伐木》，而召文中子。子矍然再拜：'敢问夫子之志何谓也？'铜川府君曰：'尔来！自天子至庶人，未有不资友而成者也。在三之义，师居一焉，道丧已来，斯废久矣，然何常之有？小子勉旃，翔而后集。'"

[11] 阮注云："自先生至铜川，《文中子世家》言之备矣，《时变论》至《兴衰要论》，今皆亡六代，晋、宋、后魏、北齐、后周、隋也。"

[12] 阮注云："大业九年，自长安归，着《六经》，至九年功毕。"

[13] 阮注云："因祖德考圣师而明。"

[14] 《元经》：《世家》载五十篇，十五卷。文中子"续六经"之一，编年体史书。今本《元经》十卷，记晋太熙元年（290年）至唐高祖武德元年（618年）之事，第十卷为唐人薛收所续。通行明万历新安程荣刊刻的《汉魏丛书》本。

[15] 阮注云："董常，字履常，弟子亚圣者。《元经》，《春秋》异名也，义包五始故曰元经。史论，为历代史臣于纪传后赞论之类是也。"

[16] 阮注云："去就适中，权衡褒贬。"

[17] 《续诗》云：《世家》载三百六十篇，十卷。今佚。

[18] 阮注云："前贤文集所记。"

[19] 阮注云："化俗推移，以正风雅。"

[20] 《续书》云：《世家》载一百五十篇，二十五卷。今佚。

[21] 阮注云："史官载言所录。"

[22] 阮注云："王言大道，其制明白。"

[23] 阮注云："非以文体。"

[24] 阮注云："薛收，字伯褒，隋内史道衡之子。昔圣，谓孔子。"按：三史指《书》《诗》《春秋》。后世学者认为这三部书或经过孔子整理或乃为孔子自着，又目之为经。

[25] 阮注云："史有记言、求言，则制得矣。"

[26] 阮注云："史有明得失、穷政化，则诗明矣。"

[27] 阮注云："史有记事、稽邪正，则法当矣。"

[28] 阮注云："载言载事，明得失，皆史职也。职同体异，故曰分。"

[29] 阮注云：“《史记》《汉书》而下，文体相模，无经制，纷纷多且乱。”按：这里指以司马迁和班固为代表的两汉之后的文章，没有太大价值。

[30] 阮注云：“四者由纷乱故。”

[31] 阮注云：“属疾。”此时文中子正处病中。

[32] 阮注云：“大业十三年，炀帝幸江都宫，宇文化及弑逆。”按：江都之变指隋炀帝罹难江都。《隋书》卷四《炀帝下》云：“二年三月，右屯卫将军宇文化及，武贲郎将司马德戡、元礼，监门直阁裴虔通，将作少监宇文智及，武勇郎将赵行枢，鹰扬郎将孟景，内史舍人元敏，符玺郎李覆、牛方裕，千牛左右李孝本、弟孝质，直长许弘仁、薛世良，城门郎唐奉义，医正张恺等，以骁果作乱，入犯宫闱。上崩于温室，时年五十。萧后令宫人撤床箦为棺以埋之。化及发后，右御卫将军陈棱奉梓宫于成象殿，葬吴公台下。发敛之始，容貌若生，众咸异之。”

[33] 阮注云：“自汉末乱至隋。泫，胡畎反。”

[34] 尧：古帝王。《史记·五帝本纪》云：“帝喾崩而挚代立。帝挚立，不善（崩），而弟放勋立，是为帝尧。帝尧者，放勋。其仁如天，其知如神。就之如日，望之如云。富而不骄，贵而不舒。黄收纯衣，彤车乘白马，能明驯德，以亲九族。九族既睦，便章百姓。百姓昭明，合和万国。”

舜：古帝王。《史记·五帝本纪》云：“虞舜者，命重华。重华父曰瞽叟，瞽叟父曰桥牛，桥牛父曰句望，句望父曰敬康，敬康父曰穷蝉，穷蝉父曰帝颛顼，颛顼父曰昌意：以至舜七世矣。自从穷蝉以至帝舜，皆微为庶人。……舜，冀州之人也。舜耕于历山，鱼雷泽，陶河滨，作什器于寿丘，就时于负夏。舜父瞽叟玩，母嚚，弟象傲，皆欲杀舜。舜顺适不失子道，兄弟孝慈。欲杀，不可得；即求，尝在侧。……舜年二十以孝闻，年三十尧举之，年五十摄行天子事，年五十八尧崩，年六十一代践帝位。践帝位三十九年，南巡狩，崩于苍梧之野。藏于江南九疑，是为零陵。”《录关子明事》云：“江都失守，文中子寝疾，叹曰：‘天将启尧、舜之运而吾不遇焉。’”

[35] 阮注云：“唐太宗行尧舜之道，而文中子已死。”按：命即命运。《论语》中“命”字出现二十一次，有十次都是指命运，其他则别指。

[36] 阮注云：“自孔子、孟轲已来，不胜时，故曰久矣。”

[37] 阮注云：“秦长安，隋都也。晋汾阳，子乡也。三才五常谓续经。”按：《文中子世家》云：“仁寿三年，文中子冠矣，慨然有济苍生之心，西游长安，见隋文帝。帝坐太极殿召见，因奏《太平策》十有二，策尊王道，推霸略，稽今验古，恢恢乎运天下于指掌矣。帝大悦曰：‘得生几晚矣，天以生赐朕也。’下其议于公卿，公卿不悦。时将有萧墙之衅，文中子知谋之不用也，作《东征之歌》而归，曰：‘我思国家兮，远游京畿。忽逢帝王兮，降礼布衣。遂怀古人之心乎，将兴太平之基。时异事变兮，志乖愿违。吁嗟！道之不行兮，垂翅东归。皇之不断兮，劳身西飞。’帝闻而再征之，不至。四年，帝崩。大业元年，一征又不至，辞以疾。谓所亲曰：‘我周人也，家于祁。永嘉之乱，盖东迁焉，高祖穆公始事魏。魏、周之际，有大功于生人，天子锡之地，始家于河汾，故有坟陇于兹四代矣。兹土也，其人忧深思远，乃有陶唐氏之遗风，先君之所怀也。有敝庐在茅檐，土阶撮如也。道之不行，欲安之乎？退志其道而已。’乃续《诗》《书》，正《礼》《乐》，修《元经》，赞《易》道，九年而六经大就。”

[38] 阮注云：“六国，燕王喜，魏王假，齐王建，楚王负刍，韩王安，赵王嘉也。亡秦，始皇也。秦窃皇之名，无纲纪之实。”按：六国纷争，秦又暴虐，皆不合文中子理想中的尧舜圣王之道。

[39] 阮注云：“变民耳目，使知有王道兴。”

[40] 阮注云：“三百篇，周一代。”按：孔子以《诗三百》代表西周的礼乐文化。

[41] 阮注云：“告，犹贡也，贡其俗于时君。”

[42] 阮注云：“自晋惠帝永平元年至隋开皇十年，凡三百载。”按：《元经》记事始于晋太熙元年（290年），至于隋开皇九年（589年），共三百零九年。阮逸以整数计，未免机械。

[43] 孔子作《春秋》，有"一字褒贬"之说，或称"春秋笔法"（又有"皮里春秋"或"皮里阳秋"）。文中子作《元经》，体仿《春秋》，亦欲字行赏罚。

[44] 阮注云："晋惠犹无主。"

[45] 阮注云："周平王，幽王之子，王室衰微，东迁居洛。鲁隐公，惠王之子，平王同时。"按：《春秋左传正义·春秋序》云："周平王，东周之始王也。隐公，让国之贤君也。考乎其时则相接，言乎其位则列国，本乎其始，则周公之祚胤也。若平王能祈天永命，绍开中兴。隐公能弘宣祖业，光启王室，则西周之美可寻，文武之迹不队，是故因其历数，附其行事，采周之旧，以会成王义，垂法将来。"

[46] 阮注云："后人不知代行衰周之法，谓东周始王、让国贤君，非也。"

[47] 阮注云："周公上，仲尼下。"

[48] 阮注云："春秋无经，行礼法之皇极。"

[49] 阮注云："前圣后圣，一也。"

[50] 阮注云："孟子曰：'大而化之谓圣，圣而不可知之谓神。'"

[51] 阮注云："神在易中。"

[52] 阮注云："后魏初年。"按《元经》所载，记事起于西晋惠帝司马衷太熙元年（290年），惠帝之前武帝司马炎执政（265—289年）已入西晋。阮以"皇始"为后魏初年，非也。

[53] 阮注云："王凝，字叔恬，子之弟也。为御史，弹侯君集，为长孙无忌所恶，出为太原令。《王氏家书》称太原府君。"按：《王氏家书杂录》云："太原府君讳凝，字叔恬，文中亚弟也。贞观初，君子道亨，我先君门人布在廊庙，将播厥师训施于王道。遂求其书于仲父。仲父以编写未就之不出，故六经之义莫得闻。仲父释褐，为监察御史。时御史大夫杜淹谓仲父曰：'子圣贤之弟也，有异闻乎？'仲父曰：'凝忝同气，昔亡兄讲道河汾，亦尝预乎斯，然六经之外无所闻也。'淹曰：'昔门人咸存记焉，盖薛收、姚义缀而名曰《中说》。兹书，天下之昌言也，微而显，曲而当，旁贯大义，宏阐教源。门人请问之端，文中行事之迹，则备矣。子盍求诸家？'仲父曰：'凝以丧乱以来，未遑及也。'退而求之，得《中说》一百余纸，大底杂记不着篇目，首卷及序则蠹绝磨灭，未能诠次。会仲父黜为胡苏令，叹曰：'文中子之教不可不宣也，日月逝矣，岁不我与。'乃解印而归，大考六经之，而缮录焉。《礼论》《乐论》各亡其五篇，《续诗》《续书》各亡《小序》，推《元经》《赞易》具存焉，得六百六十五篇，勒成七十五卷，分为六部，号曰'王氏六经'。仲父谓诸子曰：'大哉兄之述也，以言乎皇纲帝道，则大明矣，以言乎天地之间，则无不至焉。自春秋以来，未有若斯之述也。'又谓门人曰：'不可使文中之后不达于兹也。'乃召诸子而授焉。贞观十六年，余二十一岁，受六经之义；三年，颇通大略。呜呼！小子何足以知之，而有志焉。十九年，仲父被起为洛州录事，又以《中说》授余曰：'先兄之绪言也。'余再拜曰：'《中说》之为教，务约致深，言寡理大，其比方《论语》之记乎？孺子奉之，无使失坠。'"

[54] 阮注云："后魏德被黎民，亦天地命之也，人其舍之乎。"按：今传《尚书·康诰》云："王曰：呜呼！肆汝小子封。惟命不于常，汝念哉！"《尚书·皋陶谟》云："安民则惠，黎民怀之。"《诗·大雅·文王》云："侯服于周，天命靡常。"

三才，《易·系辞下》云："《易》之为书也，广大悉备。有天道焉，有人道焉，有地道焉。兼三才而两之，故六。六者非它也，三材之道也。道有变动，故曰爻。爻有等，故曰物。物相杂，故曰文。文不当，故吉凶生焉。"《易·说卦》云："昔者，圣人之作易也，将以顺性命之理，是以立天之道曰阴与阳，立地之道曰柔与刚，立人之道曰仁与义，兼三才而两之，故易六画而成卦。"

[55] 阮注云："杨素字处道，炀帝时为司徒，专朝政。苏夔字伯尼，善钟律，隋乐多从夔议。李德林字公辅，佐命，掌军书，为仪同，颇自负。三人知，文中子贤，来请谒见。"按：杨素，弘农华阴人也。《旧唐书》卷四十八云："少而轻侠，俶傥不羁，兼文武之资，包英奇之略，志怀远达，以功名自许。高祖龙飞，将清六合，诈以腹心之寄，每当推毂之重。扫妖氛于牛斗，江海无波，摧骁骑于龙

庭，匈奴远遁。考其夷凶静乱，功臣莫居其右，览其奇策高文，足为一时之杰。然专以智诈自立，不由仁义之道，阿谀时主，高下其心，营构离宫，陷君于奢侈，谋废冢嫡，致国于倾危。终使宗庙丘墟，市朝霜露，究其祸败之由，实乃素之由也。"

苏夔字伯尼，京兆武功人。《旧唐书》卷四十一云："少聪敏，有口辩。八岁诵诗书，兼解骑射。年十三，从父至尚书省，与安德王雄驰射，赌得雄骏马而归。十四诣学，与诸儒论议，词致可观，见者莫不称善。及长，博览群书，犹以钟律自命。初不名夔，其父改之，颇为有识所哂。起家太子通事舍人。杨素甚奇之，素每戏威（夔父也）曰：杨素无儿，苏夔无父。……着《乐志》十五篇，以见其志。……坐父通事，除名为民。复丁母忧，不胜哀而卒，时年四十九。……夔志识沉敏，方雅可称，若天假之年，足以不亏堂构矣。"

李德林字公辅，博陵安平人也。《旧唐书》卷四十二云："德林少孤，未有字，魏收谓之曰：'识度天才，必至公辅，吾辄以此字卿。'从官以后，即典机密，性慎重，尝云古人不言温树，何足称也。少以才学见知，及位望稍高，颇伤自任，争名之徒，更相谮毁，所以运属兴王，功参佐命，十余年间竟不徙及。所撰文集，勒成八十卷，遭乱亡失，见五十卷行于世。敕撰《齐史》未成。……史臣曰：德林幼有操尚，学富才优，誊重邺中，声飞关右。王基缔构，协赞谋猷，羽檄交驰，丝纶间发，文诰之美，时无与二。君臣体和，自致青云，不患莫己知，岂徒言也！"

[56] 阮注云："上正下曰政，下从上曰化。"

[57] 阮注云："修词为文，知道为理。"

[58] 阮注云："预朝政。"

[59] 阮注云："知正人，不知使人从。"

[60] 阮注云："知文音，不知和德。"

[61] 阮注云："知华辞，不知实道。"

[62] 阮注云："礼坏乐崩，文丧天下，可忧。"

[63] 阮注云："《汤》，伤周室大坏之诗也，天下荡荡，无纲纪文章。援，于眷反。"按：《诗·大雅·汤之什》《毛诗正义》云："《汤》，召穆公伤周室大坏也，历王无道，天下荡荡，无纲纪文章，故作是诗也。《汤》八章，章八句，至是诗。《正义》曰：《汤》诗者，召穆公所作，以伤周室之大坏也。以历王无人君之道，行其恶政，反乱先王之政，使天下荡荡。然法度废灭，无复有纲纪文章，是周之王室大坏败也，故穆公作是《汤》诗以伤之者。刺外之有余哀也，其根深于刺也，瞻仰召旻，皆云刺幽王大坏，此不言刺历王，而云伤周室者，幽王承宣王之后，父善子恶，指刺其身，此则历王以前，周道未缺，一代大法，至此坏之。故言伤周室大坏。此经八章，皆是大坏之事。首句言荡荡，为天下之总目，故序亦述，首句以为一篇之意，言天下荡荡，无纲纪文章，纲纪文章，谓治国法度。圣人有作，莫不皆是，此经所伤，尽废之也。"

子援琴：《中说·礼乐篇》记载了文中子作琴曲《汾亭操》之事："子游汾亭，坐鼓琴，有舟而钓者过，曰：'美哉，琴意！伤而和，怨而静。在山泽而有廊庙之志。非太公之都磻溪，则仲尼之宅泗滨也。'子骤而鼓《南风》。钓者曰：'嘻！非今日事也。道能利生民，功term济天下，其有虞氏之心乎？不如舜自鼓也。声存而操变矣。'子遽舍琴，谓门人曰：'情之变声也，如是乎？'起将延之，钓者摇竿鼓枻而逝。门人追之，子曰：'无追也。播鼗武入于河，击磬襄入于海，固有之也。'遂志其事，作《汾亭操》焉。"文中子弟王绩在《答冯子华处士书》中亦言："吾家三兄，生于隋末，伤世忧乱，有道无位，作《汾亭操》，盖孔子《龟山》之流也。吾尝亲受其调，颇为曲尽。近得裴生琴，更习其操。洋洋乎！觉声器相得，今便留之，恨不得使足下为钟期，良用耿然。"《龟山》，琴曲名，至中唐韩愈曾为作辞。《乐府诗集》引《琴操》云：《龟山操》，孔子所作。季桓子受齐女乐，孔子欲谏不得，退而望鲁龟山，作此曲，以喻季氏若龟山之蔽鲁也。

[64] 阮注云："哀隋将亡。沾，知廉反。"

[65] 阮注云："圣人安仁。"

[66] 阮注云："贤人利仁。"

[67] 阮注云："中人强仁。"

[68] 阮注云："功则同，而圣贤中人之德异。"

[69] 阮注云："《赞书》有《桓荣之命》篇，荣字春卿，汉光武帝太子傅。"按：贾琼，文中子门人。《中说·关朗篇》云："门人窦威、贾琼、姚义受《礼》。"《文中子世家》云："门人自远而至，河南董常，太山姚义……中山贾琼、清河房玄龄。"但其人事迹，史书无载，可能是后来无官宦之位，故不见载。这里的《书》不是指《尚书》，应指其《续书》。

[70] 阮注云："光武明帝。"

[71] 阮注云："初，光武立东海王强为太子，强让其弟阳。阳立，是谓明帝。盖天命授阳，而使荣傅之，所以终让成美也。"按：桓荣，《后汉书》卷六十七《桓荣传》云："桓荣字春卿，沛郡龙亢人也。少学长安，习欧阳尚书，事博士九江朱普。贫窭无资，常客佣以自给，精力不倦，十五年不窥家园，至王莽篡位乃归。会朱普卒，荣奔丧九江，负土成坟，因留教授，徒众数百人。莽败，天下乱。荣抱其经书与弟子逃匿山谷，虽常饥困而讲论不辍。后复客授江淮间。建武十九年，年六十余，始辟大司徒府。时显宗始立为皇太子，选求明经，乃擢荣。弟子豫章何汤为虎贲中郎将，以《尚书》授太子，世祖从容问汤，本师为谁？汤对曰：'事沛国桓荣。'帝即召荣，令说《尚书》，甚善之，拜为议郎，赐钱十万。入使授太子，每朝会，辄令荣于公卿前敷奏经书。帝称善曰：'得生几晚。'会欧阳博士缺，帝欲用荣，荣叩头让曰：'臣经术浅薄，不如同门生郎中彭闳、扬州从事皋弘。'帝：'俞往汝谐。'因拜荣为博士。引闳、弘为议郎，车驾幸太学，会诸博士论难于前。荣被服儒衣温恭有蕴藉，辩明经义，每以礼让相厌，不以辞长胜人，儒者莫之及，特加赏赐。又诏诸生雅吹击磬，尽日乃罢。后荣入会庭中，诏赐奇果，受者皆怀之，荣独举手奉之以拜，帝笑指之曰：'此真儒生也。'以是愈见敬厚，常令止宿太子宫。……荣年逾八十，自以衰老，数上书乞身，辄加赏赐。……荣每疾病，帝辄遣使者存问，大官太医相望于道，及笃，上疏谢恩，让还爵土。帝幸其家问起家，入街下车，拥经而前，抚荣垂涕，赐以床茵、帷帐、刀剑、衣被，良久乃去。自是，诸侯、将军、大夫问疾者，不敢复乘车到门。皆拜床下。荣卒，帝亲自变服，临丧送葬，赐冢茔于首山之阳。"

[72] 阮注云："未见。"按：繁师玄，非文中子弟子，史书亦无载，可能是一位交游问道者。

[73] 阮注云："李德林父子俱有《北齐书》，王邵有《北齐之》，师玄撮其要为录。"按："师玄撮其要为录"，不知阮逸以何为据而有是言。

[74] 阮注云："勿苟且，表文词而已。"

[75] 阮注云："越公，杨素也。《食经》，淮南王撰，卢仁宗、崔浩亦有之。《酒诰》云：'越小大邦用丧，亦罔非酒惟辜。'《洪范》三德云：臣无有作福、作威、玉食，其害于而家，凶于而国。时素专政，故因答《食经》以戒之。"按：《尚书正义·酒诰》云："康叔监殷民，殷民化纣嗜酒，故以戒酒诰。《疏》传康叔以酒诰。正义曰：以梓材云若兹监，故云康叔监殷民也。郑以为连属之监，则为牧而言，然康叔时实为牧，而所戒居殷墟，化纣余民，不主于牧。下篇云监，监亦指为君之言。明监即国君监一国，故此言监殷民，不言监一州，若大宰之建牧立监也。"《尚书正义·洪范》云："三德，一曰正直（能正人之曲直），二曰刚克（刚能立事，克焉，云胜也），三曰柔克（和柔能治，三者皆德）。《疏》三得至偕式。正义曰：此三德者人君之德，张弛有三也。一曰正直，言能正人之曲使直，二曰刚克，言能刚强而能立事，三曰柔克，言和柔而能治。既言人主有三德，又说随时而用之。平安之世，用正直治之；强御不顺之世，用刚能治之；和顺之世，用柔能治之。既言三德张弛，随时而用，又举天地之德，以喻君臣之交。地之德，沉深而柔弱矣，而有刚能出金石之物也；天之德，高明刚强矣，而有柔，能顺阴阳之气也，喻臣道。虽柔当执，刚以正君，君道虽刚当执柔，以纳臣也。既言君臣之交，刚柔递用，更言君臣之分，贵贱有恒，惟君作福，得专赏人也。惟君作威，得专罚人也。惟君玉

食，得备珍食也。为臣无得，有作福、作威、玉食，言政当一统，不可分也。臣之有作福、作威、玉食者，其必害于汝臣之家，凶于汝君之国，言将得罪、丧家且乱邦也。在位之人用此，大臣专权之。故其行侧颇僻，下民用在位颇僻之，故皆言不信而行差错。"

[76] 阮注云："励、劝皆勉也。"

[77] 阮注云："门人未见。"按：靖君亮，其人事迹史书不载，亦可能为交游问学者，亦可能为文中子弟子，因文中子弟子甚众，所列为优者，不能一一录之。《文中子世家》云："如往来受业者不可胜数，盖千余人。隋季文中子之教兴河汾，雍雍如也。"

[78] 阮注云："不中节。"

[79] 阮注云："不谨密。"

[80] 阮注云："言、行，荣辱之主也。"

[81] 阮注云："变，变于道也。孔子曰：三年有成，九成二十七年，仅必世之仁矣，故曰王道明。"

[82] 阮注云："乐仁之声也。"

[83] 阮注云："晞，子之舅，传未见。"按：裴晞，文中子门人，史传不见所载，事迹不详。《中说·关朗篇》列为门人，云："门人……李靖、薛方士、裴晞、王珪受《诗》。"这里明确说裴晞为门人，且专习《诗经》。但《文中子世家》所列门人中没有裴晞之名。

[84] 阮注云："象成功而形容，其的一而变九，而成见王化之然。"按：《易·系辞上》云："在天成象，在地成形，变化见矣。"《礼记·乐记》云："乐者，因之所由生也，其本在人心之感于物也。……在天成象，在地成形，如此，则礼者天地之别也。地气上齐，天气下降，阴阳相摩，天地相荡，鼓之以雷霆，奋之以风雨，动之以四时，暖之以日月，而百化兴焉。如此，则乐者天地之和也。……凡奸声感人而逆气应之，逆气成象而淫乐兴焉。正声感人而顺气应之，顺气成象而和乐兴焉。倡和有应，回邪曲直各归其分，而万物之理各以类相动也。……夫乐者，象成者也。揔干而山立，武王之事也。"

[85] 阮注云："引古验今。"按：《礼记·乐记》云："昔者舜作五弦之琴以歌《南风》，夔始制乐以赏诸侯。故天子之为乐也，以赏诸侯之有德者。德盛而教尊，五谷时执，然后赏之以乐。故其治民劳者，其舞行缀远；其治民逸者，其舞行缀短。故观其舞，知其德；闻其谥，知其行也。《大章》，章之也。《咸池》，备矣。《韶》，继也。《夏》，大也。殷周之乐尽矣。"《论语·卫灵公》云："颜渊问为邦。子曰：行夏之时，承殷之辂，服周之冕，乐则韶舞。"《论语·八佾》云："子谓《韶》，'尽美矣，又尽善也。'谓《武》，'尽美矣未尽善也。'"《太平御览》卷五百六十三《乐部一》云："《韶》，舜乐也。美舜自以德禅于尧。又尽善，谓太平也。谓周武王乐美，武王以此功定天下，未尽善致太平。"

[86] 阮注云："费，费耗国用也。三代以前无此礼，齐桓公欲封太山禅，梁甫管仲言：七十二君须得远方珍贡，乃可封禅，特设词谏止耳，非典礼所载之实。"按：《史记》卷二十八《正义》云："此泰山上筑土为坛以祭天，报天之功，故曰封。此泰山下小山上除地，报地之功，故曰禅。言禅者，神之也。《白虎通》云：'或曰封者，金泥银绳，或曰石泥金绳，封之印玺也。'"《太平御览》卷五百三十六《礼义部一五》云："《河图真纪钩》曰：'王者封泰山，禅梁父，易姓、奉度、继兴、崇功者七十二君。……《五经通义》曰：'易姓而王，太平，必封泰山、禅梁父何，天命已为王，使理群生也。或曰封以黄金为泥，以银为绳。经无明文，以义说之，所以正封岱。太山者，五岳之长，群神之主，故独封于太山，告太平于天，报群神之功也。禅梁父者，太山之支属，能配太山之德也。'"

[87] 阮注云："始皇东巡，上太山，立石封祠，下禅梁甫，以颂秦德。汉武帝用齐人公孙卿言，封禅登仙，遂升中岳，又上太山。封土有玉牒，使方士求神仙，千数无验而回。此皆夸侈，以欺天下，非事天致诚之本。"按：秦始皇与汉武帝之封禅，详见《史记》卷二十八《封禅书》。

[88] 阮注云："家、国皆然。"

[89] 阮注云："无幸免则不深犯。"

[90] 阮注云："既富侈，则用益耗。"

[91] 阮注云："相反。"按：《孟子·离娄下》云："可以取，可以无取，取伤廉。"《孟子·万章上》云："天下之士悦之，人之所欲也，而不足以解忧。好色，人之所欲；妻帝之二女，而不足以解忧。富，人之所欲；富有天下，而不足以解忧。贵，人之所欲；贵为天子，而不足以解忧。人悦之，好色，富，贵，无足以解忧者，惟顺于父母可以解忧。"《论语·尧曰》云："君子惠而不费，劳而不怨，欲而不贪，泰而不骄，威而不猛。"

[92] 阮注云："杜如晦字克明，唐太宗时，朝政、典章、文物皆杜所定。"按：《旧唐书》卷六十六云："杜如晦字克明，京兆杜陵人也。如晦少聪悟，好谈文史。隋大业中以常调预选，吏部侍郎高孝基深所器重，顾谓之曰：'公有应变之才，当为栋梁之用，愿保崇令德。今欲俯就卑职，为须少禄俸耳。'遂补滏阳尉，寻弃官而归。太宗平京城，引为秦王府兵曹参军，俄迁陕州总管府长史。时府中多英俊，被外迁者众，太宗患之。记室房玄龄曰：'府僚去者虽多，盖不足惜。杜如晦聪明识达，王佐才也。若大王守藩端拱，无所用之；必欲经营四方，非此人莫可。'太宗大惊曰：'尔不言，几失此人矣！'遂奏为府属。后从征薛仁杲、刘武周、王世充、窦建德，尝参谋帷幄。时军国多事，剖断如流，深为时辈所服。"

[93] 房玄龄：《中说·关朗篇》和《文中子世家》皆列为文中子门人，然后人多疑。拙作《文中子考论》（上海：上海古籍出版社，2008 年）中不视其为门人，而将房乔列为交游垂询者。《旧唐书》卷十六云："房乔字玄龄，齐州临淄人。……玄龄幼聪敏，博览经史，工草隶，善属文。……会义旗入关，太宗徇地渭北，玄龄杖策谒于军门，温彦博又荐焉。太宗一见，便如旧识，署渭北道行军记室参军。玄龄既遇知己，罄竭心力，知无不为。……三年，拜太子少师，固让不受，摄太子詹事，兼礼部尚书。明年，代长孙无忌为尚书左仆射，改封魏国公，监修国史。既任总百司，虔恭夙夜，尽心竭节，不欲一物失所。闻人有善，若己有之。明达吏事，饰以文学，审定法令，意在宽平。不以求备取人，不以己长格物，随能收叙，无隔卑贱。论者称为良相焉。……寻薨，年七十。废朝三日，册赠太尉、并州都督，谥曰文昭，给东园秘器，陪葬昭陵。"

[94] 阮注云："疑称天太过。"

[95] 杜氏，指杜如晦。

[96] 阮注云："用元迹物，自化天也，太宗治平，岁断死罪，二十余人几乎刑厝，粟斗三文，行道千里，不斋粮，王道盛矣，非如天之效欤。"

[97] 阮注云："恍惚犹见。"

[98] 阮注云："知隋运凶，又未遇太宗，所以恍惚忧也。"按：文中子察人如此，足见其睿智透人。

[99] 阮注云："《书》称四岳，此言五举，成数欤？"按：《尚书·尧典》云："乃日谨四岳群牧。"孔颖达《正义》曰："望于山川大揔之语，故知九州岛之内，所有名山大川，不以封山用大，乃有名，是名大，互言之耳。《释山》云：'泰山为东岳，华山为西岳，霍山为南岳，恒山为北岳，嵩高山为中岳。'《白虎通》云：'岳者，何捔也。捔功德也。'应劭《风俗通》云：'岳，捔功德黜陟也。然则四方，方有一大山，天子至其下，捔诸侯功德而黜陟之，故谓之岳。'《释水》云：'江、河、淮、济为四渎。四读者，发源注海者也。'《释名》云：'渎，独也，各独出其水而入海也。岳是名山，渎是大川，故先言名山大川，又举岳、渎以见之，岳渎之外又有名山大川，故言之属以包之。'《周礼·大司乐》云：'四镇五岳崩，令去乐。'郑云：四镇，山之重大者。谓扬州之会稽山，青州之沂山，幽州医无闾山，冀州之霍山，是五岳之外名山也。《周礼》职方氏每州云其川其浸，若雍州云其川泾、汭，其浸渭、洛，如此之类，是四渎之外大川也。言遍于群神，则神无不遍，则群神谓丘陵坟衍，古之圣贤皆祭之。《周礼·大司乐》云：'凡六乐者，一变而致川泽之示，再变而致山林之示，三变而致丘陵之示，四变而致坟衍之示。'郑玄大司徒注云：'积石曰山，竹木曰林，注渎曰川，水钟曰泽，土高曰丘，大阜曰陵，水崖曰坟，下平曰衍。'此传举丘陵坟衍，则林泽亦包之矣。古之圣贤谓，祭法所云在祀典者，黄帝、颛顼、句龙之类，皆祭之也。"

[100] 阮注云："简则用省。"

[101] 阮注云："《黍离》列于《国风》，夷等也。"按：朱熹《诗集传》卷四云："王，谓周东都洛邑，王城畿内，方六百里之地，在《禹贡》豫州大华外方之间，北得河阳，渐冀州之南也。周室之初，文王居丰，武王居镐，至成王，周公始营洛邑，为时会诸侯之所。以其土中，四方来者道里均故也。自是谓丰镐为西都，而洛邑为东都。至幽王嬖褒姒，生伯服，废申后及太子宜臼，宜臼奔申。申侯怒，与犬戎攻宗周，弑幽王于戏，晋文侯、郑武公迎宜臼于申而立之，是为平王，徙居东都王城。于是王室遂卑，与诸侯无异，故其诗不为雅而为风。然其王号未替也，故不曰周而曰王。其地，则今河南府及怀孟等州是也。"《毛诗正义》卷四《王黍离诂训传》云："陆曰：王国者，周室东都王城，畿内之地，在豫州，今之洛阳是也。幽王灭，平王东迁，政逐微弱，诗不能复雅，下列称风，以王当国，犹春秋称王人。"

[102] 阮注云："居，音姬，《礼记》曰：何居。"

[103] 阮注云："幽王惑，褒姒废申后，申侯弑之，周遂微。"按：《国语·周语》云："幽王二年，西周三川皆震，伯阳父曰：'周将亡矣！夫天地之气，不失其序；若过其序，民乱之也。阳伏而不能出，阴迫而不能蒸，于是有地震。今三川实震，是阳失其所而镇阴也。阳失而在阴，川源必塞；塞源，国必亡。夫水土演而民用也。水土无所演，民乏财用，不亡何待？昔伊、洛竭而夏亡，河竭而商亡。今周德若二代之季矣，其川源又塞，塞必竭。夫国必依山川，山崩川竭，亡之征也。川竭，山必崩。若国亡不过十年，数之纪也。夫天之所弃，不过其纪'。是岁也，三川竭，歧山崩。十一年，幽王乃灭，周乃东迁。"《太平御览》卷八十五《皇王部》云："《史记》曰：幽王得褒姒而笃爱之，乃欲废后并太子，用褒姒为后，以其子伯服为太子。褒姒为人不好笑，悦之万方，犹不笑，幽王为烽燧火鼓，寇至则举烽火。于是诸侯悉至，至而无寇，褒姒乃大笑，幽王悦之。为数举烽火，其后诸侯不信、并不至。幽王以虢石父为卿，用事，国人皆怨之，石父为人佞巧，善谀好利，今王用之。幽王之废后，去太子也，申侯怒，乃与缯、西夷犬戎共攻幽王，王举烽火征兵，兵莫至，遂杀幽王骊山之下，虏褒姒，尽取周之财而去。于是诸侯乃即申侯而共立故太子宜臼，是为平王，以奉周祀。平王乃东徙洛邑，避戎寇也。幽王在位凡一十一年。"

[104] 阮注云："王国十篇，黍离乃始。"按：《黍离》，《诗经·王风》之首篇。《毛诗正义》在《王城谱》后引《诂训传》云："《黍离》，闵宗周也。周大夫行役，至于宗周，过故宗庙宫室，尽为禾黍，闵周室之颠覆，彷徨不忍去，而作是诗也。"《正义》云："作《黍离》诗者，言闵宗周也。周之大夫行从征役，至于宗周镐京过故时宗庙宫室，其地民皆垦耕，尽为乐黍，以先王宫室忽焉为平田，于是大夫闵伤周室之巅堕覆败，彷徨省视，不忍速去，而作《黍离》之诗以闵之也。言过故宗庙，则是有所适，因过旧墟，非故诣宗周也。周室颠覆，正谓幽王之乱，王室覆灭，致使东迁洛邑，丧其旧都。虽作在平王之时，而志恨幽王之败，但主伤宫室生黍离，非是追刺幽王，故为平王诗耳。又宗周丧灭，非平王之咎，故不刺平王也。彷徨不忍去，叙其作诗之意，未必即在宗周而作也。言宗周宫室，尽为黍离，章首上二句是也。闵周颠覆，彷徨不忍去，三章下八句是也。言周大夫行役至于宗周，叙其所伤之由，于经无所当也。○笺宗周至风焉○《正义》曰：郑先为笺而复作谱，故此笺与谱大同。《周语》云：'幽王二年，西周三川皆震。'是镐京谓之西周也，即知王城谓之东周也。《论语》孔子曰：'如有用我者，吾其为东周乎？'注云：据时，东周则谓成周，为东周者以敬王，去王城而迁于成周，自是以后，谓王城为西周，成周为东周。故昭二十二年，王子猛入于王城。《公羊传》曰：'王城者何？西周也。'二十六年，天王入于成周。《公羊传》曰：'成周者何？东周也。'孔子设言之时，在敬王居成周之后，且意去周公之教训民，故知其为东周。据时，成周也，此在敬王之前，王城与镐京相对，故言王城谓之东周也。《周本纪》云：'平王东徙洛邑，避戎寇，平王之时，周室微弱，诸侯以强并弱，齐、楚、秦、晋始，大政由方伯。'是平王东迁，政遂微弱。《论语注》云：'平王东迁，政始微弱者，始者，徙下本上之辞，遂者，从上向下之称，彼言十世希不失矣。'据末而本初，故言始也。此言天子

当为雅，从是作风，据盛以及衰，故言遂也，下列于诸侯，谓化之所及，才行境内，政教不加于诸侯，与诸侯齐其列位，故其诗不能复更作大雅、小雅，而与诸侯同为国风焉。"

[105]《尚书·洪范》云："五行：一曰水，二曰火，三曰木，四曰金，五曰土。水曰润下，火曰炎上，木曰曲直，金曰从革，土爰稼穑。润下作咸，炎上作苦，曲直作酸，从革作辛，稼穑作甘。"《旧唐书》卷三十七《五行志》云："昔禹得《河图》、《洛书》六十五字，治水有功，因而宝之。殷太师箕子入周，武王访其事，乃陈《洪范》九畴之法，其一曰五行。汉兴，董仲舒、刘向治《春秋》，论灾异，乃引九畴之说，附于二百四十二年行事，一推咎征天人之变。班固叙汉史，采其说《五行志》。绵代史官，因而赞之。今略举大端，一明变怪之本。经曰：'水曰润下，火曰炎上，木曰曲直，金曰从革，土爰稼穑。'又曰：'建用皇极。'《传》曰：'田猎不时，饮食不享，出入不节，夺民农事，及有奸谋，则木不曲直。弃法律，逐功臣，杀太子，以妾为妻，则火不炎上。好治宫室，饰台榭，内淫乱，犯亲戚，侮父兄，则稼穑不成。好战功，轻百姓，饰城郭，侵边境，则金不从革。简宗庙，不祷祀，废祭祀，逆天时，则水不润下。'……京房《易传》曰：'臣事虽正，专必地震。其震，于水则波，于木则摇，于屋则瓦落，大经在辟而易臣，兹谓阴动。'又曰：'小人剥庐，厥妖山崩，兹谓阴承阳，弱胜强。'刘向曰：'金、木、水、火、沴土，地所以震。'《春秋》灾异，先书地震、日蚀，恶阴盈也。"

[106] 阮注云："治臻皇极，则五行各叙，故礼行皇极也。沴，闾计反。"按：五行，《太平御览》卷十七《时序部二》云：《释名》曰：'五行者，言五气与其方各施行者。'《尚书·洪范》曰：'五行，一曰水，二曰火，三曰木，四曰金，五曰土。水曰润下，火曰炎上，木曰曲直，金曰从革，土曰爰稼穑。润下作咸，炎上作苦，曲直作酸，从革作辛，稼穑作甘。'《礼》曰：'五行之动，迭相竭也，五行四时十二月，还相为本也。'……《汉书》曰：'五行者，五常之行气也。'又《律历志》曰：'天一生水，地以二生火，天以三生木，地以四生金，天以五生土。'……《白虎通》曰：'五行者何谓也？谓金、木、水、火、土。言行者，欲言为天行气之义也。地之承天，犹妇之事夫，臣之事君也，其位卑。卑者，亲视事，故自同于一行，尊于天也。《尚书》：一曰水，二曰火，三曰木，四曰金，五曰土。水位在北方者，阴气在黄泉之下，任养万物，水之为言准也。阴化沾濡，任生木，木在东方者，阳气始动，万物始生，木之为言触也。阳气动，跃火在南方，阳在上，万物垂枝，火之为言委随也，万物布施，火之为言化也，阳气用事，万物变化也。金在西方者，阴始起万，万物禁止，金之为言禁也。土在中央，中央者土，土主吐，万物土之为言吐也。'《乐记》曰：'春生夏长，秋收冬藏，土所以不名时者。地，土之别名也，比于五行最尊，故自居部职也。'"

[107] 阮注云："仁及飞走，则龟龙麟凤在沼薮，故乐形仁声也。"按：阮逸以龟、龙、麟、凤为四畜。《礼记·礼运》云："麟、凤、龟、龙，谓之四灵。"

龟，《初学记》卷三十《鸟部》云："《洛书》曰：'灵龟者，玄文五色，神龟之精也。上隆法天，下平法地，能见存亡，明于吉凶，王者不偏党，尊者老则出。'《洪范·五行》曰：'龟之言久也，千岁而灵，此禽兽而知吉凶者也。'《周官》：'龟人掌六龟之属，各有名物，天龟曰灵属，地龟曰绎属，东龟曰果属，西龟曰蠵属，南龟曰猎属，北龟曰若属。各以方色与其体辨之。'"

龙，《初学记》卷三十《鸟部》云："《说文》曰：'龙，鳞虫之长。能幽能明，能小能大，能长能短，春分而登天，秋分而入川。'《广雅》云：'有鳞曰蛟龙，有翼曰应龙，有角曰虬龙，无角曰螭龙。'《方言》曰：'龙未升天曰蟠龙。'《河图》曰：'黄金千岁生黄龙，青金千岁生青龙，赤白之金千岁各生龙。'《左传》曰：'古者畜龙，故国有豢龙氏、御龙氏，昔有飂叔安，有裔子曰董安，实甚好龙，能求其嗜欲以饮食之，龙多归之，乃扰畜龙以服事舜帝，舜赐姓董氏。'《元命苞》曰：'龙之言萌也，阴之中阳，故龙举而云兴。'《山海经》曰：'应龙处南极，杀蚩尤与夸父不得复上，应龙遂在地故下数旱，旱而为应龙状，乃得大雨。'"

麟，《初学记》卷二十九《兽部》云："《尔雅》曰：'麟，麕身牛尾一角。'《说文》曰：'麒麟，仁兽也。'《春秋保干图》曰：'岁星散为麟。'《尚书中侯》曰：'黄帝时，麒麟在囿。'《毛诗义疏》曰；

'麟，马足，黄色圆蹄，角端有肉，音中黄钟，王者至仁则出。'《大戴礼》曰：'毛虫三百六十，而麟为之长。'《礼记》曰：'麟、凤、龟、龙，谓之四灵，麟以为畜，则兽不狨。'蔡邕《月令》曰：'天宫五兽，中有大角轩辕麒麟之信。凡麟，生于火，游于土，故修其母，致其子，五行之精也。视明礼修则麒麟臻。'《左传》曰：'鲁哀公十四年春，西狩获麟。叔孙氏之车子鉏商获之，以为不祥，以赐虞人，仲尼观之，曰：麟也，然后取之。'《春秋感精符》曰：'麟一角，明海内共一主也，王者不刳胎，不剖卵，则出于郊。'"

凤，《初学记》卷三十《鸟部》云："《孔演图》曰：'凤，火精。'《毛诗草虫鱼经》曰：'雄曰凤，雌曰皇。其雏为鸑鷟。或曰：凤皇一名鸑鷟，一名鹓。'《毛诗疏》曰：'凤非梧桐不栖，非竹实不食。'《论语摘衰圣》曰：'风有六像、九苞。六像者，一曰头像天，二曰目像日，三曰背像月，四曰翼像风，五曰足像地，六曰尾像纬。九苞者，一曰口包命，二曰心合度，三曰耳听达，四曰舌诎伸，五曰彩色光，六曰冠矩州，七曰距锐钩，八曰音激扬，九曰腹文户。行鸣曰归嬉，止鸣曰提扶，夜鸣曰善哉，晨鸣曰贺世，飞鸣曰郎都。知我唯黄，持竹实来，故子欲居九夷，从凤嬉。'许慎《说文》曰：'风，神鸟也。'"

[108] 阮注云："汉以后，立孔子祠。"

[109] 阮注云："春秋行，法君父，尊诗序，人伦夫妇正。"按：《论语·颜渊》云："齐景公问政于孔子。孔子对曰：君君、臣臣、父父、子子。"公曰："善哉！信如君不君，臣不臣，父不父，子不子，虽有粟，吾得而食诸？"

[110] 阮注云："言无穷。"按：太极，《太平御览》卷一《天部》云："《易·系辞》曰：'易有太极，是生两仪，两仪生四象，四象生八卦。'《汉书·律历志》曰：'太极元气，函三为一。'又曰：'太极，中央元气，故为黄钟。'又曰：'元以统始，易太极之首也。'《帝王世系》曰：'质形已具，谓之太极。'《乐动声仪》曰：'神守于心，游于目，穷于耳，往乎万里而至疾，故不得而速，从胸臆之中而彻，太极援引，无题人神，皆感神明之应，音声相合。'"神道，《易·系辞》曰："阴阳不测之谓神。"又曰："知变化之道者，其知神之所为乎？唯神也，故不疾而速，不行而至。"

[111] 阮注云："孝逸未见夫子，谓文中子也。"按：王孝逸，名贞，字孝逸，文中子弟子。《隋书·文学传》云："王贞字孝逸，梁郡陈留人也。少聪明，七岁好学，善《毛诗》、《礼记》、《左氏传》《周易》，诸子百家，无不毕览。善属文词，不治产业，每以讽读为娱。开皇初，汴州刺史樊叔略引为主簿，后举秀才，授县尉，非其好也，谢病于家。炀帝即位，齐王暕镇江都，闻其名，以书召之。……及贞至，王以客礼待之，朝夕遣问安不。又索文集。……齐王览所上文集，善之，赐良马四匹。贞复上《江都赋》，王赐钱十万贯、马二匹。未几，以疾甚还乡里，终于家。"《隋书》所说的王孝逸，善属文，有文集。在《中说·礼乐篇》云："子曰：妖义之辩，李靖之智，贾琼、魏徵之正，薛收之仁，程元、王孝逸之文，加之以笃固，申之以礼乐，可以成人矣。"从文中子对诸弟子的评价中可以看出，王孝逸的文章很出色，亦与其他弟子等列论之，当属弟子无疑。再者，《中说·立命篇》非常明确地说："琼曰：夫子十五为人师。陈留王孝逸，先达之慎者也，然白首北面，岂在年乎？"然《中说·关朗篇》和《文中子世家》中谈到文中子弟子时均未提到，然从《中说》各篇来看，应为文中子弟子。在《中说》中和文中子对话比较多，前后有十次之多。且《中说·周公篇》云："子谓贾琼、王孝逸、凌敬曰：诸生何乐？……王孝逸曰：乐闻过。"文中子所称"诸生"者，必为其弟子，此孝逸为文中子门人之证也。

[112] 阮注云："责言玷。"

[113] 阮注云："《诗》云：欲报之德，旻天罔极。言孔子生民之师，大于生我、鞠我者之恩。"

[114] 阮注云："拟人必于其伦，不可汩乱。谦也。"

[115] 韦鼎，史无传记，事迹不详。《中说》中只出现过一次，看不出有无师徒关系，故慎而列其为交游问学者。

[116] 阮注云："韦鼎未见不言，谓目击道存。"

[117] 阮注云："不得其言，而得其志。"

[118] 阮注云："祜字叔子，晋欲平吴，以祜督荆州，遂怀吴人，吴之降者欲去，则听之。逊字伯言，为吴大将军，攻晋襄阳，获生口即还之。二贤者皆仁。"按：羊祜，西晋开国元勋，博学能文，清廉正直，娶夏侯霸之女为妻，曾拒绝曹爽和司马昭的多次征辟，后为朝廷公交车征拜。司马昭建五等爵制时以功封为巨平子，与荀勖一起共掌机密。晋代魏后司马炎有吞吴之心，乃命羊祜坐镇襄阳都督荆州诸军事。在之后的十年里，羊祜屯田兴学，以德怀柔，深得军民之心；一方面又缮甲训卒，广为戎备，做好了伐吴的军事和物质准备，并在吴将陆抗去世后上表奏请伐吴，却遭到了众大臣的反对。咸宁四年（278 年），羊祜抱病回洛阳，同年十一月病故，并在临终前举荐杜预自代。《晋书·羊祜传》云："泰始之际，人祗呈觊，羊公起平吴之策，其见天地之心焉。昔齐有黔夫，燕人祭北门之鬼；赵有李牧，秦王罢东并之势。桑枝不竞，瓜润空惭。垂大信于南服，倾吴人于汉渚，江衢如砥，襁袏同归。而在乎成功弗居，幅巾穷巷，落落焉其有风飙者也。……汉池石险，吴江左回。羊公恩信，百万归来。"《晋阳秋》云："抗与羊祜推侨、札之好。抗尝遗祜酒，祜饮之不疑。抗有疾，祜馈之药，抗亦推心服之。于时以为华元、子反复见于今。"陆游《水调歌头·多景楼》云："不见襄阳登览，磨灭游人无数，遗恨黯难收。叔子独千载，名与汉江流。"陆逊，《三国志·陆逊传》云："陆逊字伯言，吴郡吴人也。本名仪，世江东大族。逊少孤，随从祖庐江太守康在官。……孙权为将军，逊年二十一。始仕幕府，历东西曹令史，出为海昌屯田都尉，并领县事。县连年亢旱，逊开仓谷以振贫民，劝督农桑，百姓蒙赖。……权以兄策女配逊，数访世务。……黄龙元年，拜上大将军、右都护。是岁，权东巡建业，留太子、皇子及尚书九官，征逊辅太子，并掌荆州及豫章三郡事，董督军国。……二年春，就拜大司马、荆州牧。……三年夏，疾病。……秋遂卒，子晏嗣。晏及弟景、玄、机、云、分领抗兵。……评曰：刘备天下称雄，一世所惮，陆逊春秋方壮，威名未着，摧而克之，罔不如志。予既奇逊之谋略，又叹权之识才，所以济大事也。及逊忠诚恳至，忧国亡身，庶几社稷之臣矣。抗贞亮筹干，咸有父风，奕世载美，具体而微，可谓克构者哉！"

[119] 阮注云："不悟讽己。"

[120] 阮注云："折，横也。衡，直也。麾兵横直，犹辩纵横，晏子用此。"

[121] 文中子自长安归，隐居教授于河汾，潜心撰着。《文中子世家》云："大业元年，一征又不至，辞以疾。谓所亲曰："我周人也，家于祁。永嘉之乱，盖东迁焉，高祖穆公始事魏。魏、周之际，有大功于生人，天子锡之地，始家于河汾，故有坟陇于兹四代矣。兹土也，其人忧深思远，乃有陶唐氏之遗风，先君之所怀也。有敝庐在茅檐，土阶撮如也。道之不行，欲安之乎？退志其道而已。"乃续《诗》《书》，正《礼》《乐》，修《元经》，赞《易》道，九年而六经大就。"撰《续六经》，即《礼论》二十五篇，列为十卷。《乐论》二十篇，列为十卷。《续书》一百五十篇，列为二十五卷。《续诗》三百六十篇，列为十卷。《元经》五十篇，列为十五卷。《赞易》七十篇，列为十卷。

[122] 阮注云："不假借。"

[123] 阮注云："正家，以正天下。"按：《尚书·舜典》云："慎徽五典，五典克从。"孔颖达疏曰："徽，美也。五典，五常之教。父义、母慈、兄友、弟恭、子孝。"故五典即五常。《尚书·泰誓》云："今商王受，狎侮五常，荒怠弗敬。"孔颖达疏曰："五典即五常，谓父义、母慈、兄友、弟恭、子孝五者，人之常行，法天明道为之。"《孟子·滕文公上》云："饱食、暖衣、逸居而无教，则近于禽兽。圣人有忧之，使契为司徒，教以人伦。父子有亲、君臣有义、夫妇有别、长幼有序、朋友有信。"此即"五伦"，三纲源于五伦。《左传·文公十八年》云："舜臣尧，举八恺，使主后土，以揆百事，莫不时序，地平天成；举八元，使布五教于四方，父义、母慈、兄友、弟恭、子孝，内平外成。"《白虎通·三纲六纪》云："三纲者，何谓也。谓君臣、父子、夫妇也。君臣父子夫妇六人也，所以称三纲何？一阴一阳谓之道。阳得阴而成，阴得阳而序，刚柔相配，故六人为三纲云云。六纪者，为三纲之纪者也。师长，君臣之纪也。诸父兄弟，父子之纪也。诸舅朋友，夫妇之纪也。"西汉武帝后，国力强盛，皇权

扩大，于是三纲观念高度礼教化，如《礼纬含文嘉》云："君为臣之纲，父为子之纲，夫为妇之纲。"于是五伦，五常之德，变成了礼教的纲常、纲纪，这是先秦道德观念转化为礼教准则的重要时期。

[124] 阮注云："隋多无功食禄。"按：王道，《尚书·洪范》云："无偏无陂，遵王之义；无有好作，遵王之道；无有作恶，遵王之路。无偏无党，王道荡荡；无党无偏，王道平平；无反无侧，王道正直。"《春秋繁露·王道》云："《春秋》何贵乎？元而言之，元者，始也，言本正也，道王道也。王者，人之始也。王正则元气和顺，风雨时，景星见，黄龙下；王不正则上变天，贼气竞见。五帝三王之治天下，不敢有君民之心，什一而税，教以爱，使以忠，敬长老，亲亲而尊尊，不夺民事，使民不过岁三日。民家给人足，无怨望，忿怒之患，强弱之难，无谄贼妒忌之人，民修德而美好，被发衔哺而游，不慕富贵，耻恶不犯。父不哭子，兄不哭弟，毒虫不螫，猛兽不搏，抵虫不触。故天为之下，甘露朱草生，醴泉出，风雨时，嘉禾兴，凤凰、麒麟游于郊。囹圄空虚，画衣裳而民不犯，四夷传译而朝，民情至朴而不文，郊天祀地，秩山川以时至。封于泰山，禅于梁父。立明堂宗祀，先帝以祖配天，天下诸侯，各以其职来祭，贡土地所有，先以入宗庙，端冕盛服而后。见先德，恩之报，奉元之应也。"《史记》卷十四《十二诸侯年表序》云："是以孔子明王道，干七十余君，莫能用，故西观周室，论史记旧闻，兴于鲁而次《春秋》，上记隐，下至哀之获麟，约其辞文，去其烦重，以制义法，王道备，人事浃。"章学诚《文史通义·原道上》云："周公集羲、轩、尧、舜以来之大成，周公固学于历圣而集之，无历圣之道法，则固无以成其周公也。孔子非集伯夷、尹、惠之大成，孔子固未尝学于伯夷、尹、惠，且无伯夷、尹、惠之行事，岂将无以成其孔子乎？"

[125] 阮注云："《续书》有《七制》，皆汉之贤君立，文武之功业者，高祖、孝文、孝武、孝宣、光武、孝明、孝章是也。"按：《中说》中的《天地篇》和《礼乐篇》都有对"七制"的赞美。

[126] 阮注云："不可视，犹子也。哭寝则太亲，不可视犹朋友也。哭野则太疏，古折衷于寝门之外。"按：寝门，《礼记·檀弓上》云："伯高死于卫，赴于孔子。孔子曰：'吾恶乎哭诸？兄弟，吾哭诸庙；父之友，吾哭诸庙门之外；师，吾哭诸寝；朋友，吾哭诸寝门之外；所知，吾哭诸野。于野则已疏；于寝则已重。夫由赐也见我，吾哭诸赐氏。'遂命子贡为之主。"《礼记·丧大记》云："君之丧：三日，子、夫人杖；五日既殡，授大夫、世妇杖。子、大夫寝门之外杖，寝门之内辑；夫人、世妇在其次则杖，即位则使人执之。"李商隐《哭刘蕡》云："上帝深宫闭九阍，巫咸不下问衔冤。黄陵别后春涛隔，溢浦书来秋雨翻。只有安仁能作诔，何曾宋玉解招魂。平生风义兼师友，不敢同君哭寝门。"

[127] 阮注云："知生者吊，彼吊我，失其助，故拜之。"

[128] 阮注云："玠字叔宝，善谈玄理，有情怨理遣之谈。"按：《晋书》卷三十六《卫瓘传》附有卫玠传。《传》云："玠字叔宝，年五岁，风神秀异。祖父瓘曰：'此儿有异于众，顾吾年老，不见其成长耳！'总角乘羊车入市，见者皆以为玉人，观之者倾都。骠骑将军王济，玠之舅也，俊爽有风姿，每见玠，辄叹曰：'珠玉在侧，觉我形秽。'又尝语人曰：'与玠同游，冏若明珠之在侧，朗然照人。'及长，好言玄理。其后多病体羸，母恒禁其语。遇有胜日，亲友时请一言，无不咨嗟，以为入微。琅邪王澄有高名，少所推服，每闻玠言，辄叹息绝倒。故时人为之语曰：'卫玠谈道，平子绝倒。'澄及王玄、王济并有盛名，皆出玠下，世云'王家三子，不如卫家一儿。'玠妻父乐广，有海内重名，议者以为'妇公冰清，女婿玉润。'辟命屡至，皆不就久之，为太傅西阁祭酒，拜太子洗马。璪为散骑侍郎，内侍怀帝。玠以天下大乱，欲移家南行。母曰：'我不能舍仲宝去也。'玠启谕深至，为门户大计，母涕泣从之。临别，玠谓兄曰：'在三之义，人之所重。今可谓致身之日，兄其勉之。'乃扶舆母转至江夏。玠妻先亡。征南将军山简见之，甚相钦重。简曰：'昔戴叔鸾嫁女，唯贤是与，不问贵贱，况卫氏权贵门户令望之人乎！'于是以女妻焉。遂进豫章，是时大将军王敦镇豫章，长史谢鲲先雅重玠，相见欣然，言论弥日。敦谓鲲曰：'昔王辅嗣吐金声于中朝，此子复玉振于江表，微言之绪，绝而复续。不意永嘉之末，复闻正始之音，何平叔若在，当复绝倒。'玠尝以人有不及，可以情恕；非意相干，可以

理遣，故终身不见喜愠之容。以王敦豪爽不群，而好居物上，恐非国之忠臣，求向建邺。京师人士闻其姿容，观者如堵。玠劳疾遂甚，永嘉六年卒，时年二十七，时人谓玠被看杀。葬于南昌。”《世说新语》卷上《文学第四》第十四条云：“卫玠总角时问乐令梦，乐云：‘是想。’卫曰：‘形神所不接而梦，岂是想邪？’乐云：‘因也。未尝梦乘车入鼠穴，捣韲铁杵，皆无想无因故也。’卫思因经日不得，遂成病。乐闻，故命驾为剖析之。卫即小差，乐叹曰：‘此儿胸中当必无膏盲之疾。’”

[129] 阮注云：“量宽而已。”

[130] 阮注云：“宽似仁。”

[131] 阮注云：“仁道至大，非但宽。”

[132] 阮注云：“籍字嗣宗，口不论人之过。”按：《晋书》卷四十九云：“阮籍，字嗣宗，陈留尉氏人也。父瑀，魏丞相掾，知名于世。籍容貌瑰杰，志气宏放，傲然独得，任性不羁，而喜怒不形于色。或闭户视书，累月不出；或登临山水，经日忘归。博览群籍，尤好《庄》《老》。嗜酒能啸，善弹琴。当其得意，忽忘形骸。时人多谓之痴，惟族兄文业每叹服之，以为胜己，由是咸共称异。……宣帝为太傅，命籍为从事中郎。及帝崩，复为景帝大司马从事中郎。高贵乡公即位，封关内侯，徙散骑常侍。籍本有济世志，属魏、晋之际，天下多故，名士少有全者，籍由是不与世事，遂酣饮为常。文帝初欲为武帝求婚于籍，籍醉六十日，不得言而止。钟会数以时事问之，欲因其可否而致之罪，皆以酣醉获免。及文帝辅政，籍尝从容言于帝曰：‘籍平生曾游东平，乐其风土。’帝大悦，即拜东平相。……籍闻步兵厨营人善酿，有贮酒三百斛，乃求为步兵校尉。遗落世事，虽去佐职，恒游府内，朝宴必与焉。会帝让九锡，公卿将劝进，使籍为其辞。籍沈醉忘作，临诣府，使取之，见籍方据案醉眠。使者以告，籍便书案，使写之，无所改窜。辞甚清壮，为时所重。籍虽不拘礼教，然发言玄远，口不臧否人物。性至孝，母终，正与人围棋，对者求止，籍留与决赌。既而饮酒二斗，举声一号，吐血数升。及将葬，食一蒸肫，饮二斗酒，然后临诀，直言穷矣，举声一号，因又吐血数升，毁瘠骨立，殆致灭性。裴楷往吊之，籍散发箕踞，醉而直视，楷吊唁毕便去。或问楷：‘凡吊者，主哭，客乃为礼。籍既不哭，君何为哭？’楷曰：‘阮籍既方外之士，故不崇礼典。我俗中之士，故以轨仪自居。’时人叹为两得。籍又能为青白眼，见礼俗之士，以白眼对之。及嵇喜来吊，籍作白眼，喜不怿而退。喜弟康闻之，乃赍酒挟琴造焉，籍大悦，乃见青眼。由是礼法之士疾之若仇，而帝每保护之。……景元四年冬卒，时年五十四。籍能属文，初不留思。作《咏怀诗》八十余篇，为世所重。着《达庄论》，叙无为之贵。文多不录。籍尝于苏门山遇孙登，与商略终古及栖神导气之术，登皆不应，籍因长啸而退。至半岭，闻有声若鸾凤之音，响乎岩谷，乃登之啸也。遂归着《大人先生传》。”

[133] 阮注云：“慎言而已。”

[134] 阮注云：“慎似仁。”

[135] 阮注云：“仁非至慎。”

[136] 阮注云：“凌敬，未见。”按：凌敬，文中子门人，事迹甚略。关于凌敬的事迹，从《元和姓纂》卷四、《旧唐书》卷五十四和《新唐书》卷八十五都有一些零星的记载可知，凌敬，荥阳管城人，从窦建德，官至国子祭酒。入唐，官至魏王文学。《旧唐书》卷五十四《窦建德传》云：“尝破赵州，执刺史张昂、邢州刺史陈君宾、大使张道源等，以侵轶其境，窦建德将戮之。其国子祭酒凌敬进曰：‘夫犬各吠非其主，今邻人坚守，力屈就擒，此乃忠确士也。若加戮害，何以劝大王之臣乎？’建德盛怒曰：‘我至城下，犹迷不降，劳我师旅，罪何可赦？’敬又曰：‘今大王使大将军高士兴于易水抗御罗艺，兵才至，士兴即降，大王之意复为可否？’建德乃悟，即命释之。”《续修四库全书》集部、别集类吕才《王无功集序》云：“窦建德始称夏王，其下中书侍郎凌敬，学行之士也，与君（王绩）有旧，君依之数月。敬知君妙于历象，访以当时休咎，君曰：‘人事观之，足可不俟终日，何遽问此？’敬曰：‘王生要当赠我一言。’君曰：‘以星道推之，关中福地也。’敬曰：‘我亦为然。’君遂去，还龙门。建德败后，君入长安，见敬曰：‘曩时之言，何其应验也。’”王绩能投依凌敬，可见两人以前关系

之和睦，此亦证凌敬年轻时曾为学于文中子。《中说·周公》亦云："子谓贾琼、王孝逸、凌敬曰：'诸生何乐？'"亦证凌敬为学于文中子。

[137] 阮注云："以己心为人之心曰恕。孟子曰：幼吾幼以及人之幼，是恕也。"

[138] 阮注云："仁，无为而理智，达于未乱之前，义，制于己然之后。"

[139] 阮注云："刚必果，介自异。"

[140] 阮注云："行成德，德成道，德行成身，道施天下。"

[141] 阮注云："《周礼·师氏》'三德'云。"按：《周礼·地官司徒·师氏》云："师氏掌以媺诏王。以三德教国子，一曰至德，以为道本；二曰敏德，以为孝本；三曰孝德，以知逆恶。"

[142] 阮注云："《易·系辞》云。"按：《易·系辞上》云："引而伸之，触类而长之，天下之能事毕矣。显道神德行，是故可与酬酢，可与佑神矣。"

[143] 阮注云："本诸身曰自出。"

[144] 阮注云："无体则无方。"按：《易·系辞上》云："子曰：知变化之道者，其知神之所为乎？"

[145] 阮注云："和而有恒曰义，反是曰利。"按：《论语·宪问》云："子路问成人。子曰：'若臧武仲之知，公绰之不欲，卞庄子之勇，冉求之艺，文之以礼乐，亦可以为成人矣。'曰：'今之成人者何必然？见利思义，见危授命，久要不忘平生之言，亦可以为成人矣。'"《论语·里仁》云："君子喻于义，小人喻于利。"《荀子·荣辱》云："荣辱之大分，安危利害之常体：先义而后利者荣，先利而后义者辱。荣者常通，辱者常穷。通者常制人，穷者常制于人，是荣辱之大分也。"《国语·晋语》云："义以生利，利以养民。"《春秋繁露》卷九《身之养重于义》云："天之生人也，使人生义与利，利以养其体，义以养其心，心不得义不能乐，体不得利不能安。义者，心之养也；利者，体之养也。体莫贵于心，故养莫重于义。义之养生人大于利，奚以知之？"

[146] 阮注云："汉云中郡，唐延州。"按：《元和郡县图志》卷十四《河东道三》云："云州，《禹贡》冀州之域。虞及周属并州。春秋时为北狄地。战国时其地属赵，其后武灵王自代至高阙为塞，而置云中、雁门、代郡。今州即秦雁门郡地，在汉雁门郡之平城县也。……云门县，本汉平城县，属雁门郡。汉末大乱，其地遂空。魏武帝又立平城县，属新兴郡。晋改属雁门郡。后魏于此建都，属代尹，孝文帝改代尹为恒州，县属不改。隋为云内县属马邑郡。贞观十四年，朔州北界定襄城移于此，后为默啜所破，移百姓至朔州。开元十八年，又置云中县，属云州。"

[147] 阮注云："河中有龙门县。"按：《元和郡县图志》卷十二《河东道一》云："龙门县，古耿国，殷王祖乙所都，晋献公灭之以赐赵凤。秦置为皮氏县，汉属河东郡。后魏太武帝改皮氏为龙门县，因龙门山为名，属北乡郡。隋开皇三年废郡，以县属绛州，十六年割属蒲州。武德三年属泰州，贞观十七年废泰州，县属绛州。汾水，北去县五里。汉武帝行幸河东，作《秋风辞》，即此水也。古耿城，在县南十二里，古耿国也。伏龙原，在县西南十八里。黄河，北去县二十五里，即龙门口也。《禹贡》曰：'浮于积石，至于龙门，'注曰：'龙门山，河东之西界。'大禹导河积石，疏决龙门，即斯处也。河口广八十步，岩际镌迹，遗功尚存。《三秦记》曰：'河津一名龙门，水陆不通，鱼鳖之属莫能上。江海大鱼集龙门下数千不得上，上则为龙，故曰'曝鳃龙门'。《水经注》曰：'其鱼出巩县巩穴，每年三月则上渡龙门，得则为龙，否则点额而还。'"

[148] 阮注云："险不可恃。"

[149] 《元和郡县图志》卷十二《河东道一》云："龙门关，在县西北二十二里。大禹祠，在县西二十五里龙门山上。隋末摧毁，贞观九年奉敕更令修理。高祖神尧皇帝庙，在禹庙南绝顶之上，画行幸仪卫之像，盖义宁初义旗以此也。"

[150] 阮注云："文，未见。"按：献公，济州刺史一，安康献公，文中子祖父也。

[151] 阮注云："刘峻字孝标，性率多毁，时任昉死，有子东里，冬衣葛裘。孝标作《绝交论》，以讥任公之友，然又彰任公，不知人耳。"按：《梁书》卷五十《文学下》云："刘峻，字孝标，平原平

原人。父踅，宋始兴内史。峻生期月，母携还乡里。宋泰始初，青州陷魏，峻年八岁，为人所略至中山，中山富人刘实愍峻，以束帛赎之，教以书学。魏人闻其江南有戚属，更徙之桑干。峻好学，家贫，寄人庑下，自课读书，常燃麻炬，从夕达旦，时或昏睡，爇其发，既觉复读，终夜不寐，其精力如此。齐永明中，从桑干得还，自谓所见不博，更求异书，闻京师有者，必往祈借，清河崔慰祖谓之"书淫"。时竟陵王子良开招学士，峻因人求为子良国职，吏部尚书徐孝嗣抑而不许，用为南海王侍郎，不就。至明帝时，萧遥欣为豫州，为府刑狱，礼遇甚厚。遥欣寻卒，久之不调。天监初，召入西省，与学士贺踪校秘书。峻兄孝庆，时为青州刺史，峻请假省之，坐私载禁物，为有司所奏，免官。安成王秀好峻学，及迁荆州，引为户曹参军，给其书籍，使抄录事类，名曰《类苑》。未及成，复以疾去，因游东阳紫岩山，筑室居焉。为《山栖志》，其文甚美。高祖招文学之士，有高才者，多被引进，擢以不次。峻率性而动，不能随众沉浮，高祖颇嫌之，故不任用。乃着《辨命论》以寄其怀。"

[152]刘孝标《辨命论》《广绝交论》，篇制宏大，立论高远，情调激越，别具一格。《辨命论》的主旨，是说天命不可知、不可求，与人的才智及善恶无关，亦非鬼神所能干预，着重抒发怀才不遇之士对自身命运无可奈何、愤愤不平的牢骚。当时流行的因果报应说，实际是肯定了各人的遭遇均缘自自身，有合理性；刘峻则强调"命"只是人不能不受其支配的东西，无所谓合理。并且，由于文中大量铺叙善不得报、才无所用的事实，实际是指出了现实中充满了不合理的现象。《广绝交论》为推演东汉朱穆的《绝交论》。写作的契机，是因其生前喜奖掖人士，死后其诸子穷困潦倒，无一人相助。文章由此出发，历数现实社会中人与人均以利相交的丑恶现象。二文均以铺排见长，有战国纵横家遗风，又使用南朝骈俪句式，深于刻画。

[153]阮注云："孔明言普天之下莫非汉民，志在天下，非蜀而已。亮未死，必可功成治定。"按：诸葛亮，《三国志·蜀志》有传。

[154]阮注云："夏候玄字太初，着《乐毅论》，言不拔即墨及莒二城者，其志以天下为心，非兼并齐国而已，仁哉！美毅不屠城，善藏用也，智哉！美太初能发明毅之仁也。"按：夏候玄，三国时期亳州人，征西将军。早期玄学领袖、书法家，着有《夏候玄集》，今佚。《三国志·魏志》有传。《乐毅论》，记战国时期燕国名将乐毅之事迹，后王羲之以小楷抄写，此帖历来辗转摹刻极多，以"越州石氏本"和"余清斋帖本"最著名，存其帖为今北京故宫博物院所藏的《余清斋贴》本。

[155]阮注云："阮瞻作《无鬼论》，谓可以辨幽明，盖不知圣人不语之言。"按：《晋书》卷二十九云："瞻字千里。性清虚寡欲，自得于怀。读书不甚研求，而默识其要，遇理而辩，辞不足而旨有余。善弹琴，人闻其能，多往求听，不问贵贱长幼，皆为弹之。神气冲和，而不知向人所在。内兄潘岳每令鼓琴，终日达夜，无怜色。由是识者叹其恬澹，不可荣辱矣。举止灼然。见司徒王戎，戎问曰：'圣人贵名教，老庄明自然，其旨同异？'瞻曰：'将无同。'戎咨嗟良久，即命辟之。时人谓之'三语掾'。大尉王衍亦雅重之。瞻尝群行，冒热渴甚，逆旅有井，众人竞趋之，瞻独逡巡在后，须饮者毕乃进，其夷退无竞如此。东海王越镇许昌，以瞻为记室参军，与王承、谢鲲、邓攸俱在越府。越与瞻等书曰：'礼，年八岁出就外傅，明始可以加师训之则；十年曰幼学，明可渐先王之教也，然学之所入浅，体之所安深。是以闲习礼容，不如式瞻仪度；讽诵遗言，不若亲承音旨。小儿眦既无令淑之质，不闻道德之风，望诸君时以闲豫，周旋海接。'永嘉中，为太子舍人。瞻素执无鬼论，物莫能难，每自谓此理足以辩正幽明。忽有一客通名诣瞻，寒温毕，聊谈名理。客甚有才辩，瞻与之言，良久及鬼神之事，反复甚苦。客遂屈，乃作色曰：'鬼神，古今圣贤所共传，君何得独言无！即仆便是鬼。'于是变为异形，须臾消灭。瞻默然，意色大恶。后岁余，病卒于仓垣，时年三十。"

[156]《论语·先进》云："季路问事鬼神。子曰：'未能事人，焉能事鬼？'曰：'敢问死。'曰：'未知生，焉知死。'"《论语·述而》云："子不语怪、力、乱、神。"《论语·雍也》云："樊迟问知。子曰：'务民之意，敬鬼神而远之，可谓知矣。'"《论语·为政》云："非其鬼而祭之，谄也。见义不为，无勇也。"

卷二　天地篇

子曰："圆者动，方者静。其见天地之心乎？"[1]

子曰："智者乐，其存物之所为乎[2]？仁者寿，其忘我之所为乎[3]？"

子曰："义也清而庄[4]，靖也惠而断[5]，威也和而博[6]，收也旷而肃[7]，琼也明而毅[8]，淹也诚而厉[9]，玄龄志而密[10]，徵也直而遂[11]，大雅深而弘[12]，叔达简而正[13]。若逢其时，不减卿相，然礼乐则未备[14]。"

或曰："董常何人也？"子曰："其动也权[15]，其静也至[16]。其颜氏之流乎[17]？"

叔恬曰："山涛为吏部，拔贤进善，时无知者。身殁之后，天子出其奏于朝，然后知群才皆涛所进。如何？子曰："密矣。"[18]曰："仁乎？"子曰："吾不知也。"

李密见子而论兵[19]。子曰："礼信仁义，则吾论之；孤虚诈力，吾不与也。"[20]

李伯药见子而论诗[21]。子不答。伯药退谓薛收曰："吾上陈应、刘，下述沈、谢[22]，分四声八病[23]，刚柔清浊，各有端序[24]，音若埙、篪[25]。而夫子不应我，其未达欤？"薛收曰："吾尝闻夫子之论诗矣：上明三纲，下达五常[26]。于是征存亡，辩得失。故小人歌之以贡其俗，君子赋之以见其志[27]，圣人采之以观其变[28]。今子营营驰骋乎末流，是夫子之所痛也，不答则有由矣[29]。"

子曰："学者，博诵云乎哉？必也贯乎道。文者，苟作云乎哉？必也济乎义。"[30]

内史薛公见子于长安[31]，退谓子收曰：《河图》《洛书》[32]，尽在是矣。汝往事之，无失也[33]。"

子曰："士有靡衣鲜食而乐道者，吾未之见也。"[34]

子谓魏徵曰："汝与凝皆天之直人也。徵也遂，凝也挺，若并行于时，有用舍焉。"[35]

子谓李靖曰："凝也若容于时，则王法不挠矣。"[36]

李靖问任智如何，子曰："仁以为己任。小人任智而背仁为贼[37]，君子任智而背仁为乱[38]。"

薛收问仲长子光何人也[39]。子曰："天人也。"收曰："何谓天人？"子曰："眇然小乎！所以属于人；旷哉大乎！独能成其天。"[40]

贾琼问君子之道。子曰："必先恕乎？"[41]曰："敢问恕之说。"子曰："为人子者，以其父之心为心[42]；为人弟者，以其兄之心为心[43]。推而达之于天下，斯可矣[44]。"

子曰："君子之学进于道[45]，小人之学进于利[46]。"

楚难作，使使召子，子不往。谓使者曰："为我谢楚公[47]。天下崩乱，非王公血诚不能安。苟非其道，无为祸先[48]。"

李密问王霸之略。子曰："不以天下易一民之命。"[49]李密出，子谓贾琼曰："乱天下者必是夫也。幸灾而念祸，爱强而愿胜，神明不与也。"[50]

子居家，虽孩孺必狎[51]。其使人也，虽童仆必敛容[52]。

子曰："我未见知命者也。"[53]

子曰："不就利，不违害，不强交，不苟绝[54]，惟有道者能之[55]。"

子躬耕。或问曰："不亦劳乎？"子曰："一夫不耕，或受其饥，且庶人之职也[56]。亡职者，罪无所逃天地之间，吾得逃乎[57]？"

子艺黍登场，岁不过数石，以供祭祀[58]、冠婚[59]、宾客之酒也[60]，成礼则止。子之室，酒不绝[61]。

薛方士问葬[62]。子曰："贫者敛手足，富者具棺椁[63]，封域之制无广也[64]，不居良田[65]。古者不以死伤生，不以厚为礼。"

陈叔达问事鬼神之道。子曰："敬而远之。"[66]问祭。子曰："何独祭也，亦有祀焉，有祭焉，有享焉[67]。三者不同，古先圣人所以接三才之奥也[68]。达兹三者之说，则无不至矣[69]。"叔达俯其首[70]。

子曰："王猛有君子之德三焉：其事上也密，其接下也温，其临事也断。"[71]或问苏绰。子曰："俊人也。"曰："其道何如？"子曰："行于战国可以强，行于太平则乱矣。"[72]问牛弘。子曰："厚人也。"[73]

子观田，魏徵、杜淹、董常至。子曰：“各言志乎？”徵曰：“愿事明王，进思尽忠，退思补过。”[74]淹曰：“愿执明王之法，使天下无冤人。”[75]常曰：“愿圣人之道行于时[76]，常也无事于出处[77]。”子曰：“大哉！吾与常也。”[78]

子在长安。曰：“归来乎！今之好异轻进者，率然而作，无所取焉。”[79]

子在绛[80]，程元者因薛收而来[81]。子与之言六经。元退谓收曰：“夫子载造彝伦，一匡皇极。微夫子，吾其失道左见矣。”[82]

子曰：“盖有慕名而作者，吾不为也。”[83]

叔恬曰：“文中子之教兴，其当隋之季世，皇家之未造乎？将败者吾伤其不得用[84]，将兴者吾惜其不得见[85]。其志勤，其言征，其事以苍生为心乎[86]？”

文中子曰：“二帝三王[87]，吾不得而见也，舍两汉将安之乎[88]？大哉七制之主[89]！其以仁义公恕统天下乎[90]？其役简[91]，其刑清[92]，君子乐其道[93]，小人怀其生[94]。四百年间，天下无二志，其有以结人心乎[95]？终之以礼乐，则三王之举也[96]。”

子曰：“王道之驳久矣[97]，礼乐可以不正乎[98]？大义之芜甚矣[99]，《诗》《书》可以不续乎[100]？”

子曰：“唐虞之道直以大，故以揖让终焉[101]。必也有圣人承之，何必定法[102]？其道甚阔，不可格于后[103]。夏、商之道直以简，故以放弑终焉[104]。必也有圣人扶之，何必在我[105]？其道亦旷，不可制于下[106]。如有用我者，吾其为周公所为乎[107]？”

子燕居，董常、窦威侍[108]。子曰：“吾视千载已上，圣人在上者，未有若周公焉。其道则一，而经制大备[109]，后之为政，有所持循[110]。吾视千载而下，未有若仲尼焉，其道则一，而述作大明[111]，后之修文者，有所折中矣[112]。千载而下，有申周公之事者，吾不得而见也[113]。千载而下，有绍宣尼之业者，吾不得而让也[114]。”

子曰：“常也其殆坐忘乎[115]？静不证理而足用焉[116]，思则或妙[117]。”

李靖问圣人之道。子曰：“无所由，亦不至于彼。”门人曰：“徵也至。”[118]或曰：“未也。”门人惑。子曰：“徵也去此矣，而未至于彼。”[119]或问彼之说。子曰：“彼，道之方也[120]。必也无至乎[121]？”董常闻之悦[122]，门人不达[123]。董常曰:"夫子之道,与物而来,与物而去[124]。来无所从,去无所视[125]。"薛收曰:"大哉,夫子之道!一而已矣。"[126]

子谓程元曰:"汝与董常何如?"程元曰:"不敢企常。常也遗道德[127],元也志仁义[128]。"子曰:"常则然矣,而汝于仁义,未数数然也[129]。其于彼有所至乎[130]?"

子曰:"董常时有虑焉[131],其余则动静虑矣[132]。"

子曰:"孝哉,薛收!行无负于幽明。"[133]

子于是日吊祭,则终日不笑[134]。

或问王隐[135]。子曰:"敏人也。其器明,其才富,其学赡。"或问其道。子曰:"述作多而经制浅,其道不足称也。"[136]

子谓陈寿有志于史,依大义而削异端[137]。谓范宁有志于《春秋》,征圣经而诘众传[138]。子曰:"使陈寿不美于史,迁、固之罪也[139]。使范宁不尽美于《春秋》,歆、向之罪也[140]。"裴晞曰:"何谓也?"子曰:"史之失,自迁、固始也,记繁而志寡[141]。《春秋》之失,自歆、向始也,弃经而任传[142]。"

子曰:"盖九师兴而《易》道微[143],三《传》作而《春秋》散[144]。"贾琼曰:"何谓也?"子曰:"白黑相渝,能无微乎[145]?是非相扰,能无散乎[146]?故齐、韩、毛、郑,《诗》之末也[147];大戴、小戴,《礼》之衰也[148]。《书》残于古、今[149],《诗》失于齐鲁[150]。汝知之乎?"贾琼曰:"然则无师无传可乎?"子曰:"神而明之,存乎其人[151]。苟非其人,道不虚行[152]。必也传,又不可废也[153]。"

子谓叔恬曰:"汝不为《续诗》乎?则其视七代损益,终懑然也。"[154]

子谓:《续诗》可以讽,可以达[155],可以荡,可以独处[156];出则悌,入则孝[157];多见治乱之情[158]。

文中子曰:"吾师也,词达而已矣。"[159]

或问扬雄、张衡[160]。子曰:"古之振奇人也,其思苦,其言艰。"[161]曰:"其道何如?"子曰:"靖矣。"[162]

子曰:"过而不文,犯而不校,有功而不伐,君子人哉!"[163]

子曰:"我未见见谤而喜,闻誉而惧者。"

子曰:"富观其所与[164],贫观其所取[165],达观其所好[166],穷观其所为[167]，可也[168]。"

或问魏孝文[169]。子曰："可与兴化。"[170]

铜川夫人好药[171]，子始述方[172]。芮城府君重阴阳，子始着历日[173]。且曰："吾惧览者或费日也。"[174]

子谓薛知仁善处俗[175]，以芮城之子妻之[176]。

子曰："内难而能正其志[177]，同州府君以之[178]。"

子曰："吾于天下，无去也，无就也，惟道之从。"[179]

注　释

[1] 阮注云："天圆动，地方静，人动静，之中也，中也者，心可见也。"按：《大戴礼记·曾子天圆篇》云："天道曰圆，地道曰方。"《淮南子·天文训》云："方者主幽，圆者主明。"

[2] 阮注云："物之所存，我从而利之，故乐。"

[3] 阮注云："我恶厥功，物将自化，故寿。"

[4] 阮注云："姚义，传未见。清素而端庄。"按：姚义，文中子门人，《隋书》及新、旧《唐书》无载，生平事迹不详。不过王绩在《游北山赋》自注中把姚义列为文中子门人的"等十余人为俊颖"者之一，并言"而姚义多慷慨，同侪方之仲由"。另外，王绩在《答冯子华书》中亦云："吾往见薛收《白牛溪赋》……高人姚义常语曰：薛生此文，不可多得，登太行，俯沧海，高深极矣。……夫思能独放湖海之士，才堪济世，王者所须。所恨姚义不存，薛生已殁，使云罗天网，有所不该，以为双恨耳。"从王绩所述来看，姚义为文中子高足，惜其早卒，未展宏图。《中说·礼乐》云："子至夏城，薛收、姚义后，遇牧豕者问涂焉。牧者曰：从说欤？薛收曰：从王先生也。"此亦可证姚义为文中子徒也。

[5] 阮注云："李靖，本名药师，其舅韩擒虎，伏其论，论兵惠，物而勇端。"按：注见前序。

[6] 阮注云："窦威字文尉，窦后从冗也，和容而博议。"按：窦威，文中子门人。《旧唐书》卷六十一云："窦威字文尉，扶风平陵人，太穆皇后从父兄也。父炽，隋太傅。威家世勋贵，诸昆弟并尚武艺，而威耽玩文史，介然自守，诸兄哂之，谓为'书痴'。隋内史令李德林举秀异，射策甲科，拜秘书郎。秩满当迁，而固守不调，在秘书十余岁，其学业益广。时诸兄并以军功致仕通显，交结豪贵，宾客盈门，而威职掌闲散。……久之，蜀王秀辟为记室，以秀行事多不法，称疾还田里。及秀废黜，府僚多获罪，唯威以先见保全。大业四年，累迁内事舍人，以数陈得失忤旨，转考功郎中，后坐事免，归京师。"高祖入关，召补大丞相府司录参军。时军旅草创，五礼旷坠，威既博物，多识旧仪，朝章国典皆其所定，禅代文翰多参预焉。高祖常谓裴寂曰：'叔孙通不能加也。'武德元年，拜内史令。……及寝疾，高祖自往临问。寻卒，家无余财，遣令薄葬。谥曰靖，赠同州刺史，追封延安郡公。葬日，诏太子及百官并出临送。有文集十卷。

[7] 阮注云："薛收，体旷而志肃。"按：文中子弟子，《旧唐书》卷七十三云："薛收字伯褒，蒲州汾阴人，隋内史侍郎道衡子也。事继从父房以孝闻。年十二，解属文。以父在隋非命，乃洁志不仕。大业末，郡举秀才，固辞不应。义旗起，遁于首阳山，将协义举。蒲州通守尧君素潜知收谋，乃遣人迎收所生母王氏置城内，收乃还城。后君素将应王世充，收遂逾城归国。秦府记室房玄龄荐之于太宗，即日召见，问以经略，收辩纵横，皆合旨要。授秦府主薄，判陕东道大行台金部郎中。时太宗专任征伐，檄书露布，多出于收，言辞敏速，还同宿构，马上即成，曾无点窜。……太宗初年授天策上

将、尚书令……七年，寝疾，太宗遣使临问，相望于道。寻命舆疾诣府，太宗亲以衣袂抚收，论叙生平，潸然流涕。寻卒，年三十三。太宗亲自临哭，哀恸左右。"

[8] 阮注云："贾琼，通明而果毅。"按：详注见前文。

[9] 阮注云："杜淹字执礼，隋隐太白山，来学于子，诚悫而威厉。"按：杜淹，《旧唐书》卷六十六云："如晦叔父淹。淹字执礼。祖业，周豫州刺史。父征，河内太守。淹聪辨多才艺，弱冠有美名，与同郡韦福嗣为莫逆之交，相与谋曰：'上好用嘉遁，苏威以幽人见微，擢居美职。'遂共入太白山，扬言隐逸，实欲邀求时誉。隋文帝闻而恶之，谪戍江表。后还乡里，雍州司马高孝基上表荐之，授承奉郎。大业末，官至御史中丞。……及即位，征拜御史大夫，封安吉郡公，赐实封四百户。以淹多识典故，特诏东宫仪式簿领，并取淹节度。寻判吏部尚书，参议朝政，前后表荐四十余人，后多知名者。……及有疾，太宗亲自临问，赐帛三百匹。贞观二年卒，赠尚书右仆射，谥曰襄。"

[10] 阮注云："房乔字玄龄，隋彦谦之子也。志精而用密。"按：《旧唐书》卷六十六云："房乔字玄龄，齐州临济人。……玄龄幼聪敏，博览经文，工草隶，善属文。尝从其父至京师，时天下宁晏，论者咸以国祚方永，玄龄乃避左右告父曰：'隋帝本无功德，但诳惑黔黎，不为后嗣长计，混诸嫡庶，使相倾夺，储后藩枝，竟崇淫侈，终当内相诛夷，不足保全家国。今虽清平，其亡可翘足而待。'彦谦惊而异之。年十八，本州举进士，授羽骑尉。吏部侍郎高孝基素称知人，见之深相嗟挹，谓裴矩曰：'仆阅人多矣，未见如此郎者。必成伟器，但恨不睹其从鳌凌霄耳。'父病绵历十旬，玄龄尽心药膳，未尝解衣交睫。父终，酌饮不入口者五日。后补隰城尉。会义旗入关，太宗徇地渭北，玄龄杖策谒于军门，温彦博又荐焉。太宗一见，便如旧识，署渭北道行军记室参军。……十七年，与司徒长孙无忌等图形于凌烟阁，赞曰：'才兼藻翰，思如机神。当官励节，奉上忘身。'……寻薨，年七十。废朝三日，册赠太尉、并州都督，谥曰文昭，给东园秘器，陪葬昭陵。"

[11] 阮注云："魏徵字玄成，直道而遂行。"按：详注见前文。

[12] 阮注云："温大雅字彦弘，量深而宽弘。"按：温大雅，《旧唐书》卷六十一云："温大雅字彦弘，太原祁人也。父君悠，北齐文林馆学士，隋泗州司马。大业末，为东宫学士、长安县尉，以父尤去职。后以天下方乱，不求仕进。高祖镇太原，甚礼之。义兵起，引为大将军府记室参军，专掌文翰。禅代之际，与司录窦威、主簿陈叔达参定礼仪。武德元年，历迁黄门侍郎。……太宗即位，累转礼部尚书，封黎国公。……大雅将改葬祖父……葬讫，岁余而卒，谥曰孝。撰《创业起居注》三卷。"

[13] 阮注云："陈叔达字子聪，陈宣帝之幼子也。简静中正。"按：详注见前文。

[14] 阮注云："靖、彦博皆为仆射，威为内史令，淹为御史大夫，玄龄为司空，征为太师，大雅、叔达皆为尚书，是皆卿相也。各有二德而未成全才，故曰礼乐未备。"

[15] 阮注云："权，变才也。"

[16] 阮注云："至极性也。"按：《论语·雍也》云："子曰：智者乐水，仁者乐山。智者动，仁者静。智者乐，仁者寿。"

[17] 阮注云："动之微者，其庶几乎静之极者，其屡空乎？"按：颜氏，即颜渊，《孔子家语·七十二弟子解》云："颜回，鲁人，字子渊。少孔子三十岁，年二十九而发白，三十一岁早死。孔子曰：'自吾有回，门人日益。'回以德行著名，孔子称其仁焉。"《论语·子罕》云："子谓颜渊，曰：惜乎！吾见其进也，未见其止也。"

[18] 阮注云："山涛字巨源，为吏部曲选十余年，天下称为得士，然吏非吏，隐非隐，是密而已。"按：《晋书》卷四十三云："山涛，字巨源，河内怀人也。父曜，宛句令。涛早孤，居贫，少有器量，介然不群。性好《庄》《老》，每隐身自晦。与嵇康、吕安善，后遇阮籍，便为竹林之交，着忘言之契。康后坐事，临诛，谓子绍曰：'巨源在，汝不孤矣。'涛年四十，始为郡主簿、功曹、上计掾。举孝廉，州辟部河南从事。与石鉴共宿，涛夜起蹴鉴曰：'今为何等时而眠邪！知太傅卧何意？'鉴

曰：'宰相三不朝，与尺一令归第，卿何虑也！'涛曰：'咄！石生无事马蹄间邪！'投传而去。未二年，果有曹爽之事，遂隐身不交世务。与宣穆后有中表亲，是以见景帝。帝曰：'吕望欲仕邪？'命司隶举秀才，除郎中。转骠骑将军王昶从事中郎。久之，拜赵国相，迁尚书吏部郎。文帝与涛书曰：'足下在事清明，雅操迈时。念多所乏，今致钱二十万、谷二百斛。'魏帝尝赐景帝春服，帝以赐涛。又以母老，并赐藜杖一枚。……后除太常卿，以疾不就。会遭母丧，归乡里。涛年逾耳顺，居丧过礼，负土成坟，手植松柏。……咸宁初，转太子少傅，加散骑常侍；除尚书仆射，加侍中，领吏部。固辞以老疾，上表陈情。章表数十上，久不摄职，为左丞白褒所奏。……涛再居选职十有余年，每一官缺，辄启拟数人，诏旨有所向，然后显奏，随帝意所欲为先。……太康初，迁右仆射，加光禄大夫，侍中、掌选如故。……以太康四年薨，时年七十九。"

[19] 阮注云："密字法主，袭爵为公，与杨玄感谋乱，自谓能兵。"按：李密，《旧唐书》卷五十三云："李密字玄邃，本辽东襄平人。魏司徒弼会孙，后周赐弼姓徒何氏。祖曜，周太保、魏国公；父宽，隋上柱国、蒲山公：皆知名当代。徙为京兆长安人。密以父荫为左亲侍，尝在仗下，炀帝顾见之，退谓许公宇文述曰：'向者左杖下黑色小儿为谁？'许公对曰：'故蒲山公李宽子密也。'帝曰：'个小儿视瞻异常，勿令宿卫。'大业九年，炀帝伐高丽，使玄感于黎阳监运。时天下骚动，玄感将谋举兵，潜遣人入关迎密，以为谋主。……大业十三年春，密与让领精兵千人出阳城北，踰方山，自罗口袭洛阳，破之。及义旗建，密负其强盛，欲自为盟主，乃致书乎高祖为兄，请和纵以灭隋……高祖览书笑曰：李密陆梁放肆，不可以折简致之。……彦师伏兵山谷，密军半度，横出击，败之，遂斩密，时年三十七。"

[20] 阮注云："孤、虚，兵家之术。"

[21] 阮注云："伯药字仲规，德林子也，论南朝诗。"按：《旧唐书》卷七十二有《李百药传》，浙江书局本为"李伯药"，阮逸注为"伯药"，但有云"德林子也"。据《旧唐书》所传，所写事迹相符合，"伯"和"百"读音一致，故《旧唐书》写"伯"为"百"。《旧唐书》云："李百药字重规，定州安平人，隋内史令、安平公德林子也。为童儿时多疾病，祖母赵氏故以百药为名。七岁解属文。父友齐中书舍人陆乂、马元熙尝造德林燕集，有读徐陵文者，云：'既取成周之禾，将刘琅邪之稻'，并不知其事。百药时侍立，进曰：《传》称'郮人藉稻'，杜预《注》云：'郮国在琅邪开阳'。义等大惊异之。开皇初，授东宫通事舍人，迁太子舍人，兼东宫学士。或疾其才而毁之者，乃谢病免去。十九年，追赴仁寿宫，令袭父爵。左仆射杨素、吏部尚书牛弘雅爱其才，奏授礼部员外郎，皇太子勇又召为东宫学士。诏令修五礼，定律令，撰阴阳书。台内奏议文表，多百药所撰。时炀帝出镇扬州，尝召之，百药辞疾不赴，炀帝大怒，及即位，出为桂州司马。其后罢州置郡，因解职还乡里。……太宗重其才名，贞观元年，召拜中书舍人，赐爵安平县南。受诏修定《五礼》及律令，撰《齐书》。……二十三年卒，年八十四，谥曰康。……藻思沉郁，尤长于五言诗，虽樵童牧竖，并皆吟诵……有集三十卷。"

[22] 阮注云："魏应璩、刘公干、梁沈约、谢灵运。"按：这里应为应玚、刘桢，阮注菲也。《三国志》卷二十一《魏书·王卫二刘傅传》云："粲与北海徐干字伟长、广陵陈琳字孔璋、陈留阮瑀字符瑜、汝南应玚字德琏（玚，音徒哽反，一音畅）、东平刘桢字公干并见友善。干为司空军谋祭酒掾属，五官将文学（先贤行状曰：干清玄体道，六行修备，聪识洽闻，操翰成章，轻官忽禄，不耽世荣。建安中，太祖特加旌命，以疾休息。后除上艾长，又以疾不行）。……琳徙门下督，瑀为仓曹掾属。玚、桢各被太祖辟为丞相掾属。玚转为平原侯庶子，后为五官将文学。（华峤汉书曰：玚祖奉，字世叔。才敏善讽诵，故世称'应世叔读书，五行俱下'。着后序十余篇，为世儒者。延熹中，至司隶校尉。子珣字仲远，亦博学多识，尤好事。诸所撰述风俗通等，凡百余篇，辞虽不典，世服其博闻。续汉书曰：珣又着中汉辑叙、汉官仪及礼仪故事，凡十一种，百三十六卷。朝廷制度，百官仪式，所以不亡者，由珣记之。官至泰山太守。珣弟珦，字季瑜，司空掾，即玚之父。）桢以不敬被刑，刑竟署吏。（文士传曰：桢父名梁，字曼山，一名恭。少有清才，以文学见贵，终于野王令。典略曰：文帝尝赐桢廓落

带，其后师死，欲借取以为像，因书嘲桢云：'夫物因人为贵。故在贱者之手，不御至尊之侧。今虽取之，勿嫌其不反也。'桢答曰：'桢闻荆山之璞，曜元后之宝；随侯之珠，烛众士之好；南垠之金，登窈窕之首；翡翠之尾，缀侍臣之帻：此四宝者，伏朽石之下，潜污泥之中，而扬光千载之上，发彩畴昔之外，亦皆未能初自接于至尊也。夫尊者所服，卑者所修也；贵者所御，贱者所事也。故夏屋初成而大匠先立其下，嘉禾始熟而农夫先尝其粒。恨桢所带，无他妙饰，若实殊异，尚可纳也。'桢辞旨巧妙皆如是，由是特为诸公子所亲爱。其后太子尝请诸文学，酒酣坐欢，命夫人甄氏出拜。坐中众人咸伏，而桢独平视。太祖闻之，乃收桢，减死输作。")

沈约，《南史》卷五十七云："沈约，字休文，吴兴武康人也。……有子曰约，其制《自序》大略如此。约十三而遭家难，潜窜，会赦乃免。既而流寓孤贫，笃志好学，昼夜不释卷。母恐其以劳生疾，常遣减油灭火。而昼之所读，夜辄诵之，遂博通群籍，善属文。济阳蔡兴宗闻其才而善之，及为郢州，引为安西外兵参军，兼记室。兴宗常谓其诸子曰：'沈记室人伦师表，宜善师之。'及为荆州，又为征西记室，带关西令。齐初为征虏记室，带襄阳令，所奉主即齐文惠太子。太子入居东宫，为步兵校尉，管书记，直永寿省，校四部图书。时东宫多士，约特被亲遇，每旦入见，景斜方出。时王侯到宫或不得进，约每以为言。太子曰：'吾生平懒起，是卿所悉，得卿谈论，然后忘寝。卿欲我夙兴，可恒早入。'迁太子家令。后为司徒右长史、黄门侍郎。时竟陵王招士，约与兰陵萧琛、琅邪王融、陈郡谢朓、南郡范云、乐安任昉等皆游焉。当世号为得人。隆昌元年，除吏部郎，出为东阳太守。齐明帝即位，征为五兵尚书，迁国子祭酒。明帝崩，政归冢宰，尚书令徐孝嗣使约撰定遗诏。永元中，复为司徒左长史，进号征虏将军、南清河太守。初，梁武在西邸，与约游旧。建康城平，引为骠骑司马。……梁台建，为散骑常侍、吏部尚书，兼右仆射。及受禅，为尚书仆射，封建昌县侯。又拜约母谢为建昌国太夫人。奉策之日，吏部尚书范云等二十余人咸来致拜，朝野以为荣。俄迁右仆射。天监二年，遭母忧，舆驾亲出临吊，以约年衰，不宜致毁，遣中书舍人断客节哭。……约性不饮酒，少嗜欲，虽时遇隆重，而居处俭素。立宅东田，瞻望郊阜，常为《郊居赋》以序其事。寻加特进，迁中军将军、丹阳尹，侍中、特进如故。十二年卒官，年七十三，谥曰隐。约左目重瞳子，腰有紫志，聪明过人，好坟籍，聚书至二万卷，都下无比。少孤贫，约干宗党得米数百斛，为宗人所侮，覆米而去。及贵不以为憾，用为郡部傅。尝侍宴，有妓婢帅是齐文惠宫人，帝问识座中客不？曰：'唯识沈家令。'约伏地流涕，帝亦悲焉，为之罢酒。约历仕三代，该悉旧章，博物洽闻，当世取则。谢玄晖善为诗，任彦升工于笔，约兼而有之，然不能过也。自负高才，昧于荣利，乘时射势，颇爱清谈。及居端揆，稍弘止足，每进一官，辄殷勤请退，而终不能去，论者方之山涛。……约少时常以晋氏一代竟无全书，年二十许，便有撰述之意。宋泰始初，征西将军蔡兴宗为启，明帝有敕许焉。自此逾二十年，所撰之书方就，凡一百余卷。条流虽举，而采缀未周。永明初遇盗，失第五帙。又齐建元四年被敕撰国史，永明二年又兼著作郎，撰次起居注。五年春又被敕撰《宋书》，六年二月毕功，表上之。其所撰国史为《齐纪》二十卷。天监中，又撰《梁武纪》十四卷，又撰《迩言》十卷，《谥例》十卷，《文章志》三十卷，文集一百卷，皆行于世。又撰《四声谱》。"

阮注以谢为谢灵运，非也，而应为谢朓。因为联系下文即知为朓，况朓和沈约同为"永明体"创始人，同为"竟陵八友"，趣尚相同。谢朓，《南史》卷十九云："朓，字玄晖，少好学，有美名，文章清丽。为齐随王子隆镇西功曹，转文学。子隆在荆州好辞赋，朓尤被赏，不舍日夕。长史王秀之以朓年少相动，欲以启闻。朓知之，因求还，道中为诗寄西府曰：'常恐鹰隼击，时菊委严霜，寄言罴罗者，寥廓已高翔'是也。仍除新安王中军记室。朓笺辞子隆曰：朓闻横污之水，思朝宗而每竭；弩骞之乘，希沃若而中疲。何则？皋壤摇落，对之惆怅，歧路东西，或以呜悒。况乃服义徒拥，归志莫从，邈若坠雨，飘似秋蒂。朓实庸流，行能无算，属天地休明，山川受纳，褒采一介，搜扬小善，故得舍末场圃，奉笔兔园。东泛三江，西浮七泽，契阔戎旃，从容谦语。长裾日曳，后乘载脂，荣立府廷，恩加颜色，沐发晞阳，未测涯埃，抚臆论报，早誓肌骨。不悟沧溟未运，波臣自荡，渤澥方春，旅翩先谢。清切藩房，寂寥旧莘，轻舟反溯，吊影独留。白云在天，龙门不见，去德滋永，思德滋深。唯待青江可望，候归艎于春渚；朱邸方开，效蓬心于秋实。如其簪屦或存，袵席无改，虽复身填沟，犹望妻子知归。揽涕告辞，悲来横集。时荆州信去倚待，朓执笔便成，文无点易。以本官兼尚书殿中郎。隆昌初，敕朓接北使，朓自以口讷，启让，见许。明帝辅政，以为骠骑咨议，领记室，掌霸府文笔。又掌中书诏诰，转中书郎。出为晋安王镇北咨议、南东海太守，行南徐州事。启王敬则反谋，上甚赏之，迁尚书吏部郎。朓上表三让。中书疑朓让未及让，以问国子祭酒沈约。约曰：'宋元嘉中，范晔让吏部，朱修之让黄门，蔡兴宗让中书，并三表诏答。近代小官不让，遂成恒俗，恐有乖让意。王蓝田、刘安西并贵重，初自不让，今岂可慕此不让邪？孙兴公、孔觊并让记室，今岂可三署皆让邪？谢吏部今授超阶，让别有意，岂关官之大小。捴谦之美，本出人情，若大官必让，便与诣阙章表不异。例既如此，谓都非疑。'朓让，优答不许。善草隶，长五言诗，沈约常云'二百年来无此诗也'。敬皇后迁祔山陵，朓撰哀策文，齐世莫有及者。东昏失德，江祏欲立江夏王宝玄，末更回惑，与弟祀密谓朓曰：'江夏年少，脱不堪，不可复行废立。始安年长入纂，不乖物望。非以此要富贵，只求安国家尔。'遥光又遣亲人刘沨致意于朓。朓自以受恩明帝，不肯答。少日，遥光以朓兼知卫尉事，朓惧见引，即以祏等谋告左兴盛，又说刘暄曰：'始安一旦南面，则刘沨、刘晏居卿今地，但以卿为反复人尔。'暄阳惊，驰告始安王及江祏。始安欲出朓为东阳郡，祏固执不与。先是，朓常轻祏为人，祏常诣朓。朓因言有一诗，呼左右取，既而便停。祏问其故，云：'定复不急'。祏以为轻己。后祏及弟祀、刘沨、刘晏俱候朓，朓谓祏曰：'可谓带二江之双流'，以嘲弄之。祏转不堪，至是构而害之。诏暴其过恶，收付廷尉。又使御史中丞范岫奏收朓，下狱死，时年三十六。

[23] 阮注云："四声韵起自沈约，八病未祥。"按：在齐永明期间，周颙着《四声切韵》，沈约着《四声谱》，提倡诗歌声律要分平、上、去、入四声。周、沈其着，今已不传。但沈约的见解，亦可见于《宋书·谢灵运传论》和《文镜秘府论·天卷·四声论》中引录的《答甄公论》"夫五色相宣，八音协畅，由于玄黄律吕，各适物宜。欲使宫羽相变，低昂互节，若前有浮声，则后须切响。一简之内，音韵尽殊；两句之间，轻重悉异。作五言诗者，善用四声，则讽咏而流靡；能达八体，则陆离而华洁"。"八病"，乃五言诗写作中用四声之八种忌避，即平头、上尾、蜂腰、鹤膝、大韵、小韵、旁纽、正纽。

[24] 阮注云："语健为刚，旨达为柔；标逸则清，质实则浊。"

[25] 阮注云："埙，土音，刚而浊。篪，竹音，柔尔清。《周礼》：小师掌埙，铣上平底，六窍。篪，横吹，七孔。"按：埙，《太平御览》卷五百八十一《乐部十九》云：《世本》曰：'暴新公所造，亦不知何人。周畿内有暴国，岂其时人乎？本作埙。围五寸半，长三寸半，九六孔。宋均注云：暴公国平王诸侯也。'《乐书》曰：'埙者，喧也。周平王时暴新公烧土为也。'《说文》云：'埙为乐器，亦作壎也。埙谓声浊而喧喧，然今雅乐部用也。'《尔雅·释乐》曰：'大埙谓之嘂。即埙也。铣上平，底形象称垂。大者如鹅子，声和黄钟大吕也；小者如鸡子，声和大簇夹钟也。皆六孔，与篪声相谐，故曰：埙篪相应。《风俗通》曰：埙烧土为也，围五寸半，长一寸半，有四孔，其二通，凡六孔也。'埙'，一作'壎'字也。"

篪，《太平御览》卷五百八十《乐部一八》云："篪，《释名》：篪，啼也。声从空出，如婴儿啼声。……《周官》曰：笙师掌教吹篪。《尔雅》：大篪谓之沂。《广雅》曰：篪以竹为之，长大四寸，有八空，前有一孔，后有四孔，头有一孔。《月令》：仲夏之月，命乐师调篪。《诗·节南山》云：伯氏吹埙，仲氏吹篪。《史记》曰：伍子胥至于江上，无以糊其口，行浦伏肉袒吹篪，乞食于吴市。《东观汉记》：明帝幸南阳旧宅，召校宫子弟作雅乐，奏《鹿鸣》，上御，埙、篪和之，以娱嘉宾。《齐书》曰：世祖于南康郡内作伎，有丝无管，空中闻有篪声，调节相应。《世本》曰：苏成公造篪，吹孔有觜如酸枣。苏成公，平王时诸侯也。《古史考》曰：古有篪，尚矣。苏成公善篪，而记者因以为作，谬也。"

[26] 阮注云："风化夫妇，三纲之首也；吟咏情性，五常之本也。"

[27] 阮注云："贡，告也。歌绿竹则知卫风，歌板屋则知秦俗，郑六卿饯韩宣子。宣子曰：吾以知郑志。"

[28] 阮注云："设采诗官。"

[29] 阮注云："齐、梁，文之末也。"

[30] 阮注云："学文本为道义。"

[31] 《文中子世家》云："仁寿三年，文中子冠矣，慨然有济苍生之心，西游长安，见隋文帝。帝坐太极殿召见，因奏《太平策》十有二，策尊王道，推霸略，稽今验古，恢恢乎运天下于指掌矣。帝大悦曰：'得生几晚矣，天以生赐朕也。'下其议于公卿，公卿不悦。时将有萧墙之衅，文中子知谋之不用也，作《东征之歌》而归，曰：'我思国家兮，远游京畿。忽逢帝王兮，降礼布衣。遂怀古人之心乎，将兴太平之基。时异事变兮，志乖愿违。吁嗟！道之不行兮，垂翅东归。皇之不断兮，劳身西飞。'帝闻而再征之，不至。四年，帝崩。"

[32] 《易·系辞上》云："河出图，洛出书，圣人则之。"《周易正义》云："如郑康成之义，则《春秋纬》云：'河以通干出天苞，洛以流坤吐地符'；河龙《图》发，洛龟《书》感。《河图》有九篇，《洛书》有六篇。孔安国以为《河图》则八卦是也，《洛书》则九畴是也。韩辅嗣之义，未知何从。"李道平《周易集解纂疏》卷八《系辞上》云："[疏]郑注：'河以通干出天苞'，所谓天不爱其道也。'洛以流坤吐地符'，所谓地不爱其实也。《干凿度》曰：'河图龙出，洛书龟予'。兹云'河龙图发'也。即'河出图'也。'洛龟书成'，即'洛出书'也。《河图》《洛书》者，王者受命之符，圣人据之以立《易》轨，故曰'圣人则之'。《河图》九篇，《洛书》六篇，纬书之数。孔注《河图》者，一六居北为水，二七居南为火，三八居西为金，五十居中为土。此即大衍之数五十，其用四十有九，分挂揲归以成八卦，故云《河图》，即八卦也。《洛书》者，戴九履一，左三右七，二四为肩，六八为足，五居中。此即太乙下行九宫之法，而箕子据之以衍《洪范》，故云《洛书》，则九畴也'。侯注：'天数五，地数五，五位相得而各有合'者，《河图》也。变之而纵横十五，所谓'参伍以变'，即'太乙下行九宫法'者，《洛书》是也。其实《洛书》即从《河图》中演出，皆不外天地奇偶之数。由天地奇偶之数，揲之而为爻，而历象具焉。《干凿度》曰：'历以三百六十五日四分度之一为一岁，《易》以三百六十析当期之日，此律历数也。'故云'圣人法《河图》《洛书》，制历象以示天下也'。"

[33] 阮注云："薛道衡时为内史侍郎，知文中子圣人，谓八卦九畴尽则之矣。"

[34] 阮注云："奢罕德。"按：《诗·大雅·荡》曰："靡不有初，鲜克有终。"

[35] 阮注云："遂果行也，挺谓挺特。"按：凝，王凝字叔恬，文中子弟，王绩兄也。

[36] 阮注云："不挠曲。"

[37] 阮注云："盗亦有道。"

[38] 阮注云："致异端，害也。"

[39] 阮注云："子光字不耀，游于河东，人问者，书'老''易'二字为封。王绩有《仲长先生传》。"

[40] 阮注云："以形言之则人，以道言之则天，《礼》曰：安则久，久则天。"

[41] 《论语·里仁》云："子曰：'参乎！吾道一以贯之。'"

[42] 阮注云："孝则知，父之慈。"

[43] 阮注云："弟则知，兄之友。"

[44] 阮注云："至孝近王，至悌近霸，推王道于天下，可谓君子。"

[45] 阮注云："济天下。"

[46] 阮注云："营一身。"按：《论语·里仁》云："子曰：君子喻于义，小人喻于利。"

[47] 阮注云："杨玄感袭封楚国公，举黎阳叛，故曰难作。"按：杨玄感，《隋书》卷七十云："杨玄感，司徒素之子也。体貌雄伟，美须髯。少时晚成，人多谓之痴，其父每谓所亲曰：'此儿不痴也。'及长，好读书，便骑射。以父军功，位至柱国，与其父俱为第二品，朝会则齐列。……后转宋州刺史，

父尤去职。岁余,起拜鸿胪卿,袭爵楚国公,迁礼部尚书。性虽骄倨,而爱重文学,四海知名之士多趋其门。自以累世尊显,有盛名于天下,在朝文武多是父之将吏,复见朝纲渐紊,帝又猜忌日甚,内不自安,遂与诸弟潜谋废帝,立秦王浩。……玄感窘迫,独与弟积善步行。自知不免,谓积善曰:'事败矣。我不能受人戮辱,汝可杀我。'积善抽刀斫杀之,因自刺,不死,为追兵所执,与玄感首俱送在所。磔其尸于东都市三日,复脔而焚之。"

[48] 阮注云:"非应天顺人则祸己。"

[49] 阮注云:"易为轻易之易,一民至细也,不可以天下之大,轻小民之命。"

[50] 阮注云:"竟叛伏诛。"

[51] 阮注云:"不威。"

[52] 阮注云:"不慢。"

[53] 阮注云:"命,天命也。德合于天而心复于性,是谓知命,孔子五十而知天命,孟子曰:尽其性则知性,知性则知天。《易》曰:穷理尽性以至于命。是则命非性,无能知者。文中子叹知性者尚少,故曰:未见知命者也。"

[54] 阮注云:"四者惟义所在。"

[55] 阮注云:"有道义。"

[56] 阮注云:"舜在畎亩,志存天下,圣贤躬耕,盖职其俗。"

[57] 阮注云:"不仕即农,四民和逃。"

[58]《礼记·祭义》云:"祭不欲数,数则烦,烦则不敬。祭不欲疏,疏则怠,怠则忘。是故君子合诸天道,春禘秋尝。霜露既降,君子履之必有凄怆之心,非其寒之谓也。春雨露既濡,君子履之必有怵惕之心,如将见之。乐以迎来,哀以送往,故禘有乐而尝无乐。致齐于内,散齐于外。齐之日,思其居处,思其笑语,思其志意,思其所乐,思其所嗜。齐三日,乃见其所为齐者。祭之日,入室,僾然必有见乎其位;周还出户,肃然必有闻乎其容声;出户而听,忾然必有闻乎其叹息之声。是故先王之孝也,色不忘乎目,声不绝乎耳,心志嗜欲不忘乎心。致爱则存,致悫则着。着存不忘乎心,夫安得不敬乎?君子生则敬养,死则敬享,思终身弗辱也。君子有终身之丧,忌日之谓也。忌日不用,非不祥也。言夫日,志有所至,而不敢尽其私也。唯圣人为能飨帝,孝子为能飨亲。飨者乡也,乡之然后能飨焉。是故孝子临尸而不怍。君牵牲,夫人奠盎。君献尸,夫人荐豆。卿大夫相君,命妇相夫人,齐齐乎其敬也,愉愉乎其忠也,勿勿诸其欲其飨之也。

[59] 冠、婚,指冠礼和婚礼。《仪礼》首篇为《士冠礼》,次为《士昏礼》。《十三经注疏·仪礼注疏·士冠礼》疏云:"郑《目录》云:童子任职,居士位,年二十而冠,主人玄冠朝服,则是于诸侯天子之士,朝服、皮弁、素积。故者四民世事士之子恒为士。冠礼于五礼属嘉礼,大小《戴》及《别录》此皆第一。"《十三经注疏·仪礼注疏·士昏礼》云:"郑《目录》云:士娶妻之礼,以昏为期,因而名焉。必以昏者,阳往而阴来,日入三商为昏。昏礼于五礼属嘉礼,大小《戴》及《别录》此皆第二。"《礼记·冠义》云:"凡人之所以为人者,礼义也。礼义之始,在于正容体、齐颜色、顺辞令。容体正、颜色齐、辞令顺而后礼义备,以正君臣、亲父子、和长幼,君臣正、父子亲、长幼和而后礼义立。故冠而后服备,服备而后容体正、颜色齐、辞令顺。故曰:冠者礼之始也。是故古者圣王重冠。古者冠礼,筮日筮宾,所以敬冠事,敬冠事所以重礼,重礼所以为国本也。故冠于阼,以着代也。醮于客位,三加弥尊,加有成也。已冠而字之,成人之道也。见于母,母拜之,见于兄弟,兄弟拜之,成人而与为礼也。玄冠玄端,奠挚于君,遂以挚见于乡大夫、乡先生,以成人见也。成人之者,将责成人礼焉也。责成人礼焉者,将责为人子、为人弟、为人臣、为人少者之礼行焉。将责四者之行于人,其礼可不重与?故孝弟忠顺之行立而后可以为人,可以为人而后可以治人也。故圣王重礼。故曰冠者礼之始也,嘉事之重者也。是故古者重冠,重冠故行之于庙。行之于庙者,所以尊重事,尊重事而不敢擅重事。不敢擅重事,所以自卑而尊先祖也。"《礼记·昏义》云:"昏礼者,将合二姓之好,上以事宗庙而

下以继后世也，故君子重之。是以昏礼纳采，问名，纳吉，纳征，请期，皆主人筵几于庙，而拜迎于门外。入，揖让而升，听命于庙，所以敬慎重正昏礼也。父亲醮子而命之迎，男先于女也。子承命以迎，主人筵几于庙，而拜迎于门外，婿执雁入，揖让升堂，再拜奠雁，盖亲受之于父母也。降出，御妇车，而婿授绥，御轮三周，先俟于门外。妇至，婿揖妇以入，共牢而食，合卺而酳，所以合体，同尊卑，以亲之也。敬慎重正而后亲之，礼之大体，而所以成男女之别而立夫妇之义也。男女有别而后夫妇有义，夫妇有义而后父子有亲，父子有亲而后君臣有正。故曰：昏礼者，礼之本也。夫礼始于冠，本于昏，重于丧祭，尊于朝聘，和于射乡。此礼之大体也。夙兴，妇沐浴以俟见。质明，赞见妇于舅姑，执笲，枣栗段修以见，赞醴妇，妇祭脯醢，祭醴，成妇礼也。舅姑入室，妇以特豚馈，明妇顺也。厥明，舅姑共飨妇，以一献之礼奠酬。舅姑先降自西阶，妇降自阼阶，以着代也。成妇礼，明妇顺，又申之以着代，所以重责妇顺焉也。妇顺者，顺于舅姑，和于室人，而后当于夫，以成丝麻布帛之事，以审守委积盖藏。是故妇顺备而后内和理，内和理而后家可长久也，故圣王重之。是以古者妇人先嫁三月，祖庙未毁，教于公宫，祖庙既毁，教于宗室。教以妇德，妇言，妇容，妇功。教成祭之，牲用鱼，芼之以苹藻，所以成妇顺也。古者天子后立六宫、三夫人、九嫔、二十七世妇、八十一御妻以听天下之内治，以明章妇顺，故天下内和而家理。天子立六官、三公、九卿、二十七大夫、八十一元士以听天下之外治，以明章天下之男教，故外和而国治。故曰：天子听男教，后听女顺；天子理阳道，后治阴德；天子听外治，后听内职。教顺成俗，外内和顺，国家理治，此之谓盛德。是故男教不修，阳事不得，适见于天，日为之食。妇顺不修，阴事不得，适见于天，月为之食。是故日食则天子素服而修六官之职，荡天下之阳事，月食则后素服而修六宫之职，荡天下之阴事。故天子之与后犹日之与月、阴之与阳，相须而后成者也。天子修男教，父道也；后修女顺，母道也。故曰：天子之与后犹父之与母也。故为天王服斩衰，服父之义也；为后服资衰，服母之义也。"

[60] 《太平御览》卷四百五《人事部四六》"宾客"条云："《周礼·天官上》曰：'太宰之职，以八统诏王，八曰礼宾小宰，以官府之六联合邦治，二曰宾客之联事九，朝觐、会同、宾客，以牢礼之法，掌其牢礼、委积。'又曰：'膳夫，凡王祭祀，宾客食则彻王之胙俎。'又《春官·大宗伯职》曰：'以燕飨之礼，亲四方宾客。'《礼记·曲礼上》曰：'凡与客人者，每门让于客，客至于寝门，则主人请入为席，然后出迎客，客固辞，主人肃，客而入。主人入门而右，客人入门而左。'《礼记·王制》曰：'天子诸侯无事，则岁三田一为干，豆二为宾客。'"

[61] 阮注云："用有节，礼不缺。"

[62] 阮注云："方士，未见。"

[63] 阮注云："孔子谓子路曰：殓手足形而葬，颜回有棺无椁。"按：钱玄、钱兴奇《三礼辞典》云："棺，所以藏尸。棺外有椁。天子五棺二椁，诸侯四棺一椁，大夫二棺一椁，士一棺一椁，庶人一棺无椁。《礼记·檀弓上》：'天子之棺四重，水、兕革棺被之，其厚三寸；杝棺一；梓棺二；四者皆周。'郑玄注：'尚深邃也。诸公三重，诸侯再重，大夫一重，士不重。以水牛、兕牛之革以为棺被，革各厚三寸，合六寸也，此为一重。（杝棺）所谓椑棺也。《尔雅》曰椴杝。（梓棺）所谓属与大棺。'孔颖达疏：'水牛、兕牛皮二物为一重也；又杝为第二重也，又属为三重也，又大棺为第四重也，四重凡五物也。以此而差之，上公三重，则去水牛，余兕、属、大棺也。侯、伯、子、男再重，又去兕，余杝、属、大棺也。大夫一重，又去杝，余属、大棺也。士不重，又去属，唯单用大棺也。'此记天子、诸侯、大夫、士所用棺数。《礼记·丧大记》：'君，大棺八寸，属六寸，椑四寸。上大夫，大棺八寸，属六寸。下大夫，大棺六寸，属四寸。士，棺六寸。'郑玄注：'大棺，棺之在表者也。……大棺及属用梓，椑用杝。……庶人之棺四寸。'此记各棺之厚度。《庄子·天下》及《荀子·礼论》均云，'天子棺椁七重，诸侯五重，大夫三重，士再重。'如将棺、椁分别计之，则天子五棺二椁，诸侯四棺一椁，大夫二棺一椁，士一棺一椁。按今考古发掘先秦西汉墓，其棺椁之制有与古籍所载相合者，亦有不合者。如1974年北京丰台大葆台发掘西汉燕王旦墓。其结构为五棺两椁，用天子之制。"

椁，《三礼辞典》云："椁在棺之外，以松柏杂木为之。天子、诸侯有用松柏之端，迭累而成，所谓黄肠题凑。椁与棺之间，藏礼器、明器等。《礼记·丧大记》：'君松椁，大夫柏椁，士杂木椁。'郑玄注：'椁，谓周棺者也。天子柏椁，以端长六尺。天子制于中都，使庶人之椁五寸，五寸谓端方也。此谓尊者用大材，卑者用小材耳。自天子、诸侯、卿、大夫、士、庶人六等，其椁长自六尺而下，其方自五寸以上，未闻其差所定也。'《礼记·檀弓上》：'天子棺四重……柏椁，以端，长六尺。'郑玄注："以端，题凑也。其方盖一尺。'按题凑，木心皆内向，其木长六尺，则椁之厚为六尺。其不用题凑之式者，则椁之厚度即其方之尺度。如方五寸，则椁厚五寸。《礼记·丧大记》：'棺椁之间，君容枕，大夫容壶，士容甒。'郑玄注：'间，可以藏物，因以为节。'今发掘先秦两汉墓，其殉葬之物均置于棺椁之间。详'棺'。"

[64] 阮注云："古不封不树，孔子谓不可不志也，故封之。后代因有丈尺之制。"

[65] 阮注云："仿农。"

[66] 阮注云："敬，谓不敢无之；远，谓不敢有之。"按：《论语·先进》云："季路问事鬼神。子曰：未能事人，焉能事鬼？曰：敢问死。曰：未知生，焉知死。"《论语·雍也》云："樊迟问知。子曰：务民之义，敬鬼神而远之，可谓知矣。"

[67] 阮注云："《周礼·祭天》曰：'祀祭地曰祭，祭宗庙曰享。'异其名言神道幽奥，礼恒分也，分而接之则配天，而天人统和。"按：《初学记》卷十三《祭祀第二》："《尚书大传》曰：'祭之言察也，祭者至也，言人事至于神也。'《尔雅》曰：'春祭曰祠，夏祭曰礿，秋祭曰尝，冬祭曰烝。祭天曰燔柴，祭地曰瘗薶，祭山曰庪县，祭川曰浮沉，祭星曰布，祭风曰磔。'是类是禡，师祭也。既伯既祷，马祭也。《说文》曰：'除恶之祭为祓，会福之祭曰禬，告事求福曰祷，道上之祭曰禓，洁意以享为禋，以类祭神为禷，祭司命为祔，祭豕先为禠，月祭为祽，祷雨为雩，祷晴为禜。'《周礼》曰：'以禋祀祀昊天上帝，以实柴祀日月星辰，以槱燎祀司中命风师雨师，以血祭祭社稷五祀五岳，以沉埋祭山林川泽，以疈辜祭四方百物，以肆献裸享先王。'《礼记》：'孟春之月，其祀户，祭先脾；孟夏之月，其祀竈，祭先肺，中央土，其祀中溜，祭先心；孟秋之月，其祀门，祭先肝；孟冬之月，其祀行，祭先肾。天子祭天地，祭四方，祭山川，祭五祀，岁遍。诸侯方祀祭山川，祭五祀，岁遍。大夫祭五祀，岁遍。士祭其先。祭日于坛，祭月于坎，日于东，月于西。祭不欲数，数则烦，烦则不敬。祭不欲疏，疏则殆，殆则忘。王立七祀，诸侯五祀，大夫三祀，士二祀，庶人一祀。'夫圣王之制祭祀也，法施于民则祀之，以祀勤事则祀之，以劳定国则祀之，能御大灾则祀之，能捍大患则死之，日月星辰，人所瞻仰，山林川谷丘陵，人所取材用也，非此族也，不在祀典。"

享，《三礼辞典》云："（一）进献。《仪礼·聘礼》：'宾裼奉束帛加璧享，摈者如告。出许。'郑玄注：'许，受之。'谓受其所进献之礼物。《仪礼·觐礼》：'四享皆束帛加璧，庭实唯国所有。'郑玄注：'四当为三。'三享，即三献。《周礼·秋官·大行人》：'庙中将币，三享。'郑玄注引郑司农云：'三享，三献也。'（二）祭祀祖先。《周礼·春官·大宗伯》：'以禋祀祀昊天上帝。……以血祭祭社稷、五谷、五岳。……以肆献裸享先王。'按对天言祀，地言祭，宗庙言享。三者对文则异，散文则通。《书·盘庚上》：'兹予大享于先王，尔祖其从与享之。'孔颖达疏：'此大享于先王，谓天子祭宗庙也。'（三）以大牢飨宾之礼。《国语·晋语》：'楚成王以周礼享之，九献，庭实旅百。'韦昭注：'九献，上公之享礼也。'"

[68] 三才，《易·系辞下》云："《易》之为书也，广达悉备。有天道焉，有地道焉，有人道焉。兼三才而两之，故六。六者非它也，三才之道也。"《周易正义》云："易之为书，至吉凶生焉。此节明三才之义，六爻相杂之，理也。六者非它，三才之道也者，言六爻所效法者，非更别有它义，谓三才之道也。"

[69] 阮注云："祭多，名不出三才之奥耳。"

[70] 阮注云："因问地，故得天人之道，故俯首思之甚。"

[71] 阮注云："猛字景略，为苻坚相议，赦而青蝇，泄之密矣；兵至邺而远近帖然，温矣；先黜尸素，然后举贤，断矣。"按：《北史》卷十九云："文成皇帝七男：孝元皇后生献文皇帝；李夫人生安乐厉王长乐；曹夫人生广川庄王略；沮渠夫人生齐郡顺王简；乙夫人生河间孝王若；悦夫人生安丰匡王猛；玄夫人生韩哀王安平，早薨，无传。……安丰王猛字季烈，太和五年封，加侍中。出为镇都大将、营州刺史。猛宽仁雄毅，甚有威略，戎夷畏爱之。薨于州，赠太尉，谥曰匡。"《晋书》卷一百十四《载记十四·苻坚下》云："王猛字景略，北海剧人也。家于魏郡，少贫贱，以鬻畚为业，尝货畚于洛阳，乃有一人贵买其畚，而云无直，自言家去无远，可随我取直。猛利其贵而从之，行不觉远，忽至深山，见一父老，须发皓然，踞胡而坐，左右十许人，有一人引猛进拜。父老曰：王公何缘拜也！乃十倍偿畚直，遣人送之。猛既出，顾视，乃嵩高山也。"关于王猛的事迹，在《晋书·载记》的《苻坚传》《吕光传》《慕容垂传》中都有记载。

[72] 阮注云："苏绰字绰，后周文帝时为尚书，掌机密，长于算术申韩之学，厚于用法，非正道，故云太平则乱。"按：《周书》卷二十三云："苏绰字令绰，武功人，魏侍中则之九世孙也。累世二千石。父协，武功郡守。绰少好学，博览群书，尤善算术。从兄让为汾州刺史，太祖饯于东都门外。临别，谓让曰：'卿家子弟之中，谁可任用者？'让因荐绰。太祖乃召为行台郎中。在官岁余，太祖未深知之。然诸曹疑事，皆询于绰而后定。所行公文，绰又为之条式。台中咸称其能。大统三年，齐神武三道入寇，诸将咸欲分兵御之，独绰意与太祖同。遂并力拒窦泰，擒之于潼关。四年，加卫将军、右光禄大夫，封美阳县子，邑三百户。加通直散骑常侍，进爵为伯，增邑二百户。十年，授大行台度支尚书，领著作，兼司农卿。……自有晋之季，文章竞为浮华，遂成风俗。太祖欲革其弊，因魏帝祭庙，群臣毕至，乃命绰为大诰，奏行之。……绰性俭素，不治产业，家无余财。以海内未平，常以天下为己任。博求贤俊，共筑治道，凡所荐达，皆至大官。太祖亦推心委任，而无间言。太祖或出游，常预署空纸以授绰，若须有处分，则随事施行，及还，启之而已。绰尝谓治国之道，当爱民如慈父，训民如严师。每与公卿议论，自昼达夜，事无巨细，若指诸掌。积思劳倦，遂成气疾。十二年，卒于位，时年四十九。……绰又着《佛性论》《七经论》，并行于世。明帝二年，以绰配享太祖庙庭。"

[73] 阮注云："牛弘字里仁，隋文时作相，宣敕而口不能言，时称其质重，故曰厚人。"按：《隋书》卷四十九云："牛弘字里仁，安定鹑觚人也，本姓裛氏。祖炽，郡中正。父允，魏侍中、工部尚书、临泾公，赐姓为牛氏。弘初在襁褓，有相者见之，谓其父曰：'此儿当贵，善爱养之。'及长，须貌甚伟，性宽裕，好学博闻。在周，起家中外府记室、内史上士。俄转纳言上士，专掌文翰，甚有美称。加威烈将军、员外散骑侍郎，修起居注。其后袭封临泾公。宣政元年，转内史下大夫，进位使持节、大将军，仪同三司。开皇初，迁授散骑常侍、秘书监。弘以典籍遗逸，上表请开献书之路。……上纳之，于是下诏：献书一卷，赍缣一匹。一二年间，篇籍稍备。进爵奇章郡公，邑千五百户。三年，拜礼部尚书，奉敕修撰《五礼》，勒成百卷，行于当世。……六年，除太常卿。九年，诏改定雅乐，又作乐府歌词，撰定圆丘五帝凯乐，并议乐事。……上甚善其义，诏弘与姚察、许善心、何妥、虞世基等正定新乐，事在《音律志》。是后议置明堂，诏弘条上故事，议其得失，事在《礼志》。上甚敬重之。时杨素恃才矜贵，轻侮朝臣，唯见弘未尝不改容自肃。……炀帝之在东宫也，数有诗书遗弘，弘亦有答。及嗣位之后，尝赐弘诗曰：'晋家山吏部，魏世卢尚书，莫言先哲异，奇才并佐余。学行教时俗，道素乃冲虚，纳言云阁上，礼仪皇运初。彝伦欣有叙，垂拱事端居。'其同被赐诗者，至于文词赞扬，无如弘美。大业二年，进位上大将军。三年，改为右光禄大夫。从拜恒岳，坛场珪币，墠畤牲牢，并弘所定。诏下太行，炀帝尝引入内帐，对皇后赐以同席饮食。其礼遇亲重如此。弘谓其诸子曰：'吾受非常之遇，荷恩深重。汝等子孙，宜以诚敬自立，以答恩遇之隆也。'六年，从幸江都。其年十一月，卒于江都郡，时年六十六。帝伤惜之，赠甚厚。归葬安定，赠开府仪同三司、光禄大夫、文安侯，谥曰宪。"

[74] 阮注云："直而遂，好谏。"

[75] 阮注云："诚而历，常好平刑。"

[76] 阮注云："其动权。"

[77] 阮注云："其静至。"

[78] 阮注云："可与权，可与至，其道入性命矣。"

[79] 阮注云："仁寿四年，在长安谒文帝，见公卿异端，轻率文辞，不根道义，苟媚其主，无所取治焉，遂归。"按：杜淹《文中子世家》云："仁寿三年，文中子冠矣，慨然有济苍生之心，西游长安，见隋文帝。帝坐太极殿召见，因奏《太平策》十有二，策尊王道，推霸略，稽今验古，恢恢乎运天下于指掌矣。帝大悦曰：'得生几晚矣，天以生赐朕也。'下其议于公卿，公卿不悦。时将有萧墙之衅，文中子知谋之不用也，作《东征之歌》而归，曰：'我思国家兮，远游京畿。忽逢帝王兮，降礼布衣。遂怀古人之心乎，将兴太平之基。时异事变兮，志乖愿违。吁嗟！道之不行兮，垂翅东归。皇之不断兮，劳身西飞。'帝闻而再征之，不至。"

[80] 阮注云："绛州。"按：《元和郡县志》卷十二云："绛州，绛郡。《禹贡》：冀州之域。春秋时属晋，《左传》曰：'晋人谋去故绛，欲居郇、瑕氏之地。韩献子曰：郇、瑕氏土薄水浅，不如新田。遂迁新田。'注曰：'新田，今平阳绛邑县是也。'三卿灭晋，其地属魏，战国时亦为魏地。秦为河东郡地。今州，即汉河东郡之临汾县地也。魏正始八年，分河东汾北置平阳郡，又为平阳郡地。后魏太武帝于今理西南二十里正平县界柏壁置东雍州及正平郡，其地属焉。孝文帝废东雍州，东魏静帝复置，周明帝武成二年改东雍州为绛州。隋大业三年废州，为绛郡。初，义师将西入关，大将军进次古堆，去绛郡十余里。通守陈叔达坚守不下，高祖命厨人曰：'明日早下绛城，然后食。'乃引兵攻城，自旦及辰，破之。仍置绛郡。武德元年罢郡，置绛州总管，三年复为绛州。"

[81] 阮注云："元，门人，未见。"按：程元，文中子弟子，《中说·关朗》云："门人窦威、贾琼、姚义受《礼》，温彦博、杜如晦、陈叔达受《乐》，杜淹、房乔、魏徵受《书》，李靖、薛方士、裴晞、王珪受《诗》，叔恬受《元经》，董常、仇璋、薛收、程元备闻《六经》之义。"《录唐太宗与房魏论礼乐事》："大唐龙飞，宇内乐业，文中子之教未行于时，后进君子鲜克知之。贞观中，魏文公有疾，仲父太原府君问候焉，留宿宴语，中夜而叹。太原府君曰：'何叹也？'魏曰：'大业之际，徵也尝与诸贤侍文中子，谓徵及房、杜等曰：先辈虽聪明特达，然非董、薛、程、仇之比，虽逢明王必愧礼乐。'徵于时有不平之色，文中子笑曰：'久久临事，当自知之。'"

[82] 阮注云："晋尚虚言，至南朝淫靡，左道变雅，天下遂乱，续经既造，人文乃正。"

[83] 阮注云："虚名失实。"

[84] 阮注云："隋败。"

[85] 阮注云："唐兴。"

[86] 阮注云："时门人千数，卿相者十余人，盖苍生受赐多矣。"

[87] 二帝，指尧、舜。三王，指夏禹、商汤和周文王。《太平御览》卷七十六《皇王部一》云："《尚书纬》曰：'帝者天号，王者人称。天有五帝，以立名，人有三王，以正庆。天子，爵称也；皇者，煌煌也。'……《周书》曰：'三王之统，若循连环，周则复始，穷则反本。'《尚书大传》曰：'三王之治，如环之无端，如水之胜火。'"《汉书》卷八十七上《扬雄传》云："雄从以为，昔在二帝三王（应劭曰：二帝，尧、舜；三王，夏、殷、周），宫馆台榭，沼池苑囿，林麓薮泽，财足以奉郊庙，御宾客充，庖厨而已。"

[88] 阮注云："之往也。"

[89] 七制之主，《朱子语类》卷一百三十七云："七制之主，亦不知其何故以七制名之。此必因其续书中曾采七君事迹以为书，而名之曰七制。如二典礼例今无可考，大率多是依仿而作。如以董常如颜子，则是以孔子自居。谓诸公可为辅相之类，皆是撰成，要安排七制之君为它之尧舜。考其事迹，亦多不合。刘禹锡作歙池江州观察王公墓碑，乃仲淹四代祖，碑中载祖讳多不同。及阮逸所注并载关

朗等事，亦多不实。王通大业中死，自不同时。如推说十七代祖，亦不应辽远如此。唐李翱已自论中说可比太公家教，则其书之出亦已久矣。伊川谓文中子有些格言，被后人添入坏了。看来必是阮逸诸公增益张大，复借显者以为重耳。"

宋邵伯温《邵氏闻见前录》卷十四云："一日，哲宗震怒，谓门下侍郎苏辙曰：'卿安得以秦皇、汉武上比先帝？'苏门下下殿待罪。吕汲公等不敢仰视，忠宣从容言曰：'史称武帝雄材大略，为汉七制之主，盖近世之贤君，苏辙果以比先帝，非谤也。陛下亲政之初，进退大臣不当如诃叱奴仆。'哲宗怒少霁。罢朝，苏门下举笏以谢忠宣曰：'公佛地位中人也。'"

王夫之《姜斋诗话》卷上云："王仲淹氏之续经，见废于先儒，旧矣。继而僭者，《七制》之诏策也。仲淹不任删；《七制》之主臣，尤不足述也。《春秋》者，衰世之事，圣人之刑书也。平、桓之天子，齐、晋之诸侯，荆、吴、徐、越之僭伪，其视六代、十六国相去无几；事不必废也，而诗亦如之。卫宣、陈灵下逮乎溱洧之士女，葛屦之公子，亦奚必贤于曹、刘、沈、谢乎？仲淹之删，非圣人之删也，而何损于采风之旨邪？故汉、魏以还之比兴，可上通于《风》《雅》；桧、曹而上之条理，可近译以三唐。元韵之机，兆在人心，流连忲宕，一出一人，均此情之哀乐，必永于言者也。故艺苑之士，不原本于《三百篇》之律度，则为刻木之桃李；释经之儒，不证合于汉、魏、唐、宋之正变，抑为株守之兔置。陶冶性情，别有风旨，不可以典册、简牍、训诂之学与焉也。隋举两端，可通三隅。"

《历代名臣奏议》卷五十二云："以知人之明而累于自恃，如臣管窥，陛下之所以师古，是诚不自用耶！抑名曰师古而实自用也。臣伏读圣策曰：惟七制之明，后若三宗之显，王固本培基，则有务德之君，振旅治兵，则有雄才，七制习闻，其号亦观，厥成咸有所偏，未臻于极。夫乐其号而考其成，患其偏而要其极，诚如所言信。"

[90] 阮注云："仁若文帝，感缇萦去肉刑；义若武帝，杀钩弋，防后族之乱；公若明帝，不许馆陶求郎；恕若章帝，救楚王徙者是也。"

[91] 阮注云："仁也。"

[92] 阮注云："义也。"

[93] 阮注云："公也。"

[94] 阮注云："恕也。"

[95] 阮注云："高祖至献帝，四百一十六年。"按：从西汉高祖至东汉献帝，即前206年至220年，共426年。

[96] 阮注云："礼乐者，王道，淳则举汉，杂霸道，故不及三代。"

[97] 阮注云："驳杂。"

[98] 阮注云："《礼论》《乐论》所以正。"按：文中子《续六经》中有《礼论》《乐论》。

[99] 阮注云："荒芜。"

[100] 阮注云："《续诗》《续书》所以正之。"按：文中子《续六经》中有《续诗》《续书》。

[101] 阮注云："尧直，让舜，大也。"按：《太平御览》卷八十《皇王部五》："《帝王世系》曰：'帝尧陶唐氏，祁姓也。母曰庆都，孕十四月而生尧于丹陵，名曰放勋。或从母姓伊，祁氏，年十五而佐帝挚，授封于唐，为诸侯。'又曰：'帝尧氏作始，封于唐，今中山唐县是也。尧山在此，唐水在西北入河，南有望都县，有都山，即尧母庆都之所居也，相去五十里。都山一名豆山，此登尧山，南望都山，故名。其县曰望都。'"《太平御览》卷八十一《皇王部六》："《风土记》曰：'舜东夷之人，生于桃丘妫水之讷、损石之东。旧说言，舜，上虞人也。虞即会稽县，距余姚七十里，如宁上虞南乡也。后为县桃丘，即桃丘，方相近也。今吴北亭虞滨，在小江裹县，复五十里对小江，北岸临江，山上有立石，所谓损石者也。斜角西南，揩俗呼为蔿公崭高石也。'"

[102] 阮注云："以圣承圣，何其常法之有。"

[103] 阮注云："后若无圣，安能格及。"

[104] 阮注云：“汤直，伐桀，简也。”

[105] 阮注云：“我谓我君。”

[106] 阮注云：“下若有奸臣，则无君之，亦难制矣。”

[107] 阮注云：“可以承则承，可以扶则复扶，此周公之为。”

[108] 燕居，《论语·述而》云：“子之燕居，申申如也，夭夭如也。”《诗》毛传云：“燕，安也。”

[109] 阮注云：“一谓尧舜汤武，一归于道也。《公羊传》云：‘周公何以不之鲁，欲天下之一乎！周也大备，谓设官分职，制礼作乐也。礼曰礼器，是谓大备，大备，圣德也。’”

[110] 阮注云：“一本作修，汉史作循。”

[111] 阮注云：“谓吾道一以贯之是也，述《诗》《书》，作《春秋》，所以明周公也。礼曰述者之谓明。”

[112] 阮注云：“无位则修，而取中焉。”

[113] 阮注云：“时异事殊。”

[114] 阮注云：“当仁。”

[115] 阮注云：“颜子坐忘遗照。”按：《庄子·大宗师》云：“颜回曰：‘回益矣。’仲尼曰：‘何谓也？’曰：‘回忘仁义矣。’曰：‘可矣，犹未也。’他日复见，曰：‘回益矣。’曰；‘何谓也？’曰：‘回忘礼乐矣。’曰：‘可矣。犹未也。’他日复见，曰：‘回益矣。’曰；‘何谓也？’曰：‘回坐忘矣。’仲尼蹴然曰：‘何谓坐忘？’颜回曰：‘堕肢体，黜聪明，离形去知，同于大通，此谓坐忘。’仲尼曰：‘同则无好也，化则无常也，而果其贤乎！丘也请从而后也。’”

[116] 阮注云：“静则本性也，本性则不待外征物，理而后致用也，知此则当其无，有证之用。”

[117] 阮注云：“妙谓几微也，知几其神。神妙万物，不思而得，坐忘是也。董生虽不证理而未能思，故曰思则或妙以解上文，其殆之义。”

[118] 徵，即魏徵。

[119] 阮注云：“已离中贤之见，然未至上哲之性。”

[120] 阮注云：“达者无方，未达者迷焉，故设之以方，使趋于彼也。”

[121] 阮注云：“待至彼，然后见道，亦未为达者也，犹一隅以知三隅，是亦有隅也。大方无隅而神无方，圣人与神，道竞行，无所至，无不至。”

[122] 阮注云：“知道自至。”

[123] 阮注云：“若房、魏尚未至，彼安能无至，故不达。”

[124] 阮注云：“致知在格物，物格然后知至，是以来而应之。若与俱来，去则忘之，若与俱去，道之应物，如是无方，非至赜，惟几妙乎！万物则安能通其去来哉。”

[125] 阮注云：“去来既通，则何有来，何有去。”

[126] 阮注云：“无所来去，浑然圆神，若大衍之一，不可得而见。”

[127] 阮注云：“遗犹忘也，道大而无所道，德高而无所德，是忘也。”

[128] 阮注云：“志求仁则仁，志求义则义，无志则无得，是志矣。”

[129] 阮注云：“数数，频也。”

[130] 阮注云：“由专至一隅，故也。”

[131] 阮注云：“时谓时中也，虽未能不思而得，不勉而中，然思则或妙虑必时中。”

[132] 阮注云：“其余程、薛、房、魏辈，虑非时中，然会其有动静则虑之耳，犹颜回三月不违仁。其余日月至焉而已。”

[133] 阮注云：“收父道衡，非辜见戮，收遁于首阳山以免，此行全幽明矣。”

[134] 阮注云：“哀未忘。”

[135] 阮注云："隐字处叔，多知西都旧章，撰《晋书》，文体混漫，义不可解，世不甚传。"按：《晋书》卷八十二云："王隐，字处叔，陈郡陈人也。世寒素。父铨，历阳令，少好学，有著述之志，每私录晋事及功臣行状，未就而卒。隐以儒素自守，不交势援，博学多闻，受父遗业，西都旧事多所诸究。建兴中，过江，丞相军咨祭酒涿祖纳雅相知重。纳好博弈，每谏止之。纳曰：'聊用忘忧耳。'隐曰：'盖古人遭时，则以功达其道；不遇，则以言达其才，故否泰不穷也。当今晋未有书，天下大乱，旧事荡灭，非凡才所能立。君少长五都，游宦四方，华夷成败皆在耳目，何不述而裁之！应仲远作《风俗通》，崔子真作《政论》，蔡伯喈作《劝学篇》，史游作《急就章》，犹行于世，便为没而不朽。当其同时，人岂少哉？而了无闻，皆由无所述作也。故君子疾没世而无闻，《易》称自强不息，况国史明乎得失之迹，何必博弈而后忘忧哉。'纳喟然叹曰：'非不悦子道，力不足也。'乃上疏荐隐。元帝以草创务殷，未遑史官，遂寝不报。太兴初，典章稍备，乃召隐及郭璞俱为著作郎，令撰晋史。豫平王敦功，赐爵平陵乡侯。时著作郎虞预私撰《晋书》，而生长东南，不知中朝事，数访于隐，并借隐所著书窃写之，所闻渐广。是后更疾隐，形于言色。预既豪族，交结权贵，共为朋党，以斥隐，竟以谤免，黜归于家。贫无资用，书遂不就，乃依征西将军庾亮于武昌。亮供其纸笔，书乃得成，诣阙上之。隐虽好著述，而文辞鄙拙，芜舛不伦。其书次第可观者，皆其父所撰；文体混漫义不可解者，隐之作也。年七十余，卒于家。"

[136] 阮注云："器谓才学而已，若加之识，则三长，具可以知道矣。"

[137] 阮注云："寿字永祚，着《三国志》，善叙事，初王沈撰《魏书》，韦耀续成之，寿乃具吴蜀三国，变史称志，大抵简略，存其大义。"按：《晋书》卷八十二云："陈寿，字承祚，巴西安汉人也。少好学，师事同郡谯周，仕蜀为观阁令史。宦人黄皓专弄威权，大臣皆曲意附之，寿独不为之屈，由是屡被谴黜。遭父丧，有疾，使婢丸药，客往见之，乡党以为贬议。及蜀平，坐是沈滞者累年。司空张华爱其才，以寿虽不远嫌，原情不至贬废，举为孝廉，除佐著作郎，出补阳平令。撰《蜀相诸葛亮集》，奏之。除著作郎，领本郡中正。撰魏吴蜀《三国志》，凡六十五篇。时人称其善叙事，有良史之才。夏侯湛时着《魏书》，见寿所作，便坏己书而罢。张华深善之，谓寿曰：'当以《晋书》相付耳。'其为时所重如此。或云丁仪、丁廙有盛名于魏，寿谓其子曰：'可觅千斛米见与，当为尊公作佳传。'丁不与之，竟不为立传。寿父为马谡参军，谡为诸葛亮所诛，寿父亦坐被髡，诸葛瞻又轻寿。寿为亮立传，谓亮将略非长，无应敌之才，言瞻惟工书，名过其实。议者以此少之。张华将举寿为中书郎，荀勖忌华而疾寿，遂讽吏部迁寿为长广太守。辞母老不就。杜预将之镇，复荐之于帝，宜补黄散。由是授御史治书。以母忧去职。母遗言令葬洛阳，寿遵其志。又坐不以母归葬，竟被贬议。初，谯周尝谓寿曰：'卿必以才学成名，当被损折，亦非不幸也。宜深慎之。'寿至此，再致废辱，皆如周言。后数岁，起为太子中庶子，未拜。元康七年，病卒，时年六十五。梁州大中正、尚书郎范頵等上表曰：'昔汉武帝诏曰：'司马相如病甚，可遣悉取其书。'使者得其遗书，言封禅事，天子异焉。臣等案：'故治书侍御史陈寿作《三国志》，辞多劝诫，明乎得失，有益风化，虽文艳不若相如，而质直过之，愿垂采录。'于是诏下河南尹、洛阳令，就家写其书。寿又撰《古国志》五十篇、《益都耆旧传》十篇，余文章传于世。"

[138] 阮注云："范宁字武子，为《穀梁集解》。谓《左氏》失诬，《公羊》失俗，《穀梁》失短，皆诘正于道耳。○诘，奚吉反。"按："宁字武子。少笃学，多所通览。简文帝为相，将辟之，为桓温所讽，遂寝不行。故终温之世，兄弟无在列位者。时以浮虚相扇，儒雅日替，宁以为其源始于王弼、何晏，二人之罪深于桀纣，乃着论曰：……初，宁之出，非帝本意，故所启多合旨。宁在郡又大设庠序，遣人往交州采磐石，以供学用，改革旧制，不拘常宪。远近至者千余人，资给众费，一出私禄。并取郡四姓子弟，皆充学生，课续五经。又起学台，功用弥广，江州刺史王凝之上言曰：'豫章郡居此州之半。太守臣宁入参机省，出宰名郡，而肆其奢浊，所为狼籍。郡城先有六门，宁悉改作重楼，复更开二门，合前为八。私立下舍七所。臣伏寻宗庙之设，各有品秩，而宁自置家庙。又下十五县，皆

使左宗庙，右社稷，准之太庙，皆资人力，又夺人居宅，工夫万计。宁若以古制宜崇，自当列上，而敢专辄，惟在任心。州既闻知，既符从事，制不复听。而宁严威属县，惟令速立。愿出臣表下太常，议之礼典。'诏曰：'汉宣云：可与共治天下者，良二千石也！若范宁果如凝之所表者，岂可复宰郡乎！'以此抵罪。子泰时为天门太守，弃官称诉。帝以宁所务惟学，事久不判。会赦，免。古里子初，宁尝患目痛就中书侍郎张湛求方，湛因嘲之曰：'古方，宋阳里子少得其术，以授鲁东门伯，鲁东门伯以授左丘明，遂世也上传。及汉杜子夏郑康成、魏高堂隆、晋左太冲，凡此诸贤，并有目疾，得此方云：用损读书一，减思虑二，专内视三，简外观四，且晚起五，夜早眠六。凡六物熬以神火，下以气箴，蕴于胸中七日，然后纳诸方寸。修之一时，近能数其目睫，远视尺捶之余。长服不已，洞见墙壁之外。非但明目，乃亦延年。'既免官，家于丹阳，犹勤经学，终年不辍。年六十三，卒于家。知审，初，宁以《春秋穀梁氏》未有善释，遂沈思积年，为之集解。其义精审，为世所重。既而徐邈复为之注，世亦称之。"

[139] 阮注云："《史记》杂黄老之道，壮奸雄之词。《汉书》又模范纪传，愈加文饰，是史之罪也。"按：司马迁，《汉书》卷六十二云："迁生龙门，耕牧河山之阳。年十岁则诵古文，二十而南游江淮，上会稽，探禹穴，窥九疑，浮沅湘，北涉汶泗。讲业齐鲁之都，观夫子遗风，乡射邹峄，厄困蕃、薛、彭城，过梁、楚以归，于是迁为郎中，奉使西征巴蜀以南，略邛笮、昆明，还报命。是岁天子，始建汉家之封，而太史公留滞周南，不得与从事，发愤且卒。……十年而遭李陵之祸，幽于累继乃喟然而叹曰：'是余之辜夫，身亏不用矣。'退而深惟曰：'夫诗书隐约者，欲遂其志之思也。'卒述陶唐以来，至于麟止。……迁既死后，其书稍出。宣帝时，迁外孙平通侯杨恽，祖述其书，遂宣布焉。至王莽时，求封迁后为史通子。"

班固，《后汉书》卷七十二云："固字孟坚，年九岁，能属文，诵诗赋。及长，遂博贯载籍，九流百家之言，无不穷究，所学无常师，不为章句，举大义而已。性宽和容众，不以才能，高人诸儒，以此慕之。……除兰台令史，与前睢阳令陈宗、长陵令尹敏、司隶从事孟异，共成《世祖本纪》，迁为郎，典校秘书。固又撰功臣平林新市公孙述事，作列传载记二十八篇，奏之，帝乃复使终成前所著书。……固不教学诸子，诸子多不遵法度，吏人苦之。初，洛阳令种兢尝行，固奴干其车骑，吏推呼之，奴醉骂，兢大怒，畏宪不敢发，心衔之。及窦氏宾客皆逮考，兢因此捕系固，遂死狱中，时年六十一。诏一遣责兢，抵主者吏罪。固所著典引宾戏应讥诗、赋、铭、诔、颂、书、文、记、论议、六言在者，凡四十一篇。"

[140] 阮注云："刘向理《穀梁》，刘歆好《左氏》，各守一家，而不能贯圣经之本，是古学之罪也。"按：刘向、刘歆，《汉书》卷三十六云："向字子政，本名更生，年十二，以父德任为辇郎。既冠，以行修饬，擢为谏大夫……遂废十余年。成帝即位，显等伏辜，更生乃复进用，更名向。向以故九卿，召拜为中郎，使领护三辅都水，数奏封事，迁光禄大夫。是时帝元舅阳平侯王凤为大将军，秉政，倚太后，专国权。兄弟七人，皆封为列侯。时数有大异，向以为外戚贵盛，凤兄弟用事之咎。而上方精于诗书，观古文，诏向领校中五经秘书，向见《尚书·洪范》箕子为武王陈五行阴阳休咎之应，向乃集合上古以来，历春秋六国，至秦汉符瑞灾异之记，推迹行事，连传祸福，着其占验，类比相从，各有条目，凡十一篇，号曰《洪范五行传论》。……向以为王教由内及外，自近者始，故采取诗书所载贤妃贞妇，兴国显家，可法则，及孽嬖乱亡者，序次为《列女传》，凡八篇，以戒天子，及采传记行事，着《新序》《说苑》，凡五十篇，奏之。数上疏，言得失，陈法戒，书数十上，以助观览。……居列大夫官，前后三十余年，年七十二卒。……向三子，皆好学，长及季伋，少子歆，最为知名。歆字子骏，少以通诗书、能属文召见，成帝待诏宦者，署为黄门侍郎。河平中，受诏与父向领校秘书，讲六艺传记，诸子诗赋，数术方技，无不究极。向死后，歆复为中垒校尉。哀帝初即位，大司马王莽举歆宗室有才行，为侍中太中大夫，迁骑都尉，奉车光禄大夫。贵幸，复领五经，卒父前业。歆乃集六艺群经，种别为《七略》，语在《艺文志》。歆及向，始皆知易，宣帝时，诏向受《谷梁春秋》，十余年，大明习。

及歆校书，见古文《春秋左氏传》，歆大好之。时丞相史尹咸，以能治《左氏》，与歆共校经传，歆略从咸及丞相翟方进，受质问大义。初《左氏传》多古字古言，学者传训故而已。及歆治《左氏》，引传文以解经，转相发明。由是章句义理备焉。……王莽篡位，歆为国师，后事皆在《王莽传》。"《汉书》卷九十九《王莽传中》云："京兆尹红休侯刘歆为国师……初甄丰、刘歆、王舜为莽腹心，倡导在位，褒扬功德，安汉宰衡之号。及封莽母两子兄子，皆丰等所共谋，而丰、舜、歆亦受其赐，并富贵矣。"

[141] 阮注云："但务广记，不原圣人之志。"

[142] 阮注云："但争众传，而不原圣人权衡之法。"

[143] 阮注云："淮南王聘九人明《易》者，撰《道训》二十篇，号'九师易'。"按：杭辛斋《读易杂识》云："九师易，即就所谓荀九家也。刘向云：'淮南王聘善《易》者九人，从之采获，着《道训》十二篇。'王氏通曰：'盖九师兴而《易》道微。'洪氏迈曰：'寿春有八公山，正淮南王刘安延客之所，传记不见姓名。'而高诱《序》以为苏飞、李尚、左吴、田由、雷被、毛被、伍被、晋昌等八人，其他亦无可证。陆德明曰：'《荀爽九家集注》十卷。不知何许人所集，称荀爽者，以为主故也。'其序有荀爽、京房、马融、郑玄、宋衷、虞翻、陆绩、姚信、翟子元讲，与高诱说完全不同。内又有张氏、朱氏，并不详何人。朱竹垞曰：'陆氏《释文》载有张伦本，直方达上有《易》曰二字，舍车而徙车作舆等类。'未审即其人否。又李鼎祚《集解》所引诸家《易》中有朱仰之，疑即其人也。然陆氏所称九人，时代先后不同，何能为淮南之宾客，而与九师之席乎？高氏所称较近，惜亦无可考也。"杭辛斋：《学易笔谈·读易杂识》沈阳：辽宁教育出版社，1997年新世纪万有文库本。

[144] 阮注云："公羊高、榖梁喜、左丘明，皆孔子门人。"按：《春秋》略而三传详尽，故经没而传名于世。

[145] 阮注云："白黑渝正色。○渝，弋朱反。"

[146] 阮注云："是非扰正道。"

[147] 阮注云："后苍所传为齐诗，韩婴所传为韩诗，毛郑诗，毛苌注，郑玄笺也。"按：西汉时期，传授《诗经》的有齐、鲁、韩、毛四家，齐、鲁、韩为今文《诗》学，汉武帝时立为官学，古文毛诗流传民间。"后苍所传为齐诗"者，洪湛侯《诗经学史·西汉的今文经学》云："《史记·儒林列传》：'清河王太傅辕固生者，齐人也。以治《诗》，孝景时，为博士。'……在辕固生诸弟子中，尤以鲁人夏侯始昌最能张大其学。'自董仲舒、韩英死后，武帝得始昌，甚重之。始昌明于阴阳，先言柏梁台灾日，至其日果灾。时昌邑王以少子爱，上为选师，始昌为太傅。'（《汉书·夏侯始昌传》）其后，始昌以《诗》授邹人后苍，苍授谏大夫翼奉，前将军萧望之，丞相匡衡及博士白奇。《汉书·翼奉传》谓'奉惇学不仕，好律历阴阳之占'，盖《齐诗》附会阴阳律历，由夏侯始昌始，至翼奉而大盛。"

[148] 阮注云："二戴因曲台记论于石渠成《礼记》，戴德号大戴，戴圣号小戴。"按：大戴，即今之《大戴礼记》，小戴，即今之《礼记》是也。二《记》皆为释《仪礼》经而作，《记》盛而经微，故文中子有此言也。

[149] 阮注云："孔安国家藏科斗《尚书》，以今文易之，刘歆别得古本，奏立古文《尚书》。"按：《经典释文·序录》云："书者，本王之号令，右史所记，孔子删录，断自唐虞，下迄秦穆。典、谟、训、诰、誓命之文，凡百篇而为之序。及秦禁学，孔子之末孙惠壁藏之。汉兴，欲立《尚书》，无能通者，闻济南伏生传之，文帝欲征，时年九十余，不能行。于是诏太常使掌故晁错受焉。伏生失其本经，口诵二十九篇传授，以其上古之书，谓之《尚书》。"此二十九篇用汉通行的隶书书写，故名"今文尚书"。《经典释文·序录》又云："古文尚书者，孔惠之所藏也。鲁恭王坏孔子旧宅，于壁中得之，并礼、论语、孝经，皆科斗文字。博士孔安国为隶古定写之，增多伏生二十五篇，又伏生误合五篇，凡五十九篇，为四十六卷，安国又受诏为古文尚书传。"

[150] 阮注云："齐辕固生治诗为博士，齐人宗之，鲁申公汉初为儒学，鲁人宗之，于是有齐鲁诗。"按：今文《诗》学著作，《汉书·艺文志》著录："《鲁故》二十五卷，《鲁说》二十八卷。《齐后氏故》

二十卷,《齐孙氏故》二十七卷,《齐后氏传》三十九卷,《齐孙氏传》二十八卷,《齐杂记》十八卷。"《齐诗》《鲁诗》,汉立博士,为今文《诗》学。

[151] 阮注云:"圣性神受,天纵无师。"

[152] 阮注云:"人能弘道。"

[153] 阮注云:"传之在师,得之在己,所传有限,所得无穷。故周公师天下,仲尼自得之。仲尼师万世,仲淹自得之,皆神契其道,不尽由师,明矣。孟子曰:'君子之深造于道也,欲其自得之,自得之则居之安,居之安则取诸左右逢其原,然学不可无师,而得之不可由师也。'"

[154] 阮注云:"七代注见上瀍昏也,瀍,七困反。"

[155] 阮注云:"讽时政,达下情。"按:《续诗》,文中子《续六经》之一种。《经义考》卷二百七十四云:"王氏通《续诗》十卷,佚。杜淹曰:文中子《续诗》三百六十篇,列为十卷。"

[156] 阮注云:"荡涤郁结,独处无邪。"

[157] 阮注云:"上四德备矣,则孝悌动天地,感鬼神。"按:《论语·学而》云:"子曰:弟子入则孝,出则悌,谨而信,泛爱众,而亲仁。行有余力,则以学文。"

[158] 阮注云:"治之情乐,乱之情哀。"

[159] 阮注云:"圣人不烦,文惟达意而已。"按:《论语·卫灵公》云:"子曰:辞而已矣。"

[160] 扬雄,《汉书》卷八十七上云:"扬雄字子云,蜀郡成都人也。其先出自有周伯侨者,以支庶,初食采于晋之扬,因氏焉。扬在河汾之间,周衰而扬氏或称侯,号曰扬侯。……雄少而好学,不为章句训诂,通而已。博览无所不见,为人简易佚荡,口吃不能剧谈,默而好深湛之思,清净亡为,少耆欲,不汲汲于富贵,不戚戚于贫贱。……蜀有司马相如,作赋甚弘丽温雅,雄心壮之,每作赋,常拟之以为式。……孝成帝时,客有荐雄文似相如者,上方郊祠甘泉泰畤汾阴后土,以求继嗣,召雄待诏承明之庭。正月从上甘泉,还,奏《甘泉赋》以风。……年七十一,天凤五年卒……自雄之没,至今四十余年,其《法言》大行于世,《玄》终不显,然篇籍具存。"

张衡,《后汉书》卷八十九云:"张衡字平子,南阳西鄂人也。世为著姓,祖父堪,蜀郡太守。衡少善属文。游于三辅,因入京师,观太学,遂通五经、贯六艺。虽才高于世,而无骄尚之情,常从容淡静,不好交接俗人。永元中,举孝廉不行,连辟公府不就,时天下承平日久,自王侯以下莫不逾侈。衡乃拟班固《两都》,作《二京赋》因以讽谏。精思附会,十年乃成。……衡善机巧,尤致思于天文阴阳历算,常好《玄经》。……安帝雅闻衡善术学,公交车特征,拜郎中,再迁为太史令。遂乃研核阴阳,妙尽璇机之正,作浑天仪,著《灵宪算罔论》。……年六十二,永和四年卒。"

[161] 阮注云:"扬雄作《太玄经》,及苍颉《训纂》,沉默精思,好学奇字。张衡作浑天及地动仪,如扬雄之学,大抵好奇多艰苦。"

[162] 阮注云:"艰苦而奇,未足适变,盖守精而已。"

[163] 阮注云:"不文过。"

[164] 阮注云:"与贫则仁,与奸则贼。"

[165] 阮注云:"取于义则安,取于利则危。"

[166] 阮注云:"好贤则治,好佞则乱。"

[167] 阮注云:"为善则生,为恶则死。"

[168] 阮注云:"四者可以知人,不须多察。"

[169] 魏孝文,北魏孝文帝也。《魏书》卷七《帝纪第六》云:"显祖献文皇帝,讳弘(一作"宏"),高祖文成皇帝长子也,母曰李贵人。兴光元年秋七月,生于阴山之北。太安二年二月,立为皇太子。聪睿机悟,幼而有济民神武之规。仁孝纯至,礼敬师友。和平六年夏五月甲辰,即皇帝位,大赦天下。……夏四月丙午崩,帝崩于谷塘原之行宫,时年三十三。秘讳,至鲁阳发哀,还京师。上谥曰孝文皇帝,庙号高祖,五月丙申,葬长陵。……听览政事,莫不从善如流,哀矜百姓,恒思所以济益,天地、五

郊、宗庙二分之礼，常必躬亲，不以寒署为倦。尚书奏案，多自录省。百官大小，无不留心，务于周
治。……雅好读书，手不释卷。《五经》之义，览之便讲，学不师受，探其精奥。史传百家，无不该涉。
善谈《庄老》，尤精释义。才藻富瞻，好为文章，诗赋铭颂，任性而作。"

[170] 阮注云："后魏元氏，名宏，始都洛阳，修文物制度，大和诏册，帝自为之，可与兴文化矣。"

[171] 阮注云："子之母。"按：《中说·述史篇》云："裴晞文穆公之事，子曰：舅氏不闻凤皇乎？
览德晖而下，何必怀彼也。"由此可知，文中子之母铜川夫人姓裴。《录关子明事》云："开皇四年，铜
川夫人经梁山，履巨石而孕，既而生文中子。"

[172] 阮注云："伎术非事亲，不暇为之。"

[173] 阮注云："子之兄也，为芮城令，陕州县名芮而锐反。"按：芮城府君，佚其名，有人以为
是王度，文中子长兄也，为隋著作郎，着《隋史》，未终而殁。王绩《与陈叔达重借隋纪书》云："仆
亡兄芮城，尝典着局，大业末，欲撰《隋书》，俄逢丧乱，未及终毕。"芮城，《元和郡县图志》卷第六
《河南道二》云："芮城县，本汉河北县地，属河东郡，自汉至后魏因之。周明帝二年，改名芮城，属
河北郡。其年，又于此置虞州。武帝建德二年，于县置芮城。贞观元年废芮州，以县属陕州。黄河，
在南二十里。故魏城，《春秋》：'晋灭之，赐毕万'，是也，在县北五里。故芮城，在县西二十里。古
芮伯国也。"

[174] 阮注云："圣人与天地合德，安在推步阴阳，盖以师兄之心，始着星历，恐门人拘忌，妄习
灾祸，故特云惧费日而已。"

[175] 阮注云："知仁未见处俗，谓能随俗而处。"

[176] 此记仿孔子之为。《论语·先进》云："南容三复白圭，孔子以其兄之子妻之。"

[177] 阮注云："引《明夷》象辞。"按：《明夷·象》云："明入地中，明夷；内文明而外柔顺，
以蒙大难，文王以之。利艰贞，晦其明也；内难而能正其志，箕子以之。"

[178] 阮注云："文中子高祖名彦，为同州刺史，内难未详。"按：同州府君，王氏四十四世祖王
彦，着《政小论》八篇。《中说·王道》云："同州府君之述曰《政小论》八篇，其言王霸之业尽矣。"
《文中子世家》云："穆公生同州刺史彦，曰同州府君。"王绩《游北山赋序》云："同州悲永安之事，
退居河曲。"同州，《元和郡县图志》卷二《关内道二》云："同州，冯翊四辅。《禹贡》雍州之域，春
秋时其地属秦，本大荔戎国，秦获之，更名临晋。魏文侯伐秦，秦筑临晋，今朝邑西南有古城，七国
时属魏。始皇并天下，京兆、冯翊、扶风并内史之地。及项羽灭秦，为塞国，立司马欣为塞王。及汉
王定三秦，以为河上郡，复罢为内史，武帝更名作冯翊。魏除左字，但为冯翊郡，晋因之。后魏永平
三年，改为同州。《禹贡》云：'漆、沮既从，澧水攸同。'言二水至此同流入渭，城居其地，故曰同州。"

[179] 阮注云："从中道。"

卷三　事君篇

房玄龄问事君之道。子曰："无私。"问使人之道。曰："无偏。"曰："敢问化人之道。"子曰："正其心。"问礼乐。子曰："王道盛则礼乐从而兴焉，非尔所及也。"[1]

或问杨素。子曰："作福作威玉食，不知其他也。"[2]

房玄龄问郡县之治[3]。子曰："宗周列国八百余年[4]，皇汉杂建四百余载[5]，魏、晋已降，灭亡不暇[6]，吾不知其用也[7]。"

杨素使谓子曰："盍仕乎？"子曰："疏属之南，汾水之曲，有先人之敝庐在，可以避风雨，有田可以具饘粥，弹琴着书、讲道劝义自乐也[8]。愿君侯正身以统天下[9]。时和岁丰，则通也受赐多矣，不愿仕也[10]。"

子曰："古之为政者，先德而后刑，故其人悦以恕[11]；今之为政者，任刑而弃德，故其人怨以诈[12]。"

子曰："古之从仕者养人，今之从仕者养己。"[13]

子曰："甚矣！齐文宣之虐也。"[14]

姚义曰："何谓克终？"子曰："有杨遵彦者，实掌国命[15]。视民如伤，奚为不终[16]？"

窦威好议礼。子曰："威也贤乎哉？我则不敢。"[17]

北山丈人谓文中子曰："何谓遑遑者无急欤？"[18]子曰："非敢急伤时怠也。"[19]

子曰："吾不度不执[20]，不常不遂[21]。"

房玄龄曰："书云霍光废帝举帝，何谓也？"[22]子曰："何必霍光？古之大臣，废昏举明，所以康天下也。"[23]

子游河间之渚[24]。河上丈人曰："何居乎斯人也？心若醉《六经》，目若营四海，何居乎斯人也？"[25]文中子去之。薛收曰："何人也？"子曰：

“隐者也。”收曰：“盍从之乎？”[26]子曰：“吾与彼不相从久矣。”[27]“至人相从乎”[28]？子曰：“否也。”[29]

子在河上曰：“滔滔乎！昔吾愿止焉，而不可得也，今吾得之止乎？”[30]

子见牧守屡易，曰：“尧、舜三载考绩，仲尼三年有成。今旬月而易，吾不知其道。”[31]薛收曰：“如何？”子曰：“三代之兴，邦家有社稷焉[32]；两汉之盛，牧守有子孙焉[33]。不如是之亟也[34]。无定主而责之以忠，无定民而责之以化，虽曰能之，末由也已[35]。”

贺若弼请射于子，发必中[36]。子曰：“美哉乎艺也[37]！古君子志于道，据于德，依于仁，而后艺可游也[38]。”弼不悦而退。子谓门人曰：“矜而愎，难乎免于今之世矣。”[39]

子谓荀悦：“史乎史乎？”[40]谓陆机：“文乎文乎？”[41]皆思过半矣。

子谓：“文士之行可见：谢灵运小人哉？其文傲，君子则谨[42]。沈休文小人哉？其文冶，君子则典[43]。鲍昭、江淹，古之狷者也。其文急以怨[44]。吴筠、孔珪，古之狂者也。其文怪以怒[45]。谢庄、王融，古之纤人也。其文碎[46]。徐陵、庾信，古之夸人也。其文诞[47]。”或问孝绰兄弟。子曰：“鄙人也。其文淫。”[48]或问湘东王兄弟。子曰：“贪人也。其文繁[49]。谢朓，浅人也。其文捷[50]。江揔，诡人也。其文虚[51]。皆古之不利人也[52]。”子谓：“颜延之、王俭、任昉，有君子之心焉。其文约以则。”[53]

尚书召子仕，子使姚义往辞焉[54]。曰：“必不得已，署我于蜀。”[55]或曰：“僻。”子曰：“吾得从严、扬游泳以卒世，何患乎僻？”[56]

子曰：“吾恶夫佞者，必也愚乎？愚者不妄动。吾恶夫豪者，必也吝乎？吝者不妄散。”[57]

子曰：“达人哉，山涛也！多可而少怪。”[58]或曰：“王戎贤乎？”[59]子曰：“戎而贤，天下无不贤矣。”[60]

子曰：“陈思王可谓达理者也，以天下让，时人莫之知也。”[61]子曰：“君子哉，思王也！其文深以典。”[62]

房玄龄问史。子曰：“古之史也辩道[63]，今之史也耀文[64]。”问文。子曰：“古之文也约以达，今之文也繁以塞。”[65]

薛收问《续诗》。子曰：“有四名焉，有五志焉。何谓四名？一曰化[66]，天子所以风天下也[67]；二曰政[68]，蕃臣所以移其俗也[69]；三曰颂[70]，以成功告于神明也[71]；四曰叹[72]，以陈海立诚于家也[73]。凡此四者，或美焉[74]，或勉焉[75]，或伤焉[76]，或恶焉[77]，或诫焉[78]，是谓五志[79]。"

子谓叔恬曰："汝为《春秋》《元经》乎？《春秋》《元经》于王道，是轻重之权衡，曲直之绳墨也，失则无所取衷矣。"[80]

子谓：《续诗》之有化，其犹先王之有雅乎？《续诗》之有政，其犹列国之有风乎[81]？

子曰："郡县之政，其异列国之风乎[82]？列国之风深以固，其人笃。曰：我君不卒求我也，其上下相安乎[83]？及其变也[84]，劳而散，其人盖伤君恩之薄也，而不敢怨[85]。郡县之政悦以幸，其人慕[86]。曰：我君不卒抚我也，其臣主屡迁乎[87]？及其变也[88]，苛而迫，其人盖怨吏心之酷也，而无所伤焉[89]。虽有善政，未及行也。"魏徵曰："敢问列国之风变，伤而不怨；郡县之政变，怨而不伤；何谓也？"子曰："伤而不怨，则不曰犹吾君也[90]。吾得逃乎？何敢怨[91]？怨而不伤，则不曰彼下矣[92]。吾将贼之，又何伤[93]？故曰三代之末，尚有仁义存焉[94]；六代之季，仁义尽矣[95]。何则？导人者非其路也[96]。"

子曰："变风变雅作而王泽竭矣[97]，变化变政作而帝制衰矣[98]。"

子曰："言取而行违，温彦博恶之[99]；面誉而背毁，魏徵恶之[100]。"

子曰："爱生而败仁者，其下愚之行欤[101]？杀身而成仁者，其中人之行欤[102]？游仲尼之门，未有不治中者也[103]。"

陈叔达为绛郡守，下捕贼之令[104]。曰："无急也，请自新者原之，以观其后。"[105]子闻之曰："陈守可与言政矣。上失其道，民散久矣[106]。苟非君子，焉能固穷[107]？导之以德，悬之以信，且观其后，不亦善乎[108]？"

薛收问："恩不害义，俭不伤礼，何如？"子曰："此文、景尚病其难行也[109]。夫废肉刑害于义[110]，损之可也[111]；衣弋绨伤乎礼[112]，中焉可也[113]。虽然，以文、景之心为之可也，不可格于后[114]。"

子曰："古之事君也以道，不可则止[115]；今之事君也以佞[116]，无所不至[117]。"

子曰："吾于赞《易》也，述而不敢论[118]；吾于礼乐也，论而不敢辩[119]；吾于《诗》《书》也，辩而不敢议[120]。"或问其故。子曰："有可有不可。"[121]曰："夫子有可有不可乎？"子曰："可不可，天下之所存也，我则存之者也。"[122]

子间居俨然。其动也徐，若有所虑[123]；其行也方[124]，若有所畏[125]。其接长者，恭恭然如不足；接幼者，温温然如有就[126]。

子之服俭以洁，无长物焉，绮罗锦绣，不入于室[127]。曰："君子非黄白不御[128]，妇人则有青碧[129]。"

子宴宾无贰馔[130]，食必去生，味必适[131]。果菜非其时不食，曰："非天道也。"非其土不食，曰："非地道也。"[132]

乡人有穷而索者[133]。曰："尔于我乎取，无扰尔邻里乡党为也，我则不厌。"[134]乡人有丧，子必先往[135]，反必后[136]。子之言应而不唱[137]，唱必有大端[138]。子之乡无争者[139]。

或问人善。子知其善则称之，不善，则曰："未尝与久也。"

子济大川，有风则止，不登高，不履危，不乘悍，不奔驭。乡人有水土之役，则具畚锸以往。曰："吾非从大夫也。"[140]

铜川府君之丧[141]，勺饮不入口者三日。营葬具，曰："必俭也，吾家有制焉。"棺椁无饰，衣衾而举，帷车而载[142]，涂车刍灵，则不从五世矣[143]。既葬之，曰："自仲尼已来，未尝无志也。"于是立坟，高四尺，不树焉[144]。

子之他乡，舍人之家，出入必告[145]。既而曰："奚适而无禀？"[146]

万春乡社[147]，子必与执事翼如也[148]。

芮城府君起家为御史，将行，谓文中子："何以赠我？"[149]子曰："清而无介[150]，直而无执[151]。"曰："何以加乎？"子曰："太和为之表[152]，至心为之内[153]。行之以恭，守之以道[154]。"退而谓董常曰："大厦将颠，非一木所支也。"[155]

子曰："婚娶而论财，夷虏之道也，君子不入其乡。古者男女之族，各择德焉，不以财为礼。"[156]

子之族，婚嫁必具六礼[157]。曰："斯道也，今亡矣。三纲之首不可废，吾从古。"[158]

子曰："恶衣薄食，少思寡欲，今人以为诈，我则好诈焉。不为夸衒，若愚似鄙，今人以为耻，我则不耻也。"

子曰："古之仕也，以行其道[159]；今之仕也，以逞其欲[160]。难矣乎[161]！"

子曰："吏而登仕，劳而进官，非古也，其秦之余酷乎[162]？古者士登乎仕[163]，吏执乎役[164]，禄以报劳，官以授德[165]。"

子曰："美哉，公旦之为周也！外不屑天下之谤而私其迹。曰：必使我子孙相承，而宗祀不绝也[166]。内实达天下之道而公其心。曰：必使我君臣相安，而祸乱不作[167]。深乎深乎！安家者所以宁天下也，存我者所以厚苍生也[168]。故迁都之义曰：洛邑之地，四达而平，使有德易以兴，无德易以衰[169]。"

无功作《五斗先生传》[170]。子曰："汝忘天下乎[171]？纵心败矩，吾不与也[172]。"

注　　释

[1] 阮注云："仁义着则王道盛也，乐者，仁之声也；礼者，义之容也。必待明王乃可兴，非今尔所及。"

[2] 阮注云："骄且吝，不足观。"

[3] 阮注云："秦罢侯置守，郡县始于此。"按：翦伯赞《秦汉史》第二章《秦代社会经济的结构及其转向》云："考郡县之制，战国时即已存在。但是当是之所谓郡县与采邑不同之处，只是郡县的土地，属于领主之直接管理，采邑的土地，属于领主之委托管理而已。因而当时郡县的土地，仍然是封建领主所有的属性。秦代的郡县制则不然，郡县的土地，是扫除了旧领主之政治支配 经济榨取的土地；同时统治者这些郡县的官吏，已经不是商人地主的上司，而是他们政治使用人。所以同样性质的郡县，因为属于不同的权力，于是具有不同的性质。"

[4] 阮注云："列国谓封建五等诸侯。"按：宗周列国，指西周、东周。据陈梦家《西周年代考》，西周始于前 1027 年，而秦灭六国在前 221 年，这样宗周列国时期即为 800 余年。

[5] 阮注云："汉监秦亡之势，虽无五等，而杂封功臣宗室子弟。"按：西汉建于前 206 年，东汉灭于 220 年，两汉共 426 年。

[6] 阮注云："魏晋已有封爵，然虚名无实，故灭于权臣之手。"按：魏晋以至于隋，天下纷乱，朝代更替频繁，故云"灭亡不暇"。

[7] 阮注云："观周汉之永，魏晋之促，其用可知矣。"

[8] 阮注云："疏属，山名。《山海经》云：枕汾水，管岑。"按：《山海经第三·北山经》但云："《北次二经》之首，在河之东，其首枕汾，其名曰官涔之山。其上无木而多草，其下多玉。汾水出焉，而西流注于河。"并未言为疏属之山。

[9] 阮注云："素骄，故以正规之。"

[10] 阮注云："终奚言以拒之。"

[11] 阮注云："悦谓知德，及我恕，谓知刑，不得已而行。"按：《论语·为政》云："子曰：为政以德，譬如北辰，其所而众星共之。"

[12] 阮注云："不教我而致我犯诈，谓骄求苟免。"按：《论语·为政》云："道之以政，齐之以刑，民免而无耻。道之以德，齐之以礼，有耻且格。"

[13] 阮注云："叹反古。"按：即古之为政者为人，今之为政者为己。古今异也。

[14] 阮注云："北齐高洋以峻法御下。"按：高洋，北齐文宣皇帝，《北史》卷七、《北齐书》卷四有传。《北齐书·齐本纪中第七》云："显祖文宣皇帝讳洋，字子进，神武第二子，文襄之母弟也。……及长，黑色，大颊兑下，鳞身重踝，瞻视审定，不好戏弄，深沉有大度。天保元年夏五月戊午，皇帝即位于南郊，升坛，柴燎告天。……（十年）冬十月甲午，崩于晋阳宫德阳堂，时年三十一。"文宣帝以功业自傲，肆为暴虐，酗酒荒淫，甚至泯灭人性，故其寿不延矣。

[15] 阮注云："杨愔字尊彦，文宣时为尚书，本史称：朝章国命，一人而已。"按：《北齐书》卷三十四云："杨愔字遵彦，小名亲王，弘农华阴人。父津，魏时累为司空侍中。愔儿童时，口若不能言，而风度深敏，出入门闾，未尝戏弄。六岁学史书，十一受《诗》《易》，好《左氏春秋》。……天保初，以本官领太子少傅，别封阳夏县男。又诏监太史，迁尚书右仆射。尚太原长公主，即魏孝静后也。会有雉集其舍，又拜开府仪同三司、尚书左仆射，改封华山郡公。九年徙尚书令，又拜特进、骠骑大将军。十年，封开封王。文宣之崩，百僚莫有下泪，愔悲不自胜，济南嗣业，任遇益隆，朝章国命，一人而已，推诚体道，时无异议。干明元年二月，为孝昭帝所诛，时年五十。"

[16] 阮注云："言：有贤臣，故不亡。"

[17] 阮注云："威所好者，礼之文耳。文中子不敢者，礼之情也。夫知礼乐之情者，能识礼乐之文者，能述瓢室礼坏，贤威有心，大抵治定而后议。今非其时，故曰不敢。"

[18] 阮注云："《山海经》云：北山之首曰单狐丈人，无名氏。"按：《山海经第三·北山经》云："《北山经》之首，曰单狐之山，多机木，其上多华草。……凡《北山经》之首，自单弧之山至于堤山，凡二十五山，五千四百九十里，其神皆人面蛇身。其祠之，毛用一雄鸡、彘瘗，吉玉用一珪，瘗而不糈。其北山人，皆生食不火之物。"

[19] 阮注云："怠而不修，斯文丧矣。"

[20] 阮注云："度德执用。"

[21] 阮注云："得常遂行。"

[22] 阮注云："《续书》有霍光之事，言废帝举帝之事。光字子孟，先是，武帝画周公相、成王相以赐光，光尽忠辅之。昭帝崩，昌邑王贺，贺有罪三千条，光废之而立宣帝。《续书》云：大臣之义，载于业者有七，其一曰命。文中子曰：书有命，邃矣。其有成败于期间，天下悬之，不得已而临之乎。"按：《汉书》卷六十八《霍光传》云："霍光字子孟，骠骑将军霍去病弟也。……（霍去病）乃将光西至长安，时年十余岁，任光为郎。稍迁诸曹侍中。去病死，后光为奉车都尉、光禄大夫，出则奉车，入侍左右，出入禁闼二十余年，小心谨慎，未尝有过，甚见亲信。征和二年，卫太子为江充所败，而燕王旦广陵王胥皆多过失。是时上年老，宠姬钩弋赵倢伃有男，上心欲以为嗣，命大臣辅之。察群臣，唯霍光任大重，可属社稷。上乃使黄门画者画周公负成王朝诸侯以赐光。……光秉政前后二十余年，地节二年春，病笃，车驾自临，问光病，上为之涕泣，光上书谢恩。"

[23] 阮注云："古若伊尹。"

[24] 阮注云："隋河间郡，连涿水渚，今深州。"

[25] 阮注云："丈人，无名氏，居音姬，发语之端。"

[26] 阮注云："讶子去之。"

[27] 阮注云："吾吾道也，吾道自仲尼与荷条丈人已来，不相从也，故曰久矣。"

[28] 阮注云："收问：至人无名，还从隐乎？"

[29] 阮注云："言至人有名而难言者也，今之隐者异于是，独善一身，以天下为道。"

[30] 阮注云："圣人，时行则行，时至则至。昔常欲至而心犹有为，故献《策》于长安。今道之不行，得以至矣，故退居于河曲。"

[31] 阮注云："痛隋行秦苟且之政。"

[32] 阮注云："诸侯称邦，卿大夫称家，立社稷，世奉其祀。"

[33] 阮注云："袭爵通侯，无罪，国不除。"

[34] 阮注云："亟，犹遽也。"

[35] 阮注云："末，莫也。"

[36] 阮注云："弼字辅伯，平陈有武功，为总管。隋主宴突厥，人使命之射，一发中的，命弼射，一发亦中的。弼自矜善射，故请子观。"按：《隋书》卷五十二云："贺若弼字辅伯，河南洛阳人也。……弼少慷慨，有大志，骁勇便弓马，解属文，博涉书记，有重名于当世。……高祖受禅，阴有并江南之志，访可任者。高颎曰：'朝臣之内，文武才干，无若贺若弼者。'高祖曰：'公得之矣。'于是拜弼为吴州总管，委以平陈之事，弼忻然以为己任。……大业三年，从驾北巡，至榆林。帝时为大帐，其下可坐者数千人，召突厥启民可汗飨之。弼以为大侈，与高颎、宇文弨等私议得失，为人所奏，竟坐诛，时年六十四。"

[37] 阮注云："六艺次三曰射。"

[38] 阮注云："言艺成而下，君子游之而已。"

[39] 阮注云："弼竟诛死。"

[40] 阮注云："悦字仲豫，汉献帝时侍讲，禁中依编年体着《前汉纪》三十篇，词约事祥，申明制度，重言美之也。"按：《后汉书》卷九十二云："悦字仲豫，俭之子也。俭早卒，悦年十二，能说《春秋》，家贫无书，每之人间，所见篇牍，一览多能诵记。性沈静，美姿容，尤好著述。……于是缀叙旧书，以述《汉纪》。中兴以前，明主贤臣，得失之轨，亦足以观矣；又着《崇德正论》及诸论数十篇。年六十二，建安十四年卒。"

[41] 阮注云："机字士衡，作《文赋》及《辩亡论》，盖有述作之志，复祖之风。"按：《晋书》卷五十四云："陆机字士衡，吴郡人也。祖逊，吴丞相。父抗，吴大司马。机身长七尺，其声如钟。少有异才，文章冠世，非礼不动。抗卒，领父兵为牙门将。年二十而吴亡，退居旧里，闭门勤学，积有十年。以孙氏在吴，而祖父世为将相，有大勋于江表，深慨孙皓举而弃之，乃论权所以得，皓所以亡。又欲述其祖父功业，遂作《辩亡论》二篇。"

[42] 阮注云："灵运，玄之孙，袭爵康乐公。性奢豪，曾为永嘉太守，多游山，不听民讼。召为侍中，称疾不朝，此傲可见也。"按：《宋书》卷六十七云："谢灵运，陈郡阳夏人也。祖玄，晋车骑将军。父瑍，生而不慧，为秘书郎，蚤亡。灵运幼便颖悟，玄甚异之，谓亲知曰：'我乃生瑍，瑍那得生灵运！'灵运少好学，博览群书，文章之美，江左莫逮。……性奢豪，车服鲜丽，衣裳器物，多改旧制，世共宗之，咸称谢康乐也。抚军将军刘毅镇姑孰，以为记室参军。……灵运因父祖之资，生业甚厚。奴僮既众，义故门生数百，凿山浚湖，功役无已。寻山陟岭，必造幽峻，岩嶂千重，莫不备尽。登蹑常着木履，上山则去前齿，下山去其后齿。尝自始宁南山伐木开径，直至临海，从者数百人。临海太守王琇惊骇，谓为山贼，徐知是灵运乃安。又要琇更进，琇不肯，灵运赠琇诗曰：'邦君难地险，旅客易山行。'在会稽亦多徒众，惊动县邑。太守孟顗事佛精恳，而为灵运所轻，尝谓顗曰："得道应须慧业文人，生天当在灵运前，成佛必在灵运后。'顗深恨此言。……时元嘉十年，年四十九。所著文章传于世。"

[43] 阮注云："沈约字休文，始制音韵，好艳冶之辞，梁朝士人宗之，益务妍侈，此治可见矣。"

[44] 阮注云："昭字明远，为宋临江王参军，有虚词而官不达，故多怨刺。淹字文通，为宋建平王从事，有罪下狱，上书其言急，皆狷可见矣。"按：《南史》卷十三云："鲍照字明远，东海人，文辞瞻逸。尝为古乐府，文甚遒丽。元嘉中，河济俱清，当时以为美瑞。照为河清颂，其序甚工。照始尝谒义庆未见知，欲贡诗言志，人止之曰：'卿位尚卑，不可轻忤大王。'照勃然曰：'千载上有英才异士沉没而不闻者，安可数哉。大丈夫岂可遂蕴智能，使兰艾不辨，终日碌碌，与燕雀相随乎。'于是奏诗，义庆奇之。赐帛二十匹，寻擢为国侍郎，甚见知赏。迁秣陵令。文帝以为中书舍人。上好

为文章，自谓人莫能及，照悟其旨，为文章多鄙言累句。咸谓照才尽，实不然也。临海王子顼为荆州，照为前军参军，掌书记之任。子顼败，为乱兵所杀。"

《梁书》卷十四云："江淹，字文通，济阳考城人也。少孤贫好学，沉静少交游。起家南徐州从事，转奉朝请。宋建平王景素好士，淹随景素在南兖州。……相国建，补记室参军事。建元初，又为骠骑豫章王记室，带东武令，参掌诏册，并典国史。寻迁中书侍郎。永明初，迁骁骑将军，掌国史。出为建武将军、庐陵内史。视事三年，还为骁骑将军，兼尚书左丞，寻复以本官领国子博士。少帝初，以本官兼御史中丞。……明帝即位，为车骑临海王长史。俄除廷尉卿，加给事中，迁冠军长史，加辅国将军。出为宣城太守，将军如故。在郡四年，还为黄门侍郎、领步兵校尉，寻为秘书监。……天监元年，为散骑常侍、左卫将军，封临沮县开国伯，食邑四百户。淹乃谓子弟曰：'吾本素宦，不求富贵，今之忝窃，遂至于此。平生言止足之事，亦以备矣。人生行乐耳，须富贵何时。吾功名既立，正欲归身草莱耳。'其年，以疾迁金紫光禄大夫，改封醴陵侯。四年卒，时年六十二。高祖为素服举哀。赙钱三万，布五十匹。谥曰宪伯。淹少以文章显，晚节才思微退，时人皆谓之才尽。凡所著述百余篇，自撰为前后集，并《齐史》十志，并行于世。"

[45] 阮注云："《南史》无吴筠，疑吴均，文之误也。均字叔庠，文体古怪，又疑是。王筠字符礼，为文好押强韵，多而不精，一官一集。孔稚珪字德章，与江淹对掌文翰，而不肯服淹。皆狂可见矣。"按：《南史》卷七十二云："吴均字叔庠，吴兴故鄣人也。家世寒贱，至均好学有俊才，沈约尝见均文，颇相称赏。梁天监初，柳恽为吴兴，召补主簿，日引与赋诗。均文体清拔，有古气，好事者或学之，谓为'吴均体'。均尝不得意，赠恽诗而去，久之复来，恽遇之如故，弗之憾也。荐之临川靖惠王，王称之于武帝，即日召入赋诗，悦焉。待诏著作，累迁奉朝请。先是，均将撰史以自名，欲撰齐书，求借齐起居注及群臣行状，武帝不许，遂私撰齐春秋奏之。书称帝为齐明帝佐命，帝恶其实录，以其书不实，使中书舍人刘之遴诘问数条，竟支离无对。敕付省焚之，坐免职。寻有敕召见，使撰通史，起三皇讫齐代。均草本纪、世家已毕，唯列传未就，卒。均注范晔后汉书九十卷，着齐春秋三十卷，庙记十卷，十二州记十六卷，钱唐先贤传五卷，续文释五卷，文集二十卷。先是有济阳江洪，工属文，为建阳令，坐事死。"

《南齐书》卷四十八云："孔稚珪，字德璋，会稽山阴人也。……稚珪少学涉，有美誉。太守王僧虔见而重之，引为主簿。州举秀才。解褐宋安成王车骑法曹行参军，转尚书殿中郎。太祖为骠骑，以稚珪有文翰，取为记室参军，与江淹对掌辞笔。迁正员郎，中书郎，尚书左丞。父忧去官，与兄仲智还居父山舍。仲智妾李氏骄妒无礼，稚珪白太守王敬则杀之。服阕，为司徒从事中郎，州治中，别驾，从事史，本郡中正。永明七年，转骁骑将军，复领左丞。迁黄门郎，左丞如故。转太子中庶子，廷尉。江左相承晋世张、杜律二十卷，世祖留心法令，数讯囚徒，诏狱官详正旧注。……始就成立《律文》二十卷，《录叙》一卷，凡二十一卷。今以奏闻，请付外施用，宣下四海。……转御史中丞，迁骠骑长史，辅国将军。建武初，迁冠军将军、平西长史、南郡太守。稚珪以虏连岁南侵，征役不息，百姓死伤。……帝不纳。征侍中，不行，留本任。稚珪风韵清疏，好文咏，饮酒七八斗。与外兄张融情趣相得，又与琅邪王思远、庐江何点、点弟胤并款交。不乐世务，居宅盛营山水，凭几独酌，旁无杂事。门庭之内，草莱不剪，中有蛙鸣，或问之曰：'欲为陈蕃乎？'稚珪笑曰：'我以此当两部鼓吹，何必期效仲举。'永元元年，为都官尚书，迁太子詹事，加散骑常侍。三年，稚珪疾，东昏屏除，以床舆走，因此疾甚，遂卒。年五十五。"

[46] 阮注云："庄字希逸，善词赋歌诗，傅于乐府，尝作《殷妃谏使尧门故事》，宋帝深衔之。融字符长，文词辨捷，长于属缀，后坐罪诛，此纤碎可见矣。"按：《宋书》卷八十五云："谢庄，字希逸，陈郡阳夏人，太常弘微子也。年七岁，能属文，通《论语》。及长，韶令美容仪……初为始兴王浚后军法曹行参军，转太子舍人，庐陵王文学，太子洗马，中舍人，庐陵王绍南中郎咨议参军。又转随王诞后军咨议，并领记室。分左氏《经传》，随国立篇，制木方丈，图山川土地，各有

分理，离之则州别郡殊，合之则宇内为一。……孝建元年，迁左卫将军。……三年，坐辞疾多，免官。大明元年，起为都官尚书，奏改定刑狱。……太宗定乱，得出。及即位，以庄为散骑常侍、光禄大夫，加金章紫绶，领寻阳王师。顷之，转中书令，常侍、王师如故。寻加金紫光禄大夫，给亲信二十人，本官并如故。泰始二年，卒，时年四十六，追赠右光禄大夫，常侍如故，谥曰宪子。所著文章四百余首，行于世。"

《南齐书》卷四十七云："王融，字符长，琅邪临沂人也。……母临川太守谢惠宣女，惇敏妇人也。教融书学。融少而神明警惠，博涉有文才。举秀才。晋安王南中郎板行参军，坐公事免。竟陵王司徒板法曹行参军，迁太子舍人。……寻迁丹阳丞，中书郎。……九年，上幸芳林园，禊宴朝臣，使融为《曲水诗序》，文藻富丽，当世称之。上以融才辩，十一年，使兼主客，接房使房景高、宋弁。……诏于狱赐死，时年二十七。……融文集行于世。"

[47] 阮注云："陵字孝穆，陈后主诏册，皆陵为之，好裁缉新意，自成文体。信字子山，与徐陵同为学士，文体相夸，时称'徐庾'，此诞可见矣。"按：《陈书》卷二十六云："徐陵，字孝穆，东海郯人也。……八岁能属文，十二通《庄》、《老》义。既长，博涉史籍，纵横有口辩。梁普通二年，晋安王为平西将军、宁蛮校尉，父摛为王咨议，王又引陵参宁蛮府军事。中大通三年，王立为皇太子，东宫置学士，陵充其选。稍迁尚书度支郎。出为上虞令，御史中丞刘孝仪与陵先有隙，风闻劾陵在县赃污，因坐免。久之，起为南平王府行参军，迁通直散骑侍郎。梁简文在东宫撰《长春殿义记》，使陵为序。又令于少傅府述所制《庄子义》。寻迁镇西湘东王中记室参军。……天康元年，迁吏部尚书，领大著作。……后主即位，迁左光禄大夫、太子少傅，余如故。至德元年卒，时年七十七。……其文颇变旧体，缉裁巧密，多有新意。每一文出手，好事者已传写成诵，遂被之华夷，家藏其本。后逢丧乱，多散失，存者三十卷。"

《周书》卷四十一云："庾信字子山，南阳新野人也。……信幼而俊迈，聪敏绝伦。博览群书，尤善春秋左氏传。身长八尺，腰带十围，容止颓然，有过人者。起家湘东国常侍，转安南府参军。时肩吾为梁太子中庶子，掌管记。东海徐摛为左卫率。摛子陵及信，并为抄撰学士。父子在东宫，出入禁闼，恩礼莫与比隆。既有盛才，文并绮艳，故世号为徐、庾体焉。当时后进，竞相模范。每有一文，京都莫不传诵。累迁尚书度支郎中、通直正员郎。出为郢州别驾。寻兼通直散骑常侍，聘于东魏。文章辞令，盛为邺下所称。还为东宫学士，领建康令。……信虽位望通显，常有乡关之思。乃作哀江南赋以致其意云。"

[48] 阮注云："刘绰字孝绰，兄弟孝威孝仪，俱以才名显。其舅王筠，常称孝绰，云：天下文章，若无我当归阿土。阿土，孝绰小名。盖淫词类舅，此鄙可见矣。"按：《梁书》卷三十三云："刘孝绰，字孝绰，彭城人，本名冉。……孝绰幼聪敏，七岁能属文。舅齐中书郎王融深赏异之，常与同载适亲友，号曰神童。融每言曰：'天下文章，若无我当归阿士。'阿士，孝绰小字也。绘，齐世掌诏诰。孝绰年未志学，绘常使代草。父党沈约、任昉、范云等闻其名，并命驾先造焉，昉尤相赏好。范云年长绘十余岁，其子孝才与孝绰年并十四五，及云遇孝绰，便申伯季，乃命孝才拜之。……高祖雅好虫篆，时因宴幸，命沈约、任昉等言志赋诗，孝绰亦见引。尝侍宴，于坐为诗七首，高祖览其文，篇篇嗟赏，由是朝野改观焉。……初，孝绰与到洽友善，同游东宫。孝绰自以才优于洽，每于宴坐，嗤鄙其文，洽衔之。及孝绰为廷尉卿，携妾入官府，其母犹停私宅。洽寻为御史中丞，遣令史案其事，遂劾奏之。……后为太子仆，母忧去职。服阕，除安西湘东王咨议参军，迁黄门侍郎，尚书吏部郎，坐受人绢一束，为饷者所讼，左迁信威临贺王长史。顷之，迁秘书监。大同五年，卒官，时年五十九。"

[49] 阮注云："南齐世祖之子湘东王，名子建，与兄竟陵王子良及隋郡王子隆，皆好文章，有集传世。然志贪富贵，繁可见矣。"

[50] 阮注云："朓字玄晖，为齐新安王记室，笺词敏捷，此浅可见矣。"按：《南齐书》卷四十七云："谢朓，字玄晖，陈郡阳夏人也。祖述，吴兴太守。父纬，散骑侍郎。朓少好学，有美名，文章清

丽。解褐豫章王太尉行参军,历随王东中郎府,转王俭卫军东阁祭酒,太子舍人、随王镇西功曹,转文学。……寻以本官兼尚书殿中郎。隆昌初,敕朓接北使,朓自以口讷,启让不当,见许。高宗辅政,以朓为骠骑咨议,领记室,掌霸府文笔。又掌中书诏诰,除秘书丞,未拜,仍转中书郎。出为宣城太守,以选复为中书郎。建武四年,出为晋安王镇北咨议、南东海太守,行南徐州事。……又使御史中丞范岫奏收朓,下狱死。时年三十六。"

[51] 阮注云:"揔字揔持,与陈后主为长夜之饮,相和为诗,不持政事,此诡佞可见矣。"按:《陈书》卷二十七云:"江总,字总持,济阳考城人也,晋散骑常侍统之十世孙。……总七岁而孤,依于外氏。幼聪敏,有至性。……及长,笃学有辞采,家传赐书数千卷,总昼夜寻读,未尝辍手。年十八,解褐宣惠武陵王府法曹参军。中权将军、丹阳尹何敬容开府,置佐史,并以贵胄充之,仍除敬容府主簿。迁尚书殿中郎。梁武帝撰《正言》始毕,制《述怀诗》,总预同此作,帝览总诗,深降嗟赏。……以与太子为长夜之饮,养良娣陈氏为女,太子微行总舍,上怒免之。寻为侍中,领左骁骑将军。……祯明二年,进号中权将军。京城陷,入隋,为上开府。开皇十四年,卒于江都,时年七十六。……总之自叙,时人谓之实录。总笃行义,宽和温裕。好学,能属文,于五言七言尤善;然伤于浮艳,故为后主所爱幸。多有侧篇,好事者相传讽玩,于今不绝。后主之世,总当权宰,不持政务,但日与后主游宴后庭,共陈暄、孔范、王瑳等十余人,当时谓之狎客。由是国政日颓,纲纪不立,有言者,辄以罪斥之,君臣昏乱,以至于灭。有文集三十卷,并行于世焉。"

[52] 阮注云:"或丧身,或丧国。"

[53] 阮注云:"词简约而理有法,则是君子用心也。延之字延年,宋时为侍郎,常言:天下之务当与天下共之。平生不持小节,不营财利。俭字仲宝,南齐时为尚书令,好礼,学文词风流,自比谢安。上宴,命群臣作乐,俭独念封禅文。昉字彦升,梁时掌文诰,类为太子。凡馈遗与亲戚,以俸米散荒民,当世仕进,无不历其门者,昉接引之,尝言:忧人之忧,乐民之乐。此心可见矣。"按:《宋书》卷七十三云:"颜延之,字延年,琅邪临沂人也。曾祖含,右光禄大夫。祖约,零陵太守。父显,护军司马。延之少孤贫,居负郭,室巷甚陋。好读书,无所不览,文章之美,冠绝当时。饮酒不护细行,年三十,犹未婚。……宋国建,奉常郑鲜之举为博士,仍迁世子舍人。高祖受命,补太子舍人。雁门人周续之隐居庐山,儒学著称,永初中,征诣京师,开馆以居之。……复为秘书监,光禄勋,太常。时沙门释慧琳,以才学为太祖所赏爱,每召见,常升独榻,延之甚疾焉。……孝建三年,卒,时年七十三。追赠散骑常侍、特进,金紫光禄大夫如故。谥曰宪子。延之与陈郡谢灵运俱以词采齐名,自潘岳、陆机之后,文士莫及也江左称颜、谢焉。所著并传于世。"

《南齐书》卷二十三云:"王俭,字仲宝,琅邪临沂人也。……解褐秘书郎,太子舍人,超迁秘书丞。上表求校坟籍,依《七略》撰《七志》四十卷,上表献之,表辞甚典。又撰定《元徽四部书目》。……上崩,遗诏以俭为侍中、尚书令、镇军将军。世祖即位,给班剑二十人。明元年,进号卫将军。参掌选事。二年,领国子祭酒、丹阳尹,本官如故。给鼓吹一部。三年,领国子祭酒。……改领中书监,参掌选事。其年疾,上亲临视。薨,年三十八。……俭寡嗜欲,唯以经国为务,车服尘素,家无遗财。手笔典裁,为当时所重。少撰《古今丧服集记》并文集,并行于世。"

《梁书》卷十四云:"任昉,字彦升,乐安博昌人,汉御史大夫敖之后也。……幼而好学,早知名。宋丹阳尹刘秉辟为主簿。时昉年十六,以气忤秉子。久之,为奉朝请,举兖州秀才,拜太常博士,迁征北行参军。永明初,卫将军王俭领丹阳尹,复引为主簿。俭雅钦重昉,以为当时无辈。……昉雅善属文,尤长载笔,才思无穷,当世王公表奏,莫不请焉。昉起草即成,不加点窜。沈约一代词宗,深所推挹。明帝崩,迁中书侍郎。永元末,为司徒右长史。……昉好交结,奖进士友,得其延誉者,率多升擢,故衣冠贵游,莫不争与交好,坐上宾客,恒有数十。时人慕之,号曰任君,言如汉之三君也。……昉卒后,高祖使学士贺纵共沈约勘其书目,官所无者,就昉家取之。昉所著文章数十万言,盛行于世。……昉撰《杂传》二百四十七卷,《地记》二百五十二卷,文章三十三卷。"

[54] 阮注云："隋尚书，署天下吏。"

[55] 阮注云："宁僻远以藏用。署，常恕反。"

[56] 阮注云："严君平、扬雄。"按：《汉书》卷七十二《王贡两龚鲍传》云："蜀有严君平……君平卜筮于成都市，以为卜筮者贱业，而可以惠众人，有邪恶非正之问，则以蓍龟为言利害，与人子言依于孝，与人弟言依于顺，与人臣言依于忠，各因执学以善，从吾言者，已过半矣。裁日阅数人，得百钱足自养，则闭肆下廉而授《老子》。博览亡不通，依《老子》严周之指，著书十万余言。扬雄少时从游学，目而仕京师，显名，数为朝廷在位贤者称君平德。杜陵李疆数善雄，久之为益州牧，喜谓雄曰：吾真得严君平矣。雄曰：君备礼以待之，彼人可见而不可得诎也。疆心以为不然，及至蜀，致礼与相见，卒不敢言以为从事。乃叹曰：扬子云诚知人。君平年九十余，遂以其业终。蜀人爱敬，至今称焉。"《三国志》卷三十八《蜀书八》云："严君平见黄老作《指》，扬雄见《易》作《太玄》，见《论语》作《法言》。"

[57] 阮注云："佞，惑主。豪，诱众。不若愚、各守其分。"

[58] 阮注云："宏达。"按：《晋书》卷四十三云："山涛字巨源，河内怀人也。父曜，宛句令。涛早孤，居贫，少有器量，介然不群。性好《庄》《老》，每隐身自晦。与嵇康、吕安善，后遇阮籍，便为竹林之交，着忘言之契。康后坐事，临诛，谓子绍曰：'巨源在，汝不孤矣。'……涛年四十，始为郡主簿、功曹、上计掾。举孝廉，州辟部河南从事。……未二年，果有曹爽之事，遂隐身不交世务。……太康初，迁右仆射，加光禄大夫，侍中、掌选如故。涛以老疾固辞，……初，涛布衣家贫，谓妻韩氏曰：'忍饥寒，我后当作三公，但不知卿堪公夫人不耳！'及居荣贵，贞慎俭约，虽爵同千乘，而无嫔媵。禄赐俸秩，散之亲故。……涛饮酒至八斗方醉，帝欲试之，乃以酒八斗饮涛，而密益其酒，涛极本量而止。"

[59] 阮注云："戎字睿仲，晋司空。"按：《晋书》卷四十三云："王戎，字浚冲，琅邪临沂人也。……年六七岁，于宣武场观戏，猛兽在槛中虓吼震地，众皆奔走，戎独立不动，神色自若。魏明帝于阁上见而奇之。又尝与群儿嬉于道侧，见李树多实，等辈竞趣之，戎独不往。或问其故，其曰：'树在道边而多子，必苦李也。'取之信然。……戎少籍二十岁，而籍与之交。……钟会伐蜀，过与戎别，问计将安出。戎曰：'道家有言，为而不恃，非成功难，保之难也。'及会败，议者以为知言。……戎在职虽无殊能，而庶绩修理。后迁光禄勋、吏部尚书，以母忧去职。性至孝，不拘礼制，饮酒食肉，或观弈棋，而容貌毁悴，杖然后起。……戎以晋室方乱，慕蘧伯玉之为人，与时舒卷，无蹇谔之节。自经典选，未尝进寒素，退虚名，但与时浮沈，户调门选而已。寻拜司徒，虽位总鼎司，而委事僚采。……其后从帝北伐，王师败绩于荡阴，戎复诣邺，随帝还洛阳。车驾之西迁也，戎出奔于郏。在危难之间，亲接锋刃，谈笑自若，未尝有惧容。时召亲宾，欢娱永日。永兴二年，薨于郏县，时年七十二。"

[60] 阮注云："戎，典选未尝进寒素。近虚名，天下目为膏肓之疾。及愍怀之废，又无一言以谏，但苟且简静，容身而已，实非贤。"

[61] 阮注云："曹植字子建，魏祖欲立为太子，植不自雕砺，饮酒晦迹。兄，文帝，矫情自饰，以求为嗣。人不知子建署兄耳。"按：《三国志》卷十九《任城陈萧王传》云："陈思王植字子建。年十岁余，诵读诗、论及辞赋数十万言，善属文。太祖尝视其文，谓植：'汝倩人邪？'植跪曰：'言出为论，下笔成章，顾当面试，奈何倩人？'时邺铜爵台新城，太祖悉将诸子登台，使各为赋。植援笔立成，可观，太祖甚异之。性简易，不治威仪。舆马服饰，不尚华丽。每进见难问，应声而对，特见宠爱。建安十六年，封平原侯。十九年，徙封临菑侯。太祖征孙权，使植留守邺，戒之曰：'吾昔为顿邱令，年二十三。思此时所行，无悔于今。今汝年亦二十三矣，可不勉与！'植既以才见异，而丁仪、丁廙、杨修等为之羽翼。太祖狐疑，几为太子者数矣。而植任性而行，不自雕励，饮酒不节。文帝御之以术，矫情自饰，宫人左右，并为之说，故遂定为嗣。……植尝乘车行驰道中，开司马门出。太祖大怒，公交车令坐死。由是重诸侯科禁，而植宠日衰。……黄初二年，监国谒者灌均希指，奏'植

醉酒悖慢，劫胁使者'。有司请治罪，帝以太后故，贬爵安乡侯。其年改封鄄城侯。三年，立为鄄城王，邑二千五百户。四年，徙封雍丘王。其年，朝京都。……六年，帝东征，还过雍丘，幸植宫，增户五百。太和元年，徙封浚仪。二年，复还雍丘。……三年，徙封东阿。五年，复上疏求存问亲戚……又植以前过，事事复减半，十一年中而三徙都，常汲汲无欢，遂发疾薨，时年四十一。遗令薄葬。"

[62] 阮注云："亲亲，表典矣，《出师表》深矣。"

[63] 阮注云："约理明变。"

[64] 阮注云："空事词语。"

[65] 阮注云："不通理曰塞。"

[66] 阮注云："续《大雅》也。"

[67] 阮注云："形天下之风。"

[68] 阮注云："续《国风》。"

[69] 阮注云："藩臣比古诸侯，移俗犹易俗也。"

[70] 阮注云："续周、殷、鲁《颂》。"

[71] 阮注云："歌之乐府，享于宗庙。"

[72] 阮注云："续'变风变雅'。"

[73] 阮注云："国异政，家殊俗，诗人哀之叹之，所以吟咏于家，讽刺其上，使达此变，以怀旧俗也。"

[74] 阮注云："嘉美之。"

[75] 阮注云："无足嘉则勉之。"

[76] 阮注云："勉不得则伤之。"

[77] 阮注云："不足伤则恶之。"

[78] 阮注云："语他事，使闻之自戒。"

[79] 阮注云："皆志所之。"

[80] 阮注云："衷，中也。过则抑之，不及则劝之，皆约归中道。"

[81] 阮注云："雅合天下而言也，风分郡县而言也。"

[82] 阮注云："世修政教，俗亦深厚。"按：郡县，《太平御览》卷一百五十七《州郡部三》叙郡云：《释名》曰：'郡，群也，人所以聚也。秦改诸侯置郡县，随其所在山川土形而立其名。'《史记》曰：'秦始皇废五等之爵，立郡县之官，以公国为大，以侯伯为小，大郡曰守，小郡曰都。'"《州郡部三》叙县云：《释名》曰：'县，悬也，悬系于郡也。'《说文》曰：'县，邑也。从口巳声。'《周书》曰：'郊田方六百里，因四土为方千里，分以百县，县有四郡，郡有鄙，鄙不过百室，以便野事。'《周礼·地官·遂人》曰：'五家为邻，五邻为里，四里为酂，五酂为鄙，五鄙为县，五县为遂。'"

[83] 阮注云："曰者，假列国之人为言也，我君，谓天子也。言天子封建列国，本求治也，上安其下，则下亦安其上，故云相安。"

[84] 阮注云："变风。"

[85] 阮注云："薄谓不安其下。"

[86] 阮注云："苟悦其民，幸于成功，故民亦择善而慕之。"

[87] 阮注云："此假郡县之人为言也，言我君不终抚吾民、使善政，不久居而屡易之乎？"

[88] 阮注云："变政。"

[89] 阮注云："吏苟一时急功，则政酷民怨。"

[90] 阮注云："民君本国诸侯，亦犹诸侯君天下也。"

[91] 阮注云："可逃避，不敢怨。"

[92] 阮注云："彼谓郡县长，下犹去也，言终替去。"

[93] 阮注云："贼害之。"

[94] 阮注云："邦家有社稷故。"按：三代，言夏、商、周也。

[95] 阮注云："牧守无子孙故。"按：六代，言六朝也，即西晋、东晋、宋、齐、梁、陈。

[96] 阮注云："不以王路，使人由之。"

[97] 阮注云："周先王之泽。"按：变风变雅，《诗大序》云："至于王道衰，礼义废，政教失，国异政，家殊俗，而变风变雅作矣。国史明乎得失之迹，伤人伦之废，哀刑政之苛，吟咏情性，以风其上，达于事变而怀其旧俗者也，故变风发乎情，止乎礼义。发乎情，民之性也；止乎礼义，先王之泽也。"

[98] 阮注云："汉诸帝之制。"

[99] 阮注云："彦博，大雅弟。贞观中为御史大夫，有才辩，终仆射。"按：温彦博，《旧唐书》卷六十一云："彦博幼聪悟，有口辩，涉猎书记。其父友薛道衡、李纲常见彦博兄弟三人，咸叹异曰；'皆卿相才也。'开皇末，为州牧秦王俊所荐，授文林郎，直内史省，转通直谒者。及隋乱，幽州总管罗艺引为司马。艺以幽州归国，彦博赞成其事，授幽州总管府长史。未几，征为中书舍人，俄迁中书侍郎，封西河郡公。……贞观二年，迁御史大夫，仍检校中书侍郎事。……十年，迁尚书右仆射。明年薨，年六十四。"

[100] 阮注云："二子正直同。"

[101] 阮注云："触情亡性。"

[102] 阮注云："强仁非安行。"

[103] 阮注云："杀身若子路结缨，盖其中贤也。"

[104] 按：绛郡，《元和郡县图志》卷第十三《河东道一》云："绛县，本汉闻喜县地，后魏孝文帝置南绛县，其地属焉，因县北绛山为名也，属正平郡。恭帝去'南'字，直为绛县。隋开皇三年罢郡，改属绛州。义宁元年属翼城郡。武德元年属浍州，寻改属绛州。"

[105] 阮注云："容之改过，刑之未迟。"

[106] 阮注云："隋季如周衰。"

[107] 阮注云："小民穷则盗。"

[108] 阮注云："容在德，刑在信。"

[109] 按：文景，即西汉初孝文皇帝、孝景皇帝。《汉书》卷四《帝纪》云："孝文皇帝，高祖中子也。母曰薄姬。高祖十一年，诛陈豨，定代地，立为代王，都中都。十七年秋，高后崩，诸吕谋为乱，欲危刘氏。丞相陈平、太尉周勃、朱虚侯刘章等共诛之，谋立代王。语在《高后纪》、《高五王传》。大臣遂使人迎代王……元年冬十月，辛亥，皇帝见于高庙。……十三年春，二月，甲寅，诏曰：'朕亲率天下农耕，以供粢盛，皇后亲桑，以奉祭服，其具礼仪。'……七年夏，六月，己亥，帝崩于未央宫。……赞曰：孝文皇帝即位二十三年，宫室苑囿，车骑服饰，无所增益，有不便，辄弛以利民。……呜呼仁哉！"

《汉书》卷五《帝纪》云："孝景皇帝，文帝太子也。母曰窦皇后。后七年六月，文帝崩，丁亥，太子即皇帝位。……春正月诏曰：'间者岁比不登，民多乏食，夭绝天年，朕甚痛之，郡国或硗陋，无所农桑系畜，或地饶广，荐草莽水泉利，而不得徙，其议民欲徙宽大地者，听之。'……甲子，帝崩于未央宫。……赞曰：孔子称斯民，三代之所以道而行之也，信哉！周秦之弊，罔密文峻，而奸轨不胜。汉兴，扫除烦苛，与民休息，至于孝文，加之以恭俭。孝景遵业，五六十载之间，至于移风易俗，黎民醇厚，周云成康，汉言文景，美矣！"

[110] 阮注云："义象秋也，天不为人恶寒，而变肃杀之令。"

[111] 阮注云："刑不滥则损。"

[112] 阮注云："礼象夏也，君不以小善卑，当阳之义。"

[113] 阮注云："不偏下则中。"

[114] 阮注云："本心在爱民节用，不意其害义伤礼，后王必稽中道。"

[115] 阮注云："直道。"

[116] 阮注云："枉道。"

[117] 阮注云："所至皆佞。"

[118] 阮注云："述，谓修之；论，谓别立理。"按：赞《易》，即着王氏《续六经》之一种《易赞》是也。

[119] 阮注云："论浍革而已，不敢辩兴衰之极。"按：王氏《续六经》中有《礼论》与《乐论》。

[120] 阮注云："辩治乱之事，不敢议其得失之由。"按：王氏《续六经》中有《续诗》与《续书》。

[121] 阮注云："圣人立言，或微而显，或盖而彰，或曲而中，或肆而隐，各有奥义，不可概窥。是故有可以述则述，可以论则论，辩、议皆然。"

[122] 阮注云："夫经天下之公言也，故我续而存之者耳，非我自可否也。"

[123] 阮注云："貌敦。"

[124] 阮注云："短步也。"

[125] 阮注云："礼恭。"

[126] 阮注云："敬爱得中。"

[127] 阮注云："长，剩也。"

[128] 阮注云："黄白，取自然丝色。"

[129] 阮注云："染之易者。"

[130] 阮注云："不重味。"按：馈，《仪礼·士虞礼》云："馈两豆菹、醢于西楹之东，醢在西。一铏亚之。从献豆两亚之。四笾亚之。北上。馈黍稷二敦于阶间，西上，藉用苇席。"

[131] 阮注云："适中。"

[132] 阮注云："皆保真性者也。"

[133] 阮注云："索，求。"

[134] 阮注云："《周礼》：五家为邻，五邻为里，五州为乡，五族为党。"

[135] 阮注云："匍匐救之。"

[136] 阮注云："未忘哀。"

[137] 阮注云："问则应，不唱，始。"

[138] 阮注云："人言所不及，则唱之。"

[139] 阮注云："父丧。"

[140] 阮注云："畚，草器。锸，锹也。非大夫则从行也。畚，布忖反。锸，楚洽反。"

[141] 阮注云："近易化。"

[142] 阮注云："饰，谓漆饰也。衾帏亡者，生所御物。"按：棺，钱玄《三礼辞典·棺》云："所以藏尸。棺外有椁。天子五棺二椁，诸侯四棺一椁，大夫二棺一椁，士一棺一椁，庶人一棺无椁。《礼记·檀弓上》云：'天子之棺四重，水、兕革棺被之，其厚三寸；杝棺一；梓棺一；四者皆周。'"

椁，钱玄《三礼辞典·椁》云："椁在棺之外，以松柏杂木为之。天子、诸侯又用松柏之端，迭累而成，所谓黄肠题凑。椁与棺之间，藏礼器、明器等。《礼记·丧大记》：君松椁，大夫柏椁，士杂木椁。'郑玄注：'椁，谓周棺者也。天子柏椁，以端长六尺。天子制于中都，使庶人之椁五寸，五寸谓端方也。此谓尊者用大材，卑者用小材耳。自天子、诸侯、卿、大夫、士、庶人六等，其椁长自六尺而下，其方自五寸而上，未闻其差所定也。《礼记·檀弓上》：'天子棺四重……柏椁，以端，长六尺。'郑玄注：'以端，题凑也。其方盖一尺。'按题凑，木心皆内向，其木长六尺，则椁之厚为六尺。其不用题凑之式者，则椁之厚度即其方之尺度。如方五寸，则椁厚五寸。《礼记·丧大记》：'棺椁之间，君容杭，大夫容壶，士容甒。'郑玄注：'间，可以藏物，因以为节。'今发掘先秦两汉墓，其殉葬之物，均置于棺椁之间。"

帷车，以帷围灵车也。《太平御览》卷七百《服用部二》云："《说文》曰：'在旁曰帷。'《释名》：'曰帷，围也。以自障围也。'《礼记·曲礼》曰：'帷薄之外不趋。'又曰：'弊帷不弃，为埋马也。'又曰：'路马死，埋之以帷。'"

[143] 阮注云："《礼》曰：涂车刍灵，自古有之。孔子谓：刍灵者善，谓俑者，不仁不殆，于用人乎？"按：钱玄《三礼辞典·刍灵》云："束草为人马，连同涂车作为殉葬之明器。《礼记·檀弓下》：'涂车刍灵，自古有之。明器之道也。'郑玄注：'刍灵，束茅为人马，谓之灵者，神之类。'《周礼·夏官·校人》：'遣车之马，及葬，埋之。'郑玄注：'言埋之，则是马涂车之刍灵。'《释名·释丧制》：'涂车，以泥涂为车也，刍灵，束草为人马，以神灵名之也。'"

[144] 阮注云："孔子曰：我东西南北之人，不可弗议也，封之，崇四尺。"按：《礼记·檀弓上》云："孔子既得合葬于防，曰：'吾闻之：古也墓而不坟；今丘也，东西南北人也，不可以弗识也。'于是封之，崇四尺。孔子先反，门人后，雨甚；至，孔子问焉曰：'尔来何迟也？'曰：'防墓崩。'孔子不应。三，孔子泫然流涕曰：'吾闻之：古不修墓。'"

[145] 阮注云："舍于主人。"

[146] 阮注云："言人动有所禀。"

[147] 阮注云："所居乡名，社，祀句龙。"按：社，钱玄《三礼辞典·社》云："（一）土神。古共工之子句龙，有功，配食于社，称后土。自天子至庶民，皆得封土立社。（二）祭名。祭社谓之社。凡春秋两祭。《周礼·春官·肆师》：'社之日，莅卜岁之稼。'郑玄注：'社，祭土。为取材焉。卜者，问后岁稼所宜。'贾公彦疏：'社，亦是秋祭社之日也。'《礼记·月令》：仲春'择元日，命民社。'郑玄注：'社，后土也。使民祀焉，神其农业也。祀社日用甲。'是社有春、秋二祀。"

[148] 阮注云："执俎豆之事，翼如恭貌。"

[149] 阮注云："除服被起。"按：芮城，《元和郡县图志》卷六《河南道二》云："芮城县，本汉河北县地，属河东郡，自汉至后魏因之。周明帝二年，改名芮城，属河北郡。其年，又于此置虞州。武帝建德二年，于县置芮州。贞观元年废芮州，以属陕州。黄河，在县南二十里。故魏城，《春秋》：'晋灭之，赐比万'，是也，在县北五里。故芮城，在县西二十里。古芮伯国也。"芮城府君，文中子长兄也，佚名，有些人认为是王度。曾为隋著作郎，着《隋书》未终而殁。其事迹散见于《中说》。

[150] 阮注云："清极则介。"

[151] 阮注云："直甚则执。"

[152] 阮注云："清而外和。"按：太和，阴阳会合、冲和之元气。《后汉书》卷九十上《马融传》云："又无以自娱乐，殆非所以逢迎太和，俾助万福也。"

[153] 阮注云："直而内至。"

[154] 阮注云："恭外道内。"

[155] 阮注云："言隋将颠，非御史可救。"

[156] 阮注云："引古正今。"

[157] 阮注云："纳采、问名、纳吉、纳征、请期、亲迎。"按：详见《仪礼·士昏礼》。

[158] 阮注云："夫为妇之纲。"

[159] 阮注云："道行于人。"

[160] 阮注云："厚己所欲。"

[161] 阮注云："难致太平。"

[162] 阮注云："《周礼》：胥吏执事而已，非委之以政教也。春秋有功赏邑而已，非假之以明器也。秦政酷，故用吏才而官不授德。"

[163] 阮注云："士谓俊造也，从王命为仕。"

[164] 阮注云："力役。"

[165] 阮注云："禄及劳者，一身而已，官则为天下设也。"

[166] 阮注云："不屑，不介意也。迹，谓摄位也。曰者，假周公为言也。"按：公旦，《史记》卷四《周本纪第四》云："成王少，周初定天下，周公恐诸侯畔周，公乃摄行政当国。管叔、蔡叔群弟疑周公，与武庚作乱，畔周。周公奉成王命，伐诛五庚、管叔，放蔡叔。以微子开代殷后，国于宋。颇收殷余民，以封武王少弟为卫康叔。晋唐叔得嘉谷，献之成王，成王以归周公于兵所。周公未受禾东土，鲁天子之。初，管、蔡畔周，周公讨之，三年而毕定，故初作《大诰》，次作《微子之命》，次《嘉禾》，次《康诰》、《酒诰》、《梓材》，其事在《周公》之篇。周公行政七年，成王长，周公反政成王，北面就群臣之位。"

[167] 阮注云："达道制礼作乐也。公，谓终复子，明辟也。"

[168] 阮注云："奉文武业，必存我身，所以宁国厚民。"

[169] 阮注云："曰者，周公云也。卜洛相宅，义不恃险，而在修德。"按：《史记》卷四《周本纪第四》云："平王立，东迁于洛邑，辟戎寇。……太史公曰：学者皆称周伐纣，居洛邑，综其实然不。武王营之，成王使召公卜居，居九鼎焉，而周复都丰、镐。至犬戎败幽王，周乃东迁于洛邑。"

[170] 阮注云："王绩字无功，子之弟也。不遇时则纵酒，一饮五斗，自作《五斗先生传》以见志。"按：《旧唐书》卷一百九十二《隐逸》有传，云："王绩字无功，绛州龙门人。少与李播、吕才为莫逆之交。隋大业中，应孝悌廉洁举，授扬州六合县丞，非其所好，弃官还乡里。绩河渚中先有田数顷，邻渚有隐士仲长子先，服食养性，绩重其真素，愿与相近，乃结庐河渚，以琴酒自乐。尝游北山，因为《北山赋》以见志，词多不载。绩尝躬耕于东皋，故时人号东皋子。或经过酒肆，动经数日，往往题壁作诗，多为好事者讽咏。贞观十八年卒。临终自克死日，遗命薄葬，兼预自为墓志。有文集五卷。又撰《隋书》，未就而卒。"

[171] 阮注云："言未能忘天下。"

[172] 阮注云："责其败人伦之法。"

卷四　周公篇

子谓周公之道："曲而当，私而恕[1]。其穷理尽性以至于命乎[2]？"

子曰："圣人之道，其昌也潜，其弊也寝[3]，矗矗焉若寒暑进退，物莫不从之，而不知其由也[4]。"

温彦博问："嵇康、阮籍何人也？"[5]子曰："古之名理者，而不能穷也。"[6]曰："何谓也？"子曰："道不足而器有余。"[7]曰："敢问道器。"子曰："通变之谓道[8]，执方之谓器[9]。"曰："刘伶何人也？"[10]子曰："古之闭关人也。"[11]曰："可乎？"曰："兼忘天下，不亦可乎？"[12]曰："道足乎？"曰："足则吾不知也。"[13]

陈守谓薛生曰："吾行令于郡县而盗不止，夫子居于乡里而争者息，何也？"[14]薛生曰："此以言化[15]，彼以心化[16]。"陈守曰："吾过矣。"退而静居[17]，三月盗贼出境。子闻之曰："收善言，叔达善德。"[18]

房玄龄问："田畴，何人也？"子曰："古之义人也。"[19]

子谓"《武德》之舞劳而决。其发谋动虑，经天子乎"[20]？谓"《昭德》之舞闲而泰。其和神定气，绥天下乎"[21]？太原府君曰："何如？"[22]子曰："或决而成之，或泰而守之。吾不知其变也[23]。噫！《武德》，则功存焉，不如《昭德》之善也[24]。且《武》之未尽善久矣。其时乎？其时乎[25]？"

子谓史谈善述九流[26]。"知其不可废，而知其各有弊也，安得长者之言哉"[27]？

子曰："通其变，天下无弊法[28]；执其方，天下无善教[29]。故曰：存乎其人[30]。"

子曰："安得圆机之士，与之共言九流哉[31]？安得皇极之主，与之共叙九畴哉[32]？"

杜淹问："崔浩何人也？"子曰："迫人也。执小道，乱大经。"[33]

程元曰："敢问《豳风》何也？"子曰："变风也。"[34]元曰："周公之际，亦有变风乎？"子曰："君臣相诮，其能正乎[35]？成王终疑，则风遂变矣[36]。非周公至诚，孰能卒之哉[37]？"元曰："《豳》居变风之末，何也？"[38]子曰："夷王已下，变风不复正矣[39]。夫子盖伤之者也，故终之以《豳风》。言变之可正也，唯周公能之，故系之以正[40]，歌豳曰周之本也[41]。呜呼，非周公孰知其艰哉[42]？变而克正，危而克扶，始终不失于本，其惟周公乎？系之豳远矣哉[43]！"

子曰："齐桓尊王室而诸侯服，惟管仲知之[44]；符秦举大号而中原静[45]，惟王猛知之[46]。"

或曰符秦逆[47]。子曰："晋制命者之罪也[48]，符秦何逆[49]？昔周制至公之命[50]，故齐桓、管仲不得而背也[51]；晋制至私之命[52]，故符秦王猛不得而事也[53]。其应天顺命、安国济民乎？是以武王不敢逆天命、背人而事纣，齐桓不敢逆天命、背人而黜周。故曰：晋之罪也，符秦何逆？三十余年，中国士民，东西南北，自远而至，猛之力也。"

子曰："符秦之有臣，其王猛之所为乎[54]？元魏之有主，其孝文之所为乎[55]？中国之道不坠，孝文之力也[56]。"

太原府君曰："温子升何人也？"子曰："险人也。智小谋大。永安之事，同州府君常切齿焉，则有由也。"[57]

子读三祖上事[58]，曰："勤哉，而不补也[59]！无谓魏、周无人，吾家适不用尔[60]。"

子之家庙，座必东南向，自穆公始也。曰："未志先人之国。"[61]

辽东之役。子闻之曰："祸自此始矣[62]。天子不见伯益赞禹之词[63]，公卿不用魏相讽宣帝之事[64]。"

王孝逸谓子曰："天下皆争利弃义，吾独若之何？"[65]子曰："舍其所争，取其所弃，不亦君子乎？"

子谓贾琼、王孝逸、凌敬曰："诸生何乐？"贾琼曰："乐闲居。"[66]子曰："静以思道可矣。"王孝逸曰："乐闻过。"[67]子曰："过而屡闻，益矣。"凌敬曰："乐逢善人。"[68]子曰："多贤不亦乐乎？"

薛收游于馆陶，适与魏徵归[69]。告子曰："徵，颜、冉之器也。"徵宿子之家，言《六经》，逾月不出。及去，谓薛收曰："明王不出而夫子生，是三才九畴属布衣也。"[70]

刘炫见子,谈《六经》。唱其端,终日不竭[71]。子曰:"何其多也。"炫曰:"先儒异同,不可不述也。"[72]子曰:"一以贯之可矣。尔以尼父为多学而识之耶?"[73]炫退,子谓门人曰:"荣华其言,小成其道[74],难矣哉[75]!"

凌敬问礼乐之本。子曰:"无邪。"[76]凌敬退,子曰:"贤哉,儒也!以礼乐为问。"[77]

子曰:"《大风》安不忘危,其霸心之存乎[78]?《秋风》乐极哀来,其悔志之萌乎[79]?"

子曰:"《诗》《书》盛而秦世灭,非仲尼之罪也[80];虚玄长而晋室乱,非老、庄之罪也[81];斋戒修而梁国亡,非释迦之罪也[82]。《易》不云乎:苟非其人,道不虚行[83]。"

或问佛[84]。子曰:"圣人也。"[85]曰:"其教何如?"曰:"西方之教也[86],中国则泥[87]。轩车不可以适越,冠冕不可以之胡,古之道也[88]。"

或问宇文俭。子曰:"君子儒也。疏通知远,其《书》之所深乎[89]?铜川府君重之,岂徒然哉[90]?"

子游太乐[91],闻《龙舟五更》之曲[92],瞿然而归。曰:"靡靡乐也。作之邦国焉,不可以游矣。"[93]

子谓姚义:"盍官乎?"[94]义曰:"舍道干禄,义则未暇。"[95]子曰:"诚哉!"[96]

或问荀彧、荀攸[97]。子曰:"皆贤者也。"曰:"生死何如?"[98]子曰:"生以救时,死以明道,荀氏有二仁焉。"[99]

子曰:"言而信,未若不言而信;行而谨,未若不行而谨。"贾琼曰:"如何。"子曰:"推之以诚,则不言而信[100];镇之以静,则不行而谨[101]。惟有道者能之[102]。"

杨素谓子曰:"甚矣,古之为衣冠裳履,何朴而非便也。"[103]子曰:"先王法服,不其深乎[104]?为冠所以庄其首也,为履所以重其足也。衣裳襜如[105],剑佩锵如[106],皆所以防其躁也[107]。故曰俨然,人望而畏之。以此防民,犹有疾驱于道者。今舍之曰不便,是投鱼于渊,置猿于木也[108]。天下庸得不驰骋而狂乎?引之者非其道也[109]。"

董常歌《邶·柏舟》[110]。子闻之曰："天实为之，谓之何哉？"[111]

邳公好古物，钟鼎什物、珪玺钱具必具[112]。子闻之曰："古之好古者聚道[113]，今之好古者聚财[114]。"

子谓仲长子光曰："山林可居乎？"[115]曰："会逢其适也，焉知其可？"[116]子曰："达人哉，隐居放言也！"[117]子光退谓董、薛曰："子之师，其至人乎？死生一矣，不得与之变。"[118]

薛收问隐。子曰："至人天隐[119]，其次地隐[120]，其次名隐[121]。"

子谓姚义能交[122]。或曰简[123]。子曰："所以为能也。"[124]或曰广[125]。子曰："广而不滥，又所以为能也。"[126]

子谓："晁错率井田之序，有心乎复古矣。"[127]

贾琼问《续书》之义[128]。子曰："天子之义列乎范者有四，曰制[129]，曰诏[130]，曰志[131]，曰策[132]。大臣之义载于业者有七，曰命[133]，曰训[134]，曰对[135]，曰赞[136]，曰议[137]，曰诫[138]，曰谏[139]。"

文中子曰："帝者之制，恢恢乎其无所不容[140]。其有大制，制天下而不割乎[141]？其上湛然，其下恬然[142]。天下之危，与天下安之；天下之失，与天下正之[143]。千变万化，吾常守中焉[144]。其卓然不可动乎？其感而无不通乎？此之谓帝制矣[145]。"

文中子曰："《易》之忧患，业业焉，孜孜焉。其畏天悯人，思及时而动乎？"[146]繁师玄曰："远矣，吾视《易》之道，何其难乎？"[147]子笑曰："有是夫？终日干干可也[148]。视之不臧，我思不远[149]。"

越公聘子[150]。子谓其使者曰："存而行之可也。"[151]歌《干旄》而遣之[152]。既而曰："玉帛云乎哉？"[153]

子谓房玄龄曰："好成者，败之本也；愿广者，狭之道也。"[154]玄龄问："立功立言何如？"子曰："必也量力乎？"[155]

子谓："姚义可与友，久要不忘；贾琼可与行事，临难不变[156]；薛收可与事君，仁而不佞；董常可与出处，介如也[157]。"

子曰："贱物贵我，君子不为也[158]。好奇尚怪，荡而不止，必有不肖之心应之[159]。"

薛宏请见《六经》，子不出[160]。门人惑。子笑曰："有好古博雅君子，则所不隐。"[161]

子有内弟之丧,不饮酒食肉[162]。郡人非之[163]。子曰:"吾不忍也。"赋《载驰》卒章而去[164]。

郑和谮子于越公曰[165]:"彼实慢公,公何重焉?"[166]越公使问子。子曰:"公可慢,则仆得矣;不可慢,则仆失矣。得失在仆,公何预焉?"越公待之如旧[167]。

子曰:"我未见勇者。"或曰贺若弼。子曰:"弼也戾,焉得勇?"[168]

李密问英雄[169]。子曰:"自知者英[170],自胜者雄[171]。"问勇。子曰:"必也义乎?"[172]

贾琼曰:"甚矣,天下之不知子也。"子曰:"尔愿知乎哉?姑修焉,天将知之,况人乎?"[173]

贾琼请《六经》之本,曰:"吾恐夫子之道或坠也。"子曰:"尔将为名乎!有美玉姑待价焉。"[174]

杨玄感问孝。子曰:"始于事亲,终于立身。"[175]问忠。子曰:"孝立则忠遂矣。"[176]

注 释

[1] 阮注云:"摄政诛管、蔡,曲而当也,代武王笞伯禽,私而恕也。"

[2] 阮注云:"曲而当于理,穷矣,私而恕于性,尽矣。理则性,性则天,天则命,此所以为圣也。"按:《易·说卦》云:"穷理尽性,以至于命。"穷极万物深妙之理,究尽生灵所禀之性。

[3] 阮注云:"潜、寝,省渐也。"

[4] 阮注云:"亹亹,循环不绝貌,显诸仁则民从之,藏诸用则民不知。"

[5] 阮注云:"嵇康字叔夜,山涛举之,自代康绝交,其介居如此。阮籍字嗣宗,居丧用琴酒且日礼,岂为我辈设其方旷如此。"

[6] 阮注云:"谈名理不穷其变,或失于介,或失于放。"

[7] 阮注云:"道不通则介,故不足;器不执则放,故曰有余。"

[8] 阮注云:"可以变则变。"

[9] 阮注云:"可以方则方。"

[10] 阮注云:"刘伶字伯伦,性淡默,不交游,以酒自乐,常携壶,使人荷锸随行,曰死则埋之。"

[11] 阮注云:"闭关,喻藏身也。此世人所不能窥其阃阈。"

[12] 阮注云:"一身可忘也,天下不可兼忘。"

[13] 阮注云:"灵亦放而已,非中道。"

[14] 阮注云:"陈守,叔达也;薛生,收也;夫子,谓文中子。"

[15] 阮注云:"行令示法。"

[16] 阮注云:"行道感人。"

[17] 阮注云："思行其道。"

[18] 阮注云："二子同志。"

[19] 阮注云："田畴字子泰，幽州牧刘虞使畴奉使于天子，及回，虞为公孙瓒所害，畴哭虞墓而去。微相欲封畴，畴不受，此节义人也。"按：《三国志》卷十一云："田畴字子泰，右北平无终人也。好读书，善击剑。……既取道，畴乃更上西关，出塞，傍北方，直趣朔方，循间径去，遂至长安致命。诏拜骑都尉。畴以为天子方蒙尘未安，不可以荷佩荣宠，固辞不受。朝廷高其义。三府并辟，皆不就。得报，驰还，未至，虞已为公孙瓒所害。畴至，谒祭虞墓，陈发章表，哭泣而去。瓒闻之大怒，购求获畴……或说瓒曰：'田畴义士，君弗能礼，而又囚之，恐失众心。'瓒乃纵遣畴。……辽东斩送袁尚首，令'三军敢有哭之者斩'。畴以尝为尚所辟，乃往吊祭。太祖亦不问。畴尽将其家属及宗人三百余家居邺。太祖赐畴车马谷帛，皆散之宗族和知。从征荆州还，太祖追念畴功殊美，恨前听畴之让，曰：'是成一人之志，而亏王法大制也。'于是乃复以前爵封畴。畴上疏陈诚，以死自誓。……太祖喟然知不可屈，乃拜为议郎。年四十六卒。"

[20] 阮注云："汉高祖庙奏《武德》舞，状干戈，勤劳决，取以经营天下也。"按：《史记》卷十《孝文本纪第十》云："高庙酎，奏《武德》《文始》《五行》之舞。"

[21] 阮注云："汉文帝庙奏《昭德》舞，状修文物，以绥安天下也。"按：《史记》卷十《孝文本纪第十》云："陛下永思孝道，立《昭德》之舞以明孝文皇帝之盛德，皆臣嘉等愚所不及。"

[22] 太原府君，王福畤《王氏家书杂录》云："太原府君讳凝，字叔恬，文中子亚弟也。"《新唐书》卷一百九十六《王绩传》云："初，兄凝为隋著作郎，撰《隋书》未成死，绩续成功，亦不能成。"

[23] 阮注云："凡帝道，有成之者，有守之者，乐舞象焉。其变在文武相须。"

[24] 阮注云："功立一时而已，德必常守于万世。"

[25] 阮注云："汤武革命，一时之功，周行典礼，万世之道。"

[26] 阮注云："司马谈为太史，故曰史谈。九流，一儒家，二道家，三阴阳家，四法家，五名家，六墨家，七纵横家，八兵家，九农家。"

[27] 阮注云："逸谓九流异道，犹五方殊俗，在致治者，因而利之，器而使之，故不废而归于儒矣。长者言殊，道无不容，无不通也。不废则容之，有弊则排之，非真儒通变不能极此。"

[28] 阮注云："何常之有法，弊则革。"

[29] 阮注云："偏执一隅，有时作尼。"

[30] 阮注云："人谓真儒。"

[31] 阮注云："圆无轨，张机发必中。"

[32] 阮注云："九畴，一五行，二五事，三八政，四五纪，五皇极，六三德，七稽疑，八庶征，九五福。皇极居九数之中，当主位也。"按：《尚书·洪范》云："帝乃震怒，不畀洪范九畴，彝伦攸斁。鲧则殛死，禹乃嗣兴，天乃锡禹洪范九畴，彝伦攸叙。初一曰五行，次二曰敬用五事，次三曰农用八政，次四曰协用五纪，次五曰建用皇极，次六曰乂用三德，次七曰明用稽疑，次八曰念用庶征，次九曰向用五福，威用六极。一、五行：一曰水，二曰火，三曰木，四曰金，五曰土。水曰润下，火曰炎上，木曰曲直，金曰从革，土爰稼穑。润下作咸，炎上作苦，曲直作酸，从革作辛，稼穑作甘。二、五事：一曰貌，二曰言，三曰视，四曰听，五曰思。貌曰恭，言曰从，视曰明，听曰聪，思曰睿。恭作肃，从作乂，明作哲，聪作谋，睿作圣。三、八政：一曰食，二曰货，三曰祀，四曰司空，五曰司徒，六曰司寇，七曰宾，八曰师。四、五纪：一曰岁，二曰月，三曰日，四曰星辰，五曰历数。五、皇极：皇建其有极，敛时五福，用敷锡厥庶民。惟时厥庶民于汝极，锡汝保极。凡厥庶民，无有淫朋；人无有比德，惟皇作极。凡厥庶民，有猷有为有守，汝则念之。不协于极，不罹于咎；皇则受之。而康而色，曰'予攸好德'。汝则锡之福。时人斯其惟皇之极。无虐茕独；而畏高明。人之有能有为，使羞其行，而邦其昌。凡厥正人，既富方谷；汝弗能使有好于而家，时人斯其辜。于其无好德，汝虽锡

之福，其作汝用咎。无偏无陂，遵王之义；无有作好，遵王之道；无有作恶，遵王之路。无偏无党，王道荡荡；无党无偏，王道平平；无反无侧，王道正直。会其有极，归其有极。曰皇极之敷言，是彝是训，于帝其训。凡厥庶民，极之敷言，是训是行，以近天子之光。曰天子作民父母，以为天下王。六、三德：一曰正直，二曰刚克，三曰柔克。平康正直，强弗友刚克，燮友柔克；沈潜刚克，高明柔克。惟辟作福，惟辟作威，惟辟玉食，臣无有作福作威玉食；臣之有作福作威玉食，其害于而家、凶于而国。人用侧颇僻，民用僭忒。七、稽疑：择建立卜筮人，乃命卜筮，曰雨，曰霁，曰蒙，曰驿，曰克，曰贞，曰悔。凡七，卜五，占用二，衍忒。立时人作卜筮，三人占，则从二人之言。汝则有大疑，谋及乃心，谋及卿士，谋及庶人，谋及卜筮。汝则从、龟从、筮从、卿士从、庶民从，是之谓大同；身其康强，子孙其逢：吉。汝则从、龟从、筮从、卿士逆、庶民逆：吉。卿士从、龟从、筮从、汝则逆、庶民逆：吉。庶民从、龟从、筮从、汝则逆、卿士逆：吉。汝则从、龟从、筮逆、卿士逆、庶民逆：作内，吉；作外，凶。龟筮共违于人：用静，吉；用作，凶。八、庶征：曰雨，曰阳，曰燠，曰寒，曰风，曰时。五者来备，各以其叙，庶草蕃庑。一极备凶，一极无凶。曰休征：曰肃，时雨若；曰乂，时阳若；曰晢，时燠若；曰谋，时寒若；曰圣，时风若。曰咎征：曰狂，恒雨若；曰僭，恒阳若；曰豫，恒燠若；曰急，恒寒若；曰蒙，恒风若。曰王省惟岁，卿士惟月，师尹惟日。岁月日时无易，百谷用成，乂用明，俊民用章，家用平康。日月岁时既易，百谷用不成，乂用昏不明，俊民用微，家用不宁。庶民惟星，星有好风，星有好雨。日月之行，则有冬有夏；月之从星，则以风雨。九、五福：一曰寿，二曰富，三曰康宁，四曰攸好德，五曰考终命。六极：一曰凶短折，二曰疾，三曰忧，四曰贫，五曰恶，六曰弱。”

[33] 阮注云："崔浩字伯渊，好星历及真君长生之术，盖迫小不知通儒之道。"按：《魏书》卷三十五云："崔浩，字伯渊，清河人也。白马公玄伯之长子。少好文学，博览经史。玄象阴阳，百家之言，无不关综，研精义理，时人莫及。弱冠为直郎。天兴中，给事秘书，转著作郎。太祖以其工书，常置左右。……太宗初，拜博士祭酒，赐爵武城子，常授太宗经书。每至郊祠，父子并乘轩轺，时人荣之。太宗好阴阳术数，闻浩说《易》及《洪范》五行，善之，因命浩筮吉凶，参观天文，考定疑惑。……及父终，居丧尽礼，时人称之。袭爵白马公。朝廷礼仪、优文策诏、军国书记，尽关于浩。浩能为杂说，不长属文，而留心于制度、科律及经术之言，作家祭法，次序五宗，蒸尝之礼，丰俭之节，义理可观。性不好《老》《庄》之书，每读不过数十行，辄弃之。……浩乃著书二十余篇，上推太初，下尽秦汉变弊之迹，大旨先以复五等为本。……浩明识天文，好观星变。……浩又上《五寅元历》……事在《律历志》。君十一年六月诛浩，清河崔氏无远近，范阳卢氏、太原郭氏、河东柳氏，皆浩之姻亲，尽夷其族。"

[34] 阮注云："豳，今为邠，周始兴之地也。变风自邠至王黍离。"

[35] 阮注云："成王听流言之谓非正风也。"

[36] 阮注云："倪金藤未开，则终疑周公。"

[37] 阮注云："发乎情，是至诚也；止乎礼义，是卒正之也。"

[38] 阮注云："删诗何以豳在列国之后。"

[39] 阮注云："夷王下堂而见诸侯，周始衰微，国风遂变，不复雅正矣。"

[40] 阮注云："周已变而以《豳》正之者，周公也。"

[41] 阮注云："《七月》陈王业，后稷、公刘之本。"

[42] 阮注云："王业艰难。"

[43] 阮注云："周公之诗，不系周而系豳者，正其本，存乎远矣。"

[44] 阮注云："管仲字夷吾，齐桓公伯诸侯，仲之力也，故曰知之。"按：《史记》卷六十二《管晏列传》云："管仲夷吾者，颍上人也。少时常与鲍叔牙游，鲍叔知其贤。管仲贫困，常欺鲍叔，鲍叔终善遇之，不以为言。已而鲍叔事齐公子小白，管仲事公子纠。及小白立，为桓公，公子纠死，管仲

囚焉。鲍叔遂进管仲。管仲既用，任政于齐，齐桓公以霸，九合诸侯，一匡天下，管仲之谋也。……管仲卒，齐国遵其政，常强于诸侯。后百余年而有晏子焉。”

[45] 按：符秦，前秦（351—394年）中国古代十六国之一。氐族符坚所建。都长安（今陕西西安）。盛时疆域东至海，西抵葱岭，南控越，北极大漠，东南以淮、汉与东晋为界。历六主，共四十四年。因前秦乃氐人符氏所建，故亦称“符秦”。

[46] 阮注云：“前秦符坚得天下三分之二，故曰中原静也。亦其相王猛之力。”按：《晋书》卷一百一十四《载记十四》云：“猛，字景略，北海剧人也，家于魏郡。少贫贱，以鬻畚为业。尝货畚于洛阳，乃有一人贵买其畚，而云无直，自言：‘家去此无远，可随我取直。’猛利其贵而从之，行不觉远，忽至深山，见一父老，须发皓然，踞胡床而坐，左右十许人，有一人引猛进拜。父老曰：‘王公何缘拜也！’乃十倍偿畚直，遣人送之。猛既出，顾视，乃嵩高山也。猛瑰姿俊伟，博学好兵书，谨重严毅，气度雄远，细事不干其虑，自不参其神契，略不与交通，是以浮华之士咸轻而笑之。猛悠然自得，不以屑怀。少游于邺都，时人罕能识也。……符坚将有大志，闻猛名，遣吕婆楼招之，一见便若平生。语及废兴大事，异符同契，若玄德之遇孔明也。及坚僭位，以猛为中书侍郎。时始平多枋头西归之人，豪右纵横，劫盗充斥，乃转猛为始平令。猛下车，明法峻刑，澄察善恶，禁勒强豪。鞭杀一吏，百姓上书讼之，有司劾奏，槛车征下廷尉诏狱。……时猛年三十六，岁中五迁，权倾内外，宗戚旧臣皆害其宠。……俄人为丞相、中书监、尚书令、太子太傅、司隶校尉，持节、常侍、将军、侯如故。稍加都督中外诸军事。猛表让久之。……猛乃受命。军国内外万机之务，事无巨细，莫不归之。猛宰政公平，流放尸素，拔幽滞，显贤才，外修兵革，内综儒学，劝课农桑，教以廉耻，无罪而不刑，无才而不任，庶绩咸熙，百揆时叙。于是兵强国富，垂及升平，猛之力也。……及疾笃，坚亲临省病，问以后事。猛曰：‘晋虽僻陋吴、越，乃正朔相承。亲仁善邻，国之宝也。臣没之后，愿不以晋为图。鲜卑、羌虏，我之仇也，终为人患，宜渐除之，以便社稷。’言终而死，时年五十一。”

[47] 阮注云：“东晋在而坚僭号是逆。”

[48] 阮注云：“晋不能命方伯，使征不庭。”

[49] 阮注云：“上顺下违曰逆，上乱下抗非逆也，意在下文。”

[50] 阮注云：“若策命曰：五侯方伯，汝实征之，是至公也。”

[51] 阮注云：“上顺故。”

[52] 阮注云：“惠帝以后，贿赂大行天下，谓之互市。”

[53] 阮注云：“晋东迁，中国五主，秦乃抗号。”

[54] 阮注云：“见王猛功业，知秦有臣。”

[55] 阮注云：“观孝文治，具知魏有主。”按：《魏书》卷七《帝纪第七》云：“高祖孝文皇帝，讳宏，显祖献文皇帝之长子。母曰李夫人。皇兴元年八月戊申，生于平城紫宫，神光照于室内，天地氛氲，和气充塞。帝生而洁白，有异姿，襁褓岐嶷，长而渊裕仁孝，绰然有君人之表，显祖尤爱异之。三年夏六月辛未，立为皇太子。……二十年春正月丁卯，诏改姓为元氏。……（二十三年）夏四月丙午朔，帝崩于谷塘原之行宫，时年三十三。秘讳，至鲁阳发哀，还京师。上谥曰孝文皇帝，庙曰高祖。五月丙申，葬长陵。帝幼有至性，年四岁，显祖曾患痈，帝亲自吮脓。五岁受禅，悲泣不能自胜。……雅好读书，手不释卷。《五经》之义，览之便讲，学不师受，探其精奥。史传百家，无不该涉。善谈《庄》《老》，尤精释义。才藻富赡，好为文章，诗赋铭颂，任兴而作。有大文笔，马上口授，及其成也，不改一字。自太和十年已后诏册，皆帝之文也。自余文章，百有余篇。爱奇好士，情如饥渴。待纳朝贤，随才轻重，常寄以布素之意。悠然玄迈，不以世务婴心。又少而善射，有膂力，年十余岁，能以指弹碎羊膊骨。及射禽兽，莫不随所志毙之。至年十五，便不复杀生，射猎之事悉止。性俭素，常服浣濯之衣，鞍勒铁木而已。帝之雅志，皆此类也。”

[56] 阮注云：“都洛邑，兴文物。”

[57] 阮注云："温子升字鹏举，掌魏国文翰，性似静而实深险，其后与元瑾谋逆，坐诛。永安，庄帝年号也，时魏国大乱，切齿未祥。"按：《魏书》卷八十五《文苑》云："温子升温子升，字鹏举，自云太原人，晋大将军峤之后也。世居江左。……子升初受学于崔灵恩、刘兰，精勤，以夜继昼，昼夜不倦。长乃博览百家，文章清婉。为广阳王渊贱客，在马坊教诸奴子书。……熙平初，中尉、东平王匡博召辞人，以充御史……时年二十二。……建义初，为南主客郎中，修起居注。……及帝杀尔朱荣也，子升预谋，当时敕诏，子升词也。荣入内，遇子升，把诏书问是何文书，子升颜色不变，曰'敕'。荣不视之。尔朱兆入洛，子升惧祸逃匿。永熙中，为侍读兼舍人、镇南将军、金紫光禄大夫，迁散骑常侍、中军大将军，后领本州岛岛岛岛岛大中正。……及元仅、刘思逸、苟济等作乱，文襄疑子升知其谋。方使之作献武王碑文，既成，乃饿诸阳狱，食弊襦而死，弃尸路隅，没其家口。太尉长史宋游道收葬之，又为集其文笔为三十五卷。子升外恬静，与物无竞，言有准的，不妄毁誉，而内深险。事故之际，好预其间，所以终致祸败。又撰《永安记》三卷。"

按：永安之事，据《魏书》云："元五二八年二月，胡太后害死魏明帝。讨虏大督都尔朱荣举兵南下，四月尔朱荣拥立长乐王子元攸为帝，是为孝庄帝。九月改元永安。五三零年十二月，尔朱兆入洛阳，擒孝庄帝，未几，于晋阳（今山西太原南）三级佛寺杀之。"

[58] 阮注云："读魏书也。"

[59] 阮注云："见同州府君勤三事迹也。"

[60] 阮注云："魏帝宝炬，入关依宇文泰，字子觉，建号称周。"

[61] 阮注云："穆公虬。自宋奔魏，自是庙座向东南。"按：穆公，文中子四代祖也，为晋阳穆公。《文中子世家》云："焕生虬。虬始北事魏，太和中为并州刺史，家河汾，曰晋阳穆公。"

[62] 阮注云："炀帝大业八年，征辽二百万众，竟陷九年。又征之，山东渐乱。十年又征，天下遂丧。"

[63] 阮注云："益赞于禹曰：惟德动天，无远弗届。禹乃班师振旅，七旬苗格。"按：伯益，《史记》卷二《夏本纪第二》云："十年，帝禹东巡狩，至于会稽而崩。以天下授益。三年之丧毕，益让帝禹之子启，而辟居箕山之阳。"

[64] 阮注云："汉宣帝使赵充国击匈奴，魏相谏曰：臣闻恃大威者为兵，兵骄者灭，非但人事，乃天道也。"

[65] 阮注云："利己曰利，利物曰义。"

[66] 阮注云："退静。"

[67] 阮注云："思益。"

[68] 阮注云："好贤。"

[69] 阮注云："魏有馆陶县。"按：《元和郡县图志》卷十六《河北道第一》云："馆陶县，本春秋时晋地馆氏邑，陶丘在县西北七里。《尔雅》曰：'再成为陶丘'。赵时置馆于其侧，因为县名。汉属魏郡，魏文帝改阳平郡。石赵移阳平郡理此。周大象二年置屯州，以近屯河为名。隋大业二年废屯州，以县属魏州。大河故渎，俗名王莽河，在县东四里。屯氏河，俗名屯河，在县西二里。"

[70] 阮注云："道兼天地，理通皇极。"按：三才九畴，三才，即《易经》中的天、地、人三才之道。九畴，即《尚书·洪范》所说的"禹乃嗣兴，天乃锡禹洪范九畴，初一曰五行，次二曰敬用五事，次三曰农用八政，次四曰协用五纪，次五曰建用皇极，次六曰乂用三德，次七曰明用稽疑，次八曰念用庶征，次九曰向用五福，威用六极。"这里指道，即儒家的道统思想"。

[71] 阮注云："炫字伯光，开皇中表乞兴学校，然终日矜伐，为执政所抑，着《五经正名》十二卷，行于世。"按：浙江书局本以刘炫字为"伯光"，非也，而应为"光伯"，《隋书》中华书局本所书是也。《隋书》卷七十五《儒林》云："刘炫字光伯，河间景城人也。少以聪敏见称，与信都刘焯闭户读书，十年不出。炫眸子精明，视日不眩，强记默识，莫与为俦。……炫性躁竞，颇俳谐，多自矜伐，

好轻侮当世，为执政所丑，由是官途不遂。着《论语述议》十卷，《春秋攻昧》十卷，《五经正名》十二卷，《孝经述议》五卷，《春秋述议》四十卷，《尚书述议》十二卷，《毛诗述议》四十卷，《注诗序》一卷，《算术》一卷，并行于世。"

[72] 阮注云："注传异同。"

[73] 阮注云："天下何思何虑，殊途而同归，百虑而一致，此尼父之学也。"

[74] 按：小成，《庄子·齐物论》云："道隐于小成，言隐于荣华。"《易·系辞》云："八卦而小成。引而伸之，触类而长之，天下之能事毕矣。"

[75] 阮注云："难入尼父之门矣。"按：《易·系辞》云："八卦而小成。引而伸之，触类而长之，天下之能事毕矣。"

[76] 阮注云："礼乐本乎情，情无邪，则貌恭而气和。恭，礼也；和，乐也。"

[77] 阮注云："贤，其学正道。"

[78] 阮注云："汉高祖歌云：安德猛士守四方。此不忘武备，而心在杂霸也。"按：《史记》卷八《高祖本纪第八》云："高祖还乡，过沛，留。置酒沛宫，悉召故人父老子弟纵酒，发沛中儿得百二十人，教之歌。酒酣，高祖击筑，自为歌诗曰：'大风起兮云飞扬，威加海内兮归故乡，安德猛士兮守四方！'令儿皆和习之。高祖乃起舞，慷慨伤怀，泣数行下。"

[79] 阮注云："汉武歌云：'欢乐极兮哀情多'，此悔悟前过，志形哀痛之诏也。"按：明代蒋一葵《尧山堂外纪》卷四云："帝行幸河东，祠后土，顾视帝京，忻然中流，与群臣饮宴，帝欢甚。乃自作《秋风辞》云：'秋风起兮白云飞，草木黄落兮雁南归。兰有秀兮菊有芳，怀佳人兮不能忘。泛楼船兮济汾河，横中流兮扬素波。箫鼓鸣兮发棹歌，欢乐极兮哀情多，少壮几时兮奈老何！'"

[80] 阮注云："秦不用诗书致灭。"

[81] 阮注云："老庄存太古之道，非适时之典晋荡焉，故乱。"按：虚玄，即玄学所讲的虚无。

[82] 阮注云："释氏本空寂之法，非化俗之原，梁主惑焉，故亡。"按：释迦，即佛教之祖释迦牟尼。《初学记》卷二十三《佛第五》云："《佛地论》曰：姓释迦，号牟尼佛。"

[83] 阮注云："圣人非不知太古之朴、空寂之性，然而应物理理，必有制焉，晋贤荡，梁主惑，非立人之制也。故虚行者尔。"按：梁主礼佛，不事朝政。故国亡而非佛本身之罪也。

[84] 按：佛，《初学记》卷二十三《佛第五》云："《佛地论》曰：佛者，觉也，觉一切种智，复能开觉有情，如睡梦觉，故名为佛。《普曜经》曰：佛，兜率天神于西域迦维卫国净梵王宫，摩耶夫人剖右胁而生，时多灵瑞，生而能言。《本相经》曰：年十九，踰城出家学道，勤行精进，禅定六年成道。具三十二相，八十种好。《佛地论》曰：姓释迦，号牟尼佛。后魏《释老志》曰：凡说教，大抵言生生之类，皆因行业有三世识神不灭。凡为善恶，必有报应，渐积胜业，陶冶麤鄙，经无数形，澡练神明，乃致无生而得佛道也。"

[85] 阮注云："圣人之寂灭者。"

[86] 阮注云："西方，化外可行，非中国礼义之俗可习。"

[87] 阮注云："泥，犹溺也。"

[88] 阮注云："越舟而不车、胡发而不冠者，胡不乱华。"按：轩车，《释名》云："黄帝造车，故号轩辕氏。"

[89] 阮注云："俭，事迹未见。"按：宇文俭，北周文皇帝之子，周武帝之弟也，封谯王。北周建德五年，周攻北齐，以谯王宇文俭、大将军窦秦、广化公丘崇为左三军。其母权氏名白女，宇文泰之妃，生谯王宇文俭，死于魏后二年（558年），年28岁。俭无专传，事迹散见《周书》。

[90] 阮注云："父之友。"

[91] 阮注云："乐署。"

[92] 阮注云："炀帝将游江都宫，作此曲。"

[93] 阮注云："纣作靡靡之乐，亡国之音也。"

[94] 阮注云："官仕。"

[95] 阮注云："言仕人皆舍道。"

[96] 阮注云："信有此。"

[97] 按：荀彧、荀攸，《三国志》卷十云："荀彧字文若，颖川颖阴人也。……彧年少时，南阳何顒异之，曰：'王佐才也。'永汉元年，举孝廉，拜守宫令。董卓之乱，求出补吏。……初平二年，彧去绍从太祖。太祖大悦曰：'吾之子房也。'以为司马，时年二十九。……十七年，董昭等谓太祖宜进爵国公，九锡备物，以彰殊勋，密以咨彧。彧以为太祖本兴义兵以匡朝宁国，秉忠贞之诚，守退让之实；君子爱人以德，不宜如此。太祖由是心不能平。会征孙权，表请或劳军于谯，因辄留彧，以侍中光禄大夫持节，参丞相军事。太祖军至濡须，彧疾留寿春，以忧薨，时年五十。"

《三国志》卷十云："荀攸字公达，彧从子也。……魏国初建，为尚书令。攸深密有智防，自从太祖征伐，常谋谟帷幄，时人及子弟莫知其所言。太祖每称曰：'公达外愚内智，外怯内勇，外弱内强，不伐善，无施劳，智可及，愚不可及，虽颜子、宁武不能过也。'文帝在东宫，太祖谓曰：'荀公达，人之师表也，汝当尽礼敬之。'"。

[98] 阮注云："或死攸生。"

[99] 阮注云："或字文若，佐魏祖有大功。或谓魏祖宜加九锡，或曰：'本起义兵，所以正朝安国也。君子爱人以德。不宜如此。'魏祖闻之不悦。或饮药而死。攸从子攸字公达，魏国初建，参谋帷幄，举事慎密，虽子弟不能知。魏帝常称曰：荀，令君之仁，荀师之智。又曰：令君举善不进不休，军师去恶不去不止。然彧初仕汉，汉亡则死。攸独仕魏，魏存则生，明道救时，皆谓仁矣。"

[100] 阮注云："心至诚，虽未言，人已知其必信矣。"

[101] 阮注云："性复静，虽未行，人知必谨。"

[102] 阮注云："有儒道者能如此。"

[103] 阮注云："朴，虚装貌。"按：杨素，《隋书》卷四十八云："杨素字处道，弘农华阴人也。……大业元年，迁尚书令，赐东京甲第一区，物二千段。……明年，拜司徒，改封楚公。真食二千五百户。其年，卒官。"

[104] 阮注云："有深旨。"

[105] 阮注云："衣下曰裳，襜如盛貌。"

[106] 阮注云："带剑示威，垂佩合节，锵如声响。"

[107] 阮注云："威重有节则躁，无自入焉。"

[108] 阮注云："为礼，使人别禽兽。"

[109] 阮注云："责素不以礼引人。"

[110] 阮注云："言仁不遇也。魏顷公之时，仁人不遇，小人在侧。卒章云：心悄悄于群小。"按：《邶·柏舟》，邶，朱熹《诗集传》卷二云："武王克商，分自纣城，朝歌而北谓之邶，南谓之墉，东谓之卫，以封诸侯。"《柏舟》，言女自伤不得于夫，而见侮于众妾。《毛序》云："《柏舟》，言仁而不遇也。魏顷公之时，仁人不遇，小人在侧。"

[111] 阮注云："此《北门》篇也，刺在不得志。炀帝任群小，仁人忧之。言董常不遇者，天也。"按：《邶风·北门》首章云："出自北门，忧心殷殷。终窭且贫，莫知我艰。已焉哉！天实为之，谓之何哉！"反复叹息，无可奈何。

[112] 阮注云："苏威封邳国公。"按：苏威，《隋书》卷四十一云："苏威字无畏，京兆武功人也。……（高祖）及受禅，征拜太子少保。追赠其父为邳国公，邑三千户，以威袭焉。……卒于家，时年八十二。"

[113] 阮注云："聚淳朴之性。"

[114] 阮注云："聚珍异之器。"

[115] 阮注云："子光，详见上。"

[116] 阮注云："会，其意有所适则居之耳，不知其可不可也。"

[117] 阮注云："任意所适，达也；适在山林，隐也。不知其可放也。"

[118] 阮注云："极乎道为至人，死生不变其道者，一实天下者也。"

[119] 阮注云："藏其天真，高莫窥测。"

[120] 阮注云："辟地山林，高身全节。"

[121] 阮注云："名混朝市，心在世外。"

[122] 阮注云："结交。"

[123] 阮注云："简静。"

[124] 阮注云："淡故简。"

[125] 阮注云："广泛交也。"

[126] 阮注云："泛爱中有择。"

[127] 阮注云："晁错说文帝曰：'五口之家，服作者不过三人，能耕者不过百亩。古者一夫一妇，受田百亩，此井田之制也。'文帝不能行，故汉制不及三代。文中子惜其有复古之心焉。"按：《汉书》卷四十九云："晁错，颍川人也。学申商刑名于轵张恢生所，与洛阳宋孟及刘带同师。以文学为太常掌故。错为人陗直深刻，孝文时，天下亡治《尚书》者，独闻齐有伏生，故秦博士，治《尚书》，年九十余，老不可征。乃诏太常，使人受之。太常遣错，受《尚书》伏生所。还，因上书称说，诏以为太子舍人、门大夫，迁博士。……时贾谊已死，对策者百余人，唯错为高第，及法令可更定者，书凡三十篇。孝文虽不尽听，然奇其材。……景帝即位，以错为内史，错数请间言事，辄听，幸倾九卿，法令多所更定。……丞相大怒，欲因此过，为奏请诛错……错衣朝衣，斩东市。……夫晁错患诸侯强大不可制，故请削之以尊京师，万世之利也，计划始行，卒受大戮。……悲夫！错虽不终，世哀其忠。"

[128] 按：贾琼，文中子弟子也。王绩《游北山赋》自注中云："此溪之集，门人常以百数，唯河南董恒、南阳程元、中山贾琼、河南（应为"东"字）薛收、太山姚义、太原温彦博、京兆杜淹等十余人为俊颖。"《中说·魏相》亦云："子之韩成，自龙门关先济，贾琼、程元后。……贾琼曰：吾二人师之而不能去也。"

[129] 阮注云："制，命也。秦改命为制，汉因之。"

[130] 阮注云："诏，令也。秦改令为诏，汉因之。"

[131] 阮注："志，谓帝王有志于治道，而未形乎制诏者也。"

[132] 阮注云："求直言而策虑之。"

[133] 阮注云："爵命。"

[134] 阮注云："师训。"

[135] 阮注云："奏对。"

[136] 阮注云："襄赞。"

[137] 阮注云："评议。"

[138] 阮注云："监诫。"

[139] 阮注云："箴谏。"

[140] 阮注云："恢恢，如天容物。"

[141] 阮注云："子曰大制不割。割，分判者也。"

[142] 阮注云："湛、恬，皆静。"

[143] 阮注云："凡举一事，必以天下同之。"

[144] 阮注云："吾常假帝制，自谓也。"

[145] 阮注云："言二帝之典，三王之诰，两汉之记，皆同制矣。"

[146] 阮注云："业业，畏天；孜孜，悯人；《易》者，天人以时而动也。"

[147] 阮注云："难知。"按：繁师玄，或为文中子弟子，史书无载，其人事迹不明。

[148] 阮注云："干干，勤学不难。"按：《易·文言》云："九三曰：'君子终日干干，夕惕若，厉无咎。'何谓也？子曰：'君子进德修业。忠信，所以进德也；修辞立其诚，所以居业也。知至至之，可与几也；知终终之，可与存义也。是故居上位而不骄，在下位而不忧。故干干因其时而惕，虽危无咎矣。'"

[149] 阮注云："又举《诗》勉之，使勤学《易》，比《载驰》篇云。言汝不思善道则已，在我思之不为远。"按：《诗·墉风·载驰》云："视尔不藏，我思不远。"《诗经》各种版本皆书为"视尔不藏"，而浙江书局刊刻的《二十二子》本为"视之不藏"，应是浙刻本之误。新世纪万有文库本《中说》校点，从浙江书局本为"之"，亦误矣。

[150] 按：越公，隋杨素，曾封越公。

[151] 阮注云："故存此聘礼即可，非得聘贤之实也。"

[152] 阮注云："《干旄》，卫诗，美臣子多好善。"按：以今所传毛本《诗经》言之，阮氏误矣。《干旄》，应属墉诗也。然邶、墉、卫皆属卫地。卫本殷商之都牧野是也。武王克商，占朝歌之地而三分之。朝歌以北属邶，以东属卫，以南属墉（程俊英、蒋见元《诗经注析》本作"朝歌北边是邶，东边是墉，南边是卫"，误矣）。春秋时，《邶》《墉》《卫》为一组诗，《左传·襄公二十九年》云：吴公子季札到鲁国观周乐，"使工为之歌《邶》《墉》《卫》，曰：'美哉！是其卫风乎！'"又三十一年，卫北宫文子引《邶风》而称《卫诗》。三家《诗》亦以《邶》《墉》《卫》为一卷，而《毛诗》分其为三卷。朱熹《诗集传》卷二云："邶、墉地既入卫，其诗皆为卫诗，而犹系其故国之名，则不可晓。"若以三家《诗》言，则阮氏又不误矣。以此辨之，明矣。

[153] 阮注云："果求贤，不在虚饰。"按：《论语·阳货》云："子曰：礼云礼云，玉帛云乎哉？乐云乐云，钟鼓云乎哉？"

[154] 阮注云："欲速不达。"

[155] 阮注云："量力，相时。"

[156] 阮注云："相友贵众，临事贵断。"

[157] 阮注云："事君贵正，出处贵洁。"

[158] 阮注云："贾谊曰：'小智自私，贱彼贵我'。"按：出于贾谊的《鵩鸟赋》，此赋见于《史记》、《汉书》和《昭明文选》，三本文字略有出入。

[159] 阮注云："理使之然。"

[160] 阮注云："薛宏，未见。《经》，《续经》也。"按：此处《六经》，即文中子《续六经》也。

[161] 阮注云："言宏非好古者。"

[162] 阮注云："内，表弟。"

[163] 阮注云："非其过礼。"

[164] 阮注云："墉国诗，卒章云：'大夫君子，无我有尤。百尔所思，不如我所之。'此言我自不忍而然"按：《诗集传》卷三《载驰》四章末章云："我行其野，芃芃其麦。控于大邦，谁因谁极？大夫君子，无我有尤。百尔所思，不如我所之。"《毛诗正义》云："《载驰》，许穆夫人作也，闵其宗国颠覆，自伤不能救也。卫懿公为狄人所灭，国人分散，露于漕邑。许穆夫人闵卫之亡，伤许之小，力不能救，思归唁其兄，又义不得，故赋是诗也。"《诗集传》卷三《载驰》末云："事见《春秋传》。……按《春秋传》：叔孙豹赋《载驰》之四章，而取其'控于大邦，谁因谁极'之意，与苏说合，今从之。范氏曰：'先王制礼，父母没则不得归宁者，义也。虽国灭君死，不得往赴焉，义重于亡故也。'"程俊

英、蒋见元《诗经注析》云："这首诗表现了诗人强烈的爱国思想。她听到祖国被灭的消息，快马加鞭地赶到漕邑吊唁，目的在于为卫国策划向大国求援。"

[165] 阮注云："未见。"

[166] 阮注云："彼，谓文中子。"

[167] 阮注云："理遣也。"

[168] 阮注云："勇于义曰勇，勇于力曰戾。"

[169] 按：李密，《旧唐书》卷五十三云："李密字玄邃，本辽东襄平人。魏司徒弼曾孙，后周赐弼姓徒何氏。祖曜，周太保、魏国公；父宽，隋上柱国、蒲山公；皆知名当代。徙为京兆长安人。密以父荫为左亲侍。……大业九年，炀帝伐高丽，使玄感于黎阳监运。时天下骚动，玄感将谋举兵，潜遣人入关迎密，以为谋主。……大业十三年春，密与让领精兵千人出阳城北，踰方山，自罗口袭洛仓，破之。开仓恣人索取，老弱襁负，道路不绝，众至数十万。……彦师伏兵山谷，密军半度，横出击，败之，遂斩密，时年三十七。"

[170] 阮注云："自知，故能知人。"

[171] 阮注云："自胜，故能胜人。"

[172] 阮注云："凡勇，不得其谊，皆勃戾尔。"

[173] 阮注云："孟子曰：'尽心者，知其性也，知性则知天。'言圣人知天，则天亦知圣人。"按：《孟子注疏》卷十三《尽心章句上》云："孟子曰：'尽其心者，知其性也。知其性，则知天矣。存其心，养其性，所以事天也。夭寿不贰，修身以俟之，所以立命也。'"

[174] 阮注云："待明王出，当自求行之。"

[175] 阮注云："言尔父不陷不义，则尔身可立矣。"

[176] 阮注云："杨素贤，则隋不乱。"

卷五　问易篇

刘炫问《易》。子曰："圣人于《易》，没身而已，况吾侪乎？"[1]炫曰："吾谈之于朝，无我敌者。"[2]子不答。退谓门人曰："默而成之，不言而信，存乎德行。"[3]

魏徵曰："圣人有忧乎？"子曰："天下皆忧，吾独得不忧乎？"问疑。子曰："天下皆疑，吾独得不疑乎？"徵退，子谓董常曰："乐天知命，吾何忧？穷理尽性，吾何疑？"[4]常曰："非告徵也，子亦二言乎？"[5]子曰："徵所问者迹也[6]，吾告汝者心也[7]。心迹之判久矣[8]，吾独得不二言乎[9]？"常曰："心迹固殊乎？"[10]子曰："自汝观之则殊也[11]，而适造者不知其殊也[12]，各云当而已矣[13]。则夫二未违一也[14]。"李播闻而叹曰："大哉乎一也[15]！天下皆归焉，而不觉也[16]。"

程元问叔恬曰："《续书》之有志有诏，何谓也？"叔恬以告文中子。子曰："志以成道，言以宣志[17]。诏其见王者之志乎[18]？其恤人也周，其致用也悉。一言而天下应，一令而不可易[19]。非仁智博达，则天明命，其孰能诏天下乎[20]？"叔恬曰："敢问策何谓也？"[21]子曰："其言也典，其致也博，恻而不私[22]，劳而不倦[23]，其惟策乎[24]？"

子曰："《续书》之有命邃矣[25]：其有君臣经略，当其地乎[26]？其有成败于其间，天下悬之，不得已而临之乎[27]？进退消息，不失其几乎[28]？道甚大，物不废，高逝独往，中权契化，自作天命乎[29]？"

文中子曰："事者[30]，其取诸仁义而有谋乎？虽天子必有师[31]，然亦何常师之有？唯道所存，以天下之身，受天下之训[32]，得天下之道，成天下之务，民不知其由也，其惟明主乎[33]？"

文中子曰："广仁益智，莫善于问[34]；乘事演道，莫善于对。非明君孰能广问？非达臣孰能专对乎？其因宜取类，无不经乎？洋洋乎，晁、董、公孙之对^[35]！"

文中子曰："有美不扬，天下何观？君子之于君，赞其美而匡其失也^[36]。所以进善不暇，天下有不安哉^[37]？"

文中子曰："议，其尽天下之心乎^[38]？昔黄帝有合宫之听，尧有衢室之问，舜有总章之访，皆议之谓也^[39]。大哉乎！并天下之谋，兼天下之智，而理得矣，我何为哉？恭己南面而已^[40]。"

子曰："人心惟危，道心惟微，言道之难进也。故君子思过而预防之，所以有诫也^[41]。切而不指^[42]，勤而不怨，曲而不谄，直而有礼，其惟诫乎^[43]？"

子曰："改过不吝，无咎者善补过也。古之明王，讵能无过？从谏而已矣^[44]。故忠臣之事君也，尽忠补过。君失于上，则臣补于下；臣谏于下，则君从于上。此王道所以不跌也^[45]。取泰于否，易昏以明^[46]。非谏孰能臻乎^[47]？"

文中子曰："晋而下，何其纷纷多主也^[48]？吾视惠、怀伤之^[49]，舍三国将安取志乎^[50]？三国何其孜孜多虞乎^[51]？吾视桓、灵伤之^[52]，舍两汉将安取制乎^[53]？"

子谓"太和之政近雅矣^[54]，一明中国之有法^[55]。惜也，不得行穆公之道^[56]。"

程元曰："三教何如？"^[57]子曰："政恶多门久矣。"^[58]曰："废之何如？"子曰："非尔所及也^[59]。真君、建德之事，适足推波助澜，纵风止燎尔^[60]。"

子读《洪范》《谠议》^[61]。曰："三教于是乎可一矣。"^[62]程元、魏徵进曰："何谓也？"子曰："使民不倦。"^[63]

贾琼习《书》，至郅恽之事，问于子曰："敢问事、命、志、制之别。"^[64]子曰："制、命，吾着其道焉，志、事吾着其节焉。"^[65]贾琼以告叔恬。叔恬曰："《书》其无遗乎？《书》曰：惟精惟一，允执厥中。其道之谓乎？《诗》曰：采葑采菲，无以下体。其节之谓乎？"子闻之曰："凝其知《书》矣。"

子曰："事之于命也，犹志之有制乎？非仁义发中，不能济也。"^[66]

子曰："达制、命之道，其知王公之所为乎？其得变化之心乎^[67]？达志、事之道，其知君臣之所难乎？其得仁义之几乎^[68]？"

子曰："处贫贱而不慑，可以富贵矣[69]；僮仆称其恩，可以从政矣[70]；交游称其信，可以立功矣[71]。"

子曰："爱名尚利，小人哉！未见仁者而好名利者也。"[72]

贾琼问君子之道。子曰："反是不思，亦已焉哉。"[73]

子见缞绖而哭不辍者，遂吊之。问丧期，曰："五载矣。"子泫然曰："先王之制不可越也。"[74]

楚公问用师之道[75]。子曰："行之以仁义。"[76]曰："若之何决胜？"[77]子曰："莫如仁义。过此，败之招也。"[78]

子见耕者必劳之[79]，见王人必俛之[80]。乡里不骑[81]，鸡初鸣，则盥漱具服[82]。铜川夫人有病，子不交睫者三月[83]。人问者送迎之，必泣以拜[84]。

子曰："史传兴而经道废矣[85]，记注兴而史道诬矣[86]。是故恶夫异端者[87]。"

薛收曰："何为命也？"子曰："稽之于天，合之于人，谓其有定于此而应于彼[88]。吉凶曲折，无所逃乎[89]？非君子，孰能知而畏之乎[90]？非圣人，孰能至之哉[91]？"薛收曰："古人作《元命》，其能至乎？"[92]子曰："至矣。"[93]

贾琼曰："《书》无制而有命，何也？"[94]子曰："天下其无王而有臣乎？"[95]曰："两汉有制、志，何也？"子曰："制，其尽美于恤人乎[96]？志，其惭德于备物乎[97]？"薛收曰："帝制其出王道乎？"[98]子曰："不能出也。后之帝者，非昔之帝也[99]。其杂百王之道，而取帝名乎？其心正，其迹谲[100]。其乘秦之弊，不得已而称之乎[101]？政则苟简[102]，岂若唐、虞三代之纯懿乎[103]？是以富人则可，典礼则未[104]。"薛收曰："纯懿遂亡乎？"[105]子曰："人能弘道，焉知来者之不如昔也？"[106]

子谓李靖智胜仁，程元仁胜智[107]。子谓董常几于道，可使变理[108]。

贾琼问："何以息谤？"子曰："无辩。"[109]曰："何以止怨？"曰："无争。"[110]

子谓诸葛、王猛，功近而德远矣[111]。

子在蒲[112]，闻辽东之败[113]。谓薛收曰："城复于隍矣。"[114]赋《兔爰》之卒章[115]。归而善《六经》之本，日以俟能者[116]。

子曰："好动者多难[117]。小不忍，致大灾[118]。"

子曰："《易》，圣人之动也，于是乎用以乘时矣[119]。故夫卦者，智之乡也，动之序也[120]。"薛生曰："智可独行乎？"[121]子曰："仁以守之[122]，不能仁则智息矣，安所行乎哉[123]？"

子曰："元亨利贞。运行不匮者，智之功也。"[124]

子曰："佞以承上，残以御下，诱之以义不动也。"[125]

董常死，子哭之，终日不绝。门人曰："何悲之深也？"曰："吾悲夫天之不相道也[126]。之子殁，吾亦将逝矣[127]。明王虽兴，无以定礼乐矣[128]。"

子赞《易》，至《序卦》，曰："大哉，时之相生也！达者可与几矣。"[129]至《杂卦》，曰："旁行而不流，守者可与存义矣。"[130]

子曰："名实相生，利用相成，是非相明，去就相安也。"[131]

贾琼问："太平可致乎？"子曰："五常之典，三王之诰，两汉之制，粲然可见矣。"[132]

文中子曰："王泽竭而诸侯仗义矣[133]，帝制衰而天下言利矣[134]。"

文中子曰："强国战兵[135]，霸国战智[136]，王国战义[137]，帝国战德[138]，皇国战无为[139]。天子而战兵，则王霸之道不抗矣[140]，又焉取帝名乎[141]？故帝制没而名实散矣[142]。"

子曰："多言，德之贼也[143]；多事，生之仇也[144]。"薛方士曰："逢恶斥之，遇邪正之，何如？"[145]子曰："其有不得其死乎[146]？必也言之无罪，闻之以诫[147]。"

或问韦孝宽[148]。子曰："干矣。"[149]问杨愔[150]。子曰："辅矣。"[151]

宇文化及问天道人事如何[152]。子曰："顺阴阳仁义，如斯而已。"[153]

贾琼为吏，以事楚公[154]。将行，子饯之。琼曰："愿闻事人之道。"子曰："远而无介[155]，就而无谄[156]。泛乎利而讽之，无斗其捷[157]。"琼曰："终身诵之。"子曰："终身行之可也。"[158]

子曰："《元经》其正名乎[159]？皇始之帝，征天以授之也[160]。晋、宋之王，近于正体[161]，于是乎未忘中国[162]，穆公之志也[163]。齐、梁、陈之德[164]，斥之于四夷也，以明中国之有代，太和之力也[165]。"

子曰："改元立号，非古也[166]，其于彼心自作之乎[167]？"

或问："志意修，骄富贵，道义重，轻王侯，如何？"[168]子曰："彼有以自守也。"[169]

薛生曰："殇之后，帝制绝矣，《元经》何以不兴乎？"[170]子曰："君子之于帝制，并心一气以待也[171]。倾耳以听，拭目而视[172]，故假之以岁时[173]。桓、灵之际，帝制遂亡矣[174]。文、明之际，魏制其未成乎[175]？太康之始，书同文，车同轨[176]。君子曰：帝制可作矣，而不克振[177]。故永熙之后，君子息心焉。"曰："谓之何哉[178]？《元经》于是不得已而作也[179]？"文中子曰："《春秋》作而典、诰绝矣[180]，《元经》兴而帝制亡矣[181]。

文中子曰："诸侯不贡诗[182]，天子不采风[183]，乐官不达雅[184]，国史不明变[185]。呜呼！斯则久矣[186]。《诗》可以不续乎[187]？"

注　释

[1] 阮注云："圣人终身立《易》中，刘炫但熟《易》之文，而不知《易》在身也。"

[2] 阮注云："但谈《易》文，自谓无敌。"

[3] 阮注云："此所谓《易》在身。"

[4] 阮注云："忧疑出乎情尔，情者，性之欲也。圣人性不忧，而人以为忧者，以天下之情为忧也。圣人性无疑，人以为疑者，以天下之情为疑也。故圣人应物以迹，复性以心义终下文。"

[5] 阮注云："前云有忧疑，后云无忧疑，是二言。"

[6] 阮注云："举天下物情之动，而圣人应之曰迹。"

[7] 阮注云："以一性之本，合乎天命曰心。"

[8] 阮注云："判，分也。自周公已来，心迹分，故曰久矣。夫尧禅舜，舜禅禹，以心言之则一也。其所以禅之者迹也。汤伐桀，武王伐纣，以尧舜之心言之，亦一也。其所以伐之者，迹也。周公、仲尼之心，与尧、舜、汤武同而迹，不应乎天下，盖时异耳！使周、孔居禅之时，则舜禹也；居伐之时，则汤武也。文中子不得其时，两存心迹，圣矣哉！"

[9] 阮注云："言周公、仲尼，与《易》已二言矣。"

[10] 阮注云："疑二言为二道。"

[11] 阮注云："自尔犹言自彼也，以彼观我，则心迹固殊。"

[12] 阮注云："适造，谓我适至于道，承时而用，则安知心与迹果殊哉！"

[13] 阮注云："当，谓惟义所在，不必执乎心、执乎迹，时行则行，时至则至，各当而已。"

[14] 阮注云："言则二道，则一也，若先天而天，弗违后天而奉天时，先后则二，而其不违时一也。"

[15] 阮注云："李播亦门人，未见传。"按：《旧唐书》卷一百九十二云："王绩字无功，绛州龙门人。少与李播、吕才为莫逆之交。"《新唐书》卷一百九十六《王绩传》中有"（王绩）与李播、吕才善"一句。李播生平事迹不详。

[16] 阮注云："圣人之道常存于天下，然文中子出非其时，故天下生民不觉。孟子称伊尹曰：'天之生民，使先知觉后，使先觉觉后觉。'"按：《孟子注疏》卷九《万章句上》云："天之生此民也，使先知觉后知，使先觉觉后觉也。予，天民之先觉者也；予将以斯道觉斯民也。"

[17] 阮注云："道出乎志也，虽未诏天下，而其言已宣，故曰志。"

[18] 阮注云："诏行天下，则志可见矣。"

[19] 阮注云："恤人，故皆应；悉用，故不改。"

[20] 阮注云："言诏如是之大。"

[21] 阮注云："《续书》有《策》。"

[22] 阮注云："悯世病，不私讳过。"

[23] 阮注云："劳心问贤，不倦听。"

[24] 阮注云："若汉武帝策董仲舒。"

[25] 阮注云："天爵人爵，皆为命也。邃者言非止君命，抑亦天命之耳。"

[26] 阮注云："命其地，必有经略。"

[27] 阮注云："言命之所归，不得已而当之。"

[28] 阮注云："经略如此。"

[29] 阮注云："天下悬于己，故曰自作天命。"

[30] 阮注云："《续书》有《事》。"

[31] 阮注云："事由师谋而成。"

[32] 阮注云："言不惟师也，天下之人，有善皆可从。"

[33] 阮注云："民间之事，君皆行焉，民亦不知其君得善之由。"

[34] 阮注云："《续书》有《问》。"

[35] 阮注云："晁错《对策》云：'三王臣主俱贤，合谋相辅，莫不本于人情也。'董仲舒《对策》云：'春秋，王道之端，传之于正，正次王，王次春。春者，天之所为也；正者，王之所为也。'公孙弘《对策》云：'致利除害，兼爱无私，谓之仁。明是非，立可否，谓之义。治之大用也。'此三《对》皆洋洋然得王道大纲。"

[36] 阮注云："《续书》有《赞》。"

[37] 阮注云："言无不安。"

[38] 阮注云："《续书》有《议》。"

[39] 阮注云："合宫、总章，皆明堂异名也。衢室，当衢为室，以采民言也。《管子》曰：'尧开衢室，听于民也。'"按：合宫，据传为黄帝之明堂。《昭明文选》汉张衡《东京赋》云："必以肆奢为贤，则是黄帝合宫，有虞总期，固不如夏葵之瑶台，殷辛之琼室。"衢室，即筑室于衢，以听民言。后泛指帝王听政之所。《管子·桓公问》云："尧有衢室之问者，下听于人也。"总章，《吕氏春秋·孟秋》及《礼记》卷十七《月令》第六之三云："天子居总章左个。"孙希旦《集解》云："总章左个，明堂西方之南室也。万物至西方而章明成熟，故曰'总章'。"《礼记·月令》又云："天子居总章大庙。"《集解》云："总章大庙，明堂之西堂也。"

[40] 阮注云："言黄帝、尧、舜得天下谋议为理。"

[41] 阮注云："《续书》有《诫》。"

[42] 阮注云："切，至。指，讦。"

[43] 阮注云："勤拳委曲，以礼诫之。"

[44] 阮注云："《续书》有《谏》。"

[45] 阮注云："不差跌。"

[46] 按：泰、否，本《易》之卦也。泰：小往大来，吉，亨（卦辞）。《象》曰：泰，小往大来，吉，亨。则是天地交而万物通也，上下交而其志同也。内阳而外阴，内健而外顺，内君子而外小人，君子道长，小人道消也（彖传）。《象》曰：天地交，泰；后以财成天地之道，辅相天地之宜，以左右民。否：否之匪人，不利君子贞，大往小来（卦辞）。《象》曰：否之匪人，不利君子贞，大往小来。则是天地不交而万物不通也，上下不交而天下无邦也。内阴而外阳，内柔而外刚，内小人而外君子。小人道长，君子道消也（彖传）。《象》曰：天地不交，否；君子以俭德辟难，不可荣以禄。

[47] 阮注云："言遂事亦可谏。"

[48] 阮注云："纷，不一姓。"

[49] 阮注云："惠帝，政由贾后，为赵王伦所篡。怀帝蒙尘于平阳，为刘聪所害。"按：见《晋书》。惠帝，《晋书》卷四《帝纪四》云：孝惠皇帝讳衷，字正度，武帝第二子也。泰始三年，立为皇太子，时年九岁。太熙元年四月己酉，武帝崩。是日，皇太子即皇帝位，大赦，改元为永熙。……二年春二月己酉，贾后弑皇太后于金墉城。……十二月壬戌，废皇太子遹为庶人，及其三子幽于金墉城，杀太子母谢氏。永康元年……夏四月辛卯，日有蚀之。癸巳，梁王肜、赵王伦矫诏废贾后为庶人……秋八月，淮南王允举兵讨赵王伦，不克……永宁元年春正月乙丑，赵王伦篡帝位。丙寅，迁帝于金墉城，号曰太上皇，改金墉曰永昌宫。废皇太孙臧为濮阳王。……辛酉，左卫将军王舆与尚书、淮陵王漼勒兵入宫，禽伦党孙秀、孙会、许超、士猗、骆休等，皆斩之。逐伦归第，即日乘舆反正。群臣顿首谢罪，帝曰："非诸卿之过也。……诛赵王伦、义阳王威、九门侯质等及伦之党与。……光熙元年春正月戊子朔，日有蚀之。帝在长安。……十一月庚午，帝崩于显阳殿，时年四十八，葬太阳陵。"

怀帝，《晋书》卷五《帝纪五》云："孝怀皇帝讳炽，字丰度，武帝第二十五子也。太熙元年，封豫章郡王。属孝惠之时，宗室构祸，帝冲素自守，门绝宾游，不交世事，专玩史籍，有誉于时。初拜散骑常侍，及赵王伦篡，见收。伦败，为射声校尉。累迁车骑大将军、都督青州诸军事。未之镇。……光熙元年十一月庚午，孝惠帝崩。……癸酉，即皇帝位，大赦。……六年春正月，帝在平阳。刘聪寇太原。……七年春正月，刘聪大会，使帝着青衣行酒。侍中庚珉号哭，聪恶之。丁未，帝遇弑，崩于平阳，时年三十。"

[50] 阮注云："三国各有平天下之志，此又明《续书》有《志》。"

[51] 阮注云："虽有志，而无制。"

[52] 阮注云："汉桓帝讳志，梁冀执政，权倾天下。灵帝讳宏，黄巾贼起，董卓作乱。"按：见《后汉书》卷七、卷八《帝纪》。

[53] 阮注云："七制之主，可以乘法，此又明《续书》有制。"

[54] 阮注云："太和，后魏孝文帝年号也。都洛阳，文物始备，故曰近雅。"

[55] 阮注云："中国久无定主。孝文立二十余年，造明堂，祀圆丘，置职制，定律令，举兵百万，伐江南。其后宣武、孝明，皆能修太和之政，是中国之法也。"

[56] 阮注云："穆公虬，子之祖，自江南来奔，太和八年始仕焉。虬荐王肃及关朗。未几，孝文崩，虬亦卒。惜其道未及行也。"

[57] 阮注云："儒、老、释。"

[58] 阮注云："教不一，则敢多门。"

[59] 阮注云："圣贤出，则异端自去；非遽能废也。"

[60] 阮注云："真君，后魏太武年号也，时崇道教，毁佛法。建德，后周武帝年号也，毁释、老二教。隋公辅政，时更兴之，是暂废而愈盛。若波澜风燎尔。"按：真君，太武帝年号，史书记为"太平真君"，440 年至 451 年。

[61] 阮注云："安康献公撰《皇极谠议》。"

[62] 阮注云："《洪范》，五皇极者，义贵中道尔。致中和，天地位焉，万物育焉。人者，天地万物、中和之物也，教虽三而人则一矣。"按：《洪范》，《尚书》中的一篇。

[63] 阮注云："《易》曰：'通其变，使民不倦。'"按：《易·系辞下》云："神农氏没，黄帝、尧、舜氏作，通其变，使民不倦；神而化之，使民宜之。"

[64] 阮注云："郅恽，王莽时上书曰：汉祚久长，神器有命，不可虚受，上天垂戒，欲悟陛下，宜即臣位。莽怒，胁恽，令称病。恽骂曰：'所言旨天命也，非狂人造焉。'莽终不敢害事者，谓行事之迹也。命者，谓事应天命者也。志者，谓志蕴于心也。制者，谓志行于礼义者也。"按：《后汉书》

卷二十九云："郅恽字君章，汝南西平人也。年十二失母，居丧过礼。及长，理《韩诗》、《严氏春秋》，明天文历数。……西至长安，乃上书王莽曰：……汉历久长，孔为赤制，不使愚惑，残人乱时。智者顺以成德，愚者逆以取害，神器有命，不可虚获。上天垂戒，欲悟陛下，令就臣位，转祸为福。刘氏享天永命，陛下顺节盛衰，取之以天，还之以天，可谓知命矣。若不早图，是不免于窃位也。且尧、舜不以天显自与，故禅天下，陛下何贪非天显以自累也？天为陛下严父，臣为陛下孝子。父教不可废，子谏不可拒，惟陛下留神。莽大怒，即收系诏狱，劾以大逆。犹以恽据经谶，难即害之，使黄门近臣胁恽，令自告狂病恍忽，不觉所言。恽乃瞋目詈曰：'所陈皆天文圣意，非狂人所能造。'遂系须冬，会赦得出，乃与同郡郑敬南遁苍梧。建武三年，又客庐江，因遇积弩将军傅俊东徇扬州。俊素闻恽名，乃礼请之，上为将兵长史，授以军政。……七年，俊还京师，而上论之。恽耻以军功取位，遂辞归乡里。……恽遂客居江夏教授，郡举孝廉，为上东城门候。……后令恽授皇太子《韩诗》，侍讲殿中。……恽再迁长沙太守。……后坐事左转芒长，又免归，避地教授，著书八篇。以病卒。"

[65] 阮注云："道兼天下，节守一身。"

[66] 阮注云："事与志，发乎中；命与制，行于外。"

[67] 阮注云："已形于外，则心可知矣。"

[68] 阮注云："发于中，则几可得矣。"

[69] 阮注云："无陨获，必不骄矜。"

[70] 阮注云："恩及贱，况良民乎！"

[71] 阮注云："推而广于天下。"

[72] 阮注云："讥时。"

[73] 阮注云："《诗·氓》篇卒章也，言必反复思其所行之道，苟不思则已矣。"按：《诗·卫风·氓》最后一章云："及尔偕老，老使我怨。淇则有岸，隰则有泮。总角之宴，言笑晏晏。信誓旦旦，不思其反。反是不思，亦已焉哉！"

[74] 阮注云："丧不可过，必俯而就之，缞，七回反。绖，徒结反。"按：缞绖，即丧服。毕沅校注《墨子·节葬下》云："翁缞绖"毕沅注云："翁，义未详。《说文解字》云：'缞服，长六寸，博四寸，直心。'郑君注《仪礼》云：'麻在首在要皆曰绖。'《说文解字》云：'绖，丧首戴也。'"《三礼辞典·绖》云："丧服所系之带，以麻为之。在首为首绖，在腰为要绖。《仪礼·丧服》斩衰章：'斩衰裳，苴绖、杖、绞带。'郑玄云：'麻在首在腰皆曰绖。'《周礼·春官·司服》：'凡吊事，弁绖服。'郑玄注：'弁绖者，如爵弁而素，加环绖。'《周礼·天官·追师》：'丧纪，共笄绖。'此弁绖、笄绖为男女之首绖。"

[75] 按：楚公，即杨素。详注见前。

[76] 阮注云："必也至仁，伐不仁；大义诛，不义。"

[77] 阮注云："言仁义何能胜兵。"

[78] 阮注云："则其知胜人以力，不如胜人以道。"

[79] 阮注云："慰劳。"

[80] 阮注云："偯，俯偻避之。"

[81] 阮注云："不骑马。"

[82] 阮注云："《内则》事父母礼。盥，古缓反"按：《礼记》卷二十七《内则》第十二之一云："子事父母，鸡初鸣，咸盥漱，栉縰笄总，拂髦冠緌缨，端韠绅，搢笏。左右佩用，左佩纷帨、刀、砺、小觿、金燧，右佩玦、捍、管、遰、大觿、木燧，偪，屦着綦。"

[83] 按：铜川府人，文中子母也。

[84] 阮注云："喜惧并。"

[85] 阮注云："若《史记》先黄老后《六经》，是废也。"

[86] 阮注云："若裴松之注《三国志》反毁陈寿，是诬也。"

[87] 阮注云："述之而反异之。"

[88] 阮注云："天时人事，稽合目命，此人事也。彼天时也，知人而不知天，与知天而不知人，皆非知命也。故君子修性以合天理，所以定命矣。《易》云：'穷理尽性，以至于命。'"

[89] 阮注云："事有不虞之誉，是时与之吉也。事有求全之毁，是时与之凶也。盖事与时，并非人力独能致之。盖委曲折旋，无以逃其吉凶矣。"

[90] 阮注云："知天命，畏天命，惟君子。"

[91] 阮注云："尽性以至命，惟圣人。"

[92] 阮注云："《元命苞》，易书也。"

[93] 阮注云："《易》者，性命之书也；知《易》，则至命。"

[94] 阮注云："魏而下，《续书》无制而又命。"

[95] 阮注云："汉制已亡，独臣能褒命尔。"

[96] 阮注云："汉七主，本以忧民而作制。"

[97] 阮注云："汉末德不备，尚有志而已。"

[98] 阮注云："问汉制出三王之道否乎！"

[99] 阮注云："昔之帝者，以道若三王是也；后之帝者，以名若秦始兼帝而称是也。"

[100] 阮注云："恤人之心则正，杂霸之迹则谲。"

[101] 阮注云："天下已属秦，称皇帝之命。故汉因之，不得已而亦称帝也。"

[102] 阮注云："董仲舒曰：秦为苟简之文。"

[103] 阮注云："二帝三王，名实称。"

[104] 阮注云："汉富民之术可称，长世之礼未备。"

[105] 阮注云："疑二帝三王之道不可复。"

[106] 阮注云："后来圣人生则道弘矣，安知其无纯懿之时耶。"

[107] 阮注云："五行之秀有偏，故五常之性有胜。若木性多水性少，则仁胜智，推此为然。"

[108] 阮注云："五常具则庶几乎？圣道通变谓之道，故曰变理。"

[109] 阮注云："勿与小人辩明。"

[110] 阮注云："勿与小人争理。"

[111] 阮注云："一时霸其国，为功虽近，然谋及身后，为德盖远。"

[112] 阮注云："浦，古中都之地，隋为河中都。"按：《元和郡县图志》卷十三《河东道一》云："蒲县，本汉蒲子县地，后魏于此置石城县，后废。周宣帝于石城故县置蒲子县，因蒲子县为名也，属定阳郡。隋开皇五年改属隰州，大业二年改为蒲县。"

[113] 阮注云："大业八年，九军并陷。"按：据《中国历史大事编年》云：612年壬申，隋炀帝大业八年正月，下诏誓师水陆击高丽。陆路左右各十二军，凡一百一十三万三千八百人，号称二百万。"日遣一军，相去四十里"，"首尾相继，鼓角相闻，旌旗亘九百六十里"。总趋平壤。水路由右翊卫大将军来护儿率江淮水军，出东莱（今山东掖县），浮海先进，船舰首尾相接数百里。出师之盛，近古未有。三月，围辽东城，诸军渡辽水，几百高丽兵，乘胜围辽城。炀帝至辽东。五月，辽东城久攻不下。六月，来护儿率水军登陆，四万人入平壤城，纵兵俘掠，中伏大败。七月，陆军大败而还。于文述、于仲文等率陆军三十万五千人镀鸭绿江，行军人马皆给百日粮，重不能负。下令军令："士卒有遗弃米粟者斩！"军士皆于帐幕下掘坑埋之，行至中途粮已告尽。被诱深入，波萨水（清川江），去平壤城三十里。士卒疲弊，回师途中，大败于萨水，丧三十万人。及至辽东，只余二千七百人。炀帝下诏班师，以所得高丽地置辽东郡。

[114] 阮注云："《易·泰卦》上六云：'城复于隍。勿用师。'其命乱也" 按：《易·泰卦》上六云："城复于隍。勿用师，自邑告命，贞吉。《象》曰：'城复于隍'，其命乱也。"

[115] 阮注云："王国诗也。王失信诸侯，背叛。卒章云：'我生之后，逢此百凶。'" 按：《诗·王凤》有《兔爰》篇。《毛诗正义》云："《兔爰》，闵周也。桓王失信，诸侯背叛，构怨连祸，王师伤败，君子不乐其生焉。" 其诗云："有兔爰爰，雉离于罗。我生之初，尚无为。我生之后，逢此百罹。尚寐无吪。有兔爰爰，雉离于罦。我生之初，尚无造；我生之后，逢此百忧。尚寐无觉！有兔爰爰，雉离于罿。我生之初，尚无庸；我生之后，逢此百凶。尚寐无聪！"

[116] 阮注云："俟，百姓与能者行之。"

[117] 阮注云："炀帝如此。"

[118] 阮注云："隋文如此。"

[119] 阮注云："《易》，变易也。功业见乎变，吉凶生乎动。变动者，圣人适时而用也，无变则功不可大，故因二以济，无动则吉，不先见。故惟几成，务存时效。动，易可知焉。"

[120] 阮注云："爻在卦，如人居乡；逐位而动，是其次序" 按：《易·系辞》云："变动不居，周流六虚，上下无常，刚柔相易。不可为典要，唯变所适。"

[121] 阮注云："言卦为智乡，则谓智可独行。"

[122] 阮注云："智不以仁，则易失之贼。"

[123] 阮注云："不能仁，虽智无用。"

[124] 阮注云："元，仁也；亨，礼也；利，义也；贞，信也。运之以智，五常成功。"

[125] 阮注云："凡佞人残人，不可以义诱。"

[126] 阮注云："董常弱冠而亡，门人亚圣者也。亡后，无人助行周礼之道。"

[127] 阮注云："天丧斯文，我必不久生。"

[128] 阮注云："后，唐太宗议礼乐，房、魏自言不备。"

[129] 阮注云："《序卦》，论衍六十四卦也。时行时止，生生不穷，达则至之，故曰几也。" 按：《周易正义》卷九《序卦第十》云："序卦者，文王既爻六十四卦，分为上下二篇，其先后之次，其理不见。故孔子就上下二经各序其相次之义，故谓之序卦焉。"

[130] 阮注云："《杂卦》，只说一卦也。守制终，故曰义矣。" 按：《周易正义》卷九《杂卦第十一》云："杂卦者，杂糅众卦，错综其义；或以同相类，或以异相明。《正义》曰：'上序卦，依文王上下而次序之，此杂卦。孔子更以意错杂而对，辨其次第，不与序卦同。故韩康伯云：杂卦者，杂糅众卦，错综其义；或以同相类，或以异相明也。虞氏云：杂卦者，杂六十四卦以为义，其于序卦之外别言也。此者，圣人之兴，因时而作随其事宜，不必皆相因袭，当有损益之意。故《归藏》名卦之次，亦多异于时。王道踌驳，圣人之意或欲错综以济之。故次序卦，以其杂也。'"

[131] 阮注云："名由实生，实由名显，此谓相生。利在有用，用则成利，此谓相成。是未果，是有非，然后明，此谓相明。去不安则就，就不安则去，此谓相安。已上皆相因赞《易》而言也。"

[132] 阮注云："古道备，在方册，行之可致。颜子曰：'舜何人也？余何人也？'有为者亦若是。"

[133] 阮注云："《续诗》所以明此变也。"

[134] 阮注云："《续书》所以救此失也。"

[135] 阮注云："惟恃力尔。"

[136] 阮注云："不战而屈人之兵在智。"

[137] 阮注云："禁民为非，不独任智。"

[138] 阮注云："仁者无敌于天下，德所知矣。"

[139] 阮注云："神武而不杀，安见其有为。"

[140] 阮注云："战不以智与义，则道不能举。"

[141] 阮注云："道不抗，虽名存何取。"

[142] 阮注云："此言名实散则《元经》必为行其法也。"

[143] 阮注云："有德则不言。"

[144] 阮注云："保生者少事。"

[145] 阮注云："未见传。"按：薛方士，不知其名，或与文中子为一面之识而已。

[146] 阮注云："责其太刚也。若暴虎凭河，子路终死。"

[147] 阮注云："言逢恶遇邪，当谲谏喻之。孔子曰：谏有五，吾从其讽。"

[148] 阮注云："韦叔裕字孝宽，后周武帝臣也。"按：《周书》卷三十一云："韦叔裕字孝宽，京兆杜陵人也，少以字行。世为三辅着姓。祖直善，魏冯翊、扶风二郡守。父旭，武威郡守。……孝宽沉敏和正，涉猎经史。弱冠，属萧宝夤作乱关右，乃诣阙，请为军前驱。朝廷嘉之，即拜统军。随冯翊公长孙承业西征，每战有功。拜国子博士，行华（阴）〔山〕郡事。……大统五年，进爵为侯。八年，转晋州刺史，寻移镇玉壁，兼摄南汾州事。……废帝二年，为雍州刺史。……明帝初，参麟趾殿学士，考校图籍。……建德之后，武帝志在平齐。孝宽乃上疏陈三策。……书奏，武帝遣小司寇淮南公元（卫）〔伟〕、开府伊娄谦等重币聘齐。尔后遂大举，再驾而定山东，卒如孝宽之策。……及宣帝崩，隋文帝辅政，时尉迟迥先为相州总管，诏孝宽代之。……六月，诏发关中兵，以孝宽为元帅东伐。……诸有未服，皆随机讨之，关东悉平。十月，凯还京师。十一月薨，时年七十二。"

[149] 阮注云："北齐攻雍州，孝宽守之，不下。齐桓归，愤而崩。此干事而已。"

[150] 阮注云："杨愔字遵彦，北齐文宣帝之臣也。○愔，于斟反。"按：《北齐书》卷三十四云："杨愔，字遵彦，小名秦王，弘农华阴人。父津，魏时累为司空侍中。愔儿童时，口若不能言，而风度深敏，出入门闾，未尝戏弄。六岁学史书，十一受《诗》《易》，好《左氏春秋》。幼丧母，曾诣舅源子恭，子恭与之饮，问读何书，曰：'诵《诗》。'子恭曰：'诵至《渭阳》未邪？'愔便号泣感噎，子恭亦对之歔欷，遂为之罢酒。子恭后谓津曰：'常谓秦王不甚察慧，从今已后，更欲刮目视之。'愔一门四世同居，家甚隆盛，昆季就学者三十余人。学庭前有奈树，实落地，群儿咸争之，愔颓然独坐。……正光中，随父之并州。性既恬默，又好山水，遂入晋阳西县瓮山读书。……永安初，还洛，拜通直散骑侍郎，时年十八。……神武见之悦，除太原公开府司马，转长史，复授大行台右丞，封华阴县侯，迁给事黄门侍郎，妻以庶女。……九年，徙尚书令，又拜特进、骠骑大将军。十年，封开封王。文宣之崩，百僚莫有下泪，愔悲不自胜。……干明元年二月，为孝昭帝所诛，时年五十。"

[151] 阮注云："愔以朝章国令为务，不干小事而已，故可称辅相之器。"

[152] 阮注云："化及，炀帝右将军，述之子也。炀帝幸江都，化及弑逆。"按：《隋书》卷八十五云："字文化及，左翊卫大将军述之子也。性凶险，不循法度，好乘肥挟弹，驰骛道中，由是长安谓之轻薄公子。炀帝为太子时，常领千牛，出入卧内。累迁至太子仆。数以受纳货贿，再三免官。太子嬖昵之，俄而复职。又以其弟士及尚南阳公主。化及由此益骄，处公卿间，言辞不逊，多所陵轹。见人子女狗马珍玩，必请托求之。常与屠贩者游，以规其利。炀帝即位，拜太仆少卿，盖恃旧恩，贪冒尤甚。大业初，炀帝幸榆林，化及与弟智及违禁与突厥交市。帝大怒，囚之数月，还至青门外，欲斩之而后入城，解衣辫发，以公主故，久之乃释，并智及并赐述为奴。述薨后，炀帝追忆之，遂起化及为右屯卫将军，智及为将作少监。……至是，薄引建德入城，生擒化及，悉虏其众。先执智及、元武达、孟秉、杨士览、许弘仁，皆斩之。乃以辒车载化及之河间，数以杀君之罪，并二子承基、承趾皆斩之，传首于突厥义成公主，枭于虏庭。士及自济北西归长安。……其江都杀逆之事，智及之谋也，化及为丞相，以为左仆射，领十二卫大将军。化及僭号，封齐王。窦建德破聊城，获而斩之，并其党十余人，皆暴尸枭首。"

[153] 阮注云："立天之道曰阴与阳，立人之道曰仁与义，天人相与则一。故君阳臣阴，阳为仁，阴为义，此人事所以一天道也。化及有无君之心，故云守仁义以戒之尔。"

[154] 阮注云：“隋三公府，皆自署吏，未君命。故云事楚公。”

[155] 阮注云：“恭而远之，无伤介。”

[156] 阮注云：“泄就其身，不苟言兄。”

[157] 阮注云：“泛泛因所利而讽之，物辩，捷自取祸。”

[158] 阮注云：“不惟事人也，处世尽宜然。”

[159] 阮注云：“正帝名。”

[160] 阮注云：“皇始，后魏道武帝号也。始有中原，建天子旌旗，得正统，此天授之也。”

[161] 阮注云：“东晋至刘宋，中国无真主，则江南以为正体，故曰近。”

[162] 阮注云：“晋宋皆举兵中原，有复一之志。”

[163] 阮注云：“晋阳穆公作《政大论》，言帝王之道。《元经》所以帝元魏而斥齐梁，盖其志也。”

[164] 阮注云：“僭德。”

[165] 阮注云：“后魏孝文帝太和元年，宋苍梧王元徽五年也，时江南衰替，中国始尊。”

[166] 阮注云：“后文帝始改中元后，元年号。”

[167] 阮注云：“彼汉以心自改之可也，非古也。”

[168] 阮注云：“此荀卿子言也。下句云：内省而外物轻矣。”

[169] 阮注云：“处士横议，非天下公言，自守此说而已。几圣人之道，无所骄，无所轻。”

[170] 阮注云：“和帝在位十岁，窦宪不轨。殇帝二岁，邓后临朝，且此时汉制已绝。何为于此不续《元经》，以振王法乎？”

[171] 阮注云：“以待其复兴也。”

[172] 阮注云：“待之极也。”

[173] 阮注云：“自殇和绵绵，至桓灵假岁时，而终不复兴。”

[174] 阮注云：“曹操举兵，吴蜀继作，孝献禅魏，汉制乃绝。”

[175] 阮注云：“魏文帝、明帝，未能平吴蜀，一制天下。”

[176] 阮注云：“晋武太康元年平吴，天下同一。”

[177] 阮注云：“太康三年，刘毅比帝为桓灵，盖帝制寻大坏矣。”

[178] 阮注云：“太康十一年，武帝崩。杨骏矫诏辅政，改元永熙。贾后杀骏，天下大乱。”

[179] 阮注云：“上无王法，故君子作赏罚，以戒乱臣贼子，岂好辨哉！诚不得已也。”

[180] 阮注云：“孟子曰：王者之迹熄，然后《诗》亡。《诗》亡然后《春秋》作。”

[181] 阮注云：“《元经》作于《续书》《续诗》之后。”

[182] 阮注云：“古者，列国歌颂，皆贡于王，若鲁季孙行父请命于周王是也。”

[183] 阮注云：“古者，有采诗之官。”

[184] 阮注云：“古为诗乐、为歌，以合雅道。”

[185] 阮注云：“国史明乎得失之迹。”

[186] 阮注云：“自仲尼殁，诗有空文，而其实废矣。”

[187] 阮注云：“汉而下，风化不传与诗，君子不可不续。”

卷六　礼乐篇

子曰："吾于礼乐，正失而已[1]。如其制作，以俟明哲，必也崇贵乎[2]？"

贾琼、薛收曰："道不行，如之何？"子曰："父母安之，兄弟爱之，朋友信之。施于有政，道亦行矣，奚谓不行？"[3]

子谓："任、薛、王、刘、崔、卢之昏，非古也，何以视谱？"[4]

文中子曰："帝之不帝久矣。"[5]王孝逸曰："敢问《元经》之帝何也？"[6]子曰："絜名索实，此不可去[7]。其为帝，实失而名存矣[8]。"

或问谢安。子曰："简矣。"[9]问王导。子曰："敬矣。"[10]问温峤。子曰："毅人也。"[11]问桓温。子曰："智近谋远，鲜不及矣。"[12]

贾琼问群居之道。子曰："同不害正，异不伤物。"[13]曰："可终身而行乎？"子曰："乌乎而不可也[14]？古之有道者，内不失真，而外不殊俗，夫如此故全也[15]。"

繁师玄曰："敢问稽古之利。"[16]子曰："执古以御今之有乎？"[17]

子曰："居近识远，处今知古，惟学矣乎？"[18]

子曰："恭则物服[19]，悫则有成[20]，平则物化[21]。"

子曰："我未见平者也。"[22]

或曰："君子仁而已矣，何用礼为？"子曰："不可行也。"[23]或曰："礼岂为我辈设哉？"[24]子不答，既而谓薛收曰："斯人也，旁行而不流矣[25]，安知教意哉？有若谓先王之道，斯为美也[26]。"

文中子曰："七制之主，道斯盛矣。"[27]薛收曰："何为其然？"子曰："呜呼！惟明王能受训。"[28]收曰："无制而有训，何谓也？"子曰："其先帝之制未亡乎？大臣之命尚正乎[29]？无制而有训，天下其无大过矣。否则苍生不无大忧焉[30]。"

薛收曰："赞其非古乎？"[31]子曰："唐、虞之际，斯为盛。大禹、皋陶，所以顺天休命也。"[32]

文中子曰："议，天子所以兼采而博听也[33]，唯至公之主为能择焉[34]。"

文中子曰："诚，其至矣乎[35]？古之明王，敬慎所未见，悚惧所未闻；刻于盘盂[36]，勒于几杖[37]；居有常念，动无过事。其诚之功乎[38]？"

薛收曰："谏其见忠臣之心乎？其志直，其言危。"[39]子曰："必也直而不迫，危而不诋，其知命者之所为乎[40]？狡乎逆上，吾不与也[41]。"

贾琼曰："虐哉，汉武！未尝从谏也。"子曰："孝武，其生知之乎？虽不从，未尝不悦而容之[42]。故贤人攒于朝，直言属于耳。斯有志于道，故能知悔而康帝业[43]。可不谓有志之主乎[44]？"

子曰："姚义之辩，李靖之智，贾琼、魏徵之正，薛收之仁，程元、王孝逸之文，加之以笃固[45]，申之以礼乐，可以成人矣[46]。"

子谓京房、郭璞，古之乱常人也[47]。

子曰："冠礼废，天下无成人矣；昏礼废，天下无家道矣[48]；丧礼废，天下遗其亲矣；祭礼废，天下忘其祖矣[49]。呜呼！吾末如之何也已矣[50]。"

越公问政。子曰："恭以俭。"[51]邳公问政[52]。子曰："清以平。"[53]安平公问政[54]。子曰："无斗人以名。"[55]

子谓薛收、贾琼曰："《春秋》《元经》，其衰世之意乎？义直而微，言曲而中。"[56]

越公初见子，遇内史薛公曰："公见王通乎？"[57]薛公曰："乡人也[58]。是其家传七世矣[59]，皆有经济之道，而位不逢[60]。"越公曰："天下岂有七世不逢乎？"薛公曰："君子道消，十世不逢有矣。"[61]越公曰："奚若其祖？"公曰："王氏有祖父焉，有子孙焉。虽然，久于其道，钟美于是也，是人必能叙彝伦矣。"[62]

子出自蒲关[63]。关吏陆逢止之曰："未可以遁我生民也。"[64]子为之宿，翌日而行[65]。陆逢送子曰："行矣，江湖鳣鲸，非沟渎所容也[66]。"

程元曰："敢问'风自火出，家人'，何也？"[67]子曰："明内有齐外，[68]故家道正而天下正[69]。"

子曰："仁义其教之本乎[70]？先王以是继道德而兴礼乐者也[71]。"

子曰："礼其皇极之门乎？圣人所以向明而节天下也[72]。其得中道乎[73]？故能辩上下，定民志[74]。"

或问君子。子曰："知微、知章、知柔、知刚。"[75]曰："君子不器，何如？"子曰："此之谓不器。"[76]

文中子曰："周、齐之际，王公大臣不暇及礼矣[77]。献公曰[78]：天子失礼，则诸侯修于国；诸侯失礼，则大夫修于家[79]。礼乐之作，献公之志也[80]。"

程元问六经之致[81]。子曰："吾续《书》以存汉、晋之实[82]，续《诗》以辩六代之俗[83]，修《元经》以断南北之疑[84]，赞《易》道以申先师之旨[85]，正《礼》《乐》以旌后王之失[86]。如斯而已矣。"程元曰："作者之谓圣，述者之谓明，夫子何处乎？"[87]子曰："吾于道，屡伸而已[88]。其好而能乐，勤而不厌者乎[89]？圣与明吾安敢处[90]？"

子曰："有坐而得者，有坐而不得者；有行而至者，有不行而至者。"[91]

子曰："见而存[92]，未若不见而存者也[93]。"

子曰："君子可招而不可诱[94]，可弃而不可慢[95]。轻誉苟毁，好憎尚怒，小人哉[96]！"

子曰："以势交者，势倾则绝；以利交者，利穷则散。故君子不与也。"[97]

子谓：薛收善接小人，远而不疏，近而不狎，颓如也[98]。

子游汾亭，坐鼓琴，有舟而钓者过[99]，曰："美哉，琴意[100]！伤而和，怨而静[101]。在山泽而有廊庙之志。非太公之都磻溪[102]，则仲尼之宅泗滨也[103]。"子骤而鼓《南风》[104]。钓者曰："嘻！非今日事也。道能利生民，功足济天下，其有虞氏之心乎？不如舜自鼓也。声存而操变矣。"[105]子遽舍琴，谓门人曰："情之变声也，如是乎？"起将延之，钓者摇竿鼓枻而逝。门人追之，子曰："无追也。播鼗武入于河，击磬襄入于海，固有之也。"[106]遂志其事，作《汾亭操》焉[107]。

子之夏城，薛收、姚义后，遇牧豕者问涂焉[108]。牧者曰："从谁欤？"薛收曰："从王先生也。"牧者曰："有鸟有鸟，则飞于天。有鱼有鱼，则潜于渊[109]。知道者盖默默焉[110]。"子闻之，谓薛收曰："独善可矣[111]。不有言者，谁明道乎[112]？"

子不相形[113]，不祷疾[114]，不卜非义[115]。

子曰："君子不受虚誉，不祈妄福，不避死义。"[116]

文中子曰："记人之善而忘其过，温大雅能之[117]。处贫贱而不慑，魏征能之[118]。闻过而有喜色，程元能之[119]。乱世羞富贵，窦威能之[120]。慎密不出，董常能之[121]。"

陈叔达谓子曰："吾视夫子之道，何其早成也？"[122]子曰："通于道有志焉，又焉取乎早成耶？"[123]叔达出遇程元、窦威于涂，因言之。程元曰："夫子之成也，吾侪慕道久矣，未尝不充欲焉[124]。游夫子之门者，未有问而不知，求而不给者也[125]。《诗》云：实获我心。盖天启之，非积学能致也[126]。"子闻之曰："元，汝知乎哉？天下未有不学而成者也。"[127]

或问长生神仙之道。子曰："仁义不修，孝悌不立，奚为长生[128]？甚矣，人之无厌也[129]！"

或问严光、樊英名隐[130]。子曰："古之避言人也。"[131]问东方朔[132]。子曰："人隐者也。"[133]子曰："自太伯、虞仲已来，天下鲜避地者也[134]。仲长子光，天隐者也，无往而不适矣[135]。"

子曰："遁世无闷，其避世之谓乎[136]？非夫无可无不可，不能齐也[137]。"

文中子曰："《小雅》尽废而《春秋》作矣[138]。小化皆衰，而天下非一帝[139]。《元经》所以续而作者，其衰世之意乎[140]？"

子在绛。出于野，遇陈守[141]。曰："夫子何之乎？"子曰："将之夏[142]。"陈守令劝吏息役[143]。董常闻之曰："吾知夫子行国矣，未尝虚行也。"[144]

贾琼事楚公，困谗而归。以告子[145]。子曰："琼，汝将闭门却扫欤？不知缄口而内修也。"[146]琼未达古人之意焉[147]。

仲长子光曰："在险而运奇，不若宅平而无为。"[148]文中子以为知言[149]。文中子曰："其名弥消，其德弥长；其身弥退，其道弥进，此人其知之矣。"[150]

子曰："知之者不如行之者[151]，行之者不如安之者[152]。"

仲长子光字不曜，董常字履常。子曰："称德矣。"子之叔弟绩，字无功。子曰："字，朋友之职也。神人无功，非尔所宜也。"[153]常名之[154]。季弟名静，薛收字之曰保名。子闻之曰："薛生善字矣。静能保名，有称有诚。薛生于是乎可与友也。"[155]

注　释

[1] 阮注云："正礼乐沿革之文而已。"

[2] 阮注云："王道盛，则可以制礼作乐，明哲君子，必得公辅崇贵之位，乃助成王道也。"

[3] 阮注云："乱世道不能济天下，则修身以正家可矣。"

[4] 阮注云："古者氏族家谱，所以标门第，谨婚姻也。任姓出黄帝六代孙大壬；薛姓出黄帝六代孙奚仲，居薛。此二姓同谱，王姓。出舜之后，封于刘。至汉有王于齐者，号王刘，此二姓同谱。崔姓，帝喾姜嫄之后，居崔邑。卢姓，亦姜姓之后，居卢国。此二姓同谱，皆古礼不通婚也。"

[5] 阮注云："百王称帝者，相沿前代号也，自秦始皇始，故曰不帝久矣。"

[6] 阮注云："三代称王，故《春秋》书：王以尊天子，秉正朔也。秦汉称帝，则《元经》书：帝以尊中国而明正统也。"

[7] 阮注云："举后帝之名者，贵存前帝之实也，中国天子不可此号。"

[8] 阮注云："实，道也；名，空号尔。"

[9] 阮注云："谢安字安石，为东晋相。处富贵而独退静，破苻坚而无喜色，终悠游东山。此简可见矣。"按：《晋书》卷七十九云："谢安，字安石，尚从弟也。父裒，太常卿。安年四岁时，谯郡桓彝见而叹曰：'此儿风神秀彻，后当不减王东海。'及总角，神识沈敏，风宇条畅，善行书。弱冠，诣王蒙，清言良久，既去，蒙子修曰：'向客何如大人？'蒙曰：'此客亹亹，为来逼人。'王导亦深器之。由是少有重名。初辟司徒府，除佐著作郎，并以疾辞。寓居会稽，与王羲之及高阳许询、桑门支遁游处，出则渔弋山水，入则言咏属文，无处世意。……及万黜废，安始有仕进志，时年已四十余矣。征西大将军桓温请为司马……既到，温甚喜，言生平，欢笑竟日。……寻为尚书仆射，领吏部，加后将军。……时苻坚强盛，疆场多虞，诸将败退相继。安遣弟石及兄子玄等应机征讨，所在克捷。拜卫将军、开府仪同三司，封建昌县公。坚后率众，号百万，次于淮肥，京师震恐。加安征讨大都督。玄入问计，安夷然无惧色，答曰：'已别有旨。'既而寂然。玄不敢复言，乃令张玄重请。安遂命驾出山墅，亲朋毕集，方与玄围棋赌别墅。安常棋劣于玄，是日惧，便为敌手而又不胜。安顾谓其甥羊昙曰：'以墅乞汝。'安遂游涉，至夜乃还，指授将帅，各当其任。玄等既破坚，有驿书至，安方对客围棋，看书既竟，便摄放床上，了无喜色，棋如故。客问之，徐答云：'小儿辈遂已破贼。'既罢，还内，过户限，心喜甚，不觉屐齿之折，其矫情镇物如此。以总统功，进拜太保。……性好音乐，自弟万丧，十年不听音乐。及登台辅，期丧不废乐。……自以本志不遂，深自慨失，因怅然谓所亲曰：'昔桓温在时，吾常惧不全。忽梦乘温舆行十六里，见一白鸡而止。乘温舆者，代其位也。十六里，止今十六年矣。白鸡主酉，今太岁在酉，吾病殆不起乎！'乃上疏逊位，诏遣侍中、尚书喻旨。先是，安发石头，金鼓忽破，又语未尝谬，而忽一误，众亦怪异之。寻薨，时年六十六。"

[10] 阮注云："王导字茂弘，事晋元、明、成三帝，为相。每进爵必拜元帝山陵，此恭可见矣。"按：《晋书》卷六十五云："王导，字茂弘，光禄大夫览之孙也。父裁，镇军司马。导少有风鉴，识量清远。……永嘉末，迁丹阳太守，加辅国将军。……愍帝即位，征吏部郎，不拜。晋国既建，以导为丞相军谘祭酒。……及帝登尊号，百官陪列，命导升御床共坐。导固辞，至于三四，曰：'若太阳下同万物，苍生何由仰照！'帝乃止。进骠骑大将军、仪同三司。以讨华轶功，封武冈侯。进位侍中、司空、假节、录尚书，领中书监。……导善于因事，虽无日用之益，而岁计有余。时帑藏空竭，库中惟有练数千端，鬻之不售，而国用不给。导患之，乃与朝贤俱制练布单衣，于是士人翕然竞服之，练遂踊贵。乃令主者出卖，端至一金。其为时所慕如此……导简素寡欲，仓无储谷，衣不重帛。帝知之，给布万匹，以供私费。导有羸疾，不堪朝会，帝幸其府，纵酒作乐，后令舆车入殿，其见敬如此。……

自汉魏以来，群臣不拜山陵。导以元帝睠同布衣，匪惟君臣而已，每一崇进，皆就拜，不胜哀戚。由是诏百官拜陵，自导始也。咸康五年薨，时年六十四。"

[11] 阮注云："峤字太真，与王导平王敦、苏峻之乱，皆有功。初镇武昌，闻国难泣涕，率兵来赴，天子留峤辅政，峤让王导。此果毅可知矣。"按：《晋书》卷六十七云："温峤，字太真，司徒羡弟之子也。父憺，河东太守。峤性聪敏，有识量，博学能属文，少以孝悌称于邦族。风仪秀整，美于谈论，见者皆爱悦之。年十七，州郡辟召，皆不就。司隶命为都官从事。散骑常侍庾敳有重名，而颇聚敛，峤举奏之，京都振肃。后举秀才、灼然。司徒辟东阁祭酒，补上党潞令。平北大将军刘琨妻，峤之从母也。琨深礼之，请为参军。……后历骠骑王导长史，迁太子中庶子。及在东宫，深见宠遇，太子与为布衣之交。数陈规讽，又献《侍臣箴》，甚有弘益。时太子起西池楼观，颇为劳费，峤上疏以为朝廷草创，巨寇未灭，宜应俭以率下，务农重兵，太子纳焉。……明帝即位，拜侍中，机密大谋皆所参综，诏命文翰亦悉豫焉。俄转中书令。峤有栋梁之任，帝亲而倚之，甚为王敦所忌，因请为左司马。……是时天下凋弊，国用不足，诏公卿以下诣都坐论时政之所先，峤因奏军国要务。……议奏，多纳之。……峤于是创建行庙，广设坛场，告皇天后土祖宗之灵，亲读祝文，声气激扬，流涕覆面，三军莫能仰视。……峤先有齿疾，至是拔之，因中风，至镇未旬而卒，时年四十二。"

[12] 阮注云："温字子元，为晋将军，破李势、平苻健有功，为大都督。又北伐不已，为慕容垂所败。归而有篡志，此智近谋远之验。"按：《晋书》卷九十八云："桓温，字符子，宣城太守彝之子也。……温豪爽有风概，姿貌甚伟，面有七星。少与沛国刘惔善，惔尝称之曰：'温眼如紫石棱，须作猬毛磔，孙仲谋、晋宣王之流亚也。'选尚南康长公主，拜驸马都尉，袭爵万宁男，除琅邪太守，累迁徐州刺史。……温性俭，每燕惟下七奠柈茶果而已。然以雄武专朝，窥觊非望，或卧对亲僚曰：'为尔寂寂，将为文景所笑。'众莫敢对。既而抚枕起曰：'既不能流芳后世，不足复遗臭万载邪！'尝行经王敦墓，望之曰：'可人，可人！'其心迹若是。时有远方比丘尼名有道术，于别室浴，温窃窥之。尼裸身以刀自破腹，次断两足。浴毕出，温问吉凶，尼云：'公若作天子，亦当如是。'……温既负其才力，久怀异志，欲先立功河朔，还受九锡。既逢覆败，名实顿减，于是参军郗超进废立之计，温乃废帝而立简文帝。诏温依诸葛亮故事，甲仗百人入殿，赐钱五千万，绢二万匹，布十万匹。温多所废徙，诛庾倩、殷涓、曹秀等。是时温威势翕赫，侍中谢安见而遥拜，温惊曰：'安石，卿何事乃尔！'安曰：'未有君拜于前，臣揖于后。'时温有脚疾，诏乘舆舆入朝，既见，欲陈废立本意，帝便泣下数十行，温兢惧，不得一言而出。……及是，亦见涓为祟，因而遇疾。凡停京师十有四日，归于姑孰，遂寝疾不起。讽朝廷加己九锡，累相催促。谢安、王坦之闻其病笃，密缓其事。锡文未及成而薨，时年六十二。"

[13] 阮注云："外虽同而内必正，内虽异则外无伤，此中庸者乎？"

[14] 阮注云："乌，何也。"

[15] 阮注云："知道可与适道者也，不失真可与立者也，不殊俗可与权者也。三者备，何往不全。"

[16] 按：繁师玄，《新唐书》卷一百二云："辅元者，汴州俊乂人。父处仁，仕隋为剡丞，与同郡王孝逸、繁君亮、靖君亮、郑祖咸、李行简、卢协皆有名，号'陈留八俊'。"

[17] 阮注云："今之有利者，皆古有之矣，故必稽古。"

[18] 阮注云："孔子曰：吾非生而知之，好古，敏以求之。"

[19] 阮注云："俨然人圣而畏之。"

[20] 阮注云："先诚其意。"

[21] 阮注云："无私于物，物亦公焉。"

[22] 阮注云："隋政多私。"

[23] 阮注云："行仁，必以礼节之。"

[24] 阮注云："阮籍云。"按：《世说新语》卷下《任诞第二十三》第七则云："阮籍嫂尝还家，籍见与别。或讥之，籍曰：'礼岂为我辈设也？'"

[25] 阮注云："旁行一隅，不知流通之变。"

[26] 阮注云："有若，孔子弟子。"

[27] 阮注云："七制，注见上。"

[28] 阮注云："《续书》有《训》。"

[29] 阮注云："若孝武之制未亡，霍光之命尚正，则可以训前汉诸帝乎？光武之制未亡，桓荣之命尚正，则可以训后汉诸君乎？"

[30] 阮注云："若昌邑王不废，东海王不让，则必有兵争起，而生民忧也。"

[31] 阮注云："《续书》有《赞》。"

[32] 阮注云："益赞于禹，又本陶曰赞，赞，襄哉。"

[33] 阮注云："《续书》有《议》。"

[34] 阮注云："公，朝其义，择善而从。"

[35] 阮注云："《续书》有《诫》。"

[36] 阮注云："《盘铭》云：德日新。《荀子》曰：君者，盘也；民者，水也。盘圆则水圆。君者，盂也；盂方则水方。"

[37] 阮注云："杖，《铭》云：扶危定倾，皆戒也。"

[38] 阮注云："《续书》有《谏》。"

[39] 阮注云："志直，若周昌：口不能言心，知不可是也。言危，若樊哙云：陛下独不见赵高之事乎也！"

[40] 阮注云："不迫，若贾谊曰：今之进言者皆云，天下治臣，独以为未是也，知命为知，其君可谏则谏，进退不违天命也。"

[41] 阮注云："狡，谓志不宜也，言不危也。非忠顺，故曰逆。"

[42] 阮注云："子言：汉武大体生知，不由人谏而理也。若初即位，崇太学，立明堂，黜百家，策贤良，雄才大略，此皆天纵也。如汲黯之讦，方朔之滑稽，虽未听，亦能容之意。"

[43] 阮注云："贤人若仲舒、中公枚皋、相如、严乐辈是也，此书子，每大臣奏事，则皆辨论之。是赞于朝属于耳也。晚年下诏，觉用兵之悔，封丞相田千秋为富民侯，是知悔，而帝业康也。"

[44] 阮注云："《续书》所以有《志》。"

[45] 阮注云："七子各得一长，更能敦笃则固。"

[46] 阮注云："既固矣，必能成之，礼乐通才，然后及也。"

[47] 阮注云："亦言士丧祭礼也。孟子曰：未有仁而遗其亲也。又曰：祭必自其祖。"

[48] 阮注云："士冠、昏礼：二十而冠，三十而昏。成人正家，不可废也。"

[49] 阮注云："亦言士丧祭礼也。孟子曰：未有仁而遗其亲也。又曰：祭必自其祖。"

[50] 阮注云："伤时废此四礼。"

[51] 阮注云："杨素骄侈，故规之。"按：《隋书》卷四十八云：仁寿之后，"时素贵崇隆……诸子弟无汗马之劳，位至柱国、刺史。家童数千，后庭妓妾曳绮罗者以千数。第宅华侈，制拟宫禁。……亲戚故吏，布列清显，素之贵盛，近古未闻。"

[52] 阮注云："苏威封邳国公，为仆射。"按：《隋书》卷四十一云："苏威字无畏，京兆武功人也。……岁余，复爵邳公，拜纳言。……上谓群臣曰：'世人言苏威诈清，家累金玉，此妄言也。'……威治身清廉，以廉慎见称。每至公议，恶人异己，虽或小事，必固争之。时人以为无大臣之体。"

[53] 阮注云："威以老臣贵位，引其子夔预朝政，非清白公平也。故亦规之。"

[54] 阮注云："李德林，封安平郡公。"按：《隋书》卷四十二云："李德林字公辅，博陵安平人也。……高祖省读讫（李德林《霸朝杂集》），明旦谓德林曰：'自古帝王之兴，必有异人辅佐。我昨读《霸朝集》，

方知感应之理。昨宵恨夜长，不能早见公面。必令公贵与国始终。'于是追赠其父恒州刺史。未几，上曰：'我本意欲深荣之。'复赠定州刺史、安平县公，谥曰孝。以德林袭焉。"

[55] 阮注云："德林，文学擅名，然多自负，见毁于时，故规之，使无斗名。"

[56] 阮注云："直、微、曲、中，盖权行取中。"

[57] 阮注云："杨素问薛道衡。"

[58] 阮注云："并冢河东。"

[59] 阮注云："家传儒业。"

[60] 阮注云："不逢明时。"

[61] 阮注云："若孔子自弗父，何嗣厉公，及正考甫佐戴武宣公，至孔父嘉立殇公，至仲尼几三百年，不遇明时。三十年为一世。"

[62] 阮注云："《六经》续而彝伦续。"

[63] 阮注云："自长安出蒲州、龙门关，北归晋。"

[64] 阮注云："陆逢，贤人，隐于关吏。"

[65] 阮注云："子知其贤，意在生民。故特为宿，未忍去。"

[66] 阮注云："圣道大，非群小所知。"

[67] 阮注云："《易·象辞》。"按：《家人》卦《象》云："风自火出，家人；君子以言有物，而行有恒。"阮逸误《象》为《彖》。

[68] 阮注云："《离》明，《巽》齐。"按：《家人·彖辞》云："家人，女正位乎内，男正位乎外；男女正，天地之大义也。家人有严君焉，父母之谓也。父父、子子、兄兄、弟弟、夫夫、妇妇，而家道正；正家而天下定矣。"

[69] 阮注云："治国者，先齐家。"按：《礼记·大学》云："所谓治国必先齐其家者，其家不可教而能教人者，无之。故君子不出家而成教于国：孝者，所以事君也；弟者，所以事长也；慈者，所以使众也。《康诰》曰：'如保赤子'，心诚求之，虽不中不远矣。未有学养子而后嫁者也！一家仁，一国兴仁；一家让，一国兴让；一人贪戾，一国作乱。其机如此。此谓一言偾事，一人定国。尧、舜率天下以仁，而民从之；桀、纣率天下以暴，而民从之。其所令反其所好，而民不从。是故君子有诸己而后求诸人，无诸己而后非诸人。所藏乎身不恕，而能喻诸人者，未之有也。故治国在齐其家。《诗》云：'桃之夭夭，其叶蓁蓁；之子于归，宜其家人。'宜其家人，而后可以教国人。《诗》云：'宜兄宜弟。'宜兄宜弟，而后可以教国人。《诗》云：'其仪不忒，正是四国。'其为父子兄弟足法，而后民法之也。此谓治国在齐其家。"

[70] 阮注云："立人之道曰仁与义，是谓教本。"

[71] 阮注云："韩愈曰：仁与义为定名，道与德为虚位，然则道德者，本仁而中和之，所以未礼乐也。"

[72] 阮注云："俞门南向，使人出入，而节限内外。"

[73] 阮注云："解上文皇极义。"

[74] 阮注云："上不偪下，下不僭上，人志自定，是中也。"

[75] 阮注云："《易》系辞。"按：《易·系辞下》云："君子知微知彰，知柔知刚，万夫之望。"

[76] 阮注云："即此微章柔刚，是不器。"

[77] 阮注云："北齐高洋至高纬二十八年，后周宇文觉至国公二十五年日寻干戈，虽有名臣，岂暇及礼哉！"

[78] 阮注云："安康献公。"按：安康献公，文中子之祖王一，作《皇极谠议》九篇，并为龙门庙碑。

[79] 阮注云："周东迁，邦礼丧，宣子适鲁曰：'周礼在鲁矣。'此诸侯修于国也。鲁三家专政，八佾舞于庭；孔子自卫返鲁，乃定礼乐。此大夫修于家也。"

[80] 阮注云："《礼论》《乐论》，盖推献公之志而作。"

[81] 阮注云："续经。"

[82] 阮注云："《续书》，起于汉高祖，止晋武帝。"

[83] 阮注云："六代诗见上。"

[84] 阮注云："晋东迁，故南朝推运历者，因以齐、梁、陈为正统；后魏据中原，故北朝推运历者，以北齐、周、隋为正统。于是南北二史，夷虏相称，而天下疑矣。《元经》者，所以尊中国，故中国无主，则正统在晋、宋，有主则正统归魏、周。"

[85] 阮注云："申明《十翼》也。"按：以申明孔子为《周易》所撰之十篇传文。

[86] 阮注云："后王有不合周公制作者，则论而正之。"

[87] 阮注云："处居中。"

[88] 阮注云："言我亦不作不述，盖以微言绝大义，乖则我再三伸明之尔。"

[89] 阮注云："言我但好学不厌而已。"

[90] 阮注云："不敢当程元所言。"

[91] 阮注云："老子曰：坐，进此道，书曰行之惟难。坐之、行之，一也。而有得有不得，有至有不至。此言人性差殊，各由所习，遂相远也。"

[92] 阮注云："因所见而存诸心。"

[93] 阮注云："不待见而心常存之，犹言不动而中，不言而信也。"

[94] 阮注云："可以礼招，不可以机诱。"

[95] 阮注云："弃，谓道不同。慢，谓伤名教。"

[96] 阮注云："四者任情。"

[97] 阮注云："不与之交。"

[98] 阮注云："颓如，不矜持之貌。"

[99] 阮注云："君子不去琴瑟。"

[100] 阮注云："钓，隐者也，闻琴知意。"

[101] 阮注云："伤怨和静，乃缦伤弦调也。"

[102] 按：磻溪，源出南山，北流入渭，传说为周太公垂钓之处。

[103] 阮注云："时乱，贤人隐于野。磻，薄官反。"

[104] 按：《南风》，《诗》各诸侯国之诗有《周南》《召南》，此即南风也。

[105] 阮注云："所传《南风》，声则存矣，而所操者之情，则变而不类。"

[106] 阮注云："掌鼗掌磬之官，武、襄是其名也，鲁哀公时，礼坏曰崩，乐人皆去。"按：《论语·微子》云："鼓方叔入于河，播鼗武入于汉，少师阳、击磬襄入于海。"

[107] 阮注云："文中子撰此操。"按：《龟山》，琴曲名，至中唐韩愈曾为作辞。《乐府诗集》引《琴操》云：《龟山操》，孔子所作也。季桓子受齐女乐，孔子欲谏不得，退而望鲁龟山，作此曲，以喻季氏若龟山之蔽鲁也。《水经·汝水注》云："昔孔子伤正道之凌迟，望山而怀操，故《琴曲》有《龟山操》焉。"

[108] 阮注云："绛州有夏城县。"按：《元和郡县图志》未载"绛州有夏城县"，《文献通考·舆地》亦不云"绛州有夏城县"。

[109] 阮注云："一本作'泉'，后避唐讳也。"

[110] 阮注云："牧者，亦隐士也。意谓鱼鸟尚得，其所知者，何不默而遁。"

[111] 阮注云："斥牧者。"

[112] 阮注云："既云知道，即不可独善其身，必当言于天下，使明而行焉。"

[113] 阮注云："不可以貌取人。"

[114] 注云："无妄之疾，勿药有喜。"

[115] 阮注云："不疑何卜。"

[116] 阮注云："三者常德也。"

[117] 阮注云："深而弘，能容物。"

[118] 阮注云："直而遂能强立。"

[119] 阮注云："好学。"

[120] 阮注云："好礼俭肃。窦，田侯反。"

[121] 阮注云："知时。"

[122] 阮注云："子谒隋文帝，时年二十一，是早成。"

[123] 阮注云："言志学于道，非务早成。"

[124] 阮注云："所问道，必充其欲。"

[125] 阮注云："凡登门者，皆充欲。"

[126] 阮注云："言早成，亦非志于学，盖天纵生知尔。"

[127] 阮注云："必须学。"

[128] 阮注云："苟不仁不孝，长生何为？"

[129] 阮注云："秦皇、汉武，无厌余求。"

[130] 阮注云："光字子陵，少与汉光武同学，除为谏议，不就，耕于富春山，钓于濑上。樊英字季齐，明经，善推步之术，顺帝征，不出，隐于壶山。此并求名而隐，故曰名隐。"按：《后汉书》卷一百十三《逸民》云："严光字子陵，一名遵，会稽余姚人也。少有高名，与光武同游学，及光武即位，乃变名姓，隐身不见，帝思其贤，乃令以物色访之。后齐国上言，有一男子，披羊裘，钓泽中，疑其光。乃备安车玄纁，遣使聘之，三反而后至。舍于北军，给床褥，太官朝夕进膳，司徒侯霸与光素旧，遣使奉书……霸得书封奏之，帝笑曰：'狂奴故态也。'车驾即日幸其馆，光卧不起，帝即其卧所，抚光腹曰：'咄咄子陵，不可相助为理邪！'光又眠不应，良久乃张目熟视曰：'昔唐尧着德，巢父洗耳，士故有志，何至相迫乎？'帝曰：'子陵，我竟不能下下汝邪？'于是升舆叹息而去。复引光入论道，旧故相对累日，帝从容问光曰：'朕何如昔时？对曰：'陛下差增于往。'因共偃卧，光以足加帝腹上。明日，太史奏客星犯御座甚急，帝笑曰：'朕故人严陵共卧耳。'除为谏议大夫，不屈，乃耕于富春山。'后人名其钓处为严陵濑焉。建武十七年，复特征不至，年八十，终于家。帝伤惜之，诏下郡县，赐钱百万，谷千斛。"

樊英，《后汉书》卷一百十二上《方术》云："樊英字季齐，南阳鲁阳人也。少受业三辅，习《京氏易》，兼明五经，又善风角算、河洛七纬，推步灾异，隐于壶山之阳。受业者四方而至，州郡前后礼请，公卿举贤良方正有道，皆不行。……安帝初，征为博士，至建光元年，复诏公交车，赐策书征英。……英等四人并不至。永建二年，顺帝策书备礼，玄纁征之，复固辞疾笃，乃诏切责郡县，驾载上道。英不得已，到京，称病不肯起，乃强舆入殿，四年三月，拜五官中郎将，数月，英称疾笃，诏以光禄大夫，辞告归。……年七十余，卒于家。"

[131] 阮注云："避，毁誉之言而已。"

[132] 阮注云："朔字曼倩，汉武帝时为郎，诸郎呼为狂人。醉歌曰：陆沉于俗，避世金马门。"按：东方朔，《汉书》卷六十五云："东方朔字曼倩，平原厌次人也。武帝初即位，征天下，举方正贤良文学材力之士，待以不次之位，四方士多上书言得失，自衒鬻者以千数，其不足采者，辄报闻罢。朔初来上书曰：'臣朔少失父母，长养兄嫂，年十二学书，三冬文史足用。十五学击剑，十六学诗书，诵二十二万言。十九学孙吴兵法，战阵之具，钲鼓之教。……上伟之，令待诏公交车。俸禄薄，未得

省见.'……赞曰：刘向言少时数问长老贤人通于时及朔时者，皆曰朔口谐倡变，不能持论，喜为庸人诵说。故今后世多传闻者，而扬雄亦以为朔，言不纯师，行不纯德，其流风遗书蔑如此也。然朔名过实者，以其诙达多端，不名一行，应谐似优，不穷似智，正谏似直，秽德似隐，非夷齐而是柳下惠。戒其子以上容，首阳为拙，柱下为工，饱食安步，以仕易农，依隐玩世，诡时不逢，其滑稽之雄乎！"

[133] 阮注云："诡迹混俗，不自求别于众人，故曰人隐。"

[134] 阮注云："古公长子太伯，次虞仲。少季历，季历子昌，有圣瑞。太伯、虞仲知立季历以及昌，于是入荆吴以让季历。一云虞仲乃仲雍之孙也，君于吴后，武王克商，封虞仲于周。未知孰是言。二人皆奔之远地，以避贤君，故云'避地'。"按：《史记》卷四《周本纪第四》云："古公有长子太伯、此曰虞仲。太姜生少子季历，季历娶太任，皆贤妇人，生昌，有圣瑞。古公曰：'我世当有兴者，其在昌乎？'长子太伯、虞仲知古公欲立季历以传昌，乃二人亡如荆蛮，文身断发，以让季历。古公卒，季历立，是为公季。公季修古公遗道，笃于行义，诸侯顺之。"

[135] 阮注云："因言数人，其隐则一，而道德相远，或藏名，或混俗，或让国，皆轨一有迹也。惟天隐浩然太虚，孰为名，孰为俗，孰为国，惟变所适，人不能知是，是天隐也。"

[136] 阮注云："避世，即天隐也。生世间，治则彰，乱则晦，乐则行，忧则违，适时而已，又何闷哉！此与名隐、人隐、地隐异也。"

[137] 阮注云："可不可，齐致则成天隐。"

[138] 阮注云："四夷交侵，故《春秋》作，以尊中国。"

[139] 阮注云："《续诗》有大化小化，亦大小雅之义也，及其衰也，四夷僭帝号，故曰非一帝。"

[140] 阮注云："救世衰，故续《春秋》之法。"

[141] 阮注云："叔达时为绛郡守。"

[142] 阮注云："绛州，夏城县。"

[143] 阮注云："虑其师，见役民。"

[144] 阮注云："汉置八使，行国以观天下风俗。文中子一布衣出行，而郡守息役，是不虚行也。"

[145] 阮注云："楚公，注见上。"

[146] 阮注云："古人杜门却扫者，意在缄口，净其内也。"

[147] 阮注云："将谓真闭门。"

[148] 阮注云："运奇一时之用，无为长世之图。"

[149] 阮注云："言得大者远者。"

[150] 阮注云："此人仲长子光也。退宅平无为，则知消长进退之极致也。"

[151] 阮注云："苟不能行，犹不知。"

[152] 阮注云："委物以能，不劳聪明，安然而事自行。此亦广上文无为之义。"

[153] 阮注云："朋友呼而字之，非自立也。"

[154] 阮注云："绩，终号无功，子自作传，弃官不仕。"

[155] 阮注云："表德则称之，未有可称则诫之，盖益友矣。"

卷七 述史篇

子曰："太熙之后，述史者几乎骂矣，故君子没称焉。"[1]

楚公作难，贾琼去之[2]。子曰："琼可谓立不易方矣。"[3]

温彦博问知。子曰："无知。"[4]问识。子曰："无识。"[5]彦博曰："何谓其然？"子曰："是究是图，亶其然乎？"[6]彦博退告董常。常曰："深乎哉！此文王所以顺帝之则也。"[7]

子曰："《诗》有天下之作焉[8]，有一国之作焉[9]，有神明之作焉[10]。"

吴季札曰："《小雅》其周之衰乎？《豳》其乐而不淫乎？"[11]子曰："孰谓季子知乐？《小雅》乌乎衰，其周之盛乎[12]？《豳》乌乎乐，其勤而不怨乎[13]？"

子曰："太和之主有心哉！"[14]贾琼曰："信美矣。"子曰："未光也。"[15]

文中子曰："《书》作，君子不荣禄矣。"[16]

董常习《书》，告于子曰："吴、蜀遂忘乎？"[17]子慨然叹曰："通也敢忘大皇昭烈之懿识，孔明、公瑾之盛心哉？"[18]

董常曰："大哉，中国！五帝、三王所自立也，衣冠礼义所自出也[19]。故圣贤景慕焉[20]。中国有一，圣贤明之。中国有并[21]，圣贤除之邪[22]？"子曰："噫！非中国不敢以训。"[23]

董常曰："《元经》之帝元魏，何也？"[24]子曰："乱离斯瘼，吾谁适归[25]？天地有奉，生民有庇，即吾君也[26]。且居先王之国[27]，受先王之道[28]，予先王之民矣[29]，谓之何哉[30]？"董常曰："敢问皇始之授魏而帝晋，何也？"[31]子曰："主中国者，将非中国也[32]。我闻有命，未敢以告人，则犹伤之者也[33]。伤之者怀之也[34]。"董常曰："敢问卒帝之何也？"[35]子曰："贵其时，大其事，于是乎用义矣。"[36]

子曰："穆公来，王肃至，而元魏达矣。"[37]

子曰："非至公不及史也。"[38]

叔恬曰："敢问《元经》书陈亡而具五国，何也？"[39]子曰："江东，中国之旧也，衣冠礼乐之所就也。永嘉之后，江东贵焉[40]，而卒不贵[41]，无人也[42]。齐、梁、陈于是乎不与其为国也[43]。及其亡也，君子犹怀之[44]。故《书》曰：晋、宋、齐、梁、陈亡，具五以归其国[45]。且言其国亡也[46]。呜呼！弃先王之礼乐以至是乎[47]？"叔恬曰："晋、宋亡国久矣，今具之，何谓也？"子曰："衣冠文物之旧，君子不欲其先亡。宋尝有树晋之功，有复中国之志。亦不欲其先亡也。故具齐、梁、陈，以归其国也。其未亡，则君子夺其国焉。"[48]曰："中国之礼乐安在？其已亡，则君子与其国焉。"[49]曰："犹我中国之遗人也。"[50]

叔恬曰："敢问其志。"文中子泫然而兴曰："铜川府君之志也，通不敢废[51]。书五国并时而亡，盖伤先王之道尽坠。故君子大其言，极其败，于是乎埽地而求更新也。期逝不至，而多为恤，汝知之乎[52]？此《元经》所以书也[53]。"

文中子曰："汉、魏礼乐，其末不足称也[54]。然《书》不可废，尚有近古对议存焉[55]。制志诏册，则几乎典诰矣[56]。"

薛收问仁。子曰："五常之始也。"[57]问性。子曰："五常之本也。"[58]问道。子曰："五常一也。"[59]

贾琼曰："子于道有不尽矣乎？"[60]子曰："通于三才五常有不尽者，神明殛也[61]。或力不足者，斯止矣[62]。"

裴晞问穆公之事[63]。子曰："舅氏不闻凤皇乎？览德晖而下，何必怀彼也？"[64]叔恬曰："穆公之事，盖明齐魏。"[65]

裴晞曰："人寿几何？吾视仲尼，何其劳也！"[66]子曰："有之矣。其劳也，敢违天乎[67]？焉知后之视今，不如今之视昔也[68]？"

温大雅问如之何可使为政。子曰："仁以行之，宽以居之，深识礼乐之情。"[69]"敢问其次"。子曰："言必忠，行必恕，鼓之以利害不动。"[70]又问其次。子曰："谨而固，廉而虑，龊龊焉自保，不足以发也。"[71]子曰："降此，则穿窬之人尔，何足及政[72]？抑可使备员矣[73]。"

子曰："宗祖废而氏姓离矣，朋友废而名字乱矣。"[74]

内史薛公谓子曰："吾文章可谓淫溺矣。"[75]文中子离席而拜曰："敢贺丈人之知过也。”薛公因执子手喟然而咏曰：“老夫亦何冀？之子振颓纲。”[76]

子将之陕[77]。门人从者，锵锵焉被于路。子止之曰：“散矣。不知我者，谓我何求。”门人乃退[78]。

子谓贺若弼曰：“‘壮于趾’而已矣。”[79]

子曰：“天下未有不劳而成者也。”[80]

贾琼问正家之道。子曰：“言有物而行有恒。”[81]王孝逸谓子曰：“盍说乎？”[82]子曰：“呜呼！言之不见信久矣[83]。吾将‘正大人’以取吉。尚口则穷也。且‘致命遂志’，其唯君子乎[84]？”

文中子曰：“《春秋》其以天道终乎？故止于获麟[85]。《元经》其以人事终乎，故止于陈亡[86]。于是乎天人备矣[87]。”薛收曰：“何谓也？”子曰：“天人相与之际，甚可畏也，故君子备之。”[88]

子曰：“可与共乐，未可与共忧；可与共忧，未可与共乐。吾未见可与共忧乐者也[89]。二帝、三王，可与忧矣[90]。”

子曰：“非君子不可与语变。”[91]

子赞《易》，至于《革》，叹曰：“可矣，其孰能为此哉？”[92]至初九，曰：“吾当之矣，又安行乎？”[93]

薛收问一卦六爻之义。子曰：“卦也者，着天下之时也[94]。爻也者，效天下之动也[95]。趋时有六动焉，吉、凶、悔、吝所以不同也[96]。”收曰：“敢问六爻之义。”子曰：“六者非他也，三才之道，谁能过乎？”[97]

程元、薛收见子。子曰：“二生之学文奚志也？”对曰：“尼父之《经》，夫子之续，不敢殆也。”[98]子曰：“允矣，君子展也大成[99]。居而安，动而变，可以佐王矣[100]。”

董常之丧，子赴洛[101]，道于沔池[102]。主人不授馆，子有饥色，坐荆棘间，赞《易》不辍也。谓门人曰：“久矣，吾将辍也[103]，而竟未获[104]，不知今也而通大困。困而不忧，穷而不慑，通能之。斯学之力也。”主人闻之，召舍具餐焉[105]。

贾琼请绝人事。子曰：“不可。”请接人事。子曰：“不可。”[106]琼曰：“然则奚若？”子曰：“庄以待之，信以从之。去者不追，来者不拒，泛如也。斯可矣。”[107]

文中子曰：“贾谊夭，孝文崩，则汉祚可见矣。”[108]

子曰:"我未见谦而有怨,亢而无辱,恶而不彰者也。"[109]

董常曰:"子之《十二策》奚禀也?"子曰:"有天道焉,有地道焉,有人道焉,此其禀也。"[110]董常曰:"噫!三极之道,禀之而行,不亦焕乎?"[111]子曰:"《十二策》若行于时,则《六经》不续矣。"董常曰:"何谓也?"子曰:"仰以观天文,俯以察地理,中以建人极。吾暇矣哉[112]!其有不言之教,行而与万物息矣[113]。"

文中子曰:"天下有道,圣人藏焉[114]。天下无道,圣人彰焉[115]。"董常曰:"愿闻其说。"子曰:"反一无迹,庸非藏乎[116]?因贰以济,能无彰乎[117]?如有用我者,当处于泰山矣[118]。"董常曰:"将冲而用之乎[119]?《易》不云乎:易简而天地之理得矣[120]。"

杜淹问七制之主。子曰:"有大功也。"[121]问贾谊之道何如。子曰:"群疑亡矣。"[122]

或问楚元王。子曰:"惠人也。"[123]问河间献王。子曰:"智人也。"[124]问东平王苍。子曰:"仁人也。"[125]问东海王强。子曰:"义人也[126]。保终荣宠,不亦宜矣[127]?"

子曰:"妇人预事而汉道危乎[128],大臣均权而魏命乱矣[129],储后不顺而晋室堕矣[130]。此非天也,人谋不臧,咎矣夫[131]?"

注　释

[1] 阮注云:"太熙,晋惠帝元年也,以后至十六国载记及南北史,有索虏蛮夷之乎,如诟骂焉。"

[2] 阮注云:"楚难,注见上。"

[3] 阮注云:"《恒》卦《象》云也。琼事楚公,不预事。"按:《易·恒·象》云:"雷风,恒;君子以立不易方。"

[4] 阮注云:"彦博本以多知为问,子答以无知,是知也。"

[5] 阮注云:"不言如愚。"

[6] 阮注云:"《常棣》诗笺云:汝深谋之,诚如是矣。"按:《小雅·鹿鸣之什·常棣》云:"常棣之华,鄂不韡韡。凡今之人,莫如兄弟。死丧之威,兄弟孔怀。原隰裒矣,兄弟求矣。脊令在原,兄弟急难。每有良朋,况也永叹。兄弟阋于墙,外御其务。每有良朋,烝也无戎。丧乱既平,既安且宁;虽有兄弟,不如友生。傧尔笾豆,饮酒之饫。兄弟既具,和乐且孺。妻子好合,如鼓瑟琴。兄弟既翕,和乐且湛。宜尔室家,乐尔妻帑。是究是图,亶其然乎?"

[7] 阮注云:"《大雅·皇矣》篇云:'不识不知,顺帝之则。'"按:《大雅·文王之什·皇矣》云:"帝谓文王:予怀明德,不大声以色,不长夏以革,不识不知,顺帝之则。帝谓文王:询尔仇方,同尔兄弟。以尔钩援,与尔临冲,以伐崇墉。"

[8] 阮注云："谓大雅。"

[9] 阮注云："谓国风。"

[10] 阮注云："谓颂。"

[11] 阮注云："《左传·襄公二十九年》：吴季札聘鲁观周乐，听小雅曰：思而不贰，怨而不言，其周德之衰乎！闻周南召南曰：勤而不怨。听豳曰：乐而不淫。"按：《左传·襄公二十九》云："请观于周乐。使工为之歌周南、召南，曰：'美哉！始基之矣，犹未也，然勤而不怨矣。'为之歌邶、鄘、卫，曰：'美哉渊乎！忧而不困者也。吾闻卫康叔、武公之德如是，是其卫风乎！'为之歌王，曰：'美哉！思而不惧，其周之东乎！'为之歌郑，曰：'美哉！其细已甚，民弗堪也。是其先亡乎！'为之歌齐，曰：'美哉，泱泱乎！大风也哉！表东海者，其大公乎！国未可量也。'为之歌豳，曰：'美哉，荡乎！乐而不淫，其周公之东乎！'为之歌秦，曰：'此之谓夏声。夫能夏则大，大之至也，其周之旧乎！'为之歌魏，曰：'美哉，沨沨乎！大而婉，险而易行，以德辅此，则明主也。'为之歌唐，曰：'思深哉！其有陶唐氏之遗民乎！不然，何其忧之远也？非令德之后，谁能若是？'为之歌陈，曰：'国无主，其能久乎！'自郐以下无讥焉。为之歌小雅，曰：'美哉！思而不贰，怨而不言，其周德之衰乎？犹有先王之遗民焉。'为之歌大雅，曰：'广哉，熙熙乎！曲而有直体，其文王之德乎！'为之歌颂，曰：'至矣哉！直而不倨，曲而不屈，迩而不偪，远而不携，迁而不淫，复而不厌，哀而不愁，乐而不荒，用而不匮，广而不宣，施而不费，取而不贪，处而不底，行而不流。五声和，八风平。节有度，守有序，盛德之所同也。'"

[12] 阮注云："乌，何也。《小雅》自《鹿鸣》至菁菁者莪，皆言先王之德也。故《天保》已上治内，《采薇》已下治外。后王能修先王之政，仲尼删诗，谓虽不及先王之大，然亦不失其政，故曰《小雅》言政之小者也。季子所听云：思而不贰，怨而不言。则不谓'变雅'者也。幽、厉之世，国异政，家殊俗，斯'变雅'作矣。然有先王之道，民不敢怨贰，亦由先王圣德使然。文中子曰：周之盛也何衰乎？"

[13] 阮注云："季子言：周南召南，勤而不怨。盖古文误也，当谓《豳》诗尔。"按：《周南·关雎》乐而不淫，《豳》实无乐。文中子辨季札，必知乐。此文之误耳。

[14] 阮注云："后魏孝文帝。"

[15] 阮注云："有心于治，美矣，未成化是未光。"

[16] 阮注云："《易·否卦》：天地不交，否；君子以俭德避难，不可荣以禄。言晋惠而下否矣，故《元经》作。"按：《否卦·象传》云："天地不交，否；君子以俭德避难，不可荣以禄。"

[17] 阮注云："《续书》有魏，而无吴蜀。"

[18] 阮注云："吴王孙权谥大皇帝，蜀主刘备谥昭烈皇帝。蜀相诸葛亮字孔明，吴相周瑜字公瑾。懿识，谓任贤也。盛心，谓亮云：普天之下，莫非汉民。瑜云：曹公托名，汉相，实汉之贼是也。"

[19] 阮注云："五帝，少昊，都曲阜，颛顼都濮阳，帝喾都亳，尧都冀，舜都蒲。三王，夏都安邑，汤都亳，周都雍洛，皆中原之国也。"

[20] 阮注云："春秋以中国为法。"

[21] 阮注云："并，谓吴、蜀是也。"

[22] 阮注云："除吴、蜀。"

[23] 阮注云："周、孔之志。"

[24] 阮注云："《元经》纪年书：帝春正月起，晋惠帝止。东晋及宋未亡中国，故帝之。至齐梁，则中国有元魏，故帝魏矣。

[25] 阮注云："《诗·四月》篇云：乱离瘼矣，奚其适归。《笺》云：今政乱犹病，必有之归。"按：《小雅·谷风之什·四月》云："四月维夏，六月徂暑。先祖匪人，胡宁忍予？秋日凄凄，百卉具腓。乱离瘼矣，奚（一作爰）其适归。冬日烈烈，飘风发发。民莫不谷，我独何害？山有嘉卉，侯栗侯梅。

废为残贼，莫知其尤。相彼泉水，载清载浊。我日构祸，曷云能谷？滔滔江汉，南国之纪。尽瘁以仕，宁莫我有。匪鹑匪鸢，翰飞戾天，匪鳣匪鲔，潜逃于渊。山有蕨薇，隰有杞桋。君子作歌，维以告哀。"

[26] 阮注云："必君元魏。"

[27] 阮注云："都洛。"

[28] 阮注云："建明堂，修典礼。"

[29] 阮注云："予，文中子自谓，言予自晋阳穆公已来事魏，故曰先王之民。"

[30] 阮注云："何为不帝？"

[31] 阮注云："魏太祖入长安，始有中原，是岁丙申皇后元年，当东晋孝武帝尽，太元二十一年也。然《元经》尚以安恭纪年。"

[32] 阮注云："晋主中国，至孝武帝，名存而实去矣，故曰非中国。"

[33] 阮注："《扬之水篇》云也。有善政之名，未敢告，动民心去之。"按：《唐风·扬之水》云："扬之水，白石凿凿。素衣朱襮，从子于沃。既见君子，云何不乐？扬之水，白石皓皓。素衣朱绣，从子于鹄。既见君子，云何其忧？扬之水，白石粼粼。我闻有命，不敢以告人。"

[34] 阮注云："虽实去，尚追怀之。"

[35] 阮注云："魏至孝文，方得纪帝。"

[36] 阮注云："天时人事，盛大而帝之，得其宜也。"

[37] 阮注云："穆公虬，宋顺帝升明二年奔魏；王肃，字恭懿，齐明帝建武四年亦奔魏，并魏孝文时也。虬为晋阳太守，肃为平南将军，皆预国政。虬累荐肃，肃制典章律令，故曰达矣。"按：王肃，《魏书》卷六十三云："王肃，字恭懿，琅邪临沂人，司马衍丞相导之后也。父奂，萧赜尚书左仆射。肃少而聪辩，涉猎经史，颇有大志。仕萧赜，历著作郎、太子舍人、司徒主簿、秘书丞。肃自谓《礼》《易》为长，亦未能通其大义也。父奂及兄弟并为萧赜所杀，肃自建业来奔。是岁，太和十七年也。高祖幸邺，闻肃至，虚襟待之，引见问故。肃辞义敏切，辩而有礼，高祖甚哀恻之。遂语及为国之道，肃陈说治乱，音韵雅畅，深会帝旨。……景明二年薨于寿春，年三十八。"

《洛阳伽蓝记》卷三云："肃字公懿，琅邪人也。伪齐雍州刺史奂之子也。赡学多通，才辞美茂，为齐秘书丞。太和十八年，背逆归顺。时高祖新营洛邑，多所造制，肃博识旧事，大有裨益。高祖甚重之，常呼王生。延贤之名，因肃立。肃在江南之日，聘谢氏女为妻。及至京师，复尚公主。其后谢氏入道为尼，亦来奔肃。见肃尚主，谢作五言诗以赠之。其诗曰：'本为箔上蚕，今作机上丝。得路逐胜去，颇忆缠绵时。'公主代肃答谢云：'针是贯线物，目中恒任丝。得帛缝新去，何能衲故时。'肃甚有愧谢之色，遂造正觉寺以憩之。肃忆父非理受祸，常有子胥报楚之意。卑身素服，不听乐，时人以此称之。肃初入国，不食羊肉及酪浆等物，常饭鲫鱼羹，渴饮茗汁。京师士子，道肃一饮一斗，号为'漏卮'。经数年已后，肃与高祖殿会，食羊肉酪粥甚多。高祖怪之，谓肃曰：'卿中国之味也。羊肉何如鱼羹？茗饮何如酪浆？'肃对曰：'羊者是陆产之最，鱼者乃水族之长。所好不同，并各称珍。以味言之，甚是优劣。羊比齐、鲁大邦，鱼比邾、莒小国。唯茗不中，与酪作奴。'高祖大笑，因举酒曰：'三三横，两两纵，谁能辨之。'赐金钟。"

[38] 阮注云："以先王为公。"

[39] 阮注云："书：隋九年春帝正月，晋、宋、齐、梁、陈亡。"按：《元经》卷九末云："开皇九年，春正月，白虹夹日，晋、宋、齐、梁、陈亡。"

[40] 阮注云："晋怀帝永嘉二年，琅琊王睿自徐州移镇建业，中国衣冠往依焉。"

[41] 阮注云："贵，犹兴也。"

[42] 阮注云："元、明、成三帝二十余年，赖王导为之辅，康穆之世，桓温专政，晋祚中微，至孝武朝，赖谢安为之佐，江东复振。安卒，后，桓玄篡位，刘裕兴焉。是无多贤人使然。"

[43] 阮注云："宋尝有树晋之功，君子犹兴之也，至齐、梁、陈，无复念中国，但自相篡立，故曰不与其为国也。"

[44] 阮注云："齐、梁、陈亡，君子犹怀晋、宋。"

[45] 阮注云："归晋旧国。"

[46] 阮注云："《春秋》书梁亡，言自亡也。江东亦然，不任贤，不修典礼，尚淫靡之文，故取亡国，故曰自亡。"

[47] 阮注云："南朝丧，弃古道。"

[48] 阮注云："宋祖刘裕，平桓玄、卢循，此树晋功也。伐南燕，擒慕容超，伐后秦姚泓，平洛阳修谒五陵，留于义真，守长安，此复中国志也。"

[49] 阮注云："齐、梁、陈不修礼乐，但自谋立，故君子至公及之，以其未亡而必夺之也。"

[50] 阮注云："已亡，谓晋、宋礼乐犹存，先王之化，衣冠犹有中国之人，故君子及史，虽其已亡，而必兴之也。"

[51] 阮注云："铜川，子之父。着《兴衰变论》，言六代得失，此其志也。"按：《困学纪闻》卷十云："文中子父曰铜川府君（隆为铜川令），阮氏注：上党有铜鞮县。龚氏注：初置铜川县，今忻州秀容县是。愚考《隋·地理志》定襄（若璩按：当作楼烦，始统秀容）郡。秀容县，开皇初置新兴郡铜川县，十八年置忻州。龚注是也（若璩按：龚氏名鼎臣，明道［明道只有两年即元年和二年，公元 1032 或 1033 年］间人）。"

[52] 阮注云："《杕杜》篇云：'匪载匪来，忧心孔疚。期逝不至，而多为恤。'逝，往也。恤，忧也。言君子未来，我忧恤之，往不可期，其来至，而徒多日为病也。文中子喻己怀先王之道，亦犹此诗尔。"按：《小雅·鹿鸣之什·杕杜》云："有杕之杜，有睆其实；王事靡盬，继嗣我日。日月阳止，女心伤止，征夫遑止！有杕之杜，其叶萋萋；王事靡盬，我心伤悲。卉木萋止，女心悲止，征夫归止！陟彼北山，言采其杞；王事靡盬，忧我父母。檀车幝幝，四牡痯痯，征夫不远！匪载匪来，忧心孔疚；期逝不至，而多为恤。卜筮偕止，会言近止，征夫迩止！"

[53] 阮注云："所以书五国皆亡也。"

[54] 阮注云："末，谓末节也。"

[55] 阮注云："《续书》有《对议》《问对》，若高贵乡公问诸儒经义，淳于俊、马昭等对曰：'三王以德化民，三王以礼为治'是也。议若夏侯玄议时事曰：'铨衡台阁，上之分；孝悌闾里，下之分'是也。"

[56] 阮注云："制，发于君心也；志，臣下志君之善也；诏，君以告于下也；册，君求于贤也。皆近于二典九诰。"

[57] 阮注云："五常，一曰仁在干，四德为善，长在孟子，四端为恻隐。"按：五常又称"五典"，即五种行为规则。语出《尚书·泰誓下》："狎侮五常。"唐孔颖达疏云："五常即五典，谓父义、母慈、兄友、弟恭、子孝。"又有五常：仁、义、理、智、信。五常也指五行所代表的五类事物，即木、火、土、金、水的正常运动。《伤寒论》序云："人禀五常，以有五脏。"常是不变的意思，这里指一定准则。五常就是五条准则，也叫"五伦"。这是封建礼教。五常的内容，旧时说法不一。一说是君臣、父子、兄弟、夫妇、朋友之间所规定的关系；二说是指仁、义、礼、智、信等人与人之间的道德标准。它和"三纲"常连起来说，即"三纲五常"。一般不说成"三纲五伦"。

[58] 阮注云："本，谓善也。孟子曰：人性无不善。孔子曰：继之者善也，成之者性也。"按：《易·系辞》云："一阴一阳之谓道，继之者善也，成之者性也。"

[59] 阮注云："性善其道，一也。《礼》曰：率性之谓道。"

[60] 阮注云："言夫子以门人不可教，而夫子不尽以道教之乎！"

[61] 阮注云："责贾琼不知心也，言三才五常之道、有为之教，吾尽之矣。如要无为，则退藏于密不能尽焉。"

[62] 阮注云："知不及，则有不尽焉，故不教尔也。此谦词。"

[63] 阮注云："《续书》有此篇，明事则未祥。"

[64] 阮注云："晞，文中子之舅也，凤翔千仞，有德则来，无德则去。"

[65] 阮注云："言《续书》之事，非为穆公而已。盖明南齐篡国，君子振凤翮而去之，穆公所以来魏也。"

[66] 阮注云："应聘列国，未尝暂暇。"

[67] 阮注云："仲尼诚有此劳也，然天行健，君子自强不息，岂敢违天。"按：《易·干卦·象辞》云："天行健，君子以自强不息。"

[68] 阮注云："子自谓：我勤道，亦劳也，然后人视我，亦将识人寿几何也。"

[69] 阮注云："若周公是也。"

[70] 阮注云："若孟轲是也。"

[71] 阮注云："若伯夷、叔齐是也。觊，测角反。"

[72] 阮注云："苟无周公之深识，孟轲之不动，无伯夷、叔齐之谨固，是窃禄如传嚅者尔。嚅，容朱反。"

[73] 阮注云："若汉之张禹、魏之钟繇、晋之张华之类，备员相位，实非及民之政也。"

[74] 阮注云："大宗小宗，同尊其祖，所以亲族不离，朋友相字，以表其德，所以称谓不乱。"按：氏姓，钱玄、钱兴奇《三礼辞典·姓氏》云："姓为家族之称号，氏为家族分支之称号。上古从母姓，故姓字从女从生。古姓，其字亦多从女旁，如：姬、姜、姒、嬴等。同一姓又以封邑及职官分为若干氏。氏亦称族。至战国后期，姓与氏相合，统以姓称。《礼记·大传》：'同姓从宗，合族属；异姓主名，治际会。'言同姓即同宗，为一族之总称。"

[75] 阮注云："薛道衡自谓，淫文溺于所习。"

[76] 阮注云："咏，古诗也。颓纲，谓六朝文弊。"

[77] 阮注云："河南陕县，唐置陕州。"按：《元和郡县图志》卷六《河南道二》云："陕州，今为陕虢观察使理所。管州三，陕州、虢州、汝州。县二十一，都管户一万一千九百四十七。《禹贡》豫州之城。周为二伯分陕之地，《公羊传》曰：'自陕以东，周公主之。自陕以西，召公主之。'又为古之虢国，今平陆县地是也。战国时为魏地，后属韩。秦并天下，属三州郡。汉为弘农郡之陕县，自汉至宋不改。后魏孝文帝太和十一年，置陕州，以显祖献文皇帝讳'弘'，改为恒农郡。十八年，罢陕州。孝武帝永熙中重置，西魏文帝大统三年，又罢州。周明帝复置，屯兵于此以备齐。隋大业三年复罢，以其地属河南郡。义宁元年，改置弘农郡，武德元年改为陕州，广德元年改为大都督府。谨按：陕城浦牢与彭城滑台、寿阳悬瓠，屡经攻守，皆中夏之要云。……陕县，本汉县也，历代不该。后魏改为陕中县，西魏去'中'字。周明帝于陕城内置崤郡，以陕、崤二县属焉。隋开皇初罢郡，以县属陕州。"

[78] 阮注云："《黍离》诗曰：'知我者，谓我心忧，不知我者，谓我何求？'"按：《诗·王风·黍离》云："彼黍离离，彼稷之苗。行迈靡靡，中心摇摇。知我者，谓我心忧；不知我者，谓我何求。悠悠苍天，此何人哉！彼黍离离，彼稷之穗。行迈靡靡，中心如醉。知我者，谓我心忧；不知我者，谓我何求。悠悠苍天，此何人哉！彼黍离离，彼稷之实。行迈靡靡，中心如噎。知我者，谓我心忧；不知我者，谓我何求。悠悠苍天，此何人哉！"

[79] 阮注云："《大壮》：'初九，壮于趾，征凶。'言居下用刚也。"按：《易·大壮》卦云："初九，壮于趾，征凶，有孚。《象》曰：'壮于趾'，其孚穷也。"朱熹《周易本义》于《大壮》初九爻辞云："趾在下而进，动之物也。刚阳处下而当壮时，壮于进者也，故有此象。居下而壮于进，其凶必矣，故其占又如此。"

[80] 阮注云："孟子曰：君子劳心，小人劳力。"

[81] 阮注云："答以《家人》卦《大象》词。"按：《易·家人》卦云："家人：利女贞。《彖》曰：'家人'，女正位乎内，男正位乎外；男女正，天地之大义也。家人有严君焉，父母之谓也。父父、子子、兄兄、弟弟、夫夫、妇妇，而家道正；正家而天下定矣。《象》曰：风自火出，家人；君子以言有物，而行有恒。"

[82] 阮注云："游说。"

[83] 阮注云："《困》卦辞云：'有言不信。'信周公之词也，故曰久矣。"按：《困》卦卦辞云："困：亨，贞，大人吉，无咎。有言不信。"

[84] 阮注云："《困》卦辞云：'正，大人吉。《象》曰：正，大人吉，以刚中也。有言不信，尚口乃穷也。《象》曰：君子以致命遂志。'言命虽致，困志必遂，通。"按：《易·困》卦云："困：亨。贞，大人吉，无咎。有言不信。〔卦辞〕《彖》曰：困，刚掩也。险以说，困而不失其所亨，其唯君子乎！贞，大人吉，以刚中也。有言不信，尚口乃穷也。〔彖传〕《象》曰：泽无水，困；君子以致命遂志。

[85] 阮注云："麟，不遇时，天命穷矣。"

[86] 阮注云："先王之道，扫地而求更新，是人事极矣。"

[87] 阮注云："《春秋》王次，春正，次王，是天人之道参焉。孔子因天命之穷，仲淹因人事而极，天人之道一也。"

[88] 阮注云："此董仲舒解《春秋》云也。"

[89] 阮注云："乐，谓守成也，治成则与民同乐。忧，谓虑始也，事初则与民同患，几可与守成者，难与虑始，若成王初疑周公是也。可与虑始不可与守成，若范蠡终避句践是也。有始有卒，难全也哉！"

[90] 阮注云："尧禅舜，舜禅禹，天下共乐矣。汤伐桀，武王伐纣，天下共忧矣。忧乐皆以天下，故文中子以天下之道，其与而言之也。"

[91] 阮注云："变，权也，反经合道之谓也。孔子曰：可与适道未可与权。"

[92] 阮注云："大业可革。"

[93] 阮注云："初九，巩用黄牛之革。《象》曰：不可以有为也。"按："《易·革》：已日乃孚，元亨，利贞，悔亡。〔卦辞〕《象》曰：革，水火相息；二女同居，其志不相得，曰革。已日乃孚，革而信之。文明以说，大亨以正，革而当，其悔乃亡。天地革而四时成，汤武革命顺乎天而应乎人。革之时大矣哉！〔彖传〕《象》曰：泽中有火，革；君子以治历明时。〔大象〕初九，巩用黄牛之革。《象》曰：巩用黄牛，不可以有为也。"

[94] 阮注云："《关氏易传》曰：干、困、屯、济四卦，时之门，变之开阖也。余六十卦为六十时，而小言之六时而已。"按：《关氏易传·时变义第八》云："卦以存时，爻以示变，时系乎天，变由乎人（王弼曰：以爻为人，以位为时。今关氏义同。龚谓：天人和须不可异也，卦以爻成，时以变生，虽云天时人事，及其变则合会一也。）动有六时也，夜静有六时也。动则变，静则息。息及则变，变及则息，故动静交养，昼夜之道也。干、坤分昼夜也，屯、济时变之际也。六爻之用，其时变之周流也。是以六十卦循环相生，及则变，变以久，不可御也。四卦，时之门户，变则开阖也。"

[95] 阮注云："爻，效也。"按：《易·系辞》云："爻也者，效天下之动也。是故吉凶悔吝着也。……道有变动，故曰爻。"

[96] 阮注云："一卦，一时之动，适时则吉，失时则凶。"

[97] 阮注云："天时人事不过乎！六，《关氏易传》曰：六者，天地生成之谓也。"

[98] 阮注云："殆、怠同。"

[99] 阮注云："《车攻》诗云也。允，信。展，诚也。大成，谓致大平。"按：《诗·小雅·车攻》云："我车既攻，我马既同。四牡庞庞，驾言徂东。田车既好，四牡孔阜。东有甫草，驾言行狩。之子

于苗，选徒嚣嚣。建旐设旄，搏兽于敖。驾彼四牡，四牡奕奕。赤芾金舄，会同有绎。决拾既佽，弓矢既调。射夫既同，助我举柴。四黄既驾，两骖不猗。不失其驰，舍矢如破。萧萧马鸣，悠悠斾旌。徒御不惊，大庖不盈。之子于征，有闻无声。允矣君子，展也大成。"

[100] 阮注云："居而安，可与立也；动而变，可与权也。"

[101] 阮注云："常死在洛。"

[102] 阮注云："河南有渑池县，唐置穀州。"

[103] 阮注云："辍《赞易》。"

[104] 阮注云："未获已。"

[105] 阮注云："世俗亦知非常人。餐，干安反。"

[106] 阮注云："绝之接之，是执一端。"

[107] 阮注云："乱世当如此。"

[108] 阮注云："贾谊年十八，上书孝文帝，谓才堪卿相，然未及大用而天帝崩，使汉祚不及三代之永，诚以此尔。"

[109] 阮注云："三者必然之理。"

[110] 阮注云："《策》今亡。"按：杜淹《文中子世家》云："仁寿三年，文中子冠矣，慨然有济苍生之心，西游长安，见隋文帝。帝坐太极殿召见，因奏《太平策》十有二，策尊王道，推霸略，稽今验古，恢恢乎运天下于指掌矣。帝大悦曰：'得生几晚矣，天以生赐朕也。'下其议于公卿，公卿不悦。"

[111] 阮注云："极者，谓动也。"

[112] 阮注云："足以无为。"

[113] 阮注云："尧民曰：'日出而作，日入而息，帝何力于我哉！'是也。"

[114] 阮注云："闲暇，故藏。"

[115] 阮注云："辩，不得已。"

[116] 阮注云："反一，谓反复一性也。复静则万虑何有？老子曰：'归根曰静'是也。无迹，谓无形也。无形圣人所以藏诸用，盖不言之教也。"

[117] 阮注云："贰，谓异端也。异端乖乎大义，我则避之尔。如仲父因史法之贰，作《春秋》以济之。孟子因邪说之贰，举仁义以济之。文中子因乱华之贰，尊《元经》以济之。盖有为之典也。"

[118] 阮注云："泰山，鲁国周公礼乐之地，文中子，周之后，故慕焉。一说泰山，黄帝有合宫在其下，可以立明堂之制焉。"

[119] 阮注云："冲，虚也。《老子》曰：道冲而用之。言子不求官达，而思慕泰山，黄帝、周公之道，是将假充虚为词乎！"

[120] 阮注云："易简，言无为也。道冲用，则知子之志有不可为也。"

[121] 阮注云："注，见上。"

[122] 阮注云："《易·睽卦》曰：'遇雨则吉，群疑亡也。'谊上书文帝曰：汉兴二十余年，当更秦之法，定官，名礼乐，又对鬼神之事，君臣相合，如遇雨吉矣。此其道也。"按：《易·睽卦》云："上九，睽孤，见豕负涂，载鬼一车，先张之弧后说之弧。匪寇婚媾，往遇雨则吉。《象》曰：遇雨之吉，群疑亡也。"

[123] 阮注云："惠，惠才也。元王名交，好书多才，尝与鲁申公、白公、穆生同受诗，作传曰：元王诗。又有穆生不饮酒，王设醴待之。是惠也。"按：元王，《汉书》卷三十六《楚元王列传》云："楚元王交字游，高祖同父少弟也，好书，多才艺。少时尝与鲁穆生白生申公，俱受诗于浮丘伯……高祖兄弟四人，长兄伯，次仲，伯早卒……汉六年，既废楚王信，分其地为二国，立贾为荆王，交为楚王，王薛郡东海彭城三十六县。……元王既至楚，以穆生、白生、申公为中大夫。高后时，浮丘伯 长

安，元王遣子郢客，与申公俱卒业。文帝时，闻申公为诗最精，以为博士。元王好诗，诸子皆读诗，申公始为诗传，号曰元王诗，世或有之。高后时，以元王子郢客为宗正，封上邳侯。元王立二十三年薨。《史记》卷五十有《楚元王世家》。

[124] 阮注云："智，谓能周防也。献王名德，好收书与朝廷等。是时，淮南王亦好书，多招浮辩献王，修礼乐，服儒术。帝策问三十余事，王对以道术，得事之中立，是智也。"按：《汉书》卷五十三《景十三王》云："河间献王德，以孝景前二年立，修学好古，实事求是。从民得善书，必为好写与之，留其真，加金帛赐以招之。由是四方道术之人，不远千里，或有先祖旧书，多奉以奏献王者。故得书多与汉朝等。是时，淮南王亦好书，所招致率多浮辩。先王所得书皆古文先秦旧书：《周官》《尚书》《礼》《礼记》《孟子》《老子》之属，皆经、传、说、记，七十子之徒所论。其学举六艺，立《毛氏诗》《左氏春秋》博士。修礼乐，被服儒术，山东诸儒，多从而游。武帝时，献王来朝，献雅乐，对三雍宫及诏策，所问三十余事，其对推道术而言，得事之中，文约指明，立二十六年薨。"

[125] 阮注云："仁，谓乐善事也。王名苍，明帝重之，位三公上。苍意不安，疏归藩，帝问：处家何乐？苍曰：为善最乐。是仁也。"

[126] 阮注云："光武太子名强，母郭后有罪废，而强不自安，乞归藩。光武不忍，迟回，数年方许之。遂封东海大国，后明帝立，盖强让之也。故曰义。"按：《后汉书》卷七十二《东海恭王强传》云："东海恭王强，建武二年，立母郭氏为后，强为皇太子。十七年而郭后废，强常戚戚不自安，数因左右及诸王，陈其恳诚，愿备藩国。光武不忍，迟回者数岁，乃许焉。十九年，封为东海王。二十八年就国，帝以强废不以过，去就有礼，故优以大封，兼食鲁郡，合二十九县。赐虎贲旄头，宫殿设钟虡之悬，拟于乘舆。强临之国，数上书让还东海，又因皇太子固辞，帝不许，深嘉叹之。……强立十八年，年三十四。"

[127] 阮注云："言四王皆善终，故有惠、智、仁、义。"

[128] 阮注云："吕后、梁后，产禄之擅权，冀之跋扈，终危汉也。"

[129] 阮注云："司马宣王与曹爽争权相倾，终乱魏也。"

[130] 阮注云："惠帝衷，太子遹，未加师训而立，果坠晋祚。"

[131] 阮注云："天，谓历数也；人，谓典礼也。汉、魏、晋历数，不及三代者，典礼不修故也。此是人谋不藏之咎。"

卷八　魏相篇

子谓魏相真汉相："识兵略，达时令，远乎哉！"[1]

子曰："孰谓齐文宣瞢而善杨遵彦也[2]？谓孝文明，吾不信也[3]。谓尔朱荣忠，吾不信也[4]。谓陈思王善让也，能污其迹，可谓远刑名矣[5]。人谓不密，吾不信也[6]。"

董常问："古者明而不视，聪而不闻，有是夫？"[7]子曰："又有圆而不同，方而不碍，直而不抵[8]，曲而不佞者矣[9]。"常曰："浊而不秽，清而不皎，刚而和，柔而毅，可乎？"[10]子曰："出而不声，隐而不没，用之则成，舍之则全，吾与尔有矣。"[11]

子游马颊之谷，遂至牛首之溪，登降信宿，从者乐[12]。姚义、窦威进曰："夫子遂得潜乎？"[13]子曰："潜虽伏矣，亦孔之照。"[14]威曰："闻朝廷有召子议矣。"[15]子曰："彼求我则如不我得，执我仇雠亦不我力。"[16]姚义曰："其车既载，乃弃尔辅。"[17]窦威曰："终逾绝险，曾是不意。"[18]子喟然，遂歌《正月》终焉[19]。既而曰："不可为矣。"[20]

子曰："《书》以辩事，《诗》以正性[21]，《礼》以制行[22]，《乐》以和德[23]，《春秋》《元经》以举往[24]，《易》以知来[25]。先王之蕴尽矣[26]。"

孝逸曰："惜哉！夫子不仕，哲人徒生矣。"贾琼曰："夫子岂徒生哉？以万古为兆人，五常为四国，三才九畴为公卿，又安用仕？"董常曰："夫子以《续诗》《续书》为朝廷，《礼论》《乐论》为政化，《赞易》为司命，《元经》为赏罚。此夫子所以生也。"叔恬闻之曰："孝悌为社稷，不言为宗庙，无所不知为富贵，无所不极为死生[27]。天下宗之，夫子之道足矣[28]。"

贾琼曰："中山吴钦，天下之孝者也[29]。其处家也，父兄欣欣然；其行事也，父兄焦然，若无所据[30]。"子曰："吾党之孝者异此[31]：其处家也，父母晏然[32]；其行事也，父兄恬然，若无所思[33]。"

裴嘉有婚会[34]，薛方士预焉[35]。酒中而乐作，方士非之而出[36]。子闻之曰："薛方士知礼矣，然犹在君子之后乎？"[37]

文中子曰："《元经》有常也：所正以道，于是乎见义[38]。《元经》有变也：所行有适，于是乎见权[39]。权义举而皇极立矣[40]。"

董常曰："夫子《六经》，皇极之能事毕矣。"[41]

文中子曰："《春秋》，一国之书也[42]。其以天下有国，而王室不尊乎？故约诸侯以尊王政[43]，以明天命之未改，此《春秋》之事也[44]。《元经》，天下之书也[45]。其以无定国而帝位不明乎[46]？征天命以正帝位，以明神器之有归，此《元经》之事也[47]。"董常曰："执小义妨大权，《春秋》《元经》之所罪与？"[48]子曰："斯谓皇之不极。"[49]

御河之役，子闻之曰："人力尽矣。"[50]

子居家，不暂舍《周礼》。门人问子。子曰："先师以王道极是也，如有用我，则执此以往[51]。通也宗周之介子，敢忘其礼乎[52]？"

子曰："《周礼》其敌于天命乎[53]？《春秋》，抗王而尊鲁，其以周之所存乎[54]？《元经》抗帝而尊中国，其以天命之所归乎[55]？"

张玄素问礼。子曰："直尔心，俨尔形，动思恭，静思正。"问道。子曰："礼得而道存矣。"[56]玄素出，子曰："有心乎礼也。夫礼有窃之而成名者，况躬亲哉！"[57]

魏徵问君子之辩。子曰："君子奚辩？而有时平为辩，不得已也，其犹兵乎？"[58]董常闻之曰："君子有不言之辩，不杀之兵，亦时乎？"[59]子曰："诚哉！不知时，无以为君子。"[60]

文中子曰："闻谤而怒者，谗之由也；见誉而喜者，佞之媒也。绝由去媒，谗佞远矣。"[61]

子曰："闻难思解，见利思避，好成人之美，可以立矣。"

子谓董常曰："我未见勤者矣[62]。盖有焉，我未之见也[63]。"

子曰："年不丰，兵不息，吾已矣夫？"[64]

子谓北山黄公善医，先寝食而后针药；汾阴侯生善筮，先人事而后说卦[65]。

房玄龄问正主庇民之道。子曰："先遗其身。"曰："请究其说。"子曰："夫能遗其身，然后能无私，无私然后能至公，至公然后以天下为心矣，道可行矣。"[66]玄龄曰："如主何？"[67]子曰："通也不可究其说，萧、张其犹病诸[68]？噫！非子所及，姑守尔恭，执尔慎，庶可以事人也[69]。"

江都有变，子有疾[70]，谓薛收曰："道废久矣[71]，如有王者出，三十年而后礼乐可称也[72]，斯已矣[73]。"收曰："何谓也？"子曰："十年平之，十年富之，十年和之，斯成矣。"[74]

子曰："早婚少娉，教人以偷[75]；妾媵无数，教人以乱[76]。且贵贱有等[77]，一夫一妇，庶人之职也[78]。"

子谒见隋祖，一接而陈《十二策》，编成四卷[79]。薛收曰："辩矣乎！"董常曰："非辩也，理当然尔。"[80]

房玄龄请习《十二策》[81]，子曰："时异事变，不足习也。"[82]

虞世基遣使谓子曰："盍仕乎？"[83]子曰："通有疾，不能仕也。"饮使者，歌《小明》以送之[84]。世基闻之曰："吾特游缯缴之下也，若夫子可谓冥冥矣。"[85]

文中子曰："问则对，不问则述[86]，窃比我于仲舒[87]。"

子曰："吾不仕，故成业[88]；不动，故无悔[89]；不广求，故得[90]；不杂学，故明[91]。"

文中子曰："凝滞者，智之蝥也；忿憾者，仁之螣也；纤吝者，义之蠹也。"[92]

子曰："《元经》之专断，盖蕴于天命，吾安敢至哉？"[93]董常闻之曰："《元经》之与天命，夫子而不至，其孰能至也？"

子谓窦威曰："既冠读《冠礼》，将婚读《婚礼》，居丧读《丧礼》，既葬读《祭礼》，朝廷读《宾礼》，军旅读《军礼》，故君子终身不违《礼》。"[94]窦威曰："仲尼言：不学《礼》，无以立。此之谓乎？"[95]

子述《婚礼》[96]。贾琼曰："今皆亡，又焉用续？"[97]子曰："琼，尔无轻礼，无诮俗[98]，姑存之可也[99]。"

子赞《易》至《观卦》，曰："可以尽神矣。"[100]

子曰："古者进贤退不肖，犹患不治[101]；今则吾乐贤者而哀不贤者[102]，如是寡怨[103]，犹惧不免[104]。《诗》云：惴惴小心，如临空谷[105]。"

子读《说苑》[106]。曰："可以辅教矣。"[107]

之韩城[108]，自龙门关先济[109]，贾琼、程元后[110]。关吏仇璋止之曰[111]：

"先济者为谁[112]？吾视其颡颒如也，重而不亢[113]；目灿如也，澈而不瞬[114]；口敦如也，闳而不张[115]；凤颈龟背，须垂至腰，参如也[116]。与之行，俯然而色卑；与之言，泛然而后应。浪惊拖旋而不惧，是必有异人者也[117]。吾闻之：天下无道，圣人藏焉，鞠躬守默，斯人殆似也[118]。"程元曰："子知人矣。是王通者也。"贾琼曰："吾二人师之而不能去也。"仇璋曰："夫杖一德，乘五常，扶三才，控六艺，吾安得后而不往哉？"遂舍职从于韩城。子谓贾琼曰："君子哉，仇璋也！比董常则不足，方薛收则有余。"

文中子曰："吾闻礼于关生，见负樵者几焉；正乐于霍生，见持竿者几焉[119]。吾将退而求诸野矣[120]。"

子曰："多言不可与远谋[121]，多动不可与久处[122]。吾愿见伪静诈俭者[123]。"

贾琼曰："知善而不行，见义而不劝，虽有拱璧之迎，吾不入其门矣。"[124]子闻之曰："强哉矫也！"[125]

仇璋谓薛收曰："子闻三有七无乎？"收曰："何谓也？"璋曰："无诺责[126]，无财怨[127]，无专利[128]，无苟说[129]，无伐善[130]，无弃人[131]，无畜憾[132]。"薛收曰："请闻三有。"璋曰："有慈，有俭，有不为天下先。"收曰："子及是乎？"曰："此君子之职也，璋何预焉？"子闻之曰："唯其有之，是以似之。"[133]

子曰："君子先择而后交[134]，小人先交而后择[135]。故君子寡尤，小人多怨，良以是夫？"

子曰："君子不责人所不及，不强人所不能，不苦人所不好[136]。夫如此，故免[137]。老聃曰：吾言甚易行，天下不能行。信哉[138]！"

仇璋问："君子有争乎？"子曰："见利争让，闻义争为，有不善争改。"[139]

薛收问："圣人与天地如何？"子曰："天生之，地长之，圣人成之[140]。故天地立而《易》行乎其中矣[141]。"

薛收问《易》。子曰："天地之中非他也，人也。"[142]收退而叹曰："乃今知人事修，天地之理得矣。"[143]

子谓收曰："我未见欲仁好义而不得者也[144]。如不得，斯无性者也[145]。"

子曰："严子陵钓于湍石[146]，尔朱荣控勒天下[147]。故君子不贵得位[148]。"

子曰："火炎上而受制于水，水趋下而得志于火。故君子不欲多上人。"[149]

子赞《易》至"山附于地剥"，曰："固其所也[150]，将安之乎[151]？是以君子思以下人[152]。"

芮城府君读《说苑》[153]。子见之曰："美哉，兄之志也！于以进物，不亦可乎？"[154]

子之居，常湛如也。言必恕，动必义，与人款曲以待其会[155]。故君子乐其道，小人怀其惠[156]。

叔恬曰："凝于先王之道：行思坐诵，常若不及；临事往来，常若无诲，道果艰哉！"[157]子曰："吾亦然也。"[158]叔恬曰："天下恶直丑正，凝也独安之乎？"子悄然作色曰："神之听之，介尔景福[159]。君子之于道也，死而后已。天不为人怨咨而辍其寒暑，君子不为人之丑恶而辍其正直[160]。然汝不闻《洪范》之言乎？平康正直。夫如是，故全[161]。今汝屑屑焉，三德无据，而心未树也[162]。无挺[163]，无讦[164]，无固[165]，无抵[166]，斯之谓侧僻。民用僭忒，无乃汝乎[167]？"叔恬再拜而出。

仇璋进曰："君子思以下人，直在其中与？"[168]子笑而不答。薛收曰："君子乐然后笑，夫子何为不与其进也？"子曰："唯狂克念，斯非乐乎？"[169]

子谓仇璋、薛收曰："非知之艰，行之惟艰。"[170]

注　释

[1] 阮注云："魏相字弱翁，学易道，举贤良，为汉宣帝相谏。伐西域，是识兵略。作《明堂月令议》，是达时令也。"按：《汉书》卷七十四《魏相丙吉传》云："魏相字弱翁，济阴定陶人也。徙平陵，少学《易》，为郡卒史，举贤良，以对策高第，为茂陵令。……宣帝即位，征相入为大司农，迁御史大夫。……相为人严毅，不如吉宽，视事九岁，神爵三年薨，谥曰宪侯。"

[2] 阮注云："北齐文宣帝高阳即位，以法御下，以功业自矜，而瞽于为政，然善待杨遵彦，又似非瞽。杨愔字遵彦，事迹注见上。"

[3] 阮注云："后魏孝文帝元氏名宏，都洛阳，文物制度始备，然有王虬不能用，尔朱荣不能图，似不明也。"

[4] 阮注云："荣字天宝，有战功，为都督将军，害灵后及少主而奉庄帝，恐其难制也，手刃杀之。"按：《魏书》卷七十四云："尔朱荣，字天宝，北秀容人也。其先居于尔朱川，因为氏焉。……荣洁白，美容貌，幼而神机明决。及长，好射猎，每设围誓众，便为军陈之法，号令严肃，众莫敢犯。……荣袭爵后，除直寝、游击将军。……自是荣兵威渐盛，朝廷亦不能罪责也。寻除镇北将军。……荣性好

猎，不舍寒暑，至于列围而进，必须齐一，虽遇阻险，不得回避，虎豹逸围者坐死。其下甚苦之。……庄帝外迫于荣，恒怏怏不悦，兼惩荣河阴之事，恐终难保。又城阳王徽、侍中李彧等欲擅威权，惧荣害之，复相间构，日月滋甚，于是庄帝密有图荣之意。三年九月，荣启将入朝。朝士虑其有变，庄帝又畏恶之。荣从弟世隆与荣书，劝其不来，荣妻北乡郡长公主亦劝不行，荣并不从。帝既图荣，荣至入见，即欲害之，以天穆在并，恐为后忌，故隐忍未发。荣之入洛，有人告荣，云帝欲图之。荣即具奏，帝曰：‘外人告云，亦言王欲害我，我岂信之？’于是荣不自疑，每入谒帝，从人不过数十，又皆挺身不持兵仗。及天穆至，帝伏兵于明光殿东廊，引荣及荣长子菩提、天穆等俱入。坐定，光禄少卿鲁安、典御李侃晞等抽刀而至，荣窘迫，起投御坐。帝先横刀膝下，遂手刃之，安等乱斫，荣与天穆、菩提同时俱死。荣时年三十八。”

[5] 阮注云：“醉酒弛马，是污迹也。求小责，免大患，是远刑也。”

[6] 阮注云：“皆谓植以才自显，不知污迹，保晦其心，密矣。”

[7] 阮注云：“古知道者，视听不用耳目，故问。”

[8] 阮注云：“抵，计也。”

[9] 阮注云：“广推其类，终乎中道。”

[10] 阮注云：“常问一知十。”

[11] 阮注云：“既泛言其道，故终显其志。”

[12] 阮注云：“晋州有马颊河牛首山。”

[13] 阮注云：“潜，隐也。”

[14] 阮注云：“《诗》正月篇也。《笺》云：喻贤人道不行，虽潜伏亦甚易见。”按：《小雅·节南山之什·正月》云：“正月繁霜，我心忧伤；民之讹言，亦孔之将。念我独兮，忧心京京。哀我小心，癙忧以痒。父母生我，胡俾我愈？不自我先，不自我后。好言自口，莠言自口，忧心愈愈，是以有侮。忧心茕茕，念我无禄。民之无辜，并其臣仆。哀我人斯，于何从禄？瞻乌爰止，于谁之屋？瞻彼中林，侯薪侯蒸。民今方殆，视天梦梦。既克有定，靡人弗胜。有皇上帝，伊谁云憎！谓山盖卑，为冈为陵。民之讹言，宁莫之惩！召彼故老，讯之占梦，具曰予圣。谁知乌之雌雄？谓天盖高，不敢不局；谓地盖厚，不敢不蹐。维号斯言，有伦有脊。哀今之人，胡为虺蜴！瞻彼阪田，有菀其特。天之扤我，如不我克。彼求我则，如不我得；执我仇仇，亦不我力。心之忧矣，如或结之。今兹之正，胡然厉矣！燎之方扬，宁或灭之。赫赫宗周，褒姒灭之。终其永怀，又窘阴雨。其车既载，乃弃尔辅。载输尔载，将伯助予。无弃尔辅，员于尔辐，屡顾尔仆，不输尔载。终逾绝险，曾是不意！鱼在于沼，亦匪克乐；潜虽伏矣，亦孔之照。忧心惨惨，念国之为虐。彼有旨酒，又有嘉殽；洽比其邻，婚姻孔云。念我独兮，忧心殷殷。佌佌彼有屋，蔌蔌方有谷。民今之无禄，天夭是椓。哿矣富人，哀此茕独！”

[15] 阮注云：“大业十一年，再征皆不至。”

[16] 阮注云：“《笺》云：彼如不得，言礼命多也。仇仇，骜骜也。虽执留我，然不问我功力。”

[17] 阮注云：“《笺》云：车载物，喻王之任国事也。弃其辅，远贤也。”

[18] 阮注云：“《笺》云：车度险，曾不为意乎？喻治国亦然。”

[19] 阮注云：“感怆长言之，终其意也。”

[20] 阮注云：“言隋必亡，不可教。”

[21] 阮注云：“言常道在乎事，‘思无邪’在乎性。”

[22] 阮注云：“行不可纵，必礼以制之。”

[23] 阮注云：“德不可苦，必乐以和之。”

[24] 阮注云：“仲尼举周公之典礼，仲淹修孔父之笔法，是生也。”

[25] 阮注云：“生生不穷，是来也。”

[26] 阮注云：“蕴奥，赜也。”

[27] 按：社稷，钱玄、钱兴奇《三礼辞典·社稷》云："社为土神，稷位谷神。设坛于路门外之右，亦即路寝之西。《周礼·春官·小宗伯》：'掌建国之神位，右社稷，左宗庙。'《周礼·考工记·匠人》：'左祖右社，面朝后市。'《周礼·春官·大宗伯》：'以血祭祭社稷、五祀、五岳。'郑玄注：'社稷，土谷之神，有德者配食焉。共工氏之子曰句龙，食于社；有历山氏之子曰柱，食于稷，汤迁之而祀弃。'《周礼·地官·大司徒》：'设其社稷之墥而树之。'《地官·封人》：'掌设王之社墥，为畿封而树之。'郑玄注：'墥，谓坛及埋垾也。畿上有封，若今时界矣。不言稷者，稷，社之细也。'按社稷皆有坛，而环以垣，其垣束木为之，而涂以土。故《晏子春秋·问上》：'夫社束木而涂之，鼠因往托焉。熏之则恐烧其木，灌之则恐败其涂。'"

[28] 阮注云："虽生乱世，而门人能宗其教，以行于天下，生亦足矣。诘，涉列反。"

[29] 阮注云："吴钦，史传不显。"

[30] 阮注云："欣，悦也。焦，犹子也，孑然如无依据。言事自集。"

[31] 阮注云："设此以证彼之非。"

[32] 阮注云："宴，安也。言无嘻嗃而自安。"

[33] 阮注云："无思，言无事也，安用据哉！"

[34] 阮注云："裴嘉，未见。"

[35] 阮注云："方士，未见。"

[36] 阮注云："《士昏礼》：三日不举乐。"

[37] 阮注云："孔子言：先进于礼乐，谓情生于礼乐之千也；后进于礼乐，谓文修于礼乐之后也。方士不先为语之而后非之，无益也，故礼则然矣，而用何不从先进。"

[38] 阮注云："常，经也。经正则义存，若五始不可移易是也。"

[39] 阮注云："《公羊传》曰：反经合道谓权，言顺时有适，不执常道，若夺南北以尊中国是也。"

[40] 阮注云："取衷义，见上。"

[41] 阮注云："董常知六经，一贯而道，皆归乎大中也。"

[42] 阮注云："周室，一国。"

[43] 阮注云："约之以礼法。"

[44] 阮注云："天命在周，未改。"

[45] 阮注云："罢侯置守，天下为一国。"

[46] 阮注云："无定国，谓南北分，名无一定也。不明，谓僭号作也。"

[47] 阮注："天命不改，则周室以一国为春秋，天命有归，则晋、宋、魏、周、隋合天下为《元经》，文体虽殊，其志一也。"

[48] 阮注云："上文云，权义举而皇极立，董常推此意以为义。大权小，则正以义与，或小权大，则适乎权与！"

[49] 阮注云："执小妨大，是大之不中也。故必执大弃小，是谓大中。"

[50] 阮注云："魏郡白沟，炀帝开永济渠名。御河，运粮征辽。"

[51] 阮注云："先师，谓孔子也，定礼乐，时极周道而已。"

[52] 阮注云："孔子尚极此说，我小子敢暂舍哉！"

[53] 阮注云："周公典礼，与天命齐其长久，故曰敌也。"

[54] 阮注云："抗，举也。《春秋》举周王正朔而书，于鲁史者，以周礼尽在鲁故也。"

[55] 阮注云："《元经》举帝号以得中国者为正朔，盖天命归中国也。"

[56] 阮注云："上四事合礼，则道在其中。"

[57] 阮注云："窃，谓非己有也。假外饰而行之，尚得成名。况素有心于克己哉！孟子曰：尧、舜性之，汤、武身之，五霸假之也，久假而不归焉。知其非有也。"

[58] 阮注云："若汤、武之兵伐桀、纣，孟子之辩杨、墨，皆不得已也。"按：《论语·颜渊》云："子贡问政。子曰：'足食，足兵，民信之矣。子贡曰：必不得已而去，于斯三者何先？曰：去兵。'"

[59] 阮注云："若颜回不言如愚，知时不可为也。老子曰：善战不陈，时可无为也。"

[60] 阮注云："言董常闻辩知时也。"

[61] 阮注云："为谤誉所动静，则谗佞得计矣。"

[62] 阮注云："如天下不息者"

[63] 阮注云："因以激常。"

[64] 阮注云："年，天也；兵，人也。"

[65] 阮注云："黄公、侯生，未见。"按：黄公事迹，不见有载，但侯生其人，文献略有记焉。《太平广记》卷二百三十《器玩二·王度》篇云："隋汾阴侯生，天下奇士也，王度常以师礼事之。临终，赠度以古镜曰：'持此则百邪远人。'度受而宝之。镜横径八寸，鼻作麒麟蹲伏之象。绕鼻列四方，龟龙风虎，依方陈布，四方外又设八卦，卦外置十二辰位而具畜焉。辰畜之外，又置二十四字，周绕轮廓，文体似隶，点画无缺，而非字书所有也。侯生云：'二十四气之象形。'承日照之，则背上文画。"

[66] 阮注云："修己以及天下，渐也。"

[67] 阮注云："再问正主之说。"

[68] 阮注云："萧何知其主不可以王也，而私营物产，张良亦私自从赤松子游，皆病也。"

[69] 阮注云："言隋主不可正。"

[70] 阮注云："隋炀帝幸江都宫，宇文化及弑逆。"按：《隋书》卷四《帝纪四》云："三年三月，右屯卫将军宇文化及，五贲郎将司马德戡、元礼，监门直阁裴虔通，将作少监宇文智及，武勇郎将赵行枢，鹰扬郎将孟景，内事舍人元敏，符玺郎李覆、牛方裕，千牛左右李孝本、弟孝质，直长许弘仁、薛世良，城门郎唐奉义，医正张恺等，以骁勇果作乱，入犯宫闱。上崩于温室，时年五十。萧后令宫人撤床箦则为棺以埋之。化及发后，右御卫将军陈棱奉梓宫于成象殿，葬吴公台下。发敛之始，容貌若生，众咸异之。大唐平江南之后，改葬雷塘。"

[71] 阮注云："道，谓先王典礼。"

[72] 阮注云："称，举也。"

[73] 阮注云："斯，隋不能举。"

[74] 阮注云："平乱富民，和以礼乐。自江都有变，是岁庚辰，唐高祖武德三年也。平之十年，至太宗贞观三年，天下大定，又富之。至贞观十三年，房玄龄奏太平，又和之。终贞观二十三年太宗崩，礼乐已和，然未大成尔。"按：《论语·子路》："子曰：苟有用我者，期月而已可也，三年有成。"

[75] 阮注云："偷，薄也。"

[76] 阮注云："言弃古礼，是掌教者之罪也。"按：媵，《三礼辞典·媵》云："妇之侄娣陪嫁者。或指送嫁之从人。诸侯娶，一国嫁女，另二国以女陪嫁。《仪礼·士昏礼》：'媵布席于奥。'郑玄注：'媵，送也，谓女从者也。'此指妇家送嫁之人，非侄娣之陪嫁者。《公羊传·庄公十九年》：'媵者何？诸侯娶一国，则二国媵之，以侄娣从。侄者何？兄之子也。娣者何？弟也。诸侯聘九女。诸侯不再娶。'《公羊传·成公八年》：'二月伯姬归于送。……晋人来媵。'《公羊传·成公十年》：'齐人来媵。……三国来媵，非礼也。'《左传·成公八年》：'卫人来媵共姬，礼也。凡诸侯嫁女，同姓媵之，异姓则否。'按诸侯娶，一国嫁女，另二国以女送至嫁女之国陪嫁，又各有侄娣陪嫁。故诸侯一聘九女。凡陪嫁之国与嫁女之国须同姓，又不得三国陪嫁。鲁成公九年，嫁伯姬于宋，有卫、晋、宋三国来媵，故云非礼。又齐与鲁为异姓，亦非礼。"

[77] 阮注云："妻、妾、媵各有等降之数。"

[78] 阮注云："国风正夫妇，王化之本也。"

[79] 阮注云："门人编之。"按：文中子《太平十二策》，早佚，唐代文献已不见载。《文中子世家》云："仁寿三年，文中子冠矣，慨然有济苍生之心，西游长安，见隋文帝。帝坐太极殿召见，因奏《太平策》十有二，策尊王道，推霸略，稽今验古，恢恢乎运天下于指掌矣。帝大悦曰：'得生几晚矣，天以生赐朕也。'下其议于公卿，公卿不悦。"

[80] 阮注云："理奥则言辩，非务其辩也。"

[81] 阮注云："诵习。"

[82] 阮注云："适救隋弊，非经久策。"

[83] 阮注云："世南兄也，炀帝时参掌朝政，唯诺取容而已，炀帝遇弒，世基见害。"按：虞世基，《隋书》卷六十七云："虞世基字茂世，会稽余姚人也。父荔，陈太子中庶子。世基幼沉静，喜愠不行于色，博学有高才，兼善草隶。……陈主尝于莫府山校猎，令世基作《讲武赋》，于坐奏之。……及陈灭归国，为通直郎直内史省。贫无产业，每佣书养亲，怏怏不平。尝为五言诗以见意，情理凄切，世以为工者莫不吟咏。未几，拜内史舍人。……世基貌沉审，言多意和，是以特见亲爱，朝臣无与为比。……其弟世南，素国士，而清贫不立，未曾有所赠。由是为论者所讥，朝野咸共疾怨。宇文化及杀逆也，世基乃见害焉。"

[84] 阮注云："小雅诗，大夫悔仕于乱世也。首章云：岂不怀归？畏此罪罟。言世基必罪死。"按：《小雅·谷风之什·小明》云："明明上天，照临下土。我征徂西，至于艽野。二月初吉，载离寒暑。心之忧矣，其毒大苦。念彼共人，涕零如雨。岂不怀归？畏此罪罟。昔我往矣，日月方除。曷云其还？岁聿云莫。念我独兮，我事孔庶。心之忧矣，惮我不暇。念彼共人，睠睠怀顾。岂不怀归？畏此谴怒。昔我往矣，日月方奥。曷云其还？政事愈蹙。岁聿云莫，采萧获菽。心之忧矣，自诒伊戚。念彼共人，兴言出宿。岂不怀归？畏此反复。嗟尔君子，无恒安处。靖共尔位，正直是与。神之听之，式谷以女。嗟尔君子，无恒安息。靖共尔位，好是正直。神之听之，介尔景福。"

[85] 阮注云："扬子曰：鸿飞冥冥，弋者何篡。"按：扬雄《法言·问明》云："或问君子。在治曰凤，在乱曰凤。或人不喻。曰：未之思矣。曰：治则见，乱则隐。鸿飞冥冥，弋人何慕焉？"

[86] 阮注云："若策问之则对，不尔则自述其道，待时而行。"

[87] 阮注云："董仲舒，汉武帝时对贤良策，后为公孙弘所抑，退免，以著书为业。"按：董仲舒，《史记》卷一百二十一《儒林》云："董仲舒，广川人也。以治《春秋》，孝景时为博士。下帷讲诵，弟子传以久次相受业，或莫见其面，盖三年董仲舒不观于舍园，其精如此。进退容止，非礼不行，学士皆师尊之。今上即位，为江都相。以《春秋》灾异之变推阴阳所以错行，故求雨闭诸阳，纵诸阴，其止雨反是。行之一国，未尝不得所欲。中废为中大夫，居舍，著《灾异之记》。是时辽东高庙灾，主父偃疾之，取其书奏之天子。天子召诸生示其书，有刺讥。董仲舒弟子吕步舒不知其师书，以为下愚。于是下董仲舒吏，当死，诏赦之。于是董仲舒竟不敢复言灾异。董仲舒为人廉直。是时方外攘四夷，公孙弘治《春秋》不如董仲舒，而弘希世用事，位至公卿。董仲舒以弘为从谀。弘疾之，乃言上曰：'独董仲舒可使相缪西王。'胶西王素闻董仲舒有行，亦善待之。董仲舒恐久获罪，疾免居家。至卒，终不治产业，以修学著书为事。故汉兴至于五世之间，唯董仲舒名为明于《春秋》，其传公羊氏也。"

[88] 阮注云："成所述业。"

[89] 阮注云："悔，生乎动。"

[90] 阮注云："得，足也。"

[91] 阮注云："明，道也。"

[92] 阮注云："蟊、螣、蠹，皆喻害物。蟊，亡遇反。螣，徒曾反，又徒得切。蠹，都故反。"

[93] 阮注云："天命未改于晋祚，则《元经》断于江南；天命有归于中国，则《元经》断之于后魏。言此皆天命所蕴，非我能至也。"

[94] 阮注云："言学礼有次序。"按：冠礼，成人之礼也，《礼记·冠义》云：冠礼是"成人之道也"。男子二十而冠，女子十五而笄。婚礼，《周礼·春官·大宗伯》云："以婚冠之礼亲成男女。"丧礼，《周礼·春官·大宗伯》云："以丧礼哀死亡。"祭礼，《礼记·祭统》云："凡治人之道，莫急于礼；礼有五经，莫重于祭。……祭者，所以追养继孝也。"宾礼，接待宾客之礼。《周礼·春官·大宗伯》云："以宾礼亲邦国：春见曰朝，夏见曰宗，秋见曰觐，冬见曰遇，时见曰会，殷见曰同，时聘曰问，殷眺曰视。"军礼，《周礼·春官·大宗伯》云："以军礼同邦国：大师之礼，用众也；大均之礼，恤众也；大田之礼，简众也；大役之礼，任众也；大封之礼，合众也。"

[95] 阮注云："言孔子教鲤，亦谓此次序。"

[96] 阮注云："述在《礼论》。"

[97] 阮注云："续，补亡也。"

[98] 阮注云："轻古礼，阿时俗，是汝也。"

[99] 阮注云："续而存之，待时而行。"

[100] 阮注云："盥而不荐，可以尽神之奥。"按：《易·观卦》云："观：盥而不荐，有孚颙若。〔卦辞〕《象》曰：大观在上，顺而巽，中正以观天下。观，盥而不荐，有孚颙若，下观而化也。观天之神道，而四时不忒；圣人以神道设教，而天下服矣！〔彖传〕《象》曰：风行地上，观；先王以省方观民设教。〔大象〕初六，童观，小人无咎，君子吝。《象》曰：初六童观，小人道也。六二，窥观，利女贞。《象》曰：窥观女贞，亦可丑也。六三，观我生，进退。《象》曰：'观我生，进退'，未失道也。六四，观国之光，利用宾于王。《象》曰：'观国之光'，尚宾也。九五，观我生，君子无咎。《象》曰：'观我生'，观民也。上九，观其生，君子无咎。《象》曰：'观其生'，志未平也。"

[101] 阮注云："有天下，举贤才，则不屑者远矣。"

[102] 阮注云："乐之不能进之也，哀之不敢退之也。"

[103] 阮注云："不能退之，故不屑者不怨。"

[104] 阮注云："不免，远害。"

[105] 阮注云："《诗·小宛》篇注云：衰乱之世，贤人君子难无罪，犹恐惧。"按：《小雅·节南山之什·小宛》云："宛彼鸣鸠，翰飞戾天。我心忧伤，念昔先人。明发不寐，有怀二人。人之齐圣，饮酒温克，彼昏不知，壹醉日富。各敬尔仪，天命不又。中原有菽，庶民采之。螟蛉有子，蜾蠃负之。教诲尔子，式谷似之。题彼脊令，载飞载鸣。我日斯迈，而月斯征。夙兴夜寐，毋忝尔所生。交交桑扈，率场啄粟。哀我填寡，宜岸宜狱。握粟出卜，自何能谷？温温恭人，如集于木。惴惴小心，如临于谷。战战兢兢，如履薄冰。"

[106] 阮注云："刘向撰，三十卷。"按：《汉书·艺文志》云："刘向所序六十七篇。"唐颜师古注云："《新序》《说苑》《世说》《列女传颂图》也。"《隋书·经籍志》云："《说苑》二十卷，刘向撰。"《直斋书录解题》卷九《儒家类》云："《说苑》二十卷，刘向撰。《序》言：臣向所校中书《说苑杂事》，除去与《新序》复重者，其余浅薄不中义理，别集以为百家后，今以类相从，更以造新事，凡二十篇，七百八十四章，号曰《说苑》。案《汉志》，刘向所序六十七篇，谓《新序》《说苑》《世说》《列女传颂图》也。今本南丰曾巩序，言《崇文总目》存者五篇，从士大夫得十五篇，与旧为二十篇。未知即当时篇章否？《新苑》之名亦不同。"浙江书局本误为三十。

[107] 阮注云："其说礼乐，可左右教化。"

[108] 阮注云："冯翊有韩城县。"按：韩城，《元和郡县图志》卷三《关内道二》云："同州，管县七：冯翊，朝邑，韩城，白水，夏阳，澄城，合阳。……韩城县，古韩国及梁国，汉为夏阳县之地。韩国故城在今县理南十八里。梁国在今县理南二十三里，有少梁故城。隋文帝分合阳于此置韩城县，春秋秦、晋战于韩原，即此地也。"

[109] 阮注云："龙门，汉皮氏县，魏改为龙门，隋属绛州。今河中有县。"按：龙门，《元和郡县图志》卷十三《河东道一》云："龙门县，古耿国，殷王祖乙所都晋献公灭之以赐赵夙。秦置为皮氏县，汉属河东郡。后魏太武帝改为龙门县，因龙门山为名，属北乡郡。隋开皇三年废郡，以县属绛州，十六年割属蒲州。武德三年属泰州，贞观十七年废泰州，县隶绛州。……龙门关，在县西北二十二里。"

[110] 阮注云："从行在后。"

[111] 阮注云："字伯成。"

[112] 阮注云："止二子问之。"

[113] 阮注云："颓重之貌，亢昂也。"

[114] 阮注云："澈，情也。捷目曰瞬。"

[115] 阮注云："敦厚，闳深也。"

[116] 阮注云："参，参然盛貌。"

[117] 阮注云："言状貌皆异常人。"

[118] 阮注云："鞠躬，谓卑俯。守默，谓泛应。"

[119] 阮注云："关子明、霍汲皆隐于樵鱼，几近也。"按：关生，关朗之门生。关朗，北魏人，与文中子祖王虬友善，善《易》者，著有《关氏易传》。《郡斋读书志》卷一云："《关子明易传》一卷，袁本前志卷一上易类第六。右魏关朗撰。子明，朗字也。元魏太和末，王虬言于孝文，孝文召见之，著成《筮论》数十篇。唐赵蕤云：'恨书亡半，随文铨解，才十一篇而已。'李邯郸始著之目，云：'王通赞《易》，盖宗此也。'"霍汲，未见文献载其事迹。

[120] 阮注云："野，谓鱼樵"。

[121] 阮注云："机易泄。"

[122] 阮注云："心易躁。"

[123] 阮注云："矫时罕，真静俭者。"

[124] 阮注云："讥隋朝大臣，不劝善而饰虚礼。"

[125] 阮注云："琼也，明而毅，故曰强矫。"

[126] 阮注云："不择人以必诺。"

[127] 阮注云："不以财使人怨。"

[128] 阮注云："必先利人。"

[129] 阮注云："所悦必以道。"

[130] 阮注云："不自矜伐。"

[131] 阮注云："片善亦取。"

[132] 阮注云："不念旧恶。"

[133] 阮注云："《裳裳者华》篇注曰：似，嗣也。"按：《小雅·甫田之什·裳裳者华》云："裳裳者华，其叶湑兮。我觏之子，我心写兮。我心写兮，是以有誉处兮。裳裳者华，芸其黄矣。我觏之子，维其有章矣。维其有章矣，是以有庆矣。裳裳者华，或黄或白。我觏之子，乘其四骆。乘其四骆，六辔沃若。左之左之，君子宜之。右之右之，君子有之。维其有之，是以似之。"

[134] 阮注云："择可交则与交。"

[135] 阮注云："聚以利合，择之即坏。"

[136] 阮注云："强，力使之。"按：《论语·公冶长》云："子贡曰：我不欲人之加诸我也，吾亦欲无加诸人。子曰：赐也，非尔所及也。"

[137] 阮注云："免今世之祸。"

[138] 阮注云："信今亦然。"按：《老子·下篇·知难》云："吾言甚易知，甚易行。天下莫能知，莫能行。"

[139] 阮注云："言君子果有争，单争为善而已。"

[140] 阮注云："天阳地阴之谓道，圣人经之以善，诚之以性。"

[141] 阮注：按：《易·系辞》云："子曰：《易》其至矣乎！夫《易》，圣人所以崇德而广业也。知崇礼卑，崇效天，卑效地。天地设位，而《易》行乎其中矣。"朱熹《易本义》云："天地设位而变化行，犹知礼存性而道义出也。"

[142] 阮注云："曰仁与义，成性之本。"

[143] 阮注云："始悟《易》。"

[144] 阮注云："言人性修，则天理得。"

[145] 阮注云："仁、义、性之本也，感物而动性之欲也。应物而不化物，则能复性，故曰欲仁好义，此言明天理也。若化物而不能反躬复性，则是天理灭矣，故曰无性，此言昧人是也。"

[146] 阮注云："严光字子陵，汉光武故人，不仕，隐钓欲七里濑。"按：注见上文。

[147] 阮注云："注见上文。"

[148] 阮注云："尔朱荣得位，严光不贵之也。"

[149] 阮注云："言君子如水之性，无不下。"按：《白虎通》卷四《五行》云："五行之性，或上或下何？火者，阳也。尊，故上。水者，阴也，卑，故下。"《尚书·洪范》云："水曰润下，火曰炎上，木曰曲直，金曰从革，土爰稼穑。润下作咸，炎上作苦，曲直作酸，从革作辛，稼穑作甘。"

[150] 阮注云："山固宜附地，人固宜复静。"

[151] 阮注云："隋乱道剥，我将何之？。"

[152] 阮注云："孔子《象》曰：君子以厚下安宅。"按：《易·剥卦》云："剥：不利有攸往。〔卦辞〕《彖》曰：剥，剥也，柔变刚也。不利有攸往，小人长也。顺而止之，观象也。君子尚消息盈虚，天行也。〔彖传〕《象》曰：山附于地，剥；上以厚下安宅。〔大象〕初六，剥床以足，蔑。贞凶。《象》曰：'剥床以足'，以灭下也。六二，剥床以辨，蔑。贞凶。《象》曰：'剥床以辨'，未有与也。六三，剥之，无咎。《象》曰：'剥之无咎'，失上下也。六四，剥床以肤，凶。《象》曰：'剥床以肤'，切近灾也。六五，贯鱼以宫人宠，无不利。《象》曰：以宫人宠，终无尤也。上九，硕果不食。君子得舆，小人剥庐。《象》曰：'君子得舆'，民所载也。'小人剥庐'，终不可用也。"

[153] 阮注云："芮君、《说苑》，注见上。"

[154] 阮注云："《说苑》有《进物义》。"

[155] 阮注云："会谓理，与情会合。"

[156] 阮注云："小人但知惠。"按：《论语·里仁》云："子曰：'君子怀德，小人怀土；君子怀刑，小人怀惠。'子曰：'君子喻于义，小人喻于利。'"

[157] 阮注云："若无人教诲我。"

[158] 阮注云："言先王之道，非疑能及。答亦然，实勉之尔。"

[159] 阮注云："《诗·小明》篇：靖恭尔位，好是正直。《注》：景，大也。好，也。介，助也。言有名王则道行而得福。"按：《小雅·谷风之什·小明》云："明明上天，照临下土。我征徂西，至于艽野。二月初吉，载离寒暑。心之忧矣，其毒大苦。念彼共人，涕零如雨。岂不怀归？畏此罪罟。昔我往矣，日月方除。曷云其还？岁聿云莫。念我独兮，我事孔庶。心之忧矣，惮我不暇。念彼共人，睠睠怀顾。岂不怀归？畏此谴怒。昔我往矣，日月方奥。曷云其还？政事愈蹙。岁聿云莫，采萧获菽。心之忧矣，自诒伊戚。念彼共人，兴言出宿。岂不怀归？畏此反复。嗟尔君子，无恒安处。靖共尔位，正直是与。神之听之，式谷以女。嗟尔君子，无恒安息。靖共尔位，好是正直。神之听之，介尔景福。"

[160] 阮注云："《书》曰：冬祈寒，夏暑雨，小民怨咨。"

[161] 阮注云："正直必平康，故全身全道。"按：《尚书·洪范》有"三德：一曰正直，二曰刚克，三曰柔克。平康，正直。强弗友刚克，燮友柔克；沈潜刚克，高明柔克。惟辟作福，惟辟作威，惟辟玉食，臣无有作福作威玉食；臣之有作福作威玉食，其害于而家、凶于而国。人用侧颇僻，民用僭忒"。

[162] 阮注云："三德，平康正直为首，其次高明柔克。沈潜刚克，皆谓正必平易，直必康和明，必柔克，潜必刚克，率得归之中道也。今凝，虽正直而无据于德，心亦未能务兹。故曰未树立也。"

[163] 阮注云："挺然立，不曲貌。"

[164] 阮注云："讦，斥言也。"

[165] 阮注云："固，执。"

[166] 阮注云："抵，触。"

[167] 阮注云："终《洪范》之词，教之也。言凝有此四者，与无正直同。"

[168] 阮注云："璋言赞《易》，《剥》卦得平康之道。"按：仇璋，文中子弟子，史传不载。《关朗篇》云："门人……董常、仇璋、薛收、程元备《六经》之意。……太原府君曰：夫子得程、仇、董、薛而《六经》益明。对问之作，四生之力也。董、仇早殁，而程、薛继殂。文中子之教，其未作矣。呜呼！以俟来哲。"仇璋早殁，故其名未显。然从太原府君之言可以看出，仇璋是文中子最为得力的四门弟子之一。

[169] 阮注云："易道至深，非璋尽达，然嘉其狂念，故乐然笑之。"

[170] 阮注云："言克念之，必须克行之。"

卷九 立命篇

文中子曰："命之立也，其称人事乎[1]？故君子畏之[2]。无远近高深而不应也，无洪纤曲直而不当也[3]。故归之于天[4]。《易》曰：干道变化，各正性命[5]。"

魏徵曰："《书》云：惠迪吉，从逆凶，惟影响。《诗》云：不戢不难，受福不那。彼交匪傲，万福来求。其是之谓乎？"[6]子曰："徵其能自取矣。"[7]董常曰："自取者其称人邪？"[8]子曰："诚哉！惟人所召。"[9]

贾琼进曰："敢问死生有命，富贵在天，何谓也？"[10]子曰："召之在前，命之在后，斯自取也[11]。庸非命乎？噫！吾未如之何也已矣[12]。"琼拜而出，谓程元曰："吾今而后知元命可作，多福可求矣。"[13]程元曰："敬佩玉音，服之无斁。"[14]

文中子曰："度德而师[15]，易子而教[16]，今亡矣[17]。"

子曰："不以伊尹、周公之道康其国，非大臣也[18]。不以霍光、诸葛亮之心事其君者，皆具臣也[19]。"

董常叹曰："善乎，颜子之心也！三月不违仁矣。"[20]子闻之曰："仁亦不远，姑虑而行之[21]，尔无苟羡焉[22]。惟精惟一，诞先登于岸[23]。"常出曰："虑不及精，思不及睿[24]，焉能无咎[25]？焉能不违[26]？"

繁师玄闻董常贤，问贾琼以齿[27]。琼曰："始冠矣。"[28]师玄曰："吁！其幼达也。"[29]琼曰："夫子十五为人师焉[30]。陈留王孝逸，先达之傲者也[31]，然白首北面，岂以年乎[32]？琼闻之：德不在年[33]，道不在位[34]。"

门人有问姚义："孔庭之法，曰《诗》曰《礼》，不及四经，何也？"[35]姚义曰："尝闻诸夫子矣[36]：《春秋》断物，志定而后及也[37]；《乐》以和，德全而后及也[38]；《书》以制法，从事而后及也[39]；《易》以穷理，知命而后及也[40]。故不学《春秋》，无以主断；不学《乐》，无以知和；不学《书》，无以议制；不学《易》，无以通理。四者非具体不能及，故圣人后之，岂养蒙之具邪[41]？"或曰："然则《诗》《礼》何为而先也？"义曰："夫教之以《诗》，则出辞气，斯远暴慢矣；约之以《礼》，则动容貌，斯立威严矣[42]。度其言，察其志，考其行，辩其德[43]。志定则发之以《春秋》，于是乎断而能变[44]；德全则导之以乐，于是乎和而知节[45]；可从事，则达之以《书》，于是乎可以立制[46]；知命则申之以《易》，于是乎可与尽性[47]。若骤而语《春秋》，则荡志轻义[48]；骤而语《乐》，则喧德败度；骤而语《书》，则狎法；骤而语《易》，则玩神[49]。是以圣人知其必然，故立之以宗[50]，列之以次[51]。先成诸己，然后备诸物；先济乎近，然后形乎远[52]。亶其深乎！亶其深乎[53]！"子闻之曰："姚子得之矣。"[54]

子曰："识寡于亮，德轻于才，斯过也已。"[55]

子曰："治乱，运也，有乘之者，有革之者[56]。穷达，时也[57]，有行之者，有遇之者[58]。吉凶，命也，有作之者，有偶之者[59]。一来一往，各以数至，岂徒云哉[60]？"

辽东之役，天下治船。子曰："林麓尽矣[61]。帝省其山，其将何辞以对[62]？"

或问《续经》。薛收、姚义告于子。曰："使贤者非邪，吾将饰诚以请对[63]；愚者非邪，吾独奈之何[64]？"因赋《黍离》之卒章[65]，入谓门人曰："五交三衅，刘峻亦知言哉！"[66]

房玄龄问："善则称君，过则称己，可谓忠乎？"子曰："让矣。"[67]

杜如晦问政[68]。子曰："推尔诚，举尔类；赏一以劝百，罚一以惩众。夫为政而何有？"[69]如晦出，谓窦威曰："说人容其讦[70]，佞人杜其渐[71]，赏罚在其中。吾知乎为政矣[72]。"

文中子曰："制命不及黄初[73]，志事不及太熙[74]，褒贬不及仁寿[75]。"叔恬曰："何谓也？"子泫然曰："仁寿、大业之际，其事忍容言邪？"[76]

贾琼问："富而教之，何谓也？"子曰："仁生于歉[77]，义生于丰[78]。故富而教之，斯易也[79]。古者圣王在上，田里相距，鸡犬相闻，人至老死不相往来，盖自足也[80]。是以至治之代[81]，五典潜[82]，五礼措[83]，五服不章[84]。人知饮食，不知盖藏；人知群居，不知爱敬。上如标枝，下如野鹿[85]。何哉？盖上无为，下自足故也。"贾琼曰："淳漓朴散，其可归乎？"[86]子曰："人能弘道，苟得其行，如反掌尔[87]。昔舜、禹继轨而天下朴[88]，夏桀承之而天下诈^[89]，成汤放桀而天下平^[90]，殷纣承之而天下陂^[91]，文、武治而幽、厉散^[92]，文、景宁而桓、灵失^[93]。斯则治乱相易，浇淳有由^[94]。兴衰资乎人，得失在乎教^[95]。其曰太古不可复，是未知先王之有化也。《诗》《书》《礼》《乐》，复何为哉^[96]？"董常闻之，谓贾琼曰："孔、孟云亡，夫子之道行，则所谓绥之斯来，动之斯和乎？孰云淳朴不可归哉？"^[97]

子曰："以性制情者鲜矣。我未见处歧路而不迟回者^[98]。《易》曰：直方大，不习，无不利。则不疑其所行也^[99]。"

窦威曰："大哉，《易》之尽性也！门人孰至焉？"子曰："董常近之。"^[100]或问："威与常也，何如？"子曰："不知。"^[101]

子曰："大雅或几于道，盖隐者也^[102]。默而成之，不言而信^[103]。"

或问陶元亮^[104]。子曰："放人也。《归去来》有避地之心焉^[105]。《五柳先生传》，则几于闭关矣^[106]。"

子曰："和大怨者必有余怨^[107]，忘大乐者必有余乐^[108]，天之道也^[109]。"

子曰："气为上，形为下，识都其中，而三才备矣^[110]。气为鬼，其天乎？识为神，其人乎^[111]？吾得之理性焉^[112]。"

薛收曰："敢问天神人鬼，何谓也？周公其达乎？"^[113]子曰："大哉，周公！远则冥诸心也。心者非他也，穷理者也^[114]。故悉本于天^[115]。推神于天，盖尊而远之也。故以祀礼接焉^[116]。近则求诸己也^[117]。己者非他也，尽性者也^[118]。卒归之人^[119]。推鬼于人，盖引而敬之也。故以飨礼接焉^[120]。古者观盥而不荐，思过半矣^[121]。"薛收曰："敢问地祇。"^[122]子曰："至哉！百物生焉，万类形焉。示之以民，斯其义也。^[123]形也者，非他也，骨肉之谓也^[124]。故以祭礼接焉^[125]。"收曰："三者何先？"子曰："三才不相离也。措之事业，则有主焉。圜丘尚祀，观神道也；方泽贵祭，察物类也；宗庙用飨，怀精气也。"^[126]收曰："敢问三才之蕴。"^[127]子曰："至哉乎问！夫天者，统元气焉，非止荡荡苍苍之谓也；地者，统元形焉，非止山川丘陵之谓也；人者，统元识焉，非止圆首方足之谓也。乾坤之蕴，汝思之乎^[128]？"于是收退而学《易》^[129]。

子曰："射以观德，今亡矣。古人贵仁义，贱勇力。"^[130]

子曰："弃德背义，而患人之不己亲；好疑尚诈，而患人之不己信；则有之矣。"^[131]

子曰："君子服人之心，不服人之言[132]；服人之言，不服人之身[133]。服人之身，力加之也。君子以义，小人以力。难矣夫[134]！"

子曰："太熙之后，天子所存者号尔[135]。乌乎！索化列之以政，则蕃君比之矣[136]。《元经》何以不兴乎[137]？"

房玄龄谓薛收曰："道之不行也必矣，夫子何营营乎？"[138]薛收曰："子非夫子之徒欤[139]？天子失道，则诸侯修之[140]；诸侯失道，则大夫修之[141]；大夫失道，则士修之[142]；士失道，则庶人修之[143]。修之之道，从师无常，诲而不倦，穷而不滥，死而后已[144]。得时则行，失时则蟠[145]。此先王之道所以续而不坠也，古者谓之继时[146]。《诗》不云乎：纵我不往，子宁不嗣音[147]。如之何以不行而废也？"玄龄惕然谢曰："其行也如是之远乎？"[148]

注　释

[1] 阮注云："人生天地之间，所以立命也。是命者因人而称，天有情于人而命之者也。"

[2] 阮注云："孔子畏天命者，盖畏人事不修，而远天也。"

[3] 阮注云："《易》曰：其受命如响。"

[4] 阮注云："圣人无不应，无不当，与天地合德，故立命曰天命。"

[5] 阮注云："引《易》以明命，因性而称也。"按：《干卦·象》云："大哉干元！万物资始，乃统天。云行雨施，品物流形。大明终始，六位时成，时乘六龙以御天。干道变化，各正性命，保合太和，乃利贞。首出庶物，万国咸宁。"

[6] 阮注云："《书·大禹谟》云也。惠，顺，迪，道也。顺道即吉，从逆即凶。《诗·桑扈》篇注也。戴，聚。难，难也。那，多也。言不聚法，不戒难，则福多矣。彼贤交，非傲即福，亦就求之也。"按：《尚书·虞书·大禹谟》云："禹曰：惠迪吉，从逆凶，惟影响。"《小雅·甫田之什·桑扈》云："交交桑扈，有莺其羽。君子乐胥，受天之祜。交交桑扈，有莺其领。君子乐胥，万邦之屏。之屏之翰，百辟为宪。不戴不难，受福不那。兕觥其觩，旨酒思柔。彼交匪敖，万福来求。"

[7] 阮注云："自取福。"

[8] 阮注云："明魏徵能自取多福则显，上文其称人事也。"

[9] 阮注云："召，亦取也。"

[10] 阮注云："何独死生，言命而富贵，则言天乎！"

[11] 阮注云："凡未死，世人皆云命合生也；已死矣，世人皆云命不生也。未富贵，世人皆云命合贫贱也；既福贵，世人皆云命不贫贱。是死生富贵皆人生自召之，在前而后，从而言命，其在后也。"

[12] 阮注云："末，莫也。言我莫知所如，乱世不可自取，理矣。宁求退藏而已。"

[13] 阮注云："若周公乞代武王，仲尼求为东周，皆自作元命，终获多福。此知命之大者。"

[14] 阮注云："斁，厌也。"

[15] 阮注云："度己不如则师之。"

[16] 阮注云："易，互也。"

[17] 阮注云："亡，废。"

[18] 阮注云："以己之道，安人之国，不以嫌疑惜其身，是大臣也。"

[19] 阮注云："奉先君之故命，系后王之未名，尽己之心，不苟其位，非具臣矣。"按：霍光，见前注。诸葛亮，《三国志》卷三十五《诸葛亮传》云："诸葛亮字孔明，琅邪阳都人也。汉司隶校尉诸葛丰后也。父圭，字君贡，汉末为太山都丞。亮早孤，从父玄为袁术所署豫章太守，玄将亮及亮弟均之官。会汉朝更选朱皓代玄。玄素与荆州牧刘表有旧，往依之。玄卒，亮躬耕陇亩，好为《梁父吟》。身高八尺，每自比于管仲、乐毅，时人莫之许也。惟博陵崔州平、颍川徐庶元直与亮友善，谓为信然。……九年，亮复出祁山，以木牛运，粮尽退军，与魏将张郃交战，射杀郃。十二年春，亮悉大众由斜谷出，以流马运，据武功五丈原，与司马宣王对于渭南。亮每患粮不继，使己志不申，是以分兵屯田，为久驻之基。耕者杂于渭滨居民之间，而百姓安堵，军无私焉。相持百余日。其年八月，亮疾病，卒于军，时年五十四。及军退，宣王案行其营垒处所，曰：'天下奇才也！'亮遗命葬汉中定军山，因山为坟，冢足容棺，敛以时服，不须器物。……谥君为忠武侯。……亮性长于巧思，损益连弩，木牛流马，皆出其意；推演兵法，作八阵图，咸得其要云。亮言教书奏多可观，别为一集。评曰：诸葛亮之为相国也，抚百姓，示仪轨，约官职，从权制，开诚心，布公道；尽忠益时者虽仇必赏，犯法怠慢者虽亲必罚，服罪输情者虽重必释，游辞巧饰者虽轻必戮；善无微而不赏，恶无纤而不贬；庶事精炼，物理其本，循名责实，虚伪不齿；终于邦域之内，咸畏而爱之，刑政虽峻而无怨者，以其用心平而劝戒明也。可谓识治之良才，管、萧之亚匹矣。然连年动众，未能成功，盖应变将略，非其所长欤！"

[20] 阮注云："日久不违，是仁人矣。"按：《论语·雍也》云："子曰：回也，其心三月不违仁；其余，则日月至焉而已矣。"

[21] 阮注云："上文谓常也，时有虑焉，亦三月之义。"

[22] 阮注云："颜回曰：舜何人也？余何人也？有为者亦若是，彼颜回不羡舜也，故常亦无羡，回但虑而行之，自及矣。"

[23] 阮注云："《书》云：惟精惟一，允执厥中。言道心精微，人性则一也。《诗》云：帝谓文王，无然畔援，无然歆羡，诞先登于岸。岸，喻仁之地也。言仁道不可畔，不可羡，亦执中而得也。"按：《尚书·大禹谟》云："人心惟危，道心惟微，惟精惟一，允执厥中。"《大雅·文王之什·皇矣》云："皇矣上帝，临下有赫；监观四方，求民之莫。维此二国，其政不获；维彼四国，爰究爰度。上帝耆之，憎其式廓。乃眷西顾，此维与宅。作之屏之，其菑其翳；修之平之，其灌其栵；启之辟之，其柽其椐；攘之剔之，其檿其柘。帝迁明德，串夷载路。天立厥配，受命既固。帝省其山，柞棫斯拔，松柏斯兑。帝作邦作对，自大伯王季。维此王季，因心则友。则友其兄，则笃其庆，载锡之光。受禄无丧，奄有四方。维此王季，帝度其心，貊其德音。其德克明，克明克类，克长克君。王此大邦，克顺克比。比于文王，其德靡悔。既受帝祉，施于孙子。帝谓文王：无然畔援，无然歆羡，诞先登于岸。密人不恭，敢距大邦，侵阮徂共。王赫斯怒，爰整其旅，以按徂旅，以笃周祜，以对于天下。依其在京，侵自阮疆，陟我高冈。无矢我陵，我陵我阿；无饮我泉，我泉我池！度其鲜原，居岐之阳，在渭之将。万邦之方，下民之王。帝谓文王：予怀明德，不大声以色，不长夏以革，不识不知，顺帝之则。帝谓文王：询尔仇方，同尔兄弟。以尔钩援，与尔临冲，以伐崇墉。临冲闲闲，崇墉言言，执讯连连，攸馘安安。是类是祃，是致是附，四方以无侮。临冲茀茀，崇墉仡仡，是伐是肆，是绝是忽，四方以无拂。"

[24] 阮注云："虑，道心也。思曰睿。"

[25] 阮注云："咎，谓贰过也。"

[26] 阮注云："不违三月。"

[27] 阮注云："年齿。"

[28] 阮注云："年二十。"按：《礼记·曲礼上》云："人生十年曰幼，学。二十曰弱，冠。三十曰壮，有室。四十曰强，而仕。五十曰艾，服官政。六十曰耆，指使。七十曰老，而传。八十、九十曰耄，七年曰悼，悼与耄虽有罪，不加刑焉。百年曰期，颐。"《礼记·冠义》云："凡人之所以为人者，礼义也。礼义之始，在于正容体、齐颜色、顺辞令。容体正，颜色齐，辞令顺，而后礼义备。以正君臣、亲父子、和长幼。君臣正，父子亲，长幼和，而后礼义立。故冠而后服备，服备而后容体正、颜色齐、辞令顺。故曰：冠者，礼之始也。是故古者圣王重冠。古者冠礼筮日筮宾，所以敬冠事，敬冠事所以重礼；重礼所以为国本也。故冠于阼，以着代也；醮于客位，三加弥尊，加有成也；已冠而字之，成人之道也。见于母，母拜之；见于兄弟，兄弟拜之；成人而与为礼也。玄冠、玄端奠挚于君，遂以挚见于乡大夫、乡先生；以成人见也。成人之者，将责成人礼焉。责成人礼焉者，将责为人子、为人弟、为人臣、为人少者之礼行焉。将责四者之行于人，其礼可不重与？故孝弟忠顺之行立，而后可以为人；可以为人，而后可以治人也。故圣王重礼。故曰：冠者，礼之始也，嘉事之重者也。是故古者重冠；重冠故行之于庙；行之于庙者，所以尊重事；尊重事而不敢擅重事；不敢擅重事，所以自卑而尊先祖也。"孔颖达疏引郑玄《三礼目录》云："名曰冠义者，以其记冠礼成人之义。此于《别录》属吉事。"

[29] 阮注云："达，谓达道。"

[30] 阮注云："夫子，谓文中子。"

[31] 阮注云："憨，谓未尝服人也。"按：王孝逸，文中子弟子也。

[32] 阮注云："达不在年尔。"

[33] 阮注云："《左传》曰：年均择贤，是则贤德为上。"

[34] 阮注云："《语》曰：富与贵，是人之所欲，不以其道得之，不处也。"按：《论语·里仁》云："子曰：富与贵是人之所欲也；不以其道得之，不处也。贫与贱是人之所恶也；不以其道得之，不去也。君子去仁，恶乎成名？君子无终食之间违仁，造次必于是，颠沛必于是。"

[35] 阮注云："鲤趋而过庭，子曰：学《诗》乎？学礼乎？"按：《论语·季氏》云："尝独立，鲤趋而过庭。曰：'学《诗》乎？'对曰：'未也。''不学《诗》，无以言。'鲤退而学《诗》。他日，又独立，鲤趋而过庭。曰：'学礼乎？'对曰：'未也。''不学礼，无以立！'鲤退而学礼。"

[36] 阮注云："夫子，谓文中子。"

[37] 阮注云："志在断。"

[38] 阮注云："乐，象德。"

[39] 阮注云："事以制立。"

[40] 阮注云："理性至于命。"

[41] 阮注云："言孔子不教鲤者，待其具而后教之尔，此并文中子言姚义志之也。"

[42] 阮注云："此亦小成也。"

[43] 阮注云："凡师教人，量其志行。"

[44] 阮注云："不变则断，不适中。"

[45] 阮注云："不节则荡。"

[46] 阮注云："事无制不永。"

[47] 阮注云："性与天道，合为元命。"

[48] 阮注云："志未定故。"

[49] 阮注云："不知性，则以神为虚玩。"

[50] 阮注云："宗，即统言六经也。"

[51] 阮注云："次，谓先诗礼，而后次之四经也。"

[52] 阮注云："己近，谓近取诸身也，若出辞气、动容貌是也。物远，谓远取诸物也。若断物和行、制法穷理是也。"

[53] 阮注云："亶，信也。信乎孔子先诗礼，其教深奥。"

[54] 阮注云："得六经之深，故能言此。"

[55] 阮注云："有亮少识，必太缓之过，有才少德，必有太浅之过。"

[56] 阮注云："治乱皆由，运则同也，而乘之革之，异焉。乘之，谓舜承尧之类。革之，谓汤革夏之类是也"。

[57] 阮注云："《关氏易传》曰：时也者，系乎君天下者也。君天下得君子之道则时亨；得小人之道则时塞。"

[58] 阮注云："穷达皆由时然，有行非其道，而自穷于时者。有虽行得道，而遇时不明者，时则一，而行之遇之异焉。"

[59] 阮注云："作，谓自作孽，自求多福，皆由人自作之者也。偶，谓庸人偶贵，善人偶祸，皆偶然者也。"

[60] 阮注云："往来循环，数有奇耦，人不能逃。"

[61] 阮注云："治船伐尽。麓，庐谷反。"

[62] 阮注云："掌林麓之官，何辞对帝。"

[63] 阮注云："对之以道，贤者当悟。"

[64] 阮注云："愚者不知，道不可对。"

[65] 阮注云："云：知我者谓我心忧，不知我者谓我何求。"按：《诗·王风·黍离》云："彼黍离离，彼稷之苗。行迈靡靡，中心摇摇。知我者，谓我心忧；不知我者，谓我何求。悠悠苍天，此何人哉！彼黍离离，彼稷之穗。行迈靡靡，中心如醉。知我者，谓我心忧；不知我者，谓我何求。悠悠苍天，此何人哉！彼黍离离，彼稷之实。行迈靡靡，中心如噎。知我者，谓我心忧；不知我者，谓我何求。悠悠苍天，此何人哉！"

[66] 阮注云："孝标论曰：惟兹五交，是生三衅。衅，许慎反。"按：刘孝标，《梁书》卷五十《文学传》云："刘峻，字孝标，平原平原人。父珽，宋始兴内史。峻生期月，母携还乡里。宋泰始初，青州陷魏，峻年八岁，为人所略至中山，中山富人刘实愍峻，以束帛赎之，教以书学。魏人闻其江南有戚属，更徙之桑干。峻好学，家贫，寄人庑下，自课读书，常燎麻炬，从夕达旦，时或昏睡，爇其发，既觉复读，终夜不寐，其精力如此。齐永明中，从桑干得还，自谓所见不博，更求异书，闻京师有者，必往祈借，清河崔慰祖谓之'书淫'。时竟陵王子良博招学士，峻因人求为子良国职，吏部尚书徐孝嗣抑而不许，用为南海王侍郎，不就。至明帝时，萧遥欣为豫州，为府刑狱，礼遇甚厚。遥欣寻卒，久之不调。天监初，召入西省，与学士贺踪典校秘书。峻兄孝庆，时为青州刺史，峻请假省之，坐私载禁物，为有司所奏，免官。安成王秀好峻学，及迁荆州，引为户曹参军，给其书籍，使抄录事类，名曰《类苑》。未及成，复以疾去，因游东阳紫岩山，筑室居焉。为《山栖志》，其文甚美。高祖招文学之士，有高才，多被引进，擢以不次。峻率性而动，不能随众沉浮，高祖颇嫌之，故不任用。乃着《辨命论》以寄其怀。……峻又尝为《自序》……峻居东阳，吴、会人士多从其学。普通二年，卒，时年六十。门人谥曰玄靖先生。"

[67] 阮注云："无过而称己过，是隐也。隐非忠也，该让美于君而已。"

[68] 按：杜如晦，《旧唐书》卷六十六云："杜如晦字克明，京兆杜陵人也。……如晦少聪悟，好谈文史。隋大业中以常调预选……太宗平京城，引为秦王府兵曹参军，俄迁陕州总管长史。……三年，代长孙无忌为尚书右仆射，仍知选事，与房玄龄共掌朝政。至于台阁规模及典章文物，皆二人所定，其获当代之誉，谈谈良相者，至于称房、杜焉。如晦以高孝基有知人之鉴，为其树神道碑以记其德。其年冬，遇疾，表请解职，许之，禄赐特依旧。……寻薨，年四十六。"

[69] 阮注云：“未有过，此得为政之要者。”

[70] 阮注云：“虽太讦必容。”

[71] 阮注云：“渐，不可，况深乎！”

[72] 阮注云：“容一讦示，赏百善之门；绝一佞媚，示罚众恶之柄。”

[73] 阮注云：“《续书》：帝制公命，惟汉有之，不及魏矣。黄初，魏文帝初即位年号。”按：黄初，三国时期魏国魏文帝曹丕即位年号，220—226年。黄初七年（226年）五月，明帝即位沿用。

[74] 阮注云：“《续书》君臣事至晋太康而止矣，不及惠帝。太熙，惠帝年号。”按：太熙，西晋武帝司马炎年号，290年正月至四月。

[75] 阮注云：“《元经》至隋开皇而止矣，不及仁寿。仁寿四年，炀帝弑立。”按：仁寿，隋文帝杨坚年号，601—604年。

[76] 阮注云：“大业，隋炀帝年号。事不忍，言安所褒贬。”

[77] 阮注云：“岁歉，则仁者恻隐。歉，苦簟反。”

[78] 阮注云：“丰盈，则义者制宜。”

[79] 阮注云：“以丰思敛，则为教易。”

[80] 阮注云：“解上文富。”按：《老子·下篇》云：“小国寡民。使有什伯人之器而不用，使民重死而不远徙。虽有舟舆，五所乘之；虽有甲兵，无所陈之。使民复结绳而用之。甘其食，美其服，安其居，乐其俗。邻国相望，鸡狗之声相闻，民至老死，不相往来。”

[81] 阮注云：“谓三皇时。”

[82] 按：五典，《左传·昭公十二年》云：“王曰：是良史也，子善视之！是能读《三坟》《五典》《八索》《九丘》。”《正义》云：“孔安国《尚书序》云：伏羲、神农、黄帝之书，谓之《三坟》，言大道也。少昊、颛顼、高辛、唐、虞之书，谓之《五典》，言常道也。八卦之说，谓之《八索》，求其义也。九洲之志，谓之九丘。丘，聚也。言九洲所有土地，所生风气，所宜，皆聚之书也。”

[83] 按：五礼，《三礼辞典·五服》云：“吉礼、凶礼、宾礼、军礼、嘉礼。《周礼·春官·大宗伯》：‘以吉礼祀邦国之鬼神示。’‘以凶礼哀邦国之忧。’‘以宾礼亲邦国。’‘以军礼同邦国。’‘以嘉礼亲万民。’《周礼·地官·保氏》：‘教之六艺：一曰五礼，二曰六乐，三曰五射，四曰五驭，五曰六书，六曰九数。’郑玄注：‘五礼：吉、凶、宾、军、嘉也。’《书·舜典》：‘修五礼。’孔传：‘修吉、凶、宾、军、嘉之礼。’”

[84] 阮注云：“天子、诸侯、卿、大夫、士五者之服，必章明，曰五章。”五服，《三礼辞典·五服》云：“五服：（一）吉服之五服，指天子、诸侯、大夫、士五等之服式。《周礼·春官·小宗伯》：‘辨吉凶之五服，车骑宫室之禁。’郑玄注：‘五服，王及公、卿、大夫、士之服。’《书·皋陶谟》：‘天命有德，五服无章哉。’孔传：‘五服，天子、诸侯、卿、大夫、士之服也。’此均指吉服。（二）凶服之五服。即丧服。丧服依据亲疏差等分为五服：斩衰、齐衰、大功、小功、缌麻。（三）泛指亲属关系。《礼记·学记》：‘师无当于五服，五服弗等，不亲。’孔颖达疏：‘师于弟子不当五服之一也，而弟子之家若无师教诲，则五服之情，不相和亲也。’（四）王畿外，每五百里为一服。由近及远，有侯服、甸服、绥服、要服、荒服，称五服。《书·益稷》：‘弼成五服，至于五千。’孔传：‘五服：侯、甸、绥、要、荒服也。服五百里，四方相距为方五千里。’”

[85] 阮注云：“标枝、野鹿，自然分上下也。”

[86] 阮注云：“归，复也。”

[87] 阮注云：“人存则道行，言亦易尔。”

[88] 按：舜，《初学记》卷九《总叙帝王》云：“帝舜有虞氏，《帝王世纪》曰：舜，姚姓也。其先出自颛顼，颛顼生穷蝉，穷蝉有子曰敬康，敬康生勾芒，勾芒有子曰桥牛，桥牛生瞽瞍。瞽瞍妻曰握登，见大虹，意感而生舜于姚墟，故姓姚氏，字都君。家本冀州，其母早死，瞽瞍更娶，生象傲，

而父玩母嚚，咸欲杀舜，舜能和谐，大杖则避，小杖则受。年二十，始以孝闻。尧以二女娥皇、女英妻之。耕于历山之阳，耕者让畔；鱼于雷泽，鱼者让渊；陶于河滨，陶者器不窳。尧于是乃命舜为司徒太尉，试以五典，举八凯八元，四恶除而天下咸服，遂纳于大麓，烈风雷雨弗迷，尧乃命舜代己摄政。明年正月舜始受终文祖，以太尉行事。舜摄政二十八年而尧崩，三年丧毕，舜年八十一，以仲冬甲子月次于毕，始即真，以土承火，色尚黄。以正月元日格于文祖，申命九官十二牧，以禹为司徒，舜年八十一即真，八十三而荐禹，九十五而使禹摄政，摄政五年崩，年百岁也。《尚书》曰：舜生三十登庸，三十在位，五十载陟方乃死。"

禹，《初学记》卷九《总叙帝王》云："伯禹帝夏侯氏，《帝王世纪》曰：禹，姒姓也。其先出颛顼，颛顼生鲧，尧封为崇伯。纳有莘氏女曰志，是为修己，见流星贯昴，又吞神珠，意感而生禹于石纽，名文命，字高密，长于西羌，西夷人也。尧命以为司空，继鲧治水，十三年而洪水平。尧美其绩，乃赐姓姒氏，封为夏伯，故谓之伯禹。及尧崩，舜复命居故官，禹年七十四，舜始荐之于天。荐后十二年，舜老，始使禹代摄行天子事。五年舜崩，禹除舜丧。明年始即真，以金承土，都平阳，或都安邑。年百岁，崩于会稽。始纳涂山氏之女，生子启，即位。"

[89] 按：夏桀，《太平御览》卷八十二《皇王部七·帝桀》云："《帝王世纪》曰：帝桀淫虐，有才力，能伸钩索铁，手搏熊虎。多求美女，以充后宫。为琼室瑶台金柱三千，始以瓦为屋，以望云雨。大进侏儒、倡优，为烂漫之乐，设奇伟之戏，纵靡靡之声，日夜与妹喜及宫女饮酒，常置妹喜于肘上。妹喜好闻裂缯之声，桀为发裂缯以顺适其意。以人驾车，肉山脯林，以为酒池，一鼓而牛饮者三千余人，醉而溺水。以虎入市，而视其惊。伊尹举觞造桀，谏曰：郡王不听群臣之言，亡无日矣。桀闻析然哑然。"

[90] 按：成汤，《太平御览》卷八十三《皇王部八·帝桀》云："《帝王世纪》曰：成汤，一名帝乙，丰下允上，指有骈俱，身杨声长，九尺臂四纣。有圣德，诸侯有不义者，汤从而征之，诛其君，吊其民，天下咸允。故东征则西夷怨，南征则北狄怨。曰：奚为而后我？故仲虺诰曰：傒我后后来，其苏者也，凡二十七征，而德施于诸侯焉。及夏桀无道，汤使人哭之，桀因汤于夏台而后释之，诸侯由是咸叛桀附汤，同日贡职者五百，国三年而天下悉服。"

[91] 阮注云："陂，险也。"按：殷纣，《史记》卷三《殷本纪》云："帝纣资辨捷疾，闻见甚敏；材力过人，手格猛兽；知足以距谏，言足以饰非；矜人臣以能，高天下以声，以为皆出己之下。好酒淫乐，嬖于妇人。爱妲己，妲己之言是从。于是使师涓作新淫声，北里之舞，靡靡之乐。厚赋税以实鹿台之钱，而盈巨桥之粟。益收狗马奇物，充仞宫室。益广沙丘苑台，多取野兽蜚鸟置其中。慢于鬼神。大取乐戏于沙丘，以酒为池，悬肉为林，使男女裸相逐期间，为长夜之饮。百姓怨望而诸侯有畔者，于是纣乃重刑辟，有炮格之法。"

[92] 按：文、武，即周文王、周武王。《史记》卷四《周本纪》云："公季卒，子昌立，是为西伯。西伯曰文王，遵后稷、公刘之业，则古公、公季之法，笃仁，敬老，慈少。礼下贤者，日中不暇食以待士，士以此多归之。伯夷、叔齐在孤竹，闻西伯善养老，盍往归之。太颠、闳夭、散宜生、鬻子、辛甲大夫之徒皆往归之。崇侯虎谮西伯于殷纣曰：西伯积善累德，诸侯皆向之，将不利于帝。帝纣乃囚西伯于羑里。闳夭之徒患之，乃求有莘氏女，骊戎之文马，有熊九驷，他奇怪物，因殷嬖臣费仲而献之纣。纣大说，曰：此一物足以释西伯，况其多乎！乃赦西伯，赐之弓矢斧钺，使西伯得征伐。曰：谮西伯者，崇侯虎也。西伯乃献洛西之地，以请纣去炮格之刑，纣许之。西伯阴行善，诸侯皆来决平。于是虞、芮之人有狱不能决，乃如周。入界，耕者皆让畔，民俗皆让长。虞、芮之人未见西伯，皆惭，相谓曰：吾所争，周人所耻，何往为，只取辱耳。遂还，俱让而去。诸侯闻见之，曰：西伯盖受命之君。明年，伐犬戎。伐密须。明年，败耆国。殷之祖伊闻之，惧，以告帝纣。纣曰：不有天命乎？是何能为！明年，伐邘。伐崇侯虎。而作丰邑，自歧下而徙都丰。明年，西伯崩，太子发立，是为武王。"

幽、历，即周幽王、周厉王。《史记》卷四《周本纪》云："夷王崩，子厉王胡立。厉王即位三十年，好利。近荣夷公。……三年，乃相与畔，袭厉王。厉王出奔于彘。……四十六年，宣王崩，子幽王宫涅立。幽王二年，西周三川皆震。伯阳甫曰：周将亡矣。……幽王嬖爱褒姒。褒姒生子伯服，幽王欲废太子。……褒姒不好笑，幽王欲其笑万方，故不笑。幽王为烽燧大鼓，有寇至则举烽火。诸侯悉至，至而无寇，褒姒乃大笑。幽王说之，为数举烽火。其后不信，诸侯益亦不至。……西夷举烽火征兵，兵莫至。遂杀幽王骊山下，虏褒姒，尽取周赂而去。于是诸侯乃即申侯而共立故幽王太子宜臼，是为平王，以奉周祀。"

[93] 按：文、景，即汉文帝、汉景帝。《史记》卷十《孝文本纪》云："孝文皇帝，高祖中子也。高祖十一年春，已破陈豨军，定代地，立为代王，都中都。太后薄氏子。即位十七年，高后八年七月，高后崩。九月，诸吕吕产等欲为乱，以危刘氏，大臣共诛之，谋召立代王，事在《吕后》语中。……太史公曰：孔子言'必世然后仁，善人之治国百年，亦可以胜残去杀。'诚哉是言！汉兴，至孝文四十有余载，德至盛也。廪廪乡改正服封禅矣，谦让未成于今。呜呼，岂不仁哉！"《史记》卷十一《孝景本纪》云："孝景皇帝者，孝文之中子也。母窦太后。孝文在代时，前后有三男，及窦太后得幸，前后死，及三子更死，故孝景得立。……太史公曰：汉兴，孝文施大德，天下怀安。至孝景，不复忧异姓，而晁错刻削诸侯，遂使七国俱起，合纵而西乡，以诸侯太盛，而错为之不以渐也。及主父偃言之，而诸侯以弱，卒以安。安危之机，岂不以谋哉？"

桓、灵，即汉桓帝、汉灵帝。《后汉书》卷七《桓帝纪》云："孝桓皇帝，讳志，肃宗曾孙也。祖父河间王开，父蠡吾侯翼，母匽氏，翼卒，帝袭爵为侯。本初元年，梁太后征帝到夏门亭，将妻以女弟，会质帝崩，太后遂与兄大将军冀定策禁中。闰月庚寅，使冀持节以王青盖车，迎帝入南宫，其日即皇帝位，时年十五，太后犹临朝政。……赞曰：桓自宗支，越跻天禄，政移五幸，刑淫三岳，倾宫虽积，皇身靡续。"《后汉书》卷八《灵帝纪》云："孝灵皇帝，讳宏，肃宗玄孙也。曾祖河间孝王开，祖淑，父苌，世封解渎亭侯，帝袭侯爵，母董夫人。桓帝崩，无子，皇太后与父城门校尉窦武定策禁中，使守光禄大夫刘鯈持节，将左右羽林，至河间奉迎。建宁元年，春，正月，壬午，城门校尉窦武为大将军。已亥，帝到夏门亭，使窦武持节，以王青盖车迎入殿中。庚子，即皇帝位，年十二，改元建宁。……赞曰：灵帝负乘，委体宦孽，征亡备兆，小雅今缺，麋鹿霜露，遂栖宫卫。"

[94] 阮注云："由上之所化。"

[95] 阮注云："解上文人弘道。"

[96] 阮注云："若言经籍不能复古，何为虚设耶？"

[97] 阮注云："当为淳离朴散之疑。"

[98] 阮注云："路分而曰歧，性感物而动曰情亦二之义也。言情之感性，如歧之惑路也，能制者少矣。"按：《毛诗序》云："故变风发乎情，至乎礼义。发乎情，民之性也；至乎礼义，先王之泽也。"

[99] 阮注云："直方，性也。不习，谓不疑惑。"按：《易·坤卦》六二云："直方大，不习无不利。"朱熹《本义》云："柔顺正固，坤之直也。赋形有定，坤之方也。德和无疆，坤之大也。六二柔顺而中正，又得坤道之纯者，故其德内直外方而又盛大，不待学习而无不利。占者有其德，则其占如是也。"《坤卦·文言》云："直其正也，方其义也。君子敬以直内，义以方外。敬义立而德不孤，'直方大，不习无不利，'则不疑其所行也。"

[100] 阮注云："近，庶几也。"

[101] 阮注云："恐门人轻威而重常，故答以不知。"

[102] 阮注云："温大雅或几，犹屡中也。"

[103] 阮注云："几道则默也，默似隐。"

[104] 阮注，时人谓之实录。云："潜字符亮。"按：《晋书》卷九十四《隐逸传》云："陶潜，字符亮，大司马侃之曾孙也。祖茂，武昌太守。潜少怀高尚，博学善属文，颖脱不羁，任真自得，为乡

邻之所贵。尝着《五柳先生传》以自况曰：'先生不知何许人，不详姓字，宅边有五柳树，因以为号焉。闲静少言，不慕荣利。好读书，不求甚解，每有会意，欣然忘食。性嗜酒，而家贫不能恒得。亲旧知其如此，或置酒招之，造饮辄尽，期在必醉。既醉而退，曾不吝情去留。环堵萧然，不蔽风日，短褐穿结，箪瓢屡空，晏如也。常着文章自娱，颇示己志，忘怀得失，以此自终。'其自序如此，时人谓之实录。"《直斋书录解题》卷十六云："《陶靖节集》十卷，晋彭泽令寻阳陶潜渊明撰。或云渊明字符亮，大司马侃曾孙，自号五柳先生，世称靖节征士。"

[105] 阮注云："潜作《归去来辞》。"按：《归去来兮辞》叙述了陶潜辞官归隐后的生活情趣和内心感受，表达了作者洁身自好、不同流合污的精神情操，通过描写具体的景物和活动，创造出一种宁静恬适、乐天自然的意境，寄托了他的生活理想。本文在文体上属于辞赋，但语言浅鲜，辞意畅达，匠心独运而又通脱自然，感情真挚，意境深远，有很强的感染力。欧阳修甚至说"两晋无文章，惟《归去来兮》而已"。

[106] 阮注云："潜种五柳以自号，闭关，见上。"按：《五柳先生传》是用史传体写的自传性散文。五柳先生即陶渊明。传说五柳先生是个隐士，来路不明，姓氏不传。东晋盛行清德玄谈，以隐娇名、以谈炫荣的假隐士不少，其实是走快捷方式的利禄之徒。五柳先生是真隐士，"遁世无闷"，淡漠世事，不尚玄谈，不爱荣华富贵。所以文静不多言谈。但他有自己的爱好："好读书""性嗜酒"。隐士是士，也是读书人，爱好读书是本分，理所当然。不同于世俗的是，他读书不为了做官求荣利，不必适应官府标准，无须牵强附会，穿凿曲解。他按自己的理解来读书，所以每当有心得体会，"便欣然忘食"。他是从古圣贤作者求取真知，精神上获得充实和鼓舞，守志励节。真隐士是贫士，不能安贫乐道，是坚持不了的。五柳先生几乎赤贫，住房破旧，衣服破旧，饮食不继，却安然自在，而且还写文章抒怀述志，自得其乐。显然，他不是儒家贤人颜回的安贫乐道，而是乐于老、庄的自然无为、返朴归真的道，跟虚伪丑恶的门阀荣利决裂。本传的赞归结出五柳先生两个主要特点：一是不愁贫贱也不求富贵，二是怡然自乐，返朴归真，希望过上先民生活。

闭关，武学术语，又称"坐关"，语出自佛教。"闭关"在佛教中指个人或数人结伴，闭门专心结期修禅或数人结伴，闭门专心结期修禅或学经、忏悔、写作等，断绝一切事务与人事交往。结期的时间，最短者为三天、七天，中等者为二十一天、四十九天、三个月，长者可达一年乃至三年。闭关一般是独居一室或一座小院，藏传佛教的瑜伽行者则多独居山洞。在中国佛教里，闭关似乎盛起于禅宗，但禅宗的闭关却是与现代佛教徒闭关大有不同。宗门流传着一句放大："不破本参不入山，不到重关不闭关。"必须破了本参，转了六识，然后不会再像一般凡夫那样妄想、烦恼一大堆，才适合入山修行；而要闭关，在禅宗更是慎重了，必须破了本参，通过初关，进一步要通过重关，为了专志用功，才来闭关。除了佛教之外，道家仙宗也注重闭关修行。但他们并不随便闭关，他们认为闭关必须具足"财、法、侣、地"才行。财是指闭关时的生活所需；法是用功的方法；侣是道侣，也就是闭关时，要有人发心护持；地是指洞天福地，也就是说：闭关的地方，必须是个山明水秀，具有灵气的好地方，如此，修炼才容易成就。具足了这四个条件，才可以闭关。这里的闭关是指诗人几乎断绝了与世人的交往，独处一隅的生活境界。

[107] 阮注云："若舜不怨而慕是也。"

[108] 阮注云："若颜回不改其乐是也。"

[109] 阮注云："性与天道相合，故能如此。"

[110] 阮注云："都居中。"

[111] 阮注云："《易》曰：精气为物，游魂为变，是故知鬼神之情状。鬼者，精气之变也，故曰气为鬼。《易》曰：神而明之，存乎其人，非识则不能神，故曰识为神。"

[112] 阮注云："穷理尽性，则能行变化、通鬼神。"

[113] 阮注云:"仲尼曰:鬼神之事,吾亦难明。周公曰:不若旦多才多艺,能事鬼神,故止问周公。"

[114] 阮注云:"心谓天理。"

[115] 阮注云:"悉,尽也。尽我于天理也。《孟子·尽心章》义同。"

[116] 阮注云:"此宗祀大神也。"

[117] 阮注云:"己谓人伦。"

[118] 阮注云:"反己复性。"

[119] 阮注云:"如父与子。性,人人一同。"

[120] 阮注云:"此大禘人鬼也。"按:飨礼,《三礼辞典·飨》云:"烹大牢以享宾之礼。如聘礼待宾,有飨、食、燕三礼,飨礼最重,有大牢有酒,致肃敬,行九献或七献、五献之礼。食礼主于饭,无牢有酒。燕礼,以饮酒为主,飨、食行于朝,燕于寝。待上公、三飨、三食、三燕,侯伯、子男则递减。'飨'亦作'享'。《仪礼·聘礼》:'公于宾,壹食再飨,燕与羞俶无常数。'郑玄注:'飨,谓享大牢以饮宾也。'《周礼·秋官·大行人》:'上公之礼……飨礼九献,食礼九举。'又云诸侯、诸伯之礼,飨礼七献,食礼七举。诸子、诸男之礼,飨礼五献,食礼五举。按九献者:主人酌献宾,宾酢主人,主人酬宾,献、酢、酬谓之一献。如是者九,谓之九献。七献五献类推。"

[121] 阮注云:"盥,洁胄,敬也。盥,古缓反。"按:《易·观卦》云:"盥而不荐,有孚颙若。《彖》曰:大观在上,顺而巽,中正以观天下。观,盥而不荐,有孚颙若,下观而化也。观天之神道,而四时不忒;圣人以神道设教,而天下服矣!《象》曰:风行地上,观;先王以省方观民设教。"

[122] 阮注云:"既问天神人鬼,故又问地祇。"按:地祇,即地神。

[123] 阮注云:"古祇字,示旁,作民。"

[124] 阮注云:"骨肉属土。"

[125] 阮注云:"此既葬,则祭于地下也。"按:《三礼辞典·祭礼》云:"记述丧葬后诸礼之篇章。《礼记·曲礼下》:'居丧未葬,读丧礼;既葬读祭礼;丧复常,读乐章。'孔颖达疏:'祭礼:虞、卒哭、祔、小祥、大祥之礼。'按此为当时常人在丧期中之读物。可见丧礼、祭礼等礼书,当时已甚普及。"

[126] 按:《三礼辞典·圜丘》云:"圆形之高丘,天子祭天之处。《周礼·春官·大司乐》:'冬日至,于地上之圜丘奏之。若乐六变,则天神皆降,可得而礼矣。'贾公彦疏:'《尔雅》:土之高者曰丘。取自然之丘。圜者,象天圜。'"

[127] 阮注云:"蕴者,精奥之称。"

[128] 阮注云:"三才取其气、形、识,不止形而已。"

[129] 阮注云:"《易》行乾坤之中,故因三才之蕴,始悟《易》。"

[130] 按:《礼记训纂》卷四十六《射义》云:"古者诸侯之射也,必先行燕礼;卿、大夫、士之射也,必先行乡饮酒之礼。故燕礼者,所以明君臣之义也。乡饮酒之礼者,所以明长幼之序也。故射者,进退周还必中礼,内志正,外体直,然后持弓矢甚固。持弓矢甚固,按后可以言中,此可以观德行矣。"

[131] 阮注云:"讥时。"

[132] 阮注云:"孟子曰:七十子之服,仲尼中心悦而诚服之。"

[133] 阮注云:"此其次也。"

[134] 阮注云:"并讥当世尚力,不知义者。"

[135] 阮注云:"晋惠帝。"按:太熙,西晋武帝司马炎年号,290年正月至四月。晋惠帝司马衷于290年四月至十二月改元永熙。太熙、永熙均在290年内,故阮逸以为是晋惠帝年号,其实误也。

[136] 阮注云:"《续诗》有《政化》。"

[137] 阮注云:"《诗》亡则《春秋》作。"

[138] 阮注云："嗟师勤。"

[139] 阮注云："不知道。"

[140] 阮注云："若桓、文。"

[141] 阮注云："若子产、叔向。"

[142] 阮注云："若孔、孟。"

[143] 阮注云："若董仲舒居家推灾异。"

[144] 阮注云："滥，谓不苟于禄弃道。"

[145] 阮注云："蟠，屈。"

[146] 阮注云："若孔子继周公，孟子继孔子，其适时一也。"

[147] 阮注云："子衿篇，刺乱世学校不修也。注：嗣，续也。音，谓弦诵。"按：《国风·郑风·子衿》云："青青子衿，悠悠我心。纵我不往，子宁不嗣音？青青子佩，悠悠我思。纵我不往，子宁不来？挑兮达兮，在城阙兮。一日不见，如三月兮。"

[148] 阮注云："乃知营营非止身而已，继时之道当远大。"

卷十　关朗篇

或问关朗[1]。子曰："魏之贤人也。孝文没而宣武立。穆公死，关朗退[2]。魏之不振有由哉[3]！"

子曰："中国失道，四夷知之。"魏徵曰："请闻其说。"子曰："《小雅》尽废，四夷交侵，斯中国失道也，非其说乎？"徵退谓薛收曰："时可知矣。"[4]

薛收问曰："今之民胡无诗？"[5]子曰："诗者，民之情性也。情性能亡乎[6]？非民无诗，职诗者之罪也[7]。"

姚义困于窭[8]。房玄龄曰："伤哉，窭也！盍请乎？"姚义曰："古之人为人请，犹以为舍让也，况为己乎？吾不愿。"[9]子闻之曰："确哉，义也！实行古之道矣，有以发我也：难进易退。"[10]

子曰："虽迩言必有可察，求本则远。"[11]

王珪从子求《续经》。子曰："叔父[12]，通何德以之哉[13]？"珪曰："勿辞也。当仁不让于师，况无师乎？吾闻关朗之筮矣[14]：积乱之后，当生大贤。世习《礼》《乐》，莫若吾族。天未亡道，振斯文者，非子谁欤[15]？"

魏徵问："议事以制，何如？"子曰："苟正其本，刑将措焉。如失其道，议之何益？故至治之代，法悬而不犯[16]，其次犯而不繁[17]。故议事以制，噫！中代之道也[18]。如有用我，必也无讼乎[19]？"

文中子曰："平陈之后，龙德亢矣，而卒不悔。悲夫！"[20]

子曰："吾于《续书》《元经》也，其知天命而着乎[21]？伤礼乐则述章、志[22]，正历数则断南北[23]，感帝制而首太熙[24]，尊中国而正皇始[25]。"

文中子曰："动失之繁，静失之寡。"[26]

子曰："罪莫大于好进[27]，祸莫大于多言[28]，痛莫大于不闻过[29]，辱莫大于不知耻[30]。"

子曰："天子之子，合冠而议封[31]，知治而受职[32]，古之道也[33]。"

薛收问政于仲长子光。子光曰："举一纲，众目张；弛一机，万事堕[34]。不知其政也[35]。"收告文中子。子曰："子光得之矣。"[36]

文中子曰："不知道，无以为人臣，况君乎？"[37]

子曰："人不里居，地不井受，终苟道也[38]。虽舜、禹不能理矣[39]。"

子曰："政猛，宁若恩[40]；法速，宁若缓[41]；狱繁，宁若简[42]；臣主之际，其猜也宁信[43]。执其中者，惟圣人乎[44]？"

子曰："委任不一，乱之媒也；监察不止，奸之府也。"[45]裴晞闻之曰："左右相疑，非乱乎？上下相伺，非奸乎？古谓之蛇豕之政。噫！亡秦之罪也。"[46]

杜淹问隐。子曰："非伏其身而不见也，时命大谬则隐其德矣。惟有道者能之。故谓之退藏于密。"[47]杜淹曰："《易》之兴也，天下其可疑乎，故圣人得以隐？"[48]子曰："显仁藏用，中古之事也。"[49]淹曰："敢问藏之之说。"子曰："泯其迹，揆其心，可以神会，难以事求，斯其说也。"又问道之旨。子曰："非礼勿动，非礼勿视，非礼勿听。"淹曰："此仁者之目也。"子曰："道在其中矣。"[50]淹退谓如晦曰："瞻之在前，忽然在后。信颜氏知之矣。"[51]

文中子曰："四民不分，五等不建，六官不职，九服不序，皇坟帝典不得而识矣[52]。不以三代之法统天下，终危邦也[53]。如不得已，其两汉之制乎？不以两汉之制辅天下者，诚乱也已[54]。"

文中子曰："仲尼之述，广大悉备，历千载而不用，悲夫！"[55]仇璋进曰："然夫子今何勤勤于述也？"子曰："先师之职也，不敢废[56]。焉知后之不能用也[57]？是蘦是蕕，则有丰年[58]。"

子谓薛收曰："元魏已降，天下无主矣[59]。开皇九载，人始一[60]。先人有言曰：敬其事者大其始，慎其位者正其名[61]。此吾所以建议于仁寿也[62]。陛下真帝也，无踵伪乱，必绍周、汉[63]。以土袭火[64]，色尚黄，数用五，除四代之法[65]，以乘天命[66]。千载一时，不可失也。高祖伟之而不能用[67]，所以然者，吾庶几乎周公之事矣[68]。故《十二策》何先？必先正始者也[69]。"

魏永为龙门令，下车而广公舍[70]。子闻之曰："非所先也。劳人逸己，胡宁是营？”永遽止以谢子。

子曰：“不勤不俭，无以为人上也。”[71]

门人窦威、贾琼、姚义受《礼》，温彦博、杜如晦、陈叔达受《乐》，杜淹、房乔、魏徵受《书》，李靖、薛方士、裴晞、王珪受《诗》，叔恬受《元经》，董常、仇璋、薛收、程元备闻《六经》之义[72]。

凝常闻：不专经者，不敢以受也。经别有说，故着之[73]。

太原府君曰[74]：“文中子之教，不可不宣也。日月逝矣，不可便文中之后不达于兹也[75]。召三子而教之《略例》焉[76]。”

太原府君曰凝，当居，栗如也，子弟非公服不见，闺门之内若朝廷焉。昔文中子曰：“贤者，凝也，权则未，而可与立矣。”府君再拜曰：“谨受教。”非礼不动终身焉。贞观中，起家监察御史，劾奏侯君集有无君之心[77]。及退，则乡党以穆[78]。御家以四教：勤、俭、恭、恕；正家以四礼：冠、婚、丧、祭[79]。三年之畜备，则散之亲族[80]。圣人之书及公服礼器不假[81]。垣屋什物必坚朴，曰“无苟费也”；门巷果木必方列，曰“无苟乱也”。事寡嫂以恭顺着，与人不瑃曲，不受遗[82]。非其力，非其禄，未尝衣食[83]。飨食之礼无加物焉，曰“及礼可矣”；居家不肉食，曰“无求饱”；一布被二十年不易，曰“无为费天下也”。乡人有诬其税者，一岁再输，临官计日受俸。年逾七十，手不辍经。亲朋有非义者，必正之，曰：“面誉背毁，吾不忍也。”群居纵言，未尝及人之短。常有不可犯之色，故小人远焉。

杜淹曰：“《续经》其行乎？”太原府君曰：“王公大人最急也。先王之道，布在此矣。天下有道，圣人推而行之；天下无道，圣人述而藏之。所谓流之斯为川焉，塞之斯为渊焉。升则云，施则雨，潜则润，何往不利也。”

太原府君曰：“夫子得程、仇、董、薛而《六经》益明。对问之作，四生之力也。董、仇早殁，而程、薛继殂。文中子之教，其未作矣。呜呼！以俟来哲。”[84]

注　　释

[1] 按：关朗，北魏著名的易学家，生卒年不详，着有《关氏易传》。然人们多疑其人其书。《郡斋读书志》卷一云：“《关子明易传》一卷，魏关朗撰。子明，朗字也。元魏太和末，王虬言于孝文，

孝文召见之，着成《箓论》数十篇。唐赵蕤云：'恨书亡半，随文诠解，才十一篇而已。'李邯郸始着之目，云：'王通赞《易》，盖宗此也。'"《直斋书录解题》卷一云："《关子明易传》一卷，后魏河东关朗子明撰。唐赵蕤注。隋、唐志皆不录。或云阮逸伪作也。"

[2] 阮注云："并注见上。"

[3] 阮注云："国不振，由贤人不用。"

[4] 阮注云："时，炀帝失道可知也。"

[5] 阮注云："因闻古诗，乃问今民何不作诗。"

[6] 阮注云："情不忘，诗不废。"

[7] 阮注云："职诗，谓史官不明变。"

[8] 阮注云："窭，贫。"

[9] 阮注云："古冉子为公西赤之母请粟，孔子曰：周急不继富。盖非冉子弃让也。"

[10] 阮注云："儒有难进易退，姚义发明于我。"

[11] 阮注云："舜好察尔言，若不察其本，则谗说殄行，至矣。远，谓难及。"

[12] 阮注云："珪，字叔玠，子之从叔。太宗朝为谏议，多直言，敕中书门下三品，入阁，使谏臣随之，自珪始也。"按：《旧唐书》卷七十云："王珪字叔玠，太原祁人也。在魏为乌丸氏，曾祖神念，自魏奔梁，复姓王氏。……珪幼孤，性雅淡，少嗜欲，志量沈深，能安于贫贱，体道履正，交不苟合。……开皇末，为奉礼郎。及颇坐汉王谅反事被诛，珪当从坐，随亡命于南山，积十余岁。高祖入关，丞相府司录李纲荐珪贞谅有器识，引为世子府咨议参军。……史臣曰：王珪履正不回，忠当无比，君臣时命，胥会于兹。《易》曰：'自天佑之，无不利。'叔玠有焉。"

[13] 阮注云："有何德以当叔之求学。"

[14] 阮注云："事在关朗传。"按：关朗，注见前文。

[15] 阮注云："珪言直，故举吾族。"

[16] 阮注云："画衣冠为法。"

[17] 阮注云："三代。"

[18] 阮注云："商、周以后为中代。"

[19] 阮注云："此仲尼之志。"

[20] 阮注云："隋文过亢不知。"按：《易·干卦》上九云："亢龙有悔。"朱熹《本义》云："亢者，过于上而不能下之意也。阳极于上，动必有悔，故其象占如此。"《文言》云："上九曰'亢龙有悔'，何谓也？子曰：'贵而无位，高而无民，贤人在下位而无辅，是以动而有悔也。'……'亢'之为言也，知进而不知退，知存而不知亡，知得而不知丧，其唯圣人乎！知进退存亡，而不失其正者，其唯圣人乎！"

[21] 阮注云："《诗》《书》亡，然后《元经》作，皆天命也。"

[22] 阮注云："乐章、礼志。"

[23] 阮注云："南北朝。"

[24] 阮注云："书帝制尚不及黄初，况太熙乎！然《元经》首于太熙者，盖感帝制之绝而特振之也。"

[25] 阮注云："晋、宋卒不振，则历数断归，北朝以后，魏孝文皇始年，都洛阳，得中国也。"

[26] 阮注云："不得中。"

[27] 阮注云："进不以道。"

[28] 阮注云："言不以中。"

[29] 阮注云："自蔽。"

[30] 阮注云："自得。"

[31] 阮注云："年二十成人，始封之王。"

[32] 阮注云："齿胄学古。"

[33] 阮注云："此周制。"

[34] 阮注云："引古语。○堕，翾规反。"

[35] 阮注云："隐者言放。"

[36] 阮注云："得为政之要也。"

[37] 阮注云："君更须知道。"

[38] 阮注云："秦废井田，开阡陌，意在徙豪杰，强本国，然弃礼义，起兼并为苟且之道。"

[39] 阮注云："如此虽圣人，复生男难矣。"

[40] 阮注云："先恩临之。"

[41] 阮注云："缓，宽也。"

[42] 阮注云："简，不滋彰。"

[43] 阮注云："并讥时。"

[44] 阮注云："圣人之道不难知，能行上四事，则执中矣。"

[45] 阮注云："隋由此亡。"

[46] 阮注云："言王道丧，自秦始。

[47] 阮注云："有道谓圣人。"

[48] 阮注云："纣疑文王，则文王隐。"

[49] 阮注云："演卦显也，就拘藏也。"

[50] 阮注云："道在仁中。"

[51] 阮注云："知圣人大，不可以语，言执中也。"

[52] 阮注云："生民不复得而议也。"按：四民，即士、农、工、商，《尚书·周官》云："司空掌邦士，居四民、时地利。"五等，即公、侯、伯、子、男五等诸侯。六官，《周礼》有：《天官冢宰》《地官司徒》《春官宗伯》《夏官司马》《秋官司寇》《冬官司空》。《冬官司空》亡佚，汉人用《考工记》补之。九服，王畿外有九服，即侯服、甸服、男服、采服、卫服、蛮服、夷服、镇服、藩服。称服者，言服事于天子。九服亦称九畿，畿，界限。皇坟帝典，即三皇五帝之书。

[53] 阮注云："忠敬文相循之法。"

[54] 阮注云："制度不立则乱。"

[55] 阮注云："六经示后而后世但习空文，不用其道可悲惜。"

[56] 阮注云："儒职在祖述。"

[57] 阮注云："后必有圣人出，能用之。"

[58] 阮注云："逸诗譬如农夫，是穮是蓘，虽有饥馑，必有丰年。穮，悲骄反。蓘，故本反。"

[59] 阮注云："无真主。"

[60] 阮注云："平陈一统。"

[61] 阮注云："先人，谓铜川府君。"

[62] 阮注云："开皇改仁寿。"

[63] 阮注云："南北朝为乱相继。"

[64] 阮注云："周木德，汉火德，隋当为土德。"

[65] 阮注云："四代谓北朝魏、周、齐，南朝陈也。"

[66] 阮注云："时乘御天。"

[67] 阮注云："伟其文而已，不用其道。"

[68] 阮注云："周公，圣人之时者也，故仲尼宗之，敬其事，正其始，摄之事也。文中子谓，隋祖必敬其始，正其名。"

[69] 阮注云："《正始》,《策》首篇名。"

[70] 阮注云："永，未见。"

[71] 阮注云："终戒之。"

[72] 阮注云："《中说》终。"

[73] 阮注云："此太原府君王凝自记，自《中说》之后也。"

[74] 阮注云："称府君者，凝二子所记也。"

[75] 阮注云："后裔。"

[76] 阮注云："续经《略例》。"

[77] 阮注云："天下称其谠，正出为胡苏令，时杜淹为御史大夫，王凝为监察，上言侯君集有反状，太宗以君集有大功，未之信。而长孙无己与君集善，乃与杜淹不协，而王凝贬，出胡苏令。胡苏，汉东莞县有胡苏亭，隋置县名，今属隶州。"

[78] 阮注云："不得志于时，遂退。"

[79] 阮注云："士礼。"

[80] 阮注云："九年耕，所储畜。"

[81] 阮注云："皆自足。"

[82] 阮注云："文中子之室。"

[83] 阮注云："力谓自耕桑者。"

[84] 阮注云："此并隐其意，肆其言，以伤河汾之教，为长孙无己所抑，房、魏等不能振之也。"

《中说》附录一　叙篇

　　文中子之教，继素王之道，故以《王道篇》为首[1]。古先圣王，俯仰二仪必合其德，故次之以《天地篇》[2]。天尊地卑，君臣立矣，故次之以《事君篇》。事君法天，莫如周公，故次之以《周公篇》。周公之道，盖神乎《易》中，故次之以《问易篇》。《易》者，教化之原也。教化莫大乎礼乐，故次之以《礼乐篇》。礼乐弥文着明则史，故次之以《述史篇》。兴文立制，燮理为大，惟魏相有焉，故次之以《魏相篇》。夫阴阳既燮，则理性达矣。穷理尽性以至于命，故次之以《立命篇》。通性命之说者，非《易》安能至乎？关氏，《易》之深者也，故次之《关朗篇》终焉。

注　释

[1] 孔子，有帝王之德，而无帝王之位，故称素王。
[2] 二仪，指天地。

《中说》附录二　文中子世家

文中子，王氏，讳通，字仲淹。

其先汉征君霸，洁身不仕[1]。十八代祖殷，云中太守，家于祁，以《春秋》《周易》训乡里，为子孙资[2]。十四代祖述，克播前烈，着《春秋义统》，公府辟不就。九代祖寓，遭愍、怀之难，遂东迁焉。寓生罕，罕生秀，皆以文学显。秀生二子，长曰玄谟，次曰玄则；玄谟以将略升，玄则以儒术进。

玄则字彦法，即文中子六代祖也，仕宋，历太仆、国子博士，常叹曰："先君所贵者礼乐，不学者军旅，兄何为哉？"遂究道德，考经籍，谓功业不可以小成也，故卒为洪儒；卿相不可以苟处也，故终为博士，曰先师之职也，不可坠，故江左号王先生，受其道曰王先生业。于是大称儒门，世济厥美。先生生江州府君焕，焕生虬。虬始北事魏，太和中为并州刺史，家河汾，曰晋阳穆公。穆公生同州刺史彦，曰同州府君。彦生济州刺史，一曰安康献公。安康献公生铜川府君，讳隆，字伯高，文中子之父也，传先生之业，教授门人千余。隋开皇初，以国子博士待诏云龙门。时国家新有揖让之事，方以恭俭定天下。帝从容谓府君曰："朕何如主也？"府君曰："陛下聪明神武，得之于天，发号施令，不尽稽古，虽负尧、舜之姿，终以不学为累。"帝默然曰："先生朕之陆贾也，何以教朕？"府君承诏着《兴衰要论》七篇。每奏，帝称善，然未甚达也。府君出为昌乐令，迁猗氏、铜川，所治着称，秩满退归，遂不仕。

开皇四年，文中子始生。铜川府君筮之，遇《坤》之《师》，献兆于安康献公，献公曰："素王之卦也、何为而来？地二化为天一，上德而居下位，能以众正，可以王矣。虽有君德，非其时乎？是子必能通天下之志。"遂名之曰通。

开皇九年，江东平。铜川府君叹曰："王道无叙，天下何为而一乎？"文中子侍侧十岁矣，有忧色曰："通闻，古之为邦，有长久之策，故夏、殷以下数百年，四海常一统也。后之为邦，行苟且之政，故魏、晋以下数百年，九州无定主也。上失其道，民散久矣。一彼一此，何常之有？夫子之叹，盖忧皇纲不振，生人劳于聚敛而天下将乱乎？"铜川府君异之曰："其然乎？"遂告以《元经》之事，文中子再拜受之。

十八年，铜川府君宴居，歌《伐木》，而召文中子。子矍然再拜："敢问夫子之志何谓也？"铜川府君曰："尔来！自天子至庶人，未有不资友而成者也。在三之义，师居一焉，道丧已来，斯废久矣，然何常之有？小子勉旃，翔而后集。"文中子于是有四方之志。盖受《书》于东海李育，学《诗》于会稽夏琠，问《礼》于河东关子明，正《乐》于北平霍汲，考《易》于族父仲华，不解衣者六岁，其精志如此。

仁寿三年，文中子冠矣，慨然有济苍生之心，西游长安，见隋文帝。帝坐太极殿召见，因奏《太平策》十有二，策尊王道，推霸略，稽今验古，恢恢乎运天下于指掌矣。帝大悦曰："得生几晚矣，天以生赐朕也。"下其议于公卿，公卿不悦。时将有萧墙之衅，文中子知谋之不用也，作《东征之歌》而归，曰："我思国家兮，远游京畿。忽逢帝王兮，降礼布衣。遂怀古人之心乎，将兴太平之基。时异事变兮，志乖愿违。吁嗟！道之不行兮，垂翅东归。皇之不断兮，劳身西飞。"帝闻而再征之，不至。四年，帝崩。

大业元年，一征又不至，辞以疾。谓所亲曰："我周人也，家于祁。永嘉之乱，盖东迁焉，高祖穆公始事魏。魏、周之际，有大功于生人，天子锡之地，始家于河汾，故有坟陇于兹四代矣。兹土也，其人忧深思远，乃有陶唐氏之遗风，先君之所怀也。有敝庐在茅檐，土阶撮如也。道之不行，欲安之乎？退志其道而已。"乃续《诗》《书》，正《礼》《乐》，修《元经》，赞《易》道，九年而六经大就。门人自远而至。河南董常，太山姚义，京兆杜淹，赵郡李靖，南阳程元，扶风窦威，河东薛收，中山贾琼，清河房玄龄，巨鹿魏征，太原温大雅，颍川陈叔达等，咸称师北面，受王佐之道焉。如往来受业者，不可胜数，盖千余人。隋季，文中子之教兴于河汾，雍雍如也。

大业十年，尚书召署蜀郡司户，不就。十一年以著作郎、国子博士征，并不至。

十三年，江都难作。子有疾，召薛收，谓曰："吾梦颜回称孔子之命曰：归休乎？殆夫子召我也。何必永厥龄？吾不起矣。"寝疾七日而终。门弟子数百人会议曰："吾师其至人乎？自仲尼已来，未之有也。《礼》：男子生有字，所以昭德；死有谥，所以易名。夫子生当天下乱，莫予宗之，故续《诗》《书》，正《礼》《乐》，修《元经》，赞《易》道，圣人之大旨，天下之能事毕矣。仲尼既没，文不在兹乎？《易》曰：'黄裳元吉，文在中也。'请谥曰文中子。"丝麻设位，哀以送之。礼毕，悉以文中子之书还于王氏。《礼论》二十五篇，列为十卷。《乐论》二十篇，列为十卷。《续书》一百五十篇，列为二十五卷。《续诗》三百六十篇，列为十卷。《元经》五十篇，列为十五卷。《赞易》七十篇，列为十卷。并未及行。遭时丧乱，先夫人藏其书于箧笥，东西南北，未尝离身。大唐武德四年，天下大定，先夫人返于故居，又以书授于其弟凝。

文中子二子，长曰福郊，少曰福畤。

注　释

[1]《后汉书》卷一百一十三《逸民列传》云："王霸字儒仲，太原广武人也。少有清节。及王莽篡位，弃冠带，绝交宦。建武中，征到尚书，拜称名，不称臣，有司问其故，霸曰：'天子有所不臣，诸侯有所不友。'司徒侯霸让位于霸，阎阳毁之曰：'太原俗党，儒仲颇有其风。'遂止。以病归，隐居守志，茅屋蓬户，连征不止，以寿终。"

[2]《新唐书·宰相世系表》云："乌丸王氏：霸长子殷，后汉中山太守，食邑祁县。"

《中说》附录三　录唐太宗与房魏论礼乐事

　　大唐龙飞，宇内乐业，文中子之教未行于时，后进君子鲜克知之。贞观中，魏文公有疾[1]，仲父太原府君问候焉[2]，留宿宴语，中夜而叹。太原府君曰："何叹也？"魏公曰："大业之际，徵也尝与诸贤侍文中子，谓徵及房、杜等曰：'先辈虽聪明特达，然非董、薛、程、仇之比，虽逢明王必愧礼乐。'徵于时有不平之色，文中子笑曰：'久久临事，当自知之。'及贞观之始，诸贤皆亡，而徵也、房、李、温、杜获攀龙鳞，朝廷大议未尝不参预焉。上临轩谓群臣曰：'朕自处蕃邸，及当宸极，卿等每进谏正色，咸云：嘉言良策，患人主不行，若行之，则三皇不足四，五帝不足六。朕诚虚薄，然独断亦审矣。虽德非徇齐，明谢浚哲，至于闻义则服，庶几乎古人矣。诸公若有长久之策，一一陈之，无有所隐。'房、杜等奉诏舞蹈，赞扬帝德。上曰：'止'。引群公内宴。酒方行，上曰：'设法施化，贵在经久。秦、汉已下，不足袭也。三代损益，何者为当？卿等悉心以对，不患不行。'是时群公无敢对者，徵在下坐，为房、杜所目，因越席而对曰：'夏、殷之礼既不可详，忠敬之化，空闻其说。孔子曰：周监二代，郁郁乎文哉！吾从周。《周礼》，公旦所裁，《诗》《书》，仲尼所述，虽纲纪颓缺，而节制具焉。荀、孟陈之于前，董、贾伸之于后，遗谈余义，可举而行。若陛下重张皇坟，更造帝典，则非驽劣所能议及也。若择前代宪章，发明王道，则臣请以《周典》唯所施行。'上大悦。翌日，又召房、杜及徵俱入，上曰：'朕昨夜读《周礼》，真圣作也。首篇云："惟王建国，辨方正位，体国经野，设官分职，以为人(民)极。"诚哉深乎！'良久谓徵曰：'朕思之，不井田、不封建、不肉刑而欲行周公之道，不可得也。大《易》之义，随时顺人。周任有言：陈力就列。若能一一行之，诚朕所愿，如或不及，强希大道，画虎不成，为将来所笑，公等可尽虑之。'因诏宿中书省，会议数日，卒不能定，而徵寻请退。上虽不复扬言，而闲宴之次谓徵曰：'礼坏乐崩，朕甚悯之。昔汉章帝眷眷于张纯，今朕急急于卿等，有志不就，古人攸悲。'徵跪奏曰：'非陛下不能行。盖臣等无素业尔，何愧如之？然汉文以清静富邦家，孝宣以章程练名实，光武责成委吏，功臣获全，肃宗重学尊师，儒风大举，陛下明德独茂，兼而有焉，虽未冠三代，亦千载一时。惟陛下虽休勿休，则礼乐度数，徐思其宜，教化之行，何虑晚也？'上曰：'时难得而易失，朕所以遑遑也。卿退，无有后言。'徵与房、杜等并慚栗，再拜而出。房谓征曰：'玄龄与公竭力辅国，然言及礼乐，则非命世大才，不足以望陛下清光矣。'昔文中子不以《礼》《乐》赐予，良有以也。向使董、薛在，适不至此。噫！有元首无股肱，不无可叹也。"

十七年，魏公薨，太原府君哭之恸。十九年，授余以《中说》，又以魏公之言告予，因叙其事。时贞观二十年九月记。

注　释

[1] 魏文公：魏徵，官至光禄大夫，封郑国公，谥号"文贞"。
[2] 太原府君：《王氏家书杂录》云："太原府君，讳凝，字叔恬，文中子亚弟也。"

《中说》附录四　东皋子答陈尚书书录

东皋先生，讳绩，字无功，文中子之季弟也。弃官不仕，耕于东皋，自号东皋子。

贞观初，仲父太原府君为监察御史，弹侯君集，事连长孙太尉，由是获罪。时杜淹为御史大夫，密奏仲父直言，非辜。于是太尉与杜公有隙，而王氏兄弟皆抑而不用矣。

季父与陈尚书叔达相善。陈公方撰《隋史》，季父持《文中子世家》与陈公编之。陈公亦避太尉之权，藏而未出，重重作书遗季父，深言勤恳。季父答书。其略曰：

亡兄昔与诸公游，其言皇王之道，至矣。仆与仲兄侍侧，颇闻大义。亡兄曰："吾周之后也，世习礼乐，子孙当遇王者得申其道，则儒业不坠，其天乎？其天乎？"时魏文公对曰："夫子有后矣，天将启之，绩也傥逢明主，愿翼其道，无敢忘之。"

及仲兄出胡苏令，杜大夫尝于上前言其朴忠[1]。太尉闻之怒，而魏公适入奏事，见太尉，魏公曰："君集之事果虚邪？御史当反其坐果实邪？太尉何疑焉？"于是意稍解。然杜与仲父抗志不屈，魏公亦退朝默然。其后君集果诛，且吾家岂不幸而为多言见穷乎？抑天实未启其道乎？

仆今耕于野有年矣，无一言以裨于时，无一势以托其迹，没齿东皋，醉醒自适而已。然念先文中之述作，门人传受升堂者半在廊庙，《续经》及《中说》未及讲求而行。嗟乎！足下知心者顾仆何为哉？愿记亡兄之言，庶几不坠，足矣。谨录《世家》既去，余在福郊，面悉其意。幸甚，幸甚！

注　释

[1] 胡苏：隋朝置胡苏县，隶属平原郡。唐朝改郡为州，胡苏县隶属观州；天宝元年（742 年）废胡苏改为临津县，隶属沧州。今为宁津县，隶属山东省德州市。

《中说》附录五　录关子明事

关朗字子明[1]，河东解人也[2]。有经济大器，妙极占算，浮沈乡里，不求官达。

太和末，余五代祖穆公封晋阳，尚书署朗为公府记室[3]。穆公与谈《易》，各相叹服。穆公谓曰："足下奇才也，不可使天子不识。"入言于孝文帝，帝曰："张彝、郭祚尝言之，朕以卜算小道，不之见尔。"穆公曰："此人道微言深，殆非彝、祚能尽识也。"诏见之，帝问《老》《易》，朗寄发明玄宗，实陈王道，讽帝慈俭为本，饰之以刑政礼乐。帝嘉叹，谓穆公曰："先生知人矣。昨见子明，管、乐之器，岂占算而已！"穆公再拜对曰："昔伊尹负鼎干成汤，今子明假占算以谒陛下，臣主感遇，自有所因，后宜任之。"帝曰："且与卿就成筮论。"既而频日引见，际暮而出。会帝有乌丸之役，敕子明随穆公出镇并州，军国大议驰驿而闻，故穆公《易》筮，往往如神。

先是穆公之在江左也，不平袁粲之死，耻食齐粟，故萧氏受禅而穆公北奔，即齐建元元年，魏太和三年也，时穆公春秋五十二矣。奏事曰："大安四载，微臣始生。"盖宋大明二年也。既北游河东，人莫之知，惟卢阳乌深奇之，曰："王佐才也。"太和八年，征为秘书郎，迁给事黄门侍郎，以谓孝文有康世之意，而经制不立，从容闲宴，多所奏议，帝虚心纳之。迁都雒邑，进用王萧，由穆公之潜策也。又荐关子明，帝亦敬服，谓穆公曰："嘉谋长策，勿虑不行，朕南征还日，当共论道，以究治体。"穆公与朗欣然相贺曰："千载一时也。"俄帝崩，穆公归洛，逾年而薨，朗遂不仕。同州府君师之，受《春秋》及《易》，共隐临汾山。

景明四年，同州府君服阕援琴，切切然有忧时之思，子明闻之曰："何声之悲乎？"[4]府君曰："彦诚悲先君与先生有志不就也。"子明曰："乐则行之，忧则违之。"府君曰："彦闻：治乱损益，各以数至，苟推其运，百世可知，愿先生以筮一为决之，何如？"子明曰："占算幽微，多则有惑，请命蓍，卦以百年为断。"府君曰："诺。"

于是揲蓍布卦，遇《夬》之《革》（兑上乾下）（兑上离下），舍蓍而叹曰："当今大运，不过二再传尔。从今甲申，二十四岁戊申，大乱而祸始，宫掖有蕃臣秉政，世伏其强，若用之以道，则桓文之举也；如不以道，臣主俱屠地。"

府君曰："其人安出？"朗曰："参代之墟，有异气焉，若出，其在并之郊乎？"府君曰："此人不振，苍生何属？"子曰："当有二雄举而中原分。"府君曰："各能成乎？"朗曰："我隙彼动，能无成乎？若无贤人扶之，恐不能成。"府君曰："请刻其岁。"朗曰："始于甲寅，卒于庚子，天之数也。"府君曰："何国先亡？"朗曰："不战德而用诈权，则旧者先亡也。"府君曰："其后如何？"朗曰："辛丑之岁，有恭俭之主，起布衣而并六合。"府君曰："其东南乎？"

朗曰："必在西北。平大乱者未可以文治，必须武定。且西北用武之国也。东南之俗，其弊也剽；西北之俗，其兴也勃。又况东南，中国之旧主也？中国之废久矣。天之所废，孰能兴之？"府君曰："东南之岁可刻乎？"朗曰："东南运历，不出三百，大贤大圣，不可卒遇，能终其运，所幸多矣。且辛丑，明王当兴，定天下者不出九载。己酉，江东其危乎？"府君曰："明王既兴，其道若何？"朗曰："设有始有卒，五帝三王之化复矣。若非其道，则终骄亢，而晚节末路，有桀、纣之主出焉。先王之道坠地久矣，苛化虐政，其穷必酷。故曰：大军之后，必有凶年；积乱之后，必有凶主。理当然也。"府君曰："先王之道竟亡乎？"

朗曰："何谓亡也？夫明王久旷，必有达者生焉。行其典礼，此三才五常之所系也。孔子曰：文王既没，文不在兹乎？故王道不能亡也。"府君曰："请推其数。"朗曰："乾坤之策，阴阳之数，推而行之，不过三百六十六，引而伸之，不过三百八十四，天之道也。噫，朗闻之，先圣与卦象相契，自魏已降，天下无真主，故黄初元年庚子，至今八十四年，更八十二年丙午，三百六十六矣，达者当生。更十八年甲子，其与王者合乎？用之则王道振，不用，洙泗之教修矣。"府君曰："其人安出？"朗曰："其唐晋之郊乎？昔殷后不王而仲尼生周，周后不王，则斯人生晋。夫生于周者，周公之余烈也；生于晋者，陶唐之遗风也。天地冥契，其数自然。"府君曰："厥后何如？"朗曰："自甲申至甲子，正百年矣。过此未或知也。"

府君曰："先生说卦，皆持二端。"朗曰："何谓也？"府君曰："先生每及兴亡之际，必曰'用之以道，辅之以贤，未可量也'，是非二端乎？"朗曰："夫象生有定数，吉凶有前期，变而能通，故治乱有可易之理。是以君子之于《易》，动则观其变而玷其占，问之而后行，考之而后举，欲令天下顺时而进，知难而退，此占算所以见重于先王也。故曰：危者使平，易者使颂，善人少恶人多，暗主众明君寡。尧舜继禅，历代不逢；伊周复辟，近古亦绝，非运之不可变也，化之不可行也？道悠世促，求才实难。或有臣而无君，或有君而无臣，故全之者鲜矣。仲尼曰：如有用我者，吾其为东周乎？此有臣而无君也。章帝曰：尧作《大章》，一夔足矣。此有君而无臣也。是以文武之业，遂沦于仲尼；礼乐之美，不行于章帝。治乱之渐必有厥由，而兴废之成终罕所遇。《易》曰：功业见乎变。此之谓也。何谓无二端！"府君曰："周公定鼎于郏、鄏，卜世三十，卜年八百，岂亦二端乎？"

朗曰："圣人辅相天地，准绳阴阳，恢皇纲，立人极，修策迥驭，长罗远羁，昭治乱于未然，算成败于无兆，固有不易之数，不定之期。假使庸主守之，贼臣犯之，终不促已成之期，干未衰之运。故曰：周德虽衰，天命未改。圣人知明王贤相不可必遇，圣谋睿策有时而弊，故考之典礼，稽之龟策，即人事以申天命，悬历数以示将来。或有已盛而更衰，或过算而不及，是故圣人之法所可贵也。向使明王继及，良佐踵武，则当亿万斯年与天无极，岂止三十世八百年而已哉？过算余年者，非先王之功，即桓、文之力也。天意人事，岂徒然哉？"

府君曰："龟策不出圣谋乎？"朗曰："圣谋定将来之基，龟策告未来之事，递相表里，安有异同？"府君曰："大哉人谟！"朗曰："人谋所以安天下也。夫天下大器也，置之安地则安，置之危地则危，是以平路安车，狂夫审乎难覆；乘奔驭朽，童子知其必危，岂有《周礼》既行，历数不延乎八百；秦法既立，宗祧能逾乎二世？噫！天命人事，其同归乎？"

府君曰："先生所刻治乱兴废果何道也？"朗曰："文质递用，势运相乘。稽损益以验其时，百代无隐；考龟策而研其虑，千载可知。未之思欤？夫何远之有？"

府君蹶然惊起，因书策而藏之，退而学《易》。盖王氏《易》道，宗于朗焉。

其后，宣武正始元年岁次甲申，至孝文永安元年二十四岁戊申，而胡后作乱，尔朱荣起并州，君臣相残，继踵屠地。及周齐分霸，卒并于西，始于甲寅，终于庚子，皆如其言。明年辛丑岁，隋高祖受禅，果以恭俭定天下。开皇元年，安康献公老于家，谓铜川府君曰："关生殆圣矣，其言未来，若合符契。"

开皇四年，铜川夫人经山梁，履巨石而有娠，既而生文中子，先丙午之期者二载尔^[5]。献公筮之曰："此子当知矣。"开皇六年丙午，文中子知《书》矣，厥声载路。九年己酉，江东平，高祖之政始迫。仁寿四年甲子，文中子谒见高祖，而道不行，大业之政甚于桀、纣^[6]。于是文中子曰："不可以有为矣。"遂退居汾阳，续《诗》《书》，论礼乐^[7]。江都失守，文中寝疾，叹曰："天将启尧舜之运，而吾不遇焉。"呜呼！此关先生所言皆验也。

注　释

[1] 关朗：字子明，河东解州人。北魏隐士、易学家，其《关氏易学》，宋以后志书皆有著录，今传其本，但有争议。据《圣帝世系考证》和《广义祀典》，关朗为东汉末年名将关羽玄孙，精通经史，有经天纬地之才，却浮沉乡里，不求宦达，为魏孝文帝所器重。

[2] 河东代指山西永济。因黄河流经山西省的西南境，则山西在黄河以东，故这块地方古称河东。秦汉时指河东郡地，在今山西运城、临汾一带。唐代以后泛指山西。顾炎武《日知录》卷三十一云："河东，山西一地也，唐之京师在关中，而其东则河，故谓之河东；元之京师在蓟门，而其西则山，故谓之山西，各自其畿甸之所近而言之也。"

解：五代后汉置解州，治解县（今山西运城西南解州）。民国以州为县。1954年，解县与虞乡并为解虞。1958年，解虞与安邑合并为运城。以后又将原虞乡部分划归永济县。

[3] 太和：北魏孝文帝拓跋宏由477年至499年的年号。

[4] 景明：见《魏书》卷八《世宗纪》。北魏孝文帝元宏于499年病死，元恪即位，是为魏世宗。次年改年号为景明。

[5] 开皇：隋文帝杨坚的年号，从581年二月至600年十二月，历时20年。

[6] 仁寿：隋文帝杨坚的年号，从601年正月至604年十二月，历时3年余。仁寿四年（604年）七月，隋炀帝即位沿用。

[7] 汾阳：因位于汾河之阳（西）而得名，今山西汾阳市。汾阳始建于春秋初期，为瓜衍县，属并州。隋大业中年改介州为西河郡。唐武德元年（618年）改西河郡为浩州，三年复为汾州。天宝元年（742年）改汾州为西河郡。乾元元年（758年）复为汾州。上元元年（760年）改隰城县为西河县，属汾州。

《中说》附录六　王氏家书杂录

太原府君，讳凝，字叔恬，文中子亚弟也。贞观初，君子道亨，我先君门人布在廊庙，将播厥师训，施于王道，遂求其书于仲父。仲父以编写未就不之出，故六经之义代莫得闻。

仲父释褐，为监察御史。时御史大夫杜淹谓仲父曰："子圣贤之弟也，有异闻乎？"仲父曰："凝忝同气，昔亡兄讲道河汾，亦尝预于斯，然六经之外无所闻也。"淹曰："昔门人咸存记焉，盖薛收、姚义缀而名曰《中说》。兹书，天下之昌言也，微而显，曲而当，旁贯大义，宏阐教源。门人请问之端，文中行事之迹，则备矣。子盍求诸家？"仲父曰："凝以丧乱以来，未遑及也。"退而求之，得《中说》一百余纸，大底杂记不着篇目，首卷及序则蠹绝磨灭，未能诠次。

会仲父黜为胡苏令，叹曰："文中子之教不可不宣也，日月逝矣，岁不我与。"乃解印而归，大考六经之，而缮录焉。《礼论》《乐论》各亡其五篇，《续诗》《续书》各亡《小序》，推《元经》《赞易》具存焉，得六百六十五篇，勒成七十五卷，分为六部，号曰"王氏六经"。仲父谓诸子曰："大哉兄之述也，以言乎皇纲帝道，则大明矣，以言乎天地之间，则无不至焉。自春秋以来，未有若斯之述也。"又谓门人曰："不可使文中之后不达于兹也。"乃召诸子而授焉。

贞观十六年，余二十一岁，受六经之义；三年，颇通大略。呜呼！小子何足以知之，而有志焉。

十九年，仲父被起为洛州录事，又以《中说》授余曰："先兄之绪言也。"[1]余再拜曰："《中说》之为教也，务约致深，言寡理大，其比方《论语》之记乎？孺子奉之，无使失坠。"

余因而辨类分宗，编为十编，勒成十卷，其门人弟子姓字本末，则访诸纪牒，列于外传，以备宗本焉。且《六经》《中说》，于以观先君之事业，建义明道，垂则立训，知文中子之所为者，其天乎？年序浸远，朝廷事异，同志沦殂，帝阍攸邈，文中子之教抑而未行，吁可悲哉！空传子孙以为素业云尔。时贞观二十三年正月序。

注　释

[1] 洛州录事：即洛阳。《元和郡县图志》云：洛州，东都。录事：职官名。晋代骠骑将军及诸大将军不开府办事，属官有录事，掌总录文簿。后代刺史领军而开府者亦置之，职任甚为重要。简称"录事"。隋初以为郡官，相当于汉时州郡主簿。唐宋因之，京府中则改称司录参军。

《中说校释》附录一　《中说》的版本

一、宋本

（1）北宋刊本：傅氏双鉴楼善本书目。《文中子》十卷。此为著录之最早版本。民国十二年（1923年）上海涵芬楼曾据此本影印，今未见真本。

（2）宋王氏取瑟堂刊本：瞿氏铁琴铜剑楼书影，上海商务印书馆据此本缩印编入《四部丛刊》。

（3）宋椠本，董氏书舶庸谭。《中说》十卷。阮逸注，后有杜淹《文中子世家》、《录唐太宗与房魏论礼乐事》、《东皋子答陈尚书书》、《录关子明事》、《王氏家书杂录》和王福畤记等文。

（4）宋椠本，《经籍访古志》载日本求古楼藏。《中说》十卷。前有文中子中说序，中说卷第一，王道篇，阮逸注。与宋刊玄宗注《孝经》甚相似，疑翻雕北宋本。

（5）宋刻监本音注本，潘氏滂喜斋藏书记。《中说》十卷，一函二册。巾箱本，前卷五题监本音注，后五卷题纂图音注，前有世系、年表及河汾肄子王㸅编，其后裔也。

（6）宋本纂图互注本，吴氏拜经楼藏书题跋记。宋本《纂图互注文中子》十卷。前有文中子纂事、世系、年表一篇，题河汾肄子王㸅。无目录，有阮逸序，末卷叙篇后为《文中子世家》《录唐太宗与房魏论礼乐事》《录关子明事》。此本与《纂图互注老子》同。

（7）宋刻巾箱本，孙氏平津馆鉴藏书籍记。《中说》十卷。题阮逸注，前有文中子中说序、文中子纂事，一为世系，一为年表。此本今未见传本。

（8）宋刻巾箱本，孙氏平津馆鉴藏书籍后记。巾箱本《中说》十卷。题阮逸注，前有阮逸文中子中说序、文中子纂事，一为世系，一为年表，此即巾箱本六子之一种。此本今亦未见。

（9）宋版建阳麻沙本，天禄琳琅书目，《纂图互注六子全书》，四函二十四册。《文中子中说》十卷，宋阮逸注。前有逸序，文中子纂事，后有杜淹撰《文中子世家》、《录唐太宗与房魏论礼乐事》、王福畤记《东皋子答陈尚书书》、《录关子明事》和《王氏家书杂录》，首有景定元年（1260 年）龚士离序。此本今亦未见。

（10）宋版，天禄琳琅书目，又《老子》《荀子》《扬子》《文中子》四函二十册。见前《六子全书》，《老子》《荀子》《扬子》《文中子》篇目俱同。无《列子》《庄子》二书。盖即前摹印诸子，各自成书，无嫌专行也。今亦未见此本。

（11）宋版，钱氏绛云楼书目，子部儒家类，宋版《文中子》十卷，王通。此本记载甚略。

（12）宋刻本《中说注》，清杨氏留真谱初编。《中说序》下墨圈内有养安院藏书，阮逸注。杨氏名守敬，字惺吾，宜都人，生于清道光十九年（1839 年），商人，中举人，然会试不第。在日本购得许多善本书，曾着《日本访书》等，又协助黎庶昌刻《古逸丛书》。

（13）宋版《二十家子》，季沧苇书目。宋版《二十家子》十六本，中有《老子》《关尹子》《文中子》等。季沧苇，清顺治进士，官御史，家富而多藏书。

二、元本

（1）元刊本，陆氏皕宋楼藏书志，儒家类，《文中子中说》十卷，隋王通撰，宋阮逸注，前有《文中子纂事》。今未见此本。陆氏字刚甫，名心源，清归安人，咸丰时举人，藏书极为丰富，其善本书藏比宋楼。其子纯伯于光绪时以书售予日本人。

（2）元椠本，《经籍访古志》载日本求古楼藏。《中说》十卷，卷首有冈氏家藏印、恬裕记印，又有村为纪印、及子刚印，又有赏颜斋宝藏、子孙永保印。

（3）元刊本，丁氏八千卷楼书目，盋山书影录像，《中说》十卷，隋王通撰。丁氏，名仁，钱塘人，有八千卷楼书目。盋山书影，南京盋山江南图书馆所刊，不分卷。

（4）元刊黑口本，丁氏八千卷楼书目，盋山书影录像，《中说》十卷，隋王通撰，阮逸注。

（5）元刊黑口本，丁氏善本书室藏书志，《中说》十卷，前阮逸序已失。丁氏，名丙，字嘉鱼，钱塘人。

（6）元刊黑口本，江苏省图书馆图书总目，《中说》十卷，二册。隋龙门王通撰，宋建阳阮逸注。有东吴沈澡余居士鉴赏之章，一章一印。还有一本《中说》十卷，四册。隋龙门王通撰，宋建阳阮逸注，元刊本。有周士德印。

（7）元坊刻本，瞿氏铁琴铜剑楼书影。序文有音注，序文左上角附耳格，刻"中序"二字。

（8）元刊六子本，台湾"中央图书馆"藏，《文中子中说》十卷四册，宋阮逸注。据台湾学者骆建人《文中子研究》记载，书前为文中子中说序，序文首行下有"中央图书馆"收藏及子俊篆文朱印，序后为篇目，次为河汾肆子王壬撰文中子纂事，一为世系，一为年表。首行中说卷之几，次行篇名，下刻阮逸注。第一册版心多已漫漶，然字迹受损不多，第二册受损严重，虽加修补，多已脱白，三、四册较为完整，卷十《关朗篇》后为叙篇，有杜淹撰《文中子世家》《录唐太宗与房魏论礼乐事》，以及王福畤撰《东皋子答陈尚书书》《录关子明事》《王氏家书杂录》等，此仅存之元刊本。

三、明本

（1）明翻元刊本六子本，《中说》十卷二册，王通着、阮逸注。

（2）明初建阳坊肆刊本，《纂图互注六子》，宋龚士卨编，《文中子中说》十卷。龚士卨，宋人，但史书无传，编《纂图互注六子》，名于当时，王应麟的《困学纪闻》提及此人。龚士卨非为《中说》作注的龚鼎臣。龚鼎臣，史书有传，并见陈振孙的《直斋书录解题》。

（3）明初建安坊六子本，《中说》十卷，四册。书前有文中子中说序，序下有"京师图书馆收藏之印"及秦峰手校篆文朱印，还有一大朱印，为"学部图书之印"，书后有"京师图书馆收藏之印"及秦峰手校篆文朱印。

（4）明初陶宗仪编选蓝格选抄本，《文中子》一卷，题隋王通撰，《说郛》一百卷，六十四册，明陶宗仪编。陶宗仪，字九成，黄岩人。元时举进士不中，退而教授。明洪武初累征不就，另着《辍耕录》《古刻丛抄》

多种。

（5）明正嘉间吴郡顾氏世德堂刊六子本，《文中子中说》十卷，六册，旧题隋王通撰，宋阮逸注。中华书局《四部备要》本即据此本校勘。

（6）明翻刊世德堂六子本，《文中子中说》一册，旧题隋王通撰，宋阮逸注。首页有莫印友之白文朱印，书眉有墨笔批语。

（7）明桐荫书屋校刊本，《文中子中说》十卷二册，旧题隋王通撰，宋阮逸注。书前序下有袁水孙氏瘦柳堂图书记。

（8）明嘉靖六年关中许氏樊川别业刊本，《文中子》十卷，旧题隋王通撰，六子书六二卷十六册。

（9）明正嘉间原刊本，《中说考》七卷一册，明崔铣撰。书后有崔铣中说考序，其序曰："《中说》之作也，何传之难而湮之易乎？知者寡而罪者众乎？由魏晋而来，天其闭道也已矣，是故长玄虚而盛斋戒，竞杀伐而攻谖诈，言道则惟空寂，为文则饰藻丽，而王氏仲淹者出，独师孔子，言宗《论语》，述准'六经'，学修于近，治求于本，邦昌则献其谋，邦欲乱则退而怀之，秦汉而下，其罕若人之俦乎？罪之者曰：僭经也，拟孔子也。夫学不师圣，将奚则焉，古不云乎？非先王之法言不敢道，非先王之德行不敢行，法圣人而谓之非，何也？昔夫子之时，坟典丘索，纷如也，《诗》且三千篇，列国之史叛，经四代之礼乐兼学之，夫上古之治，朴而陋，不可复也；中古之治，文而骄，不可由也，存其文质之中，不俚以倨，不华以伪，简可习也，约弗乱也，其诸夫子之六经邪？是故桑中鹑奔，可参雅颂；斥君悔谝，可殿典谟，假仁窃礼可与？存义气变漓而事改，化消薄而武低，吾不可如之何也已！而彝伦攸斁，将欲俅于文，创不巨，则痛不深，征不刻，则劝不勇，存其正以形其罪，鉴于乱以有其治，譬诸膏粱药石，养生者弗偏废也。自汉而后，道降矣！治驳矣，文则烦以芜矣，而是非得失之故，宜察史氏之述，最若马迁班固者，疵谬不殚举，视丘明且劣矣！夫两汉尚行尊经，宁无一言之几于道者？不然，则民彝其遂泯乱与？故仲淹其有忧世之志户？而其'续经'俱亡，《中说》十篇，醇驳相淆，又或依仿《论语》为书，读者厌之，铣为别白其词，权量其旨，类分为三，曰内，曰外，曰杂。内篇九篇，义美文驯，外篇九篇，词若夸张，义亦错杂，其余放言不伦，疑为后人所附润，为杂篇，削杜淹之诞，为世家凡二十篇，间为发蕴纠失曰释，然后仲淹之书，真赝粲列，可以羽翼孔氏，传诸其人，着雍困敦之岁，日月长至。相台崔铣书。"

崔铣，字子钟，安阳人。铣弘治进士，官南京吏部主事，著述极多，《明史·儒林传》有传。

（10）明嘉靖间原刊本，《中说考》七卷二册，隋王通撰，相台崔铣并释。此本与前本同，不过分装为二册而已。

明朝高儒的《百川书志》载："《中说考》七卷，皇明相台崔铣考并释。"

钱谦益《绛云楼书目》载："《中说考》七卷，崔铣。"

清王闻远《孝慈堂书目》载："子总，《中说考》，王通，七卷，崔锡泽，绵纸。"

清莫友芝《邵亭知见传本书目》载："子部儒家，明崔铣《中说考》七卷刊本。"

清张钧衡《适园藏书志》载："《中说考》七卷，明刊本。明崔铣撰。"

清张乃熊（张钧衡之子）《芹圃善本书目》载："《中说考》七卷，隋王通撰，明崔铣考释。嘉靖河汾书院刊本，二册。"

（11）明敬忍居刊本，《文中子中说》十卷，四册。书前有文中子中说序，次为篇目，卷十《关朗篇》后并附刻叙篇。此书右为敬忍居刊本，有瞿良印，读书养气两印。

（12）明万历六年吉藩崇德书院刊本，二十家子书，谢其盛编，《文中子中说》一卷。书前为杜淹撰文中子中说序，实则文中子世家。

（13）明万历间新安吴勉学刊二十子本，《文中子中说》十卷二册，旧题隋王通撰。

（14）明《说海》汇编本，不着汇编人名氏，《中说》二卷。书前有阮逸中说序，首行中说卷数，次行隋龙门王通着，明张易阅。此本与何允中本同。

（15）明末武林何氏刻《广汉魏丛书》配补清刊本，《中说》二卷，隋王通撰。

何氏，名允中，仁和人，天启二年进士，编《广汉魏丛书》四百四十八卷，五十册。

（16）明刊本，江南图书馆善本书目着录，《中说》二卷，明刊本，卢抱经校，数间草堂藏书。

（17）明正嘉刊本，傅氏双鉴楼善本书目，《文中子》十卷，此本今未见。

（18）明刊本，莫氏五十万卷楼藏书目录，《中说》十卷，明刊本，明纽氏世学楼旧藏，今未见此本，惟存莫氏题识。

莫氏，名伯骥，字天一，清光绪四年生，东莞人，以藏书名于时。

（19）明崇祯刊本，今未见此本。

（20）明华亭陈继儒辑《古今粹言》本，今亦未见。

四、清本

（1）清乾隆四十六年（1781 年）文渊阁藏《四库全书》馆臣抄本，子部儒家类，《中说》十卷二册。

（2）清乾隆五十六年（1791 年）王谟编《汉魏丛书》八十六种本，光绪二十年（1894 年）湖南艺文书局模印本。《中说》二卷，《汉魏丛书》八十六种本，王谟编。有王谟题识。

（3）清嘉庆申子（九年，1804 年）姑苏聚文堂刊本，《文中子笺释》。台湾世界书局即依此本影印《隋唐子书十种》。

（4）清嘉庆丁卯（十一年，1806 年）苏州书坊《十子全书》本，钱基博《版本通义》载。今未见此本。

（5）清浙江书局刊本，钱塘丁仁八千卷楼书目、潜江甘鹏云崇雅堂书录、江苏省立国学图书馆图书总目均载。此本模印世德堂本。

（6）清光绪间湖北崇文书局《百子全书》本，道家类，《文中子》一卷。钱基博《版本通义》有评。

（7）清光绪十九年（1893 年）上海鸿文书局石印本，《文中子》十卷，二十五子汇函二十五种。此本据世德堂本校印。

（8）清光绪二十一年（1895 年）黄元寿辑《汉魏丛书》石印本，《中说》二卷，汉魏丛书九十六种。书后有王谟题识。

五、民国本

（1）民国三年（1914 年）上海扫叶山房重刊崇文书局《百子全书》

石印本,《文中子》一卷。

（2）民国八年（1919年）上海商务印书馆缩印常熟瞿氏所藏宋本四部丛刊本,《文中子中说》十卷,《四部丛刊初编》子部。

（3）民国十二年（1923年）上海涵芬楼影印傅氏双鉴楼藏宋刊本,上海商务印书馆影印本,《文中子中说》十卷,《续古逸书》之十六。钱谦益《书跋》曰:"文中子中说,此为宋刻善本,今世行本出安阳崔氏者,经其刊定,骏乱失次,不复可观。今人好以己意,改窜古书,虽贤者不免,可叹也! 文中子序述六经,为洙泗之宗。于有宋巨儒,自命得不传之学,禁遏之如石压笋,使不得出六百余年矣,斯文未丧,当有如皮锡美、司空表圣者,表彰其遗书,以补千古之阙,惜吾老矣,不能任也。书此以告后之君子,玄默摄格之岁,陬月四日蒙叟钱谦益书,时年八十有一。"

（4）民国二十三年（1934年）上海商务印书馆据清王谟《汉魏丛书》本排印《丛书集成初编》排印本,《中说》二卷。书后有王谟题识。

（5）民国年间上海商务印书馆影印黄登贤家藏本,《中说》十卷一册。隋王通撰,宋阮逸注。

（6）世界书局影印姑苏聚文堂刊本辑成《隋唐子书》十种本,《文中子中说注》十卷,宋阮逸注。

六、日本刊本

（1）日本文政十年（1827年）重刊北宋小字本,《文中子》十卷一册,阮逸注,观海堂藏本。文政,日本文政天皇年号,文政十年,即1827年。

（2）日本重刊北宋小字本,《中说注》,阮逸注,杨氏留真谱初编。

七、朝鲜本

朝鲜国铜板活字印本,《经籍访古志》载日本怀仙楼藏。《中说》十卷。

《傅氏双鉴楼善本书目》载:"高丽古活字版,《文中子》十卷,十二行,十九字,有安养院藏书印。"

《中说校释》附录二　文中子文献著录

　　《新唐书》隐逸王绩：王绩字无功，绛州龙门人。性简放，不喜拜揖。兄通，隋末大儒也，聚徒河、汾间，仿古作《六经》，又为《中说》以拟《论语》。不为诸儒称道，故书不显，惟中说独传。通知绩诞纵，不婴以家事，乡族庆吊冠昏，不与也。与李播、吕才善。

《新唐书》卷一百九十六

　　王绩《游北山赋》（并序）：吾周人也，本家于祁，永嘉之际，扈从江右，地实儒素，人多高烈。穆公感建元之耻，归于洛阳；同州悲永安之事，退居河曲。始则晋阳之开国，终乃安康之受田。坟陇寓居，倏焉五叶；桑榆成荫，俄将百年。绩南山故情，老而弥笃；东陂余业，悠哉自宁。酒瓮多于步兵，黍田广于彭泽。皇甫谧之心事，陇亩终焉；仲长统之规模，园林幸足。独居南渚，时游北山，聊度日以为娱，忽经年而忘返。西穷马谷，北达牛溪，邱壑依然，风烟满目。孙登默坐，对嵇阮而无言；王霸幽居，与妻孥而共去。窗临水石，砌绕松筼。类田园之去来，亦已久矣；望山林之故道，何其悠哉！诗者志之所之，赋者诗之流也，式抽短思，即为赋云。

　　白牛溪里，峰峦四峙。信兹山之奥域，昔吾兄之所止。许由避地，张超成市。察俗删诗，依经正史。康成负笈而相继，根矩抠衣而未已。组带青衿，锵锵似似。阶庭礼乐，生徒杞梓。山似尼邱，泉疑洙泗（吾兄通，字仲淹，生于隋末，守道不仕，大业中隐于此溪，续孔子六经近百余卷，门人弟子相趋成市故溪今号王孔子之溪也）。忽焉四散，于今二纪。地犹如昨，人多已矣。念昔日之良游，忆当时之君子。佩兰荫竹，诛茅席芷。树即环林，门成阙里。姚仲由之正色，薛庄周之言理（此溪之集门人常以百数，唯河南董恒，南阳程元，中山贾琼，河南薛收，太山姚义，太原温彦博，京兆杜淹等十余人，称为俊颍。而姚义多慷慨，同侪方之仲由，薛收以理达，称方庄周，薛实妙言理也）。触石横肱，逢流洗耳。取乐经籍，忘怀忧喜。时挟策而驱羊，或投竿而钓鲤。何图一旦，遽成千纪。木壤山颓，舟移谷徙。北冈之上，东岩之前。讲堂犹在，碑石宛然。想问道于中室，忆横经于下筵。坛场草树，院宇风烟。昔文中之僻处，谅遭时之丧乱。局逸步而须时，蓄奇声而待旦。旅人小吉，明夷大难。建功则鸣凤不闻，修书则获麟为断。惜矣吾兄，遭时不平。殁身之后，天下文明。坐门人于廊庙，瘗夫子于佳城。死而可作，何时复生。式瞻虚馆，载步前楹。眷眷长想，悠悠我情。俎豆衣寇之旧地，金石丝竹之余声。没而不朽，知何所营（吾兄仲淹，以大业十三年卒于乡馆，时年三十三，门人谥为文中子，及皇家受命，门人多至公辅，而文中之道不行于时。余因游此溪，周览故迹，盖伤高贤之不遇也）。临故墟而掩抑，指归途而叹惜。往往溪横，时时路塞。忽登崇岫，依然旧识。地迥心遥，山高视直。望烟火于桑梓，辨沟塍于乡国。斜临姑射之西，正是汾河之北。怅矣怀抱，悠哉川域。

《文苑英华》卷九十七

王绩《答程道士书》：昔者吾家三兄，命世特起，先宅一德，续明六经。吾尝好其遗文，以为匡扶之要略尽矣，然峄阳之桐，以俟伯牙，乌号之弓，必资由基，苟非其人，道不虚行。吾自揆审矣，必不能自致台辅，恭宣大道。夫不涉江汉，何用方舟？不思云霄何用羽翮？故顷以来，都复散弃，虽周孔制述，未尝复窥，何况百家悠悠哉？去矣程生，非吾徒也。若足下者，可谓身处江海之上，心游魏阙之下，虽欲行志，不觉坐驰，若以此见，轻议大道，将恐北辕适越，所背弥远矣。

《文苑英华》卷六百八十八

王绩《负苓者传》：昔者，文中子讲道于白牛之溪，弟子捧书北面，环堂成列。讲罢，程生退省于松下，语及《周易》。薛收叹曰："不及伏羲氏乎？何词之多也？"俄而有负苓者旛旛然委担而息曰："吾子何叹也？"薛生曰："叟何为者？而征吾叹？"负苓者曰："夫丽朱者丹，附墨者黑，盖渐而得之也。今吾子所服者道，而犹有叹，是六腑五脏不能无受也。吾是以问。"薛生曰："收闻之，师《易》者，道之蕴也。伏羲画卦，而文王系之，不逮省文矣。以为文王病也。吾是以叹。"负苓者曰："文王焉病，伏羲氏病甚者也。昔者伏羲氏之未画卦也，三才其不立乎？四序其不行乎？

百物其不生乎？万象其不森乎？何营营乎而费画也？自伏羲氏泄道之密，漏神之几，分张大和，磔裂元气，使天下之智者诡道逆出，曰我善言象而识物情，阴阳相磨，远近相取，作为刚柔同异之说，以骇人志。于是知者不知而大朴散矣。责伏羲氏始兆乱者，安得赢叹而差文王？"负其笭而行。追而问之居与姓名，不答。文中子闻之，曰："隐者也。"

《唐文萃》卷九十九

《全唐诗》：王勃，字子安，绛州龙门人，文中子通之孙。六岁善文辞，未冠，应举及第。授朝散郎，数献颂阙下。沛王闻其名，召署府修撰。是时诸王斗鸡，勃戏为文，檄英王鸡，高宗斥之。勃既废，客剑南。久之，补虢州参军。坐事，复除名。勃父福畤，坐勃故，左迁交趾令。勃往交趾省父。渡海溺水，悸而卒，年二十八。勃好读书，属文初不精思，先磨墨数升，引被覆面而卧，忽起书之，不易一字，时人谓之腹稿。与杨炯、卢照邻、骆宾王皆以文章齐名，天下称王杨卢骆，号四杰。勃有集三十卷，今编诗二卷。

扬州诗局本

杨炯《王勃集序》：君讳勃，字子安，太原祁人也。其先出自有周，启文明之裔；隐乎炎汉，宏宣高尚之风。晋室南迁，家声布于淮海；宋臣北徙，门德胜于河汾。宏材继出，达人间峙。祖父通，隋秀才高第，蜀郡司户书佐，蜀王侍读。大业末，退讲艺于龙门。其卒也，门人谥之曰文中子。闻风睹奥，起予道唯；撮摩三古，开阐八风。始摈落于邹、韩，终激扬于荀、孟。父福畤，历任太常博士雍州司功交阯六合二县令，为齐州长史。抑惟邦彦，是曰人宗。绝六艺以成能，兼百行而为德。司马谈之晚岁，思宏授史之功；扬子云之暮年，遂起参元之叹。

文中子之居龙门也。睹隋室之将散，知吾道之未行；循叹凤之远图，宗获麟之遗制。裁成大典，以赞孔门；讨论汉魏，迄于晋代。删其诏命，为百篇以续《书》。甄正乐府，取其雅奥，为三百篇以续《诗》。又自晋太始元年，至隋开皇九年平陈之岁，裒贬行事，述《元经》以法《春秋》。门人薛收窃慕，同为《元经》之传，未就而殁。君思崇祖德，光宣奥义。续薛氏之遗传，制《诗》《书》之众序。包举艺文，克融前烈。陈群禀太邱之训，时不逮焉；孔伋傅司寇之文，彼何功矣？《诗》《书》之序，并冠于篇；

《元经》之傅，未终其业。命不与我，有涯先谢。春秋二十八，皇唐上元三年秋八月。不改其乐，颜氏斯殂；养空而浮，贾生终逝。

《杨炯集》卷三

刘禹锡《王质神道碑》：并州（王杰）六代孙名通，字仲淹，在隋朝诸儒，唯通能明王道。隐居白牛溪，游其门者皆天下隽杰。着书行于世。既没，谥曰文中子。（略）始，文中先生有重名于隋末，其弟绩亦以有道显于国初，自号东皋子。文章高逸，传在人间。议者谓兄以大中立言，弟游方外遂性，三百年间，君子称之。虽四夷亦闻其名字。

《刘梦得集》卷二十九

李翱《答朱载言书》：天下之语文章，有六说焉：其尚异者，则曰文章辞句，奇险而已；其好理者，则曰文章叙意，苟通而已；其溺于时者，则曰文章必当对；其病于时者，则曰文章不当对；其爱难者，则曰文章宜深不当易；其爱易者，则曰文章宜通不当难。此皆情有所偏，滞而不流，未识文章之所主也。义不深不至于理，言不信不在于教劝，而词句怪丽者有之矣，《剧秦美新》、王褒《僮约》是也；其理往往有是者，而词章不能工者有之矣，刘氏《人物表》、王氏《中说》、俗传《太公家教》是也。

《李文公集》卷六

钱易《南部新书》戊集：刘贲精于儒术，常看《文中子》，忿然而言曰："才非殆庶，拟上圣述作，不亦过乎？"客曰："《文中子》于六籍如何？"曰："若以人望，《文中子》于六籍，犹奴婢之于郎主耳。"后人遂以《文中子》为六籍奴婢。

孔道辅《五贤堂记》：孟、荀继作，乃述唐虞之业，序仁义道德之源，俾诸子变怪不轨之势息，圣人之教复振，其功甚大矣。后至汉室坫缺，扬子恶诸子知舛，诋诃圣人，独能怀二圣三王之迹，讥时着书，以尊大圣。使古道昭昭不泯者，扬之力也。西汉之后，皇纲驰紊；六代丧乱，文章散靡。妖狂之风，荡然无革。文中子澄其源，兆兴王之运；韩文公治其末，广尊道之旨。

《阙里志》卷二十一

裴延翰《樊川文集序》：故文中子曰："言文而不及理，是天下无文也，王道何从而兴乎！"嘻，所谓文章与政通，而风俗以文移，果于是以卜。（《樊

川诗集注》引）

陆龟蒙《送豆庐处士谒宋丞相序》：龟蒙读扬雄所为书，知《太玄》准《易》，《法言》准《论语》，晚得文中子王先生《中说》，又知其书与《法言》相类（略）。文中子生于隋代，知圣人之道不行，归河汾间，修先王之业，九年而功就，谓之《王氏六经》。门徒弟子，有若巨鹿魏公、京兆杜公、代郡李公，咸北而称师，受王佐之道。隋亡，文中子没，门人归于唐，尽发文中子所受之道，左右其治。文帝每叹曰："魏徵教我功业如此，恨不使封德彝见之。"逮今十八圣，举其君，必曰太宗；举其相，必曰房、魏。上下之心，耻不及贞观，则生人手赐足矣。岂非文中子之道塞而终通乎？

《笠泽丛书》卷乙

司空图《文中子碑》：道，制治之大器也；儒，守其器者耳。故圣哲之生，受任于天，不可断之以就其时。仲尼不用于战国，致其道于孟、荀而传焉。得于汉，成四百之祚。五胡继乱，极于周、齐。天其或者生文中子以致圣人之用，得众贤而廓之，以俟我唐，亦天命也。故房、魏数公，皆为其徒，恢文、武之道，以济贞观治平之盛，今三百年矣，宜其俾。圣魁之柄，授必有施，巨底之绩，济亦厥时。予惟善守，赋而不私。克辅于我，贞休之期。

《唐文粹》卷五十一

司空图《三贤赞》：隋大业间，房公、李公、魏公皆师文中子。尝谓其徒曰："玄龄也志而密，靖也惠也断，徵也直而遂。俾其遭时致力，必济谟用。"厥后果然，宜有赞。云：三贤同志，夙尚儒风，以植公忠，出遇太宗。讽议从容，谋蹙群后，君劳臣惕，荒夷阻辟，百千年社稷。

《司空表圣文集》卷九

皮日休《文中子碑》：天不能言，阴隙乎民，民不可纵，是生圣人。圣人之道，德与命符，是为尧舜。性与命乖，是为孔颜。噫，仲尼之化不及于一国，而被于天下；不治于一时，而需乎万世。非删《诗》《书》，定《礼》《乐》，赞《易》道，修《春秋》乎？故孟子迭踵孔圣而赞其道，京乎千世而可继孟氏者，复何人哉？文中子王氏，讳通，生于陈隋之间。以乱世不仕，退于汾晋。序述《六经》，敷为《中说》以行教于门人。夫仲尼删《诗》

《书》，定《礼》《乐》，赞《易》道，修《春秋》，先生则有《礼论》二十五篇，《续诗》三百六十篇，《元经》三十一篇，《易赞》七十篇。孟子之门人，有高弟者，公孙丑，万章焉。先生则有薛收，李靖，魏徵，李绩，杜如晦，房玄龄。孟子之门人郁郁于乱世，先生之门人赫赫于盛时。较其道，与孔孟岂徒然哉？设先生生于孔圣世，余恐不在游夏亚，况七十子欤？惜乎德与命乘，不及睹吾唐受命而殁。苟唐得而用之，贞观之治，不在于房杜褚魏矣。后先生二百五十余岁，生曰皮日休，嗜先生道业，先生文，因读《文中子》后序，尚阙于赞述。想先生封随在所，因为铭曰，大道不明，天地沦精。俟物圣教，乃出先生。百氏黜迹，六艺腾英。道符真宰，用失阿衡。先生门人，为唐之祯。差肩明哲，接武名卿。未逾一纪，致我太平。先生之功，莫之与京。

《皮子文薮》卷四

皮日休《请韩文公配享太学书》：今有人，身行圣人之道，口吐圣人之言，行如颜、闵，文若游、夏，死不得配食于夫子之侧，愚又不知尊先圣之道也。夫孟子、荀卿翼传孔道，以至于文中子。

《皮子文薮》卷四

徐铉《舒州新建文宣王庙碑序》：铉尝读文中子所著书，窃观其建言设教，宪章周孔，有道无位，故德泽不被于生民。然而门人弟子如房、魏、李、杜辈，皆遭遇真主，佐佑大化，元功盛烈，亦云至矣。犹以为礼乐不兴，未能行文中子之道。嗟乎，使颜闵之徒遇贞观之世，举圣人之业，成天下之务，岂不益大乎。时运不并亨，圣贤不出世，可为长叹息已矣。

《徐文公集》卷十二

石介《文中子》：龙蛰河汾道不行，于谟经济授诸生。由来房魏皆卿相，共辅文皇致太平。又：独将礼乐付程仇，房杜无才阐大猷。可惜唐家三百载，声明文物愧宗周。

《徂徕集》卷四

柳开《补亡先生传》：补亡先生旧号东郊野夫者，既着野史后，大探《六经》之旨，已而有包括扬、孟之心，乐为文中子王仲淹齐其述作，遂易名曰开，字曰仲涂。其意谓：将开古圣贤之道于时也，将开今人之耳目使聪且明也，必欲开之为其涂矣，使古今由于吾也，故以仲涂字之，表其德焉。

（略）先生每读《中说》，叹曰：后之夫子续《六经》矣。世故道否，吾家不克有之。甚乎，年之始成也，逝矣。天适与其时，行之为事业，尧舜不能尚也。苟不死，天下何有于唐哉？先生以房、杜诸子散居厚位，叶佐其主，遇其君，不能扬其师之道、大其师之名，乃作书以最之（略）。论曰：孔子没，经籍遭秦之焚毁，几丧以尽。后之收拾煨烬之余者，得至于今用之也。其能继孔氏者，轲之下虽扬雄不能措一辞，以至亡篇阙而其名具载，设虚位使历代诸君子徒忿痛而见之矣。故有或作而补之者，夫亦不能过其百一，力盖不足继也。隋之时，王仲淹于河份间，务继孔子以续《六经》，大出于世，实为圣人矣。是以门弟子佐唐用王霸之道，贞观称理首，永十八君之祚，尚非其董恒辈之曾及也。于乎，知圣人之道者，或圣人之业矣。吾犹不得见王氏之书乎。观夫补亡先生能备其《六经》之阙也，辞训典正，与孔子之言合而为一，信其难者哉！若王氏之《续六经》，盖自出一家之体裁，比夫补亡篇力少殊耳。所谓后生可畏者，虽然疆尚能补之，矧其余其哉！不可谓代无其人也。

《河东集》卷二

张景《柳开行状》：公方以述撰为志，博采世之逸事，居魏郭之东，着《野史》，自号东郊野夫。作《东郊野夫传》。年逾二十，慕文中子王通《续经》，且不得见。故经籍之篇有亡其辞者，辄补之，自号补亡先生，作《补亡先生传》，遂改今名今字。其意谓开古圣贤之道于时也，必欲开之为涂矣。今《野史》《补亡》虽且不存，而《野夫》《先生》二传具在，足以观其志焉。

《河东集》卷十六附

王观国《文中子叙篇》：阮逸注《文中子》，又作《叙篇》曰：（略），王观国案：王通死，门人薛收、姚义缀通之说，名之曰《中说》。杜淹为御史大夫，索其书于通弟王凝，凝退而求之，得《中说》百余纸，杂记不着篇目。贞观十九年，凝以《中说》授通之子福畤，福畤始编为十篇，勒成十卷。其事备见于福畤所撰《王氏家书杂录》。其篇目但以篇首二字为之，如"文中子曰甚矣王道难行也"，即以《王道》为目；"房玄龄问事君"，即以《事君》为目；"刘炫问《易》"，即以《问易》为目；十篇皆此类，非通所自定，亦如《论语》篇目乃门弟子所纂集，止取篇首二字为目。如"学而时习之"，即以《学而》为目；"为政以德"，即以《为政》为目，非有它义也。阮氏不察，乃以《文中子》十篇作《叙篇》，曲折附会而为之说，则误矣。

《学林》卷二

司马光《文中子补传》：文中子王通，字仲淹，河东龙门人。六代祖玄则，仕宋，历太仆国子博士。兄玄谟，以将略显，而玄则用儒术进。玄则生焕，焕生蚪。齐高帝将受宋禅，诛袁粲，蚪由是北奔魏。魏孝文帝甚重之，累官至并州刺史，封晋阳公，谥曰穆。始家河汾之间，蚪生彦，官至同州刺史。彦生杰，官至济州刺史，封安康公，谥曰献。贾森隆，字伯高。隋开皇初，以国子博士，待诏云龙门。隋文帝尝从容谓隆曰："朕何如主？"隆曰："陛下聪明神武，得之于天。发号施令，不尽稽古。虽负尧舜之资，终以不学为累。"帝默然，有间曰："先生朕之陆贾也，何以教朕？"隆乃着《兴衰要论》七篇奏之。帝虽称善，亦不甚达也。历昌乐、猗氏、铜川令，弃官归，教授卒于家。隆生通。自玄则以来，世传儒业。通幼明悟好学，受《书》于东海李育，受《诗》于会稽夏王典，受《礼》于河东关朗，受《乐》于北平霍汲，受《易》于族父仲华。仁寿三年，通始冠，西入长安，献《太平十二策》。帝召见，欢美之，然不能用。罢归，寻复征之。炀帝即位，又征之。皆称疾不至，专以教授为事，弟子自远方至者甚众。乃着《礼论》二十五篇，《乐论》二十篇，《续书》百有五十篇，《续诗》三百六十篇，《元经》五十篇，《赞易》七十篇，谓之《王氏六经》。司徒杨素重其才行，劝之仕。通曰，汾水之曲，有先人之弊庐，足以庇风雨，薄田足以具饘食粥。愿明公正身以治天下，使时和年丰，通也受赐多矣，不愿仕矣。或赞通于素曰：彼实慢公，公何敬焉？素以问通，通曰："使公可慢，则仆得矣；不可慢，则仆失矣。得失在仆，公何预焉？"素待之如初。右武候大将军贺若弼，尝示之射，发无不中。通曰："美哉艺也。君子志道，据德依仁。然后游于艺也。"弼不悦而去。通谓门人曰，夫子矜而复，难乎免于今之世矣。纳言苏威好蓄古器，通曰："昔之好古者聚道，今之好古者聚物。"太学博士刘炫问《易》，通曰："圣人之于《易》也，没身而已矣。况吾侪乎？"有仲长子光者，隐于河渚。尝曰："在险而运奇，不若宅平而无为。"通以为知言，曰："名愈消，德愈长。身愈退，道愈进。"若人知之矣，通见刘孝标《绝交论》曰，惜乎举任公而毁也。任公不可谓知人也。见《辩命论》曰，人事废矣。弟子薛收问恩不害义，俭不伤礼，何如？通曰，是汉文之所难也。废肉刑，害于义，省之可也。衣弋绨，伤于礼，中焉可也。王孝逸曰："天下皆争利而弃义，若之何？"通曰："舍其所争，取其所弃。不亦君子乎？"或问人善，通曰："知其善则称之，不善则对曰，未尝与久也。"贾琼问息谤，通曰："无辩问。"止怨，曰不争。故其乡人皆化之，无争者。贾琼问群居之道。通曰："同不害正。异不伤物。古之有道者，内不失真，外不殊俗，故全也。"贾琼请绝人事，通曰："不可。"琼曰："然则奚若？"通曰："庄以待之，信以应之。来者勿拒，去者勿追。汛如也，则可。"通谓姚义能交，或曰简。通曰："兹所以能也。"又曰广，通曰广而不滥，兹又所以为能。又谓薛收善接，小心远而不疏，近而不狎，颓如也。通尝曰："对禅非古也。其秦汉之侈心乎？"又曰："美哉，周公之志深矣乎。宁家所以安天下，存我所以厚苍生也。"又曰："易《乐》者必多哀，轻施者必好夺。"又曰："无赦之国，其刑必平。重敛之国，其财必贫。"又曰："廉者常乐无求，贪者常忧不足。"又曰："我未见得诽而喜，闻誉而惧者。"又曰："昏而论财，夷虏之道也。"又曰："居近而识远，处今而知古，其唯学乎。"又曰："轻誉苟毁，好憎尚怒，小人哉。"又曰："闻谤而怒者，谗之阶也。见誉而喜者，佞之媒也。绝阶去媒，谗佞远矣。"通谓北山黄公善医，先饮食起居而后针药。谓汾阴侯生善筮，先人事而后爻象。大业十年，尚书召通蜀郡司户，十一年，以著作郎，国子博士，征皆不至。十四年病终于家，门人谥曰"文中子"。二子，福郊，福田寺。二弟，疑绩评曰，此皆通之世家。及《中说》云尔。玄谟仕宋，至开府仪同三司。绩及福，田寺之子，面力，剧，勃，皆以能文着于唐世，各有列传。余窃谓先王之六经，不可胜学也，而又奚续焉？续之庸能出于其外乎？出则非经矣。苟无出而续之，则赘也，奚益哉？或曰：彼商周以往，此汉魏以还也。曰，汉魏以还，迁固之徒，记之祥矣。奚待于续经，然后人知之。必也好大而欺愚乎？则必不愚者，孰肯从之哉？今其六经皆亡，而《中说》亦出于其家。虽云门人薛收，姚义所记。然余观其书，窃疑唐室既兴，凝与福田寺辈，依并时事，从而附益之也。何则？其所称朋友门人，皆隋唐之际。将相名臣，如苏威，杨素，贺若弼，李德林，李靖，窦威，房玄龄，杜如晦，王珪，魏徵，陈叔达，薛收之徒，考诸旧史，无一人语及通名者。《隋史》唐初为也，亦未尝载其名于儒林隐逸之间，岂诸公皆忘师弃旧之人乎？何独其家以为名世之圣人，而外人皆莫之知也。福田寺又云，凝为监察御史，劾奏侯君集有反状。太宗不信之，但黜为姑苏令。大夫杜淹奏凝直言非辜。长孙无忌与君集善，由是与淹有隙，王氏兄弟皆抑不用。时陈叔达方撰《隋史》，畏无忌，不为文中子立传。按，叔达前宰相，与无忌位任相埒，何故畏之。至没其师之名使无闻于世乎？且魏徵实总《隋史》，纵叔达曲避权戚，徵肯听之乎？此余所以疑也。又淹以贞观二年卒，十四年君集平高昌，还而下狱，由是怨望，十七年谋反诛。此其前后参差不实之尤著者也。如通对李靖圣人之道曰，无所由，亦不至于彼。彼道之方也，必无至乎。又对魏徵以圣人有忧疑退语。董常以圣人无忧疑，曰，心迹之判久矣，皆流入于释老者矣。夫圣人之道，始于正心修身，齐家治国。至于安万邦，和黎民，格天地，遂万物，功施当时，法垂后世，安在其无所至乎？圣人所为，皆发于至诚，而后功业被于四海。至诚心也，功业迹也，奚为而判哉？如通所言，是圣人作伪以欺天下也。其可哉？又曰："佛圣人也，西方之教也，"中国则泥。又曰：诗书盛而秦世灭，非仲尼之罪也。虚玄长而晋室乱，非老庄之罪也。齐戒修而梁国亡，非释迦之罪也。苟为圣人矣，则推而放诸南海而准，推而放诸北海而准。乌有可行于西方，不可行于中国哉？苟非圣人矣，则泥于中国，独不泥于西方邪？奏焚诗书之文，诗书之道盛于天下，秦安得而灭乎？庄老贵虚无而贱礼法，故王衍阮籍之徒，乘其风而鼓之，饰谭论，恣情欲，以至九州覆没。释迦称前生之因果，弃今日之仁义，故梁武帝承其流而信之，严斋戒，施政刑，至于百姓涂炭。发端唱导者，非二家之罪而谁哉？此皆议论不合于圣人者也。唐世文学之士，传道其书者，盖独李翱以比《太公家教》。及司空图，皮日休，始重之。宋兴，柳开，孙何，振而张之，遂大行于世，至有真以为圣人可继孔子者。余读其书，想其为人，诚好学笃行之儒。惜也其自任太重，其子弟誉之太过。使后之人，莫之敢信也。余恐世人讥其僭而累其美，故采其行事于理可通，而所言切于事情者，着于篇，以补《隋书》之阙。

《能改斋漫录》：司马文正示康节以《王通传》，康节赞之曰："小人无是，当世已弃君子。有非万世，犹讥录其所是，弃其所非。君子有归，因其所非，弃其所是，君子几希。惜哉！仲淹寿不永乎？非其废是，瑕不掩瑜。虽未至圣，其圣人之徒欤？”

《元一统志》：王通，字仲淹，龙门人也。隋开皇四年，文中子始生。铜川府君筮之，遇坤之师，曰："是子必能通天下之志。"遂名之曰通。仁寿三年，文中子既冠，慨然有济苍生之心。西游长安，见隋文帝，奏《太平十二策》，尊王道，推霸略，不用而归。杨素劝之仕，文中子曰，读书谈道，足以自乐。愿公正身以治天下，使时和年丰。通也受赐多矣。不愿仕。大业元年，又征不至。乃读《诗》，正《礼》《乐》，修《元经》，赞《易》道，九年而六经大就。门人自远而至，赵郡李靖，清河房玄龄，巨鹿魏徵等，咸称师北面，而受王佐之道焉。隋季文中子之教，兴于河汾，雍雍如也。及江都难作，文中子有疾，召门人谓曰，吾梦颜回称孔子之命，曰归休乎。此殆夫子召我也，吾不起矣。疾七日而终，门弟子数百人会议云，易曰，黄裳元吉，文在中也。谥以文中子。

《河中县志》：文中子王通，按家谱河汾人。今县南三十里有通化村，集贤里。县北五十里龙门山顶，有石洞尚存。盖文中子避隋乱，所居之地也。

《司空表圣文集·文中子碑》：道，制治之大器也，儒守其器者耳。故圣哲之生，受任于天，不可断之以就其时。仲尼不用于战国，致其道于孟荀而传焉。得于汉，成四百之祚。五胡继乱，极于周齐。天其或者生文中以致圣人之用，得众贤而廓之，以俟我唐，亦天命也。故房卫数公为其徒，恢文武之道，以济贞观治平之盛，今三百年矣。宜其俾圣恢之柄，授必有施，巨敖之积，济亦厥时。予惟善守，赋而不私。克辅于我，实为贞休之期。

宋释契嵩《文中子碑》：原天下之善者，存乎圣人之道；文天下之理者，存乎圣人之才。有其才而不有其道，教不及化也；有其道而不有其才，化不及教也。尧舜得圣人之道者也。禹汤文武周公得圣人之才者也。兼斯二者，得于圣人，孔子仲尼者也。故曰，夫子贤于尧舜远矣。仲尼殁百余年而有孟轲氏作，虽不及仲尼，而启乎仲尼也。孟轲没而有荀卿子作，荀卿没而杨子云继之。荀与杨赞乎仲尼者也，教专而道不一，孟氏为次焉。去仲尼千余年，而生于陈隋之间，号文中子者。初以十二策，探时主志。视不可与为，乃卷而怀之，归于汾北，大振其教。雷一动而四海寻其声，来者三千之徒，肖乎仲尼者也。时天下失道，诸侯卿大夫不能修之。独文中子动率以礼，务正人拯物。尝曰："天下有道，圣人藏焉。天下无道，圣人章焉。"返一无迹，庸非藏乎？因二以济，能无章乎？昔二帝三王之政，正而未记；诸侯五伯之政，失而未辩。仲尼文之为六经，备教化于后世也。后两汉有天下，杂用王霸，治至其政之正者几希矣。魏三国抵南北朝，纷纷乎而人道失极。或作拯字往者不可追，来者犹可规。先王之道，月无月无将明夷于地。文中子忧后世无法，且曰，千载已下，有治仲尼之业者，吾不得而让矣。固采汉魏与六代之政，文之为《续经》，广教化于后世也。非有圣人之道，圣人之才，而孰能与于此乎？文中之于仲尼，犹日而月之也。唐兴得其弟子辈，发文中之经以治天下，天下遂至乎正。礼乐制度，炳然四百年，比隆于三代。噫，仲尼之往也，几百年而教祸于秦。弟子之行其教而仕，不过为列国陪臣。文中子之弟子为天子将相，其教也播及于今，何其盛哉！高示远迈之如此也，天其以仲尼之德，假乎文中子耶？吾不得而知之。读《王氏世家》，爱文中之所得，大矣哉！故碑云，六经后兮，治道不精。大伦庞兮，权谲兴行。文中作兮，颓波澄清。六经续兮，天下化成。孔子如日兮，文中两明。弥万世兮，莫之与京。《书文中子传后》读《东皋子王绩集》，如王氏果有续孔子六经，知房玄龄，杜如晦，李靖，董常，温彦博，魏徵，薛收，杜淹等，果文中子之弟子也。读刘煦《唐书·王勃传》，知文中子乃勃之祖。果曾作《元经》矣。绩死于正观十八载，去其兄之世近，能言其事也。慨房杜温魏王勃皆不书一字，以传文中子之贤，而《隋书》复失书之。后世故以文中子之事不足信。及韩子文兴天下，学士宗韩。以韩愈不称文中子，李翱又薄其书，比之太公家教而学者，盖不取文中子也。然王氏能续孔子六经，盖孔子之亚也，识者宜以圣人之道较而正之。其文中子之道，苟与孔氏合，乃孔子之嗣也。而书传之有无，不足为信。随人爱恶之情。或作私字欲篾其圣贤，可乎？孟轲岂不曰，尽信书，不若无书。吾视《中说》，其《续诗》曰四名五志。《续书》曰四制七命。《元经》则曰晋宋齐梁陈。亡其五以祸其国，而善其立法，有圣人之道。嗟乎，不见其六经，姑书此以遗学辈。（《铎津文集》）

《资治通鉴·隋高祖纪》：仁寿三年，龙门王通诣阙，献《太平十二策》。上不能用，罢归。通遂教授于河汾之间，弟子自远至者甚众。累征不起，仆射杨素甚重之，劝之仕，通曰，通有先人之弊庐，足以蔽风雨，薄田足以具衍食粥。读书谈道，足以自乐。愿明公正身以治天下，时和岁丰，通也受赐多矣，不愿仕也。或谮通于素曰，彼实慢公，公何敬焉？素以问通，通曰，使公可慢，则仆得矣。不可慢，则仆失矣。得失在仆，公何预焉？素待之如初。弟子贾琼问息谤，通曰："无辩。"问止怨，曰不争。通尝称无赦之国，其刑必平。重敛之国，其财必削。又曰，闻谤而怒者，谗之也。见誉而喜者，佞之媒也。绝去媒，谗佞远矣。大业末，卒于家，门人谥曰文中子。

《孔平仲杂说》：隋王通，所与门人答问，薛收姚义集而名之曰《中说》，唐杜淹为序，宋朝阮逸注。宋咸以文中悉模论语句，迹仲尼事。且谓李靖，陈叔达，房魏诸公未尝师事。作过《文中子》，说凡二十二事，共十卷。《王福田寺记》正观初，杜淹问王凝曰，子圣贤之弟也，有闻乎？仲父曰，凝亡，兄尝讲道于河汾，亦尝预于斯。六经之外无所闻也。淹曰，昔人咸有记焉。盖薛收姚义缀而名之曰《中说》，兹书天下之昌言也。微而显，曲而当。旁贯大义，宏阐教源。门人请问之端，文中行事之迹，则备矣。子盍求之家仲父。曰，凝以丧乱以来，未遑及也。退而求之，得《中说》一百余纸。大抵杂记，不着篇目。首卷及序，则蠹绝磨灭，未能诠次。十九年仲父被起为洺州从事，又以《中说》授予曰，先兄之绪言也。余再拜曰《中说》之为教也，务约致深，言寡理大。其比《论语》之记乎？孺子奉之，元使失坠。因而辨类分综，编为十篇。

郑内翰《郧溪集》：王氏《中说》所载门人，多正观时知名卿相，而无一人能振师之道者，故议者往往致疑。其最所称高弟曰程仇董薛，考其行事，程元仇璋董常无所见，独薛收在《唐史》有列传纵迹，甚为明白。收以父道，衡不得死于隋，不肯仕。闻唐高祖兴，将应义举。郡通守尧君素觉之，不得去。及君素东连王世充，遂挺身归国。正在丁丑戊寅岁中。丁丑为大业十三年，又为义宁元年。戊寅为武德元年。是年三月，炀帝遇害于江都，盖大业十四年也。而杜淹所作《文中子世家》云，十三年江都难作。子有疾，召薛收谓曰，吾梦颜回称孔子归休之命。乃寝疾而终。殊与收事不合，岁年亦不同，是为大可疑者也。又称李靖受诗，及问圣人之道。

靖既云丈夫当以功名取富贵，何至作章句儒，恐必无此也。今《中说》之后，载文中次子福田寺所录云，杜淹为御史大夫，与长孙太尉有隙。予按淹以正观二年卒，后二十一年，高宗即位，长孙无忌始拜太尉，其不合于史如此。故或者疑为阮逸所作，如所谓薛收《元经》，传亦非也。

《紫阳宗旨》：问王通，曰：隐德君子也。当时有些言语，后来被人传会，不可谓全书。若论其粹处，殆非荀扬所及也。若续经之类，皆非其作。

《朱子语略》：王文中《中说》，与杨子云相若。虽有不同，其归一也。又皮陆尊王通宋咸遇文中子，或曰皮日休，陆龟蒙，以文名唐世。于道也，又得为之未至耶？然且尊乎通矣。曰：以文而名唐世，徒盖繁然，蹈道之切至，淳乎淳者，惟退之一人而已，子厚乃其亚。如皮陆于韩之门，几何升堂而未入于室也。故皮尝有书，请以退之配享焉。是皮乃学韩而未至者。且退之柳子厚之文行于世，亦可详而观。当时如孟东野，张藉辈，善一诗则或为书为歌于当涂之门，而称之，然未尝开言垂字，以扬乎通。何则？盖退之子厚能知通有莫大之过焉。以韩柳不扬，而皮陆尊之益明。夫皮也陆也，乃孙汉公王翰林类焉。则通之罪，又岂皮陆可得而知耶？宜乎其尊之。

《朱子语续录》：张毅然漕试回。先生问曰：今岁出何论题？张曰：论题出《文中子》。曰：如何做？张曰：大率是骂他者多。先生曰：他虽有不好处，也须有好处。故程先生言他虽则理会成书，其间或有格言，荀杨道不到处。岂可一向骂他。友仁请曰：愿闻先生之见，先生曰：文中子他当时要为伊周事业；见道不行，急急地要做孔子。他要学伊周，其志甚不毕。但不能胜其好高自大欲速之心，反有所累。二帝三王却不去学，却要学两汉，此是他乱道处。亦要作一篇文字，说他这意思。友仁文中子，其间有见处。也即是老氏，又其间被人夹杂也，今也难分别。但不合得出来做人，有许多事全似孔子。孔子有荷蒉等人，它有许多人，但是庄点出来。又其间论文史，却及时事，世变煞好。今世浙间英迈之士，皆宗之。南升徐问文中子好处与不好处，曰，见得道理透，后从高视下，一目了然。今要去揣摩不得。淳文中子议论，多是中间暗了一段无分明。其间弟子问答，姓名多是唐辅相，恐亦不然，盖诸人更无一语及其师。人以为王通与长孙无忌不足故，诸人惧无忌而不敢言，亦无此理。如郑公岂是畏人者哉？七制之主，亦不知其何故。以七制明之，此必因其续书中，曾采七君事迹，以为书而名之曰七制。如二典体例，今无可考，大率多是依仿而作之。如以董常为颜子，则是以孔子自居。谓诸弟子，可谓辅相之类，皆是撰成。要安排七制之君，为他之尧舜。考其事迹，亦多不合。刘禹锡作《歙池江州观察王公墓碑》，乃仲淹四代祖，碑中载祖讳多不同。及阮逸所注，并载关朗等事，亦多不实。王通大业中死，自不同时，如推说十七代祖亦不应，辽远如此。唐李翱已自论《中说》，可比《太公家教》，则其书之出，亦是已久矣。伊川谓文中子有些格言，被后人添入坏了。看来必是阮逸诸公，增益张大，复借显显者以为重耳。为今之伪书甚多，如镇江府印《关子明易》，并《麻衣道者易》，皆为伪书。《麻衣易》，正是南康戴绍韩所作。昨在南康，观其言论，皆本于此。及一访之，见其著述，大率多类麻衣文体。其言险侧轻佻，不合道理。又尝见一书名曰《子华子》，说天地阴阳，亦说义理人事，皆支离妄作。至如世传《繁露玉杯》等书，皆非其实。大抵古今文字，皆可考验。古文自是庄重。至如孔安国书序并注中语，多非安国所言。盖西汉文章，虽分鹿亦劲。今书序只是六朝软慢文体。因举《史记》所载《汤诰》，并武王伐纣处，言辞不典，不知是甚底齐东野人之语也。谟文中子，看其书忒装点，所以使人难信。如说诸名卿大臣，多是隋末所未见有者。兼是他言论大纲杂霸，凡事都要硬做。如说礼乐治体之类，都不消得从正心诚意做出。又如说安我所以安天下，存我所以厚苍生，都是为自己张本，做杂霸镃基。黄德柄问《续书》，天子之义，制诰志策有四。大臣之义，命训对赞议诚谏有七。如何？曰，这般所在极肤浅。中间说话大纲如此。但看世俗所称道，便唤做都不识。如云晁董公孙之对据道理，看只有董仲舒为得，如公孙已是不好，晁错是个甚么。又如自叙许多说话，尽是夸张。考其年数，与唐煞远。如何唐初诸名卿皆与说话。若果与诸名卿相处一个人，怎地自摽致，史传中如何都不见说？贺孙文中子《中说》，被人乱了。说治乱处之类，并其他好处甚多。只是向上事，只是老释。如言非老庄释迦之罪处等说，可见扬云过法言，先生云大过之。

《朱子语类》：问文中子如何？田渠极识世变，亦有好处。但大浅决，非当时全书。如说家世数人，史中并无名。又关朗事兴通年纪甚悬绝。可学谓可惜续经已失不见。渠所作如何？曰：亦何必见。只如《续书》有桓荣之命明帝，如此则荣可知。使荣果有帝王之学，则当有以开导明帝，必不至为异教所惑。如秋风之诗，乃是末年不得已之辞，又何足取。渠识见不远，却要把两汉事与三代比隆。近来此等说话极胜，须是于天理人欲处，分别得明。房杜于河汾之学，后来多有议论。且如《中说》，只是王氏子孙自记。亦不应当时开国文武大臣尽其学者，何故尽无一语言及其师。兼其余所记，皆家世事。考之传记，无一合者。

《山堂考索》：仲舒本领纯正，文中子论治体处，高似仲舒而本领不及，类似仲舒而纯不及。黄立之又问文中子先生曰，其书多为后人添入，真伪难见。然世变因革，说得极好。

《黄氏日抄》：王仲淹生乎百世之下，读古圣贤书，而粗识其用于道之未尝亡者，盖有意焉。于明德新民之学，不可谓无志。然未尝深探其本，尽力于实，以求得夫至善而止之。乃挟其窥觇想象之仿佛，谓圣所以圣，贤所以贤，与所以修身治人及天下国家者，举不越此。一见隋文《陈十二策》，不招而往，不问而告。轻其道以求售，不遇而归，亦未为晚。若反之于身，求所未至，使明德之方，新民之具，皆得其至善而止之，则得君行道，安知不逮古人。或不得已而笔于书，亦必有以发经言，开后学。乃不胜其好名欲速之心，以着书立言为己任，切取近似依仿六经，牵挽而疆跻之，傲然自谓足以承千圣而诏百王，而不知初不足供儿童之一戏。又以是自纳于吴楚僭王之诛，终不能无恨于此。若荀卿杂于申商，子云本于黄老，着书姑托空文，非如仲淹之学，颇近于正，而粗有可用之实也。

龚鼎臣《东原录》：王氏续经说，谓二帝三王之治，诗书六艺之文，后世莫能及之。非功效语言之不类，乃本心事实之不侔也。王氏一见隋文而陈《十二策》，既不自量其力之不足为伊周，又不知其君之不可为汤武。及不遇而归，复捃舍两汉以来文字，言语之陋，依仿六经，次第采辑。既不自知其学之不足为周孔，又不知两汉之不足为三王。圣人未尝绝后世，而王通续经，独得孔子之意。以道观世，则世无适而非道。愚恐汉恶元魏，未必真得唐虞三代之道。王通续经，亦未必真得孔子之意。水心若旷然，大观混精粗诚伪而不问，固无不可者。若以道观世，则道固未尝无剂量其间也。

《贾氏谭录》：文中子，隋末隐于白牛溪。著《王氏六经》。北面受学者，皆当时伟人。国初，多居佐命之列。自贞元后数年间，文明继理。而王氏六籍，寝而不行。元和初，中山刘禹锡常撰《宣州观察王赞神道碑》，盛称文中子王通，能治明王道，以大中立言。游其门者，皆天下后杰。自后儒士大夫拟议，及诸史笔，未有言及文中子者。

《吴箕常谈》：孔子不喜与人辩，孟子好与辩是非。文中子复不喜与人辩，其学孔子之道者欤？或曰：孟子之时，亦其可与辩者则辩之，冀以明其教也。文中子遭乱世而退河汾，宜乎不为之辩也。

《杨龟山语录》：隋文，方奖用奸邪，废嫡立庶，父子相鱼肉。王通乃诣阙献《太平十二策》，不几于于时求进乎？其不用也宜哉。

《程氏遗书》：文中子事迹，略见于《唐书·王绩王勃传》。文中子为隋蜀郡司户书佐，大业未弃官归，后卒。门人薛收等谥之曰。文中子，绩其弟也。文中子二子，曰福畴，福祚。福畴仕唐，为雍州参军。勃乃福畴之子也。勃杀人，福畴坐勃左迁交趾令。勃往省，度海溺水卒。勃兄勔，万岁通天中以诛死。勃，勮，勔，时号王氏三株树。

《史子朴语》：王通之《中说》十篇，学者尊高之，以为孟子之徒。或曰圣人也。予尝考其书，求其所以为孟子与圣人者，盖未得之也。岂以通纯剽论语，遂以为圣人耶？盗者之得儒衣冠而服之，即谓之儒者，可乎？庄周列御寇墨翟鬼谷管子之徒，学者所不道，然其说乃各出乎己，亦不相为剽。通之甚怪者，不惟剽其说，至并孔子之迹而剽之。孔子有颜回最贤而早死，通亦有董常为最贤而早死。孔子有荷条丈人晨门者，通亦有北山丈人，河上丈人。孔子见耦耕者，使子路问津焉。耕者曰：执舆者为谁？曰：为孔丘。通亦有牧豕者，薛收问途焉，牧者曰：从谁与？曰：从王先生。孔子之病，谓子贡曰：吾梦坐奠于两楹之间，盖寝疾七日而没。通之病，亦谓薛收曰：吾梦颜回来召我，亦寝疾七日而终。如此类孔子者甚多，不为甚怪者。与圣贤之迹偶相符者，不过一二。而通动辄类孔子，此非通之妄，则福田寺辈必欲使通似孔子，故伪增就云耳。其最妄而甚明者，李德林卒于开皇十二年。通时才八九岁，固未有门人。而其说乃有德林请见，归而有忧色，援琴而鼓荡之什，门人皆沾襟。关子明，在太和中见魏孝文。如存于开皇间，亦一百二三十岁矣。而其说有问礼于关子明，是二者其为妄，决不疑矣。繇是而及于它，则其甚怪者，盖亦类此。或曰：然则通书可废乎？曰不然。马牛卜相之书，今有传者，况通乎。吾特恶其为孟子与圣人，疾夫世之不知言者也。通之解经析义，往往有胜处。其文则俚，盖亦然者也。李翱谓如《太公家教》者近之矣。曰续经如何？曰《赞易》《元经》《礼论》《乐论》，后世不可必其是非者，又孰御焉。乃以两汉制诏，续尧舜禹汤周公之书，可乎？两汉容其近雅，乃以晋宋梁陈之诗章，以续商周之雅颂，又可乎？然通之说《元经》曰：和殇之后，君子并心一气以待也。故假之岁时。太康之始，帝制可作而不克振。永熙之后，君子息心焉。故《元经》始于惠帝，其说《春秋》亦然。繇孔子去平王二百余年，孔子何待耶？然其说抑有原矣。董生不曰：天心之爱人君，先出灾异以谴告之。不知自省，又出怪异以警惧之。尚不知变，而覆败乃至。此出董生矣，则不惟吾孔子被剿，至剿于董生，凡世之为剿者，窘而后为耳。则通者其不为窘者与？

《容斋续笔》：史子曰：荀扬王韩，其一时之大儒欤？或曰：然。则有疵乎？曰：有。请问疵，曰：荀卿驳，扬雄拘，王通侉，韩愈浅。

《贤良进策》：言仁义礼乐，必归于唐虞三代，儒者之功也。言仁义礼乐，至唐虞三代而止，儒者之过也。仁义礼乐，三才之理也，非一人之所能自为。三才未尝绝于天下，则仁义礼乐何尝一日不行于天下。古之圣人由之而知，后之君由之而不知。知之者，以其所知与天下共由之；而不知之者，亦以其所不知与天下共由之。是则有差矣，然而仁义礼乐未尝亡也。儒者之术道，至秦汉以下，则阙焉。其意以为唐虞三代之圣人能自为之欤？善哉乎王通氏，其知天下之志乎？其有能为天下之心乎？何以知之？以其能续经而知之。孔子之为《书》也，至《秦誓》，为《诗》也，系鲁；为《春秋》也，因鲁以存义道之所在。仁义礼乐之所行，不专于一人也，不私于一姓也。岂断是经而遂已乎？作之于前，当时蒙其治；述之于后，万世垂其道。作者不废，则述者不息矣。后世之儒者，以为六经孔氏之私书而已；仁义礼乐，唐虞三代之所独有而已。训释之参究之竭，其终身之力，于此而不能至也，何暇及于当时之治乱乎？稽之于古，恍焉其若存，凛乎其若追，浩浩然言之而弗离。验之于今，懑然而不能知，邈乎其不可继而为也。岂其徇其名而执其迹乎？世主必曰，儒者不足用，以为天下是未必然也。其所以致此言者，则其始矣。故独治唐虞三代之遗文，以折当世。举当世之不合也固矣。举当世而不合，又将以遗后世。然则后世其何为也？将遂有尽复之于数千载之上，使无一不如唐虞三代者乎？抑亦顺三代之理，因当世之宜，举而措之而已矣。此王通氏之所以独得于孔子之意也。夫通既退不用矣，于是续《书》以存汉晋之实，续《诗》以辨六代之俗，修《元经》以断南北之疑，赞《易》道，正《礼》《乐》。其能以圣人之心，处后世之变者乎？其见仁义礼乐之未尝不行于天下者乎？其言曰，《续诗》可以讽，可以达，可以荡，可以独处。入则孝，出则悌。多识治乱之情，渊乎哉！其明于道者之言乎？以道观世，则世无适而非道，后世之自绝于唐虞三代也。是未有能以道观之者也。《诗》有四名五志，《书》有天子之四范，大臣之七业，其所去取者，不可得而见矣。推是以观后世，庸有不可为者乎？达制命者得变化之心，达志事者得仁义之几，上下之言通而天治矣。善哉，圣人复起，必从之矣。举三代而不遗两汉，道上古而不忽方来，仁义礼乐，绳绳乎其在天下也。兼三王以施四事，是无不可矣。虽然，以续经而病王氏者，举后世皆然也，夫孰知其道之在焉。

　　《群书足用》：事对。续《易》续《诗》讲道劝义，乐天知命。事启问易。事实。道德。杨素使谓子曰，盍仕乎？子曰：疏属之南，汾水之西，有先人之弊庐在，可以避风雨，有田可以具馈粥。弹琴著书，讲道劝义，自乐也。愿君侯正身以统天下，时和岁丰，则通也受赐多矣。不愿仕也。《事君篇》越公初见子，遇内史薛公曰：公见王通乎？薛公曰：乡人也。是其家传七世矣，皆有经济之道。云云陈叔达谓子曰：吾视夫子之道，何其早成也。子曰：通于道有志，又焉取乎早成邪？《礼乐篇》子曰：吾于天下，无去无就，惟道之从。董常曰：夫子之道，与物而来，与物而去。《天地篇》孟子，荀卿，翼传孔道，以至于文中子。文中子之未降，及正观开元，其传者杂，其继者浅。文中子之道，旷百祀而得室授者？唯昌黎文公之文。唐皮日休《请韩文公配享书》仇璋曰：夫子杖一德，秉五常，扶三才，控六艺。吾安得后而不往哉？遂舍职从之。《魏相篇》学业。心若醉六经，目若营四海。《事君篇》开皇十八年，文中子有四方之志。盖受《书》于李育，学《诗》于夏王典，问《礼》于关子明，正《乐》于霍汲，考《易》于族父仲华。不解衣者六岁，其精志如此。《世家》礼乐。子曰：吾于礼乐正失而已。如其制作，以俟明哲。必也崇贵乎。《礼乐篇》子居家，不暂舍

《周礼》。门人问子，子曰：先师以王道极是也。如有用我，则执此以往通也。宗周之介子，敢忘礼乐乎？《魏相篇》教学。叔恬曰：文中子之教兴，其当隋之季世，皇家之未造乎？将败者，吾伤其不得用；将兴者，吾惜其不得见。其志勤，其言证，其事以苍生为心乎？《天地篇》隋季文中子之教，兴于河汾。杜淹撰《世家》言语。韦鼎请见子，三见而三不语，恭恭若不足。鼎出语门人曰，夫子得志于朝廷，有不言而化，不杀之严矣。《王道篇》志勤言证。见《教学》着书。子谓董常曰，吾欲修《元经》，稽诸史论，不足证也，得皇极说议焉。吾欲续《书》，考诸集记，不足证也，吾得时变论焉。吾欲续《诗》，按诸载录，不足证也，吾得政大论焉。子曰，天下无赏罚三百载矣，元经可得不兴乎？《王道篇》子曰，吾于赞《易》也，述而不敢论。吾于《礼》《乐》也，论而不敢辩。吾于《诗》《书》也，论而不敢议。《事君篇》大业元年召又不至。谓所亲曰，道之不行，欲安之乎？退志其道而已。乃续《诗》《书》，正《礼》《乐》，修《元经》赞《易》道，九年而六经大就。门人自远而至，董常、姚义、杜淹、李靖、程元、窦威、薛收、贾琼、房玄龄、魏徵、温大雅、陈叔达等，咸称师，北面受王佐之道焉。往来受业者，盖千余人。《世家》献策。董常曰：子之十二策，奚禀也？子曰：有天道焉，有地道焉，有人道焉，此其禀也。董常曰：噫，三极之道，禀之而行，不亦焕乎？子曰：《十二策》若行于时，则《六经》不续矣。《述史篇》子谒见隋祖，一见而陈《十二策》，编成四卷。薛收曰：辩矣乎。董常曰：非辩也，理当然尔。《魏相篇》文中子西游长安，见隋文帝，帝召见，因奏太平十有二策。尊王道，椎霸略，稽古验今，恢恢乎运天下于指掌矣。帝大悦，曰：得生几晚矣，天以生赐朕也。下其议于公卿，公卿不悦。文中子知谋之不用，作东征之歌而归焉。《世家》不仕。家传七世矣，而位不逢。《礼乐篇》不愿仕也。《见道德》通类董常曰：夫子居汾阳，然后三才五常各得其所。文中子曰：余服先人之义，稽仲尼之心，天人之事，帝王之道，昭昭乎！《王通篇》子在绛，程元因薛收而来。子与之言六经，元退谓牧曰：夫子造彝伦，一正皇极。征夫子，吾其失道左衽矣。《天地篇》魏徵问薛收曰：王不作而夫子生，是三才九畴属布衣也。《公篇》董常死，子哭之，终日不绝。门人曰：何悲之深也？曰：吾悲夫天之不相道也。之子殁，吾亦将逝矣。明王虽兴，无以定礼乐矣。魏徵曰：圣人有忧乎？子曰：天下皆忧，吾独得不忧乎？问疑。子曰：天下皆疑，吾独得不疑乎？徵退，子谓董常曰：乐天知命，吾何忧。穷理尽性，吾何疑。《问易篇》子闲居俨然，其动也徐，若有所虑；其行也方，若有所畏；其接长者，恭恭然如不足；接幼者，温温如有就。《事君》既终，门弟子会议曰：吾师其至人乎？自仲尼以来，未之有也。仲尼既没，文不在兹乎？易曰：黄裳元吉，文在中也。请谥曰文中子。《世家》天其或者生文中子，以致圣人之用。

得众贤以广之，以俟我唐，亦天命也。故房卫诸公为其徒，恢文武之道，以济正观治平之盛，今已三百年矣。司空图《文中子碑》比拟。圣人之修者也，孟轲之徒欤？非诸子流矣。《文中序》反说。盖房杜诸公，不能臻师之美，大宣其教，故王氏续经，抑而不振。《文序》体题。河汾大贤。结人亚圣。圣人孔中，慕说，赋偶。志述于孔教兴自隋。续礼乐诗书之旧，明仁义道德之言。三才九畴，既我属矣；五常六艺，伊谁责焉。赋隔。且吾旅，莫如叔起振。文之叹谅，世家是撰，杜淹备正乐之辞。

《拦江纲》：体子。哲人至人。续经讲道。大贤亚圣。河汾吉吉人。孝弟仁义。经济献策。劝义讃易。比拟。窃比仲舒。《魏相篇》文中子曰：问则对，不问则述，窃比我于仲舒。

《赵时韶诗》：一脉斯文系大儒，干戈满地独诗书。南风有操无人识，身在汾亭心在虞。

《刘后村诗》：当时三晋地，已有圣人生。不晓河汾氏，为惰策太平。王顺真仙通鉴：顺，采药于终南山得道。今终南山有王顺峰，灵应昭彰，至今不绝。王贾真仙通鉴：贾，在东海山中，诣神仙胡母丘力君，受太极上元年纪之术，服朱草灵芝得仙。其山在海中，望之甚近，而不可到。山上多木芝，灵木，神草，苍灵，龙龟，天地奇物不可名字，洞中有《河洛元命历》等书。王叔明真仙通鉴：叔明，不知何所人也。少好道，居华阳山北，与鲍元治同志修道，不知感遇何仙，修习何术，未显其事，皆得仙去。

契嵩《文中子碑》：原天下之善者存乎圣人之道。又天下之理者存乎圣人之才。有其才而不有其道。教不及化也。有其道而不有其才。化不及教也。尧舜得圣人之道者也。禹汤文武周公得圣人之才者也。兼斯二者得于圣人孔子仲尼者也。故曰。夫子贤于尧舜远矣。仲尼殁百余年而有孟轲氏作。虽不及仲尼而启乎仲尼者也。孟轲殁而有荀卿子作。荀卿殁而杨子云继之。荀与杨赞乎仲尼者也。教专而道不一。孟氏为次焉。去仲尼千余年而生于陈隋之间。号文中子者。初以十二策探时主志。视不可与为。乃卷而怀。归于汾北大振其教。雷一动而四海寻其声。来者三千之徒。肖乎仲尼者也。时天下失道。诸侯卿大夫不能修之。独文中子动率以礼务正人拯物。尝曰。天下有道圣人藏焉。天下无道圣人章焉。返一无迹庸非藏乎。因二以济能无章乎。昔二帝三王之政正而未记。诸侯五伯之政失而未辨。仲尼文之为六经备教化于后世也。后两汉有天下。杂用王霸治。至其政之正者几希矣。魏三国抵南北朝。纷纷乎而人道失极（或作极字）往者不可追来者犹可规。先王之道臑臑将明夷于地。文中子忧后世无法。且曰。千载已下有治仲尼之业者。吾不得而让矣。固采汉魏与六代之政。文之为续经。广教化于后世也。非有圣人之道圣人之才而孰能与于此乎。文中之于仲尼。犹日而月之也。唐兴得其弟子辈发文中之经以治天下。天下遂至乎正。礼乐制度炳然。四百年比隆于三代。噫仲尼之往也几百年。其教祸于秦。弟子之行其教而仕者。不过为列国陪臣。文中子之弟子为天子相将。其教也播及于今。何其盛哉。高示远迈之如此也。天其以仲尼之德假乎文中子耶。吾不得而知之。读王氏世家。爱文中之所得。大矣哉。故碑云：六经后兮，治道不精。大伦庞兮，权橘兴行。文中作兮，颓波澄清。六经续兮，天下化成。孔子如日兮，文中两明。弥万世兮，莫之与京。《书文中子传后》读《东皋子王绩集》，如王氏果有续孔子六经，知房玄龄，杜如晦，李靖，董常，温彦博，魏徵，薛收，杜淹等，果文中子之弟子也。读刘煦《唐书·王勃传》，知文中子乃勃之祖。果曾作《元经》矣。绩死于正观十八载，去其兄之世近，能言其事也。慨房杜温魏王勃皆不书一字，以传文中子之贤，而《隋书》复失书之。后世故以文中子之事不足信。及韩子文兴天下，学士宗韩。以韩愈不称文中子，李翱又薄其书，比之太公家教而学者，盖不取文中子也。然王氏能续孔子六经，盖孔子之亚也，识者宜以圣人之道较而正之。其文中子之道，苟与孔氏合，乃孔子之嗣也。而书传之有无，不足为信。随人爱恶之情。或作私字欲篾其圣贤，可乎？孟轲岂不曰：尽信书，不若无书。吾视《中说》，其《续诗》曰四名五志。《续书》

曰四制七命。《元经》则曰晋宋齐梁陈。亡其五以祸其国，而善其立法，有圣人之道。嗟乎，不见其六经，姑书此以遗学辈。(《镡津文集》卷十五)

《程氏遗书》程颐曰：文中子本是一隐君子，世人往往锝其议论，附会成书。其间极有格言，荀、扬道不到处。

又曰：王通常时有些言语，后来被人附会。若《续经》之类，皆非其作。

郑獬《书文中子后》：王氏《中说》所载门人，多贞观时知名卿相，而无一人能振师之道者，故议者往往致疑。其最所称者高第曰程、仇、董、薛，考其行事，程元、仇璋、董常无所见，独薛收在《唐史》有列传，踪迹其甚为明白。收以父道衡不得死于隋，不肯仕，闻唐高祖兴，将应义举，郡通守尧君素觉之，不得去。及君素东连王世充，遂挺身归国，正在丁丑戊寅岁中。丁丑为大业十三年，又为义宁元年。戊寅为武德元年，是年三月炀帝遇害于江都，盖大业十四年也。而杜淹所作《文中子世家》云：十三年江都难作，子有疾，召薛收谓曰："吾梦颜回称孔子归休之命。"乃寝疾而终，特与收事不合，岁年亦不同，是为大可疑者也。又称李靖受《诗》及问圣人之道，靖既云"丈人当以功名取富贵，何止作章句儒"，恐必无此也。今《中说》之后，载文中次子福畤所录，云杜淹为御史大夫，与长孙无忌有隙，予按淹以贞观二年卒，后二十一年高宗即位，长孙无忌始拜太尉，其不合于史如此。故或者疑为阮逸所作，如所谓薛收《元经传》亦非也。

　　　　　　　　　　　　　　　　　　　《郧溪集》卷十八

邵博《邵氏闻见后录》卷四：司马文正公作《文中子补传》曰：文中子王通，字仲淹，河东龙门人。六代祖玄则，仕宋，历太仆、国子博士；兄玄谟，以将略显，而玄则用儒术进。玄则生焕，焕生虬。齐高帝将受宋禅，诛袁粲，虬由是北奔魏，魏孝文帝甚重之，累官至并州刺史，封晋阳公，谥曰穆，始家河、汾之间。虬生彦，官至同州刺史。彦生杰，官至济州刺史，封安唐公，谥曰献。贾森隆，字伯高，隋开皇初，以国子博士待诏云龙门。隋文帝尝从容谓隆曰："朕何如主？"隆曰："陛下聪明神武，得之于天，发号施令，不尽稽古；虽负尧舜之资，终以不学为累。"帝默然有间，曰："先生，朕之陆贾也。何以教朕？"隆乃着《兴衰要论》七篇，奏之。帝虽称善，亦不甚达也。历昌乐、猗氏、铜川令，弃官归，教授，卒于家。隆生通。自玄则以来，世传儒业，通幼明悟好学，受《书》于东海李育，受《诗》于会稽夏琠，受《礼》于河东关朗，受《乐》于北平霍汲，受《易》于族父仲华。仁寿三年，通始冠，西入长安，献《太平十二策》，帝召见，叹美之，然不能用，罢归，寻复征之，炀帝即位，又征之，皆称疾不至，专以教授为事，弟子自远方而至者甚众。乃着《礼论》二十五篇、《乐论》二十篇、《续书》百有五十篇、《续诗》三百六十篇、《元经》五十篇、《赞易》七十篇，谓之《王氏六经》。司徒杨素重其才行，劝之仕。通曰："汾水之曲，有先人之敝庐足以庇风雨，薄田足以具饘粥，愿明公正身以治天下，使时和年丰，通也受赐多矣，不愿仕也。"或谮通于素曰："彼实慢公，公何敬焉？"素以问通，通曰："使公可慢，则仆得矣；不可慢，则仆失矣。得失在仆，公何与焉！"素待之如初。右武候大将军贺若弼尝示之射，发无不中。通曰："美哉，艺也。君子志道、据德、依仁，然后游于艺也。"弼不悦而去。通谓门人曰："夫子矜而愎，难乎免于今之世矣。"纳言苏威好畜古器，通曰："昔之好古者聚道，今之好古者聚物。"太学博士刘炫问《易》。通曰："圣人之于《易》也，没身而已矣，况吾侪乎！"有仲长子光者，隐于河渚。尝曰："在险而运奇，不若宅平而无为。"通以为知言。曰："名愈消，德愈长，身愈退，道愈进，若人知之矣。"通见刘孝标《绝交论》曰："惜乎，举任公而毁也，任公不可谓知人矣。"见《辨命论》曰："人事废矣。"弟子薛收问："恩不害义，俭不伤礼，何如？"通曰："是汉文之所难也。废肉刑害于义，省之可也；衣弋绨伤于礼，中焉可也。"王孝逸曰："天下皆争利而弃义，若之何？"通曰："舍其所争，取其所弃，不亦君子乎！"或问人善。通曰："知其善则称之，不善则对曰，未尝与久也。"贾琼问息谤。通曰："无辨。"问止怨。曰："不争。"故其乡人皆化之无争者。贾琼问群居之道。通曰："同不害正，异不伤物。古之有道者，内不失真，外不殊俗，故全也。"贾琼请绝人事。通曰："不可。"琼曰："然则奚若？"通曰："庄以待之，信以应之，来者勿拒，去者勿追，沉如也，则可。"通谓姚义能交。或曰简。通曰："兹所以能也。"又问广。通曰："广而不滥，兹又所以为能。"又谓薛收，"善接小人，远而不疏，近而不狎，颓如也。"通尝曰："封禅非古也，其秦汉之侈心乎？"又曰："美哉，周公之智深矣乎！宁家所以安天下，有我所以厚苍生也。"又曰："易乐者必多哀，轻施者必好夺。"又曰："无赦之国，其刑必平；重敛之国，其财必贫。"又曰："廉者常乐无求，贪者常忧不足也。"又曰："我未见得诽而喜，闻誉而惧者。"又曰："昏而论财，夷虏之道也。"又曰："居近而识远，处今而知古，其惟学乎？"又曰："轻誉苟毁，好憎而尚怒，小人也。"又曰："闻谤而怒者，谗之阶也；见誉而喜者，佞之媒也。绝阶去媒，谗佞远矣。"通谓北山黄公善医：先饮食起居，而后针药。谓汾阴侯生善筮，"先人事而后爻象"。大业十年，尚书召通蜀郡司户；十一年，以著作郎国子博士征，皆不至。十四年，病终于家。门人谥曰文中子。二子福郊、福畤。二弟凝、绩。评曰：此皆通之世家及《中说》云尔。玄谟仕宋至开府仪同三司。绩及福畤之子勔、勮、勃，皆以能文着于唐世，各有列传。余窃谓先王之《六经》，不可胜学也，而又奚续焉？续之庸能出于其外乎？出则非经矣。苟无出而续之，则赘也，奚益哉？或曰"彼商、周以往，此汉、魏以还也。"曰："汉、魏以还，迁、固之徒，记之详矣。"奚待于续经，然后人知之，必也好大而欺愚乎！则彼不愚者，孰肯从之哉？今其《六经》皆亡而《中说》犹存，《中说》亦出于其家，虽云门人薛收、姚义所记，然予观其书，窃疑唐室既兴，凝与福　辈，依并时事，从而附益之也。何则，其所称朋友门人，皆隋、唐之际将相名臣，如苏威、杨素、贺若弼、李德林、李靖、窦威、房玄龄、杜如晦、王珪、魏徵、陈叔达、薛收之徒，考诸旧史，无一人语及通名者。《隋史》唐初为也，亦未尝载其名于《儒林隐逸》之间，岂诸公皆忘师弃旧之人乎？何独其家以为名世之圣人，而外人皆莫之知也。福畤又云："凝为监察御史，劾奏侯君集有反状，太宗不信之，但黜为姑苏令。大夫杜淹，奏凝直言非辜，长孙无忌与君集善，由是与淹有隙，王氏兄弟皆抑不用，时陈叔达方撰《隋史》，畏无忌，不为文中子立传。"按叔达前宰相，与无忌位任相埒，何故畏之？至没其师之名，使无闻于世乎？且魏徵实总《隋史》，纵叔达曲避权威，徵肯听之乎！此予所以疑之也。又淹以贞观二年卒，十四年君集平高昌还而下狱，由是怨望。十七年谋反，诛。此其前后参差不实之尤著者也。如通对李靖圣人之道曰："无所由亦不至于彼，道之方也。必也无至乎！"又对魏徵以圣人有忧疑，退语董常，以圣人无忧疑。曰："心迹之判久矣，皆流入于佛、老者也。夫圣人之道，始于正心修身齐家治国，至于安万邦，和黎民，格天地，遂万物，功施当时，法垂后世，安在其无所至乎？圣人所为，皆发于至诚，而后功业被于四海，至诚，心也；功业，迹也；奚为而判哉？"如通所言，是圣人作伪以欺天下也，其可哉？又曰："佛，圣人也，西方之教也，中国则泥。"又曰："《诗》《书》盛而秦世灭，非仲尼之罪也。虚玄长而晋室乱，非老、庄之罪也。斋戒修而梁国亡，非释迦之罪也。"苟为圣人矣，则推而放诸南海而准，推而放诸北海而准，乌有可行于西方而不可行于甲国哉？苟非圣人矣，则泥于中国，独不泥于西方耶？秦焚《诗》《书》，故灭；使《诗》、《书》之道盛于秦，安得灭乎？老、庄贵虚无而贱礼法，故王衍、阮籍之徒乘其风而鼓之，饰谈论，恣情欲，以至九州覆没；释迦称前生之因果，弃今日之仁义，故梁武帝承其流而信之，严斋戒，弛政刑，至于百姓涂炭。发端倡导者，非二家之罪而谁哉？此皆议论不合于圣人者也。唐世文学之士，传道其书者盖寡，独李翱以比《太公家教》，及司空图、皮日休始重之。宋兴，柳开、孙何振而张之，遂大行于世，至有真以为圣人可继孔子者。余读其书，想其为人，诚好学笃行之儒者也；惜其自任太重，其子弟誉之太过，更使后之人莫之敢信也。余恐世人讥其僭而累其美，故采其行事于理可通而所言切于事情者，着于篇以补《隋书》之缺。传成，文正公问予大父康节何如？康节赞之曰："小人无是，当世已弃。君子有非，万世犹讥。录其所是，弃其所非，君子有归；因其所非，弃其所是，君子几希。惜哉仲淹，寿不永乎。非不废是，瑕不掩瑜。虽未至于圣，其圣人之徒欤！"文正自兹数言文中子，故又特书于《通鉴》语中。然文正疑所称朋友门人皆隋、唐之际将相名臣，如苏威、杨素、贺若弼、李德林、李靖、窦威、房玄龄、杜如晦、王孝逸、魏徵、陈叔达、薛收之徒，无一人语及通姓名者，又疑其子弟誉之太过，又疑唐世文学之士传道其书者盖寡，独李翱以比《太公家教》，及司空图、皮日休始重之。予得唐文人刘禹锡言，在隋朝诸儒，惟王通能明王道，隐白牛谷，游其门者，皆天下俊杰。着书于家，既没，谥曰：文中子。则苏威公等实其朋友门人无疑，非子弟誉之太过无疑，不但司空图、皮日休重其书亦无疑也。禹锡之言，岂文正偶不见耶？文正之传，康节之赞，俱未行于世，予故表出之。程伊川亦曰："文中子格言，前无荀卿、扬雄也。"

晁公武《郡斋读书志》卷十：《阮逸注中说》十卷。右隋王通之门人共集其师之语为是书。通行事于史无考，独《隋唐通录》称其有秽行，为史臣所削。今观《中说》，其迹往往僭圣人，模拟窜窃，有深可怪笑者。独贞观时，诸将相若房、杜、李、魏、二温、王、陈皆其门人。予尝以此为疑。及见李德林、关朗、薛道衡事，然后知其皆妄也。通生于开皇四年，而德林卒以十一年，通适八岁，固未有门人。通仁寿四年，尝一到长安，时德林卒已九载矣，其书乃有予在长安，德林请见，归，援琴鼓《荡》之什，门人皆沾襟。

关朗在太和中见魏孝文，自太和丁巳，至通生之年甲辰，盖一百七年矣，而其书有问《礼》于关子明。《隋书薛道衡传》称道衡仁寿中，出为襄州总管，至炀帝即位，召还。《本纪》：仁寿二年九月，襄州总管周摇卒。道衡之出，当在此年也。通仁寿四年始到长安，是年高祖崩，盖仁寿末也。又《隋书》称"道衡子收，初生即出继族父孺，养于孺宅，至于长成，不识本生。"其书有"内史薛公见子于长安，语子收曰：'汝往事之。'"用此三事推焉，则以房、杜辈为门人，抑又可知矣。

《元经》十卷。右隋王通撰，唐薛收传，皇朝阮逸学。起晋惠帝太熙元年，终于陈亡。予从兄子逸仕安康，尝得其本，归而示四父，四父读至"帝问哇呜"，哂其陋曰："六籍奴婢之言不为过"。按《崇文》无其目疑逸依为之。

王明清《挥尘前录》卷三：文中子王通，隋末大儒，欧阳文忠公、宋景文修《唐书》，房、杜传中略不及其姓名。或云其书阮逸所撰，未必有其人。然唐李习之尝有读《文中子》，而刘禹锡作《王华卿墓铭序》，载其家事行使甚详，云："门多伟人"，则与其书所言合矣。何疑之有？又皮日休有《文中子碑》，见于《文萃》。

释智圆《读中说》：文中子始献《十策》于隋文，弗听，乃归隐河汾间。耕然后食，蚕然后衣，晏如也。既而嗟儒风之遗落，慨王道之颓丧，乃续《六经》，作《中说》，以尧、舜、禹、汤、文、武、周、孔之道训哲贤弟子，凡千余人。及唐之兴，辅太宗以致太宁几于王道者，悉仲淹之门人也。是知天将灭隋而昌唐，使文帝不能用其策，縻之以禄，遂使退隐，教诲玄龄、如晦、徵、靖辈，以为唐之贤也。是知太宗所行之道，文中子之道也。鸣呼！仲淹之道美矣乎，而《中说》十篇，乃通没后，弟子薛收等迹其事、记其言，大抵模范于《论语》也。唐贤悉谓剽窃《论语》，故仲淹之道，《中说》之辞，没然不称，唯陆龟蒙、皮日休、孙合稍道其美，而尚未能御其侮以阐其幽也。洎圣朝孙汉公作《辨文中子》一篇，可谓御其侮、阐其幽也，使横议者不能塞路，由是后学耻不读仲淹之书，耻不知仲淹之道，使百世胥附于王通者，汉公之力也。吾窃量韩、柳诸贤，悉不称文中子者，为嫉其贤而欲扬己道邪！为实不知其道而非之乎！苟嫉而蔽之者，则诸贤未免为王通之杨墨也，岂不知后世有如孟轲者为通辟之乎，苟实不知其道而非之，则汉公贤于唐贤远矣，而汉公犹罪薛收等才薄，笔下不能实录善事，妄有增益。故使其间时等《论语》之句读，模仲尼之事迹。吾窃谓为不然，厥或仲淹事迹，偶同仲尼，岂令薛收蔽而不说乎？事有偶同，则汉公安知其妄也，岂以不同仲尼别作诡说者，则皆实乎。其有等《论语》之句，读者模范其文以明其道，亦何伤乎！《论语》卫灵问阵于孔子，孔子答以俎豆。梁惠王问利国于孟子，孟子对以仁义，宋桓魋欲害孔子，孔子称天生德于予桓魋，其如予何，鲁臧仓毁鬲孟子，孟子曰予之不遇鲁侯天也，臧氏之子焉，能使予不遇哉。此皆与《论语》辞意符同矣。呜呼，《中说》之可非，孟子亦可非也。如其不尔，薛收之记言，亦无过也。吾读其文，恐后人犹惑，故言以明之。

《闲居编》卷二十六

又：《松江重佑和李白姑熟十咏诗序》：松江重佑师，学佛之外于风骚颇工，尝爱李谪仙姑熟十咏，因赓而和之，钱唐僧智圆字无外，序曰：夫诗之道本于三百篇也，所以正君臣，明父子，辨得丧，示邪正而已，洎乎王者之迹熄而诗亡，诗亡然后春秋作，后世屈、宋、李、苏、建安诸子、南朝群公，降及李唐，作者不一而辞，彩屡变骋，殊轨辙得之者，虽变其辞而且无背于三百篇之道也，失之者但务嘲咏风月，写状山水，拘忌声律，绮靡字句，于三百篇之道，无乃荡尽哉。故李百药论诗，而文中子不答，唐朝李谪仙得之者也，其为诗气高而语淡，志苦而情远，其辞与古弥异，其道与古弥同，则姑熟十咏，复尤于众篇矣。而二百年来，莫有继和者，今佑师之作，情志语气，惟肖于谪仙，则佑师之善诗，其可知也。圆尝与佑师游，见托为序，故得直书以冠于篇，龙集，甲寅九日于钱唐西湖崇福寺讲院序。

《闲居编》卷三十三

又：《读王通中说》：孟轲、荀况与杨雄，代异言殊道一同。夫子文章天未丧，又于隋世产王通。

《闲居编》卷四十六

《朱子语类》卷一百三十七：问荀扬王韩四子。曰：凡人著书，须自有个规模，自有个作用处。或流于申韩，或归于黄老，或有体而无用，或有用而无体，不可一律观。且如王通这人，于世务变故、人情物态，施为作用处，极见得分晓，只是于这作用晓得处却有病。韩退之则于大体处见得，而于作用施为处却不晓。如《原道》一篇，自孟子后无人，似它见得。郊焉而天神格，庙焉而人鬼享。以之为人，则爱而公；以之为心，则和而平；以之为天下国家，无所处而不当，说得极无疵。只是空见得个本原如此，下面工夫都空疏，更无物事撑住衬簟，所以于用处不甚可人意。缘他费工夫去作文，所以读书者，只为作文用。自朝至暮，自少至老，只是火急去弄文章；而于经纶实务不曾究心，所以作用不得。每日只是招引得几个诗酒秀才和尚度日。有些工夫，只了得去磨炼文章，所以无工夫来做这边事。兼他说，我这个便是圣贤事业了，自不知其非。如论文章云：自屈原、荀卿、孟轲、司马迁、相如、扬雄之徒，却把孟轲与数子同论，可见无见识，都不成议论。荀卿则全是申韩，观《成相》一篇可见。他见当时庸君暗主战斗不息，愤闷恻怛，深欲提耳而诲之，故作此篇。然其要，卒归于明法制，执赏罚而已。他那做处粗，如何望得王通！扬雄则全是黄老。某尝说，扬雄最无用，真是一腐儒。他到急处，只是投黄老。如《反离骚》并《老子》道德之言，可见这人更无说。自身命也奈何不下，如何理会得别事？如《法言》一卷，议论不明快，不了决，如其为人。他见识全低，语言极呆，甚好笑！荀、扬二人自不可与王、韩二人同日语。问：王通病痛如何？曰：这人于作用都晓得，急欲见之于用，故便要做周公底事业，便去上书要兴太平。及知时势之不可为，做周公事业不得，则急退而续《诗》《书》，续《玄经》，又要做孔子底事业。殊不知孔子之时接乎三代，有许多《典》《谟》《训》《诰》之文，有许多礼乐法度，名物度数，数圣人之典章皆在于是，取而缵述，方做得这个家具成。王通之时，有甚么《典》《谟》《训》《诰》？有甚么礼乐法度？乃欲取汉魏以下者为之书，则欲以《七制》《命》《议》之属为续《书》（"七制"之说亦起于通。有高文武宣光武明章制，盖以比二典也），诗则欲取曹刘沈谢者为续《诗》。续得这般诗书，发明得个甚么道理？自汉以来，诏令之稍可观者，不过数个。如高帝求贤诏虽好，又自不纯。文帝劝农，武帝荐贤、制策、轮台之悔，只有此数诏略好，此外尽无那壹篇比得《典》《谟》《训》《诰》。便求一篇如君牙冏命秦誓也无。曹刘沈谢之诗，又那得一篇如《鹿鸣》《四牡》《大明》《文王》《关雎》《鹊巢》？亦有学为四句古诗者，但多称颂之词，言皆过实，不足取信。乐如何有云英咸韶濩武之乐？礼又如何有伯夷周公制作之礼，它只是急要做个孔子，又无佐证，故装点几个人来做尧、舜、汤、武，皆经我删述，便显得我是圣人。如《中说》一书，都是要学孔子。《论语》说泰伯"三以天下让"，它便说陈思王善让；《论语》说"殷有三仁"，它便说荀氏有二仁。又提几个公卿大夫来相答问，便比当时门人弟子。正如梅圣俞说：欧阳永叔它自要做韩退之，却将我来比孟郊！王通便是如此。它自要做孔夫子，便胡乱捉别人来为圣为贤。殊不知秦汉以下君臣人物，斤两已定，你如何能加重！《中说》一书，固是后人假托，非王通自著。然毕竟是王通平生好自夸大，续《诗》续《书》，纷纷述作，所以起后人假托之故。后世子孙见它学周公、孔子学不成，都冷淡了，故又取一时公卿大夫之显者，缵缉附会以成之。毕竟是王通有这样意思在。虽非它之过，亦它有以启之也。如世人说坑焚之祸起于荀卿。荀卿著书立言，何尝教人焚书坑儒？只是观它无所顾藉，敢为异论，则其末流便有坑焚之理。然王通比荀、扬又复别。王通极开爽，说得广阔。缘它于事上讲究得精，故于世变兴亡，人情物态，更革沿袭，施为作用，先后次第都晓得；识得个仁义礼乐都有用处。若用于世，必有可观。只可惜不曾向上透一著，于大体处有所欠阙，所以如此！若更晓得高处一著，那里得来！只细看它书，便见他极有好处，非特荀扬道不到，虽韩退之也道不到。韩退之只晓得个大纲，下面工夫都空虚，要做更无下手处，其作用处全疏，如何敢望王通！然王通所以如此者，其病亦只在于不曾子细读书。他只见圣人有个《六经》，便欲别做一本《六经》，将圣人腔子填满里面。若是子细读书，知圣人所说义理之无穷，自然无工夫闲做。他死时极后生，只得三十余岁。它却火急要做许多事。或云：若少假之年，必有可观。曰：不然，它气象局促，只如此了。他做许多书时，方只二十余岁。孔子七十岁方系《易》，作《春秋》，而王通未三十皆做了，圣人许多事业气象去不得了，宜其死也。

又曰：《中说》一书，如子弟记它言行，也煞有好处。虽云其书是后人假托，不会假得许多，须真有个人坯模如此，方装点得成。假使悬空白撰得一人如此，则能撰之人亦自大有见识，非凡人矣。

贾谊之学杂。他本是战国纵横之学，只是较近道理，不至如仪秦蔡范之甚尔。他于这边道理见得分数稍多，所以说得较好。然终是有纵横之习，缘他根脚只是从战国中来故也。汉儒惟董仲舒纯粹，其学甚正，非诸人比。只是困苦无精彩，极好处也只有"正谊、明道"两句。下此诸子皆无足道。如张良诸葛亮固正，只是太粗。王通也有好处，只是也无本原工夫，却要将秦汉以下文饰做个三代，他便自要比孔子，不知如何比得！他那斤两轻重自定，你如何文饰得！如《续诗》、《续书》、《玄经》之作，尽要学个孔子，重做一个三代，如何做得！如《续书》要载汉以来诏令，他那诏令便载得，发明得甚么义理？发明得甚么政事？只有高帝时三诏令稍好，然已不纯。如曰：肯从吾游者，吾能尊显之。此岂所以待天下之士哉？都不足录。三代之书诰诏令，皆是根源学问，发明义理，所以灿然可为 后世法。如秦汉以下诏令济得甚事？缘他都不曾将心子细去读圣人之书，只是要依他个模子。见圣人作《六经》，我也学他作《六经》。只是将前人腔子，自做言语填放他腔中，便说我这个可以比并圣人。圣人做个《论语》，我便做《中说》。如扬雄《太玄》《法言》亦然，不知怎生比并！某尝说，自孔孟灭后，诸儒不子细读得圣人之书，晓得圣人之旨，只是自说他一副当道理。说得却也好看，只是非圣人之意，硬将圣人经旨说从他道理上来。孟子说"以意逆志"者，以自家之意，逆圣人之志。如人去路头迎接那人相似，或今日接著不定，明日接著不定；或那人来也不定，不来也不定；或更迟数日来也不定，如此方谓之"以意逆志"。今人读书，却不去等候迎接那人，只认硬赶捉那人来，更不由他情愿；又教它莫要做声，待我与你说道理。圣贤已死，它看你如何说，他又不会出来与你争，只是非圣贤之意。他本要自说他一样道理，又恐不见信于人。偶然窥见圣人说处与己意合，便从头如此解将去，更不子细虚心，看圣人所说是如何。正如人贩私盐，担私货，恐人捉他，须用求得官员一两封书，并掩头行引，方敢过场、务，偷免税钱。今之学者正是如此，只是将圣人经书，拖带印证己之所说而已，何常真实得圣人之意？却是说得新奇巧妙，可以欺惑人，只是非圣人之意。此无他，患在于不子细读圣人之书。人若能虚心下意，自莫生意见，只将圣人书玩味读诵，少间意思自从正文中迸出来，不待安排，不待杜撰。如此，方谓之善读书。且屈原一书，近偶阅之，从头被人错解了。自古至今，讹谬相传，更无一人能破之者，而又为说以增饰之。看来屈原本是一个忠诚恻怛爱君底人。观他所作《离骚》数篇，尽是归依爱慕，不忍舍去怀王之意。所以拳拳反复，不能自已，何尝有一句是骂怀王。亦不见他有偏躁之心，后来没出气处，不奈何，方投河殒命。而今人句句尽解做骂怀王，枉屈说了屈原。只是不曾平心看他语意，所以如此。

问扬雄。曰：雄之学似出于老子。如《太玄》曰：潜心于渊，美厥灵根。《测》曰：潜心于渊，神不昧也。乃老氏说话。问：太玄分赞于三百六十六日下，不足者乃益以"踦赢"，固不是。如《易》中卦气如何？曰：此出于京房，亦难晓。如《太玄》中推之，盖有气而无朔矣。问：伊川亦取雄《太玄》中说，如何？曰：不是取他言，他地位至此耳。（略）文中子如何？曰：渠极识世变，有好处，但太浅，决非当时全书。如说家世数人，史中并无名。又，关朗事，与通年纪甚悬绝。可学谓：可惜《续经》已失，不见渠所作如何！曰：亦何必见？只如《续书》有桓荣之命。明帝如此，则荣可知。使荣果有帝王之学，则当有以开导明帝，必不至为异教所惑。如秋风之诗，乃是末年不得已之辞，又何足取？渠识见不远，却要把两汉事与三代比隆！近来此等说话极胜，须是于天理人欲处分别得明。如唐太宗分明是杀兄劫父代位，又何必为之分别说！沙随云，史记高祖泛舟于池中，则"明当早参"之语，皆是史之润饰。看得极好，此岂小事！高祖既许之明早入辨，而又却泛舟，则知此事经史臣文饰多矣。问：禅位亦出于不得已。曰：固是。它既杀元良，又何处去？明皇杀太平公主亦如此，可畏！

子升问仲舒文中子。曰：仲舒本领纯正。如说"正心以正朝廷"，与"命者天之令也"以下诸语，皆善。班固所谓"纯儒"，极是。至于天下国家事业，恐施展未必得。王通见识高明，如说治体处极高，但于本领处欠。如古人"明德、新民、至善"等处，皆不理会，却要斗合汉魏以下之事整顿为法，这便是低处。要之，文中论治体处，高似仲舒，而本领不及；爽似仲舒，而纯不及。因言：魏徵作《隋史》，更无一语及文中，自不可晓。尝考文中世系，并看阮逸、龚鼎臣注，及《南史》《刘梦得集》，次日因考文中世系，四书不同，殊不可晓。又检《李泰伯集》，先生因言：文中有志于天下，亦识得三代制度，较之房魏诸公文，稍有些本领，只本原上工夫都不曾理会。若究其议论本原处，亦只自《老》《庄》中来。

先生令学者评董仲舒扬子云王仲淹韩退之四子优劣。或取仲舒，或取退之。曰：董仲舒自是好人，扬子云不足道，这两人不须说。只有文中子韩退之这两人疑似，试更评看。学者亦多主退之。曰：看来文中子根脚浅，然却是以天下为心，分明是要见诸事业。天下事，它都一齐入思虑来。虽是卑浅，然却是循规蹈矩，要做事业底人，其心却公。如韩退之虽是见得个道之大用是如此，然却无实用功处。它当初本只是要讨官职做，始终只是这心。

他只是要做得言语似六经，便以为传道。至其每日功夫，只是做诗，博弈，酣饮取乐而已。观其诗便可见，都衬贴那原道不起。至其做官临政，也不是要为国做事，也无甚可称，其实只是要讨官职而已。

立之问：扬子与韩文公优劣如何？曰：各自有长处。文公见得大意已分明，但不曾去子细理会。如原道之类，不易得也。扬子云为人深沈，会去思索。如阴阳消长之妙，他直是去推求。然而如《太玄》之类，亦是拙底工夫，道理不是如此。盖天地间只有个奇耦，奇是阳，耦是阴。春是少阳，夏是太阳，秋是少阴，冬是太阴。自二而四，自四而八，只恁推去，都走不得。而扬子却添两作三，谓之天地人，事事要分作三截。又且有气而无朔，有日星而无月，恐不是道理。亦如孟子既说"性善"，荀子既说"性恶"，他无可得说，只得说个"善恶混"。若有个三底道理，圣人想自说了，不待后人说矣。看他里面推得辛苦，却就上面说些道理，亦不透彻。看来其学似本于老氏。如"惟清惟胜，惟渊惟默"之语，皆是老子意思。韩文公于仁义道德上看得分明，其刚领已正，却无他这个近于老子底说话。又问：文中子如何？曰：文中子之书，恐多是后人添入，真伪难见，然好处甚多。但一一似圣人，恐不应恰限有许多事相凑得好。如见甚荷蒉隐者之类，不知如何得恰限有这人。若道他都是妆点来，又恐妆点不得许多。然就其中惟是论世变因革处，说得极好。又问：程子谓"扬子之学实，韩子之学华"，是如何？曰：只缘韩子做闲杂言语多，故谓之华。若扬子虽亦有之，不如韩子之多。

（略）问：先生王氏续经说云云，荀卿固不足以望之。若房杜辈，观其书，则固尝往来于王氏之门。其后来相业，还亦有得于王氏道否？曰：房杜如何敢望文中子之万一！其规模事业，无文中子仿佛。某尝说，房杜只是个村宰相。文中子不干事，他那制度规模，诚有非后人之所及者。又问：仲舒比之如何？曰：仲舒却纯正，然亦有偏，又是一般病。韩退之却见得又较活，然亦只是见得下面一层，上面一层都不曾见得。大概此诸子之病皆是如此，都只是见得下面一层，源头处都不晓。所以伊川说"西铭是原道之宗祖"，盖谓此也。

（略）张毅然漕试回。先生问曰：今岁出何论题？曰：论题云云，出《文中子》。曰：如何做？张曰：大率是骂他者多。先生笑曰：他虽有不好处，也须有好处。故程先生言："他虽则附会成书，其间极有格言，荀扬道不到处。"岂可一向骂他！友仁请曰：愿闻先生之见。曰：文中子他当时要为伊周事业；见道不行，急急地要做孔子。他要学伊周，其志甚不卑。但不能胜其好高自大欲速之心，反有所累。二帝三王却不去学，却要学两汉，此是他乱道处。亦要作一篇文字说这意思。

徐问文中子好处与不好处。曰：见得道理透后，从高视下，一目了然。今要去揣摩，不得。

文中子其间有见处，也即是老氏。又其闲被人夹杂，今也难分别。但不合有许多事全似孔子。孔子有荷蒉等人，它也有许多人，便是装点出来。其间论文史及时事世变，煞好，今浙间英迈之士皆宗之。

文中子《中说》被人乱了。说治乱处与其他好处极多，但向上事只是老释。如言非老庄释迦之罪，并说若云云处，可见。扬曰：过法言。曰：大过之。

文中子论时事及文史处尽有可观。于文取陆机，史取陈寿。曾将陆机文来看，也是平正。

房杜于河汾之学后来多有议论。且如《中说》，只是王氏子孙自记。亦不应当时开国文武大臣尽其学者，何故尽无一语言及其师兼所记其家世事？考之传记，无一合者。

　　《文中子》，看其书忒装点，所以使人难信。如说诸名卿大臣，多是隋末所未见有者。兼是他言论大纲杂霸，凡事都要硬做。如说礼乐治体之类，都不消得从正心诚意做出。又如说"安我所以安天下，存我所以厚苍生"，都是为自张本，做杂霸镃基。黄德柄问：《续书》："天子之义：制、诏、志、策，有四；大臣之义：命、训、对、赞、议、诫、谏，有七。"如何？曰：这般所在极肤浅。中间说话大纲如此。但看世俗所称道，便唤做好，都不识。如云晁董公孙之对，据道理看，只有董仲舒为得。如公孙已是不好，晁错是话个甚么！又如自叙许多说话，尽是夸张。考其年数，与唐煞远，如何唐初诸名卿皆与说话？若果与诸名卿相处，一个人恁地自标致，史传中如何都不见说？因说：史传尽有不可信处。尝记五峰说，看太宗杀建成元吉事，尚有不可凭处。如云，先一日，太宗密以其事奏高祖，高祖省表愕然，报曰："明当鞫问，汝宜早参。"只将这几句看，高祖且教来日鞫问，如何太宗明日便拥兵入内？又云，上已召裴寂萧瑀陈叔达欲按其事，又云："上方泛舟海池。"岂有一件事恁么大，兄弟构祸如此之极，为父者何故恁地恬然无事！此必有不足信者。只《左传》是有多难信处。如赵盾一事，后人费万千说话与出脱，其实此事甚分明。如司马昭之弑高贵乡公，他终不成亲自下手！必有抽戈用命，如贾充成济之徒。如曰"司马公畜养汝等，正为今日。今日之事，无所问也。"看《左传》载灵公欲杀赵盾，今日要杀，杀不得；明日要杀，杀不得。只是一个人君要杀一臣，最易为力。恁地杀不得，也是他大段强了。今来许多说话，自是后来三晋既得政，撰造掩覆，反有不可得而掩者矣。物来若不能明，事至若不能辨，是吾心大段昏在。

　　文中子议论，多是中间暗了一段，无分明。其间弟子问答姓名，多是唐辅相，恐亦不然，盖诸人更无一语及其师。人以为王通与长孙无忌不足，故诸人惧无忌而不敢言，亦无此理，如郑公岂畏人者哉！"七制之主"，亦不知其何故以"七制"名之。此必因其《续书》中曾采七君事迹以为书，而名之曰"七制"。如《二典》体例今无可考，大率多是依仿而作。如以董常如颜子，则是以孔子自居。谓诸公可为辅相之类，皆是撰成，要安排七制之君为它之尧舜。考其事迹，亦多不合。刘禹锡作《歙池江州观察王公墓碑》，乃仲淹四代祖，碑中载祖讳多不同。及阮逸所注并载关朗等事，亦多不实。王通大业中死，自不同时。如推说十七代祖，亦不应辽远如此。

唐李翱已自论《中说》可比《太公家教》，则其书之出亦已久矣。伊川谓文中子有些格言，被后人添入坏了。看来必是阮逸诸公增益张大，复借显者以为重耳。今之伪书甚多，如镇江府印《关子明易》并《麻衣道者易》，皆是伪书。《麻衣易》正是南康戴绍韩所作。昨在南康，观其言论，皆本于此。及一访之，见其著述大率多类《麻衣》文体。其言险侧轻佻，不合道理。又尝见一书名曰《子华子》，说天地阴阳，亦说义理、人事，皆支离妄作。至如世传《繁露玉杯》等书，皆非其实。大抵古今文字皆可考验。古文自是庄重，至如孔安国《书序》并注中语，多非安国所作。盖西汉文章，虽粗亦劲。今《书序》只是六朝软慢文体。因举《史记》所载《汤诰》并武王伐纣言词不典，不知是甚底齐东野人之语也。

问文中子之学。曰：它有个意思，以为尧舜三代，也只与后世一般，也只是偶然做得着。问：它《续诗》《续书》，意只如此。因举答贾琼数处说，曰：近日陈同父便是这般说话。它便忌程先生说"帝王以道治天下，后世只是以智力把持天下"。正缘这话说得它病处，它便忌。问：玄经尤可疑。只缘献帝奔北，便以为天命已归之，遂帝魏。曰：今之《注》，本是阮逸注，龚鼎臣便有一本《注》，后面叙他祖，都与文中子所说不同。说他先已仕魏，不是后来方奔去。明日寻看，又问：它说"权义举而皇极立"，如何？曰：如皇极，某曾有辨，今说权义也不是。盖义是活物，权是称锤。义是称星，义所以用权。今似它说，却是以权为"嫂溺援之"之"义"，以义为"授受不亲"之"礼"，但不如此。问：义便有随时底意思。曰：固是。问：它只缘以《玄经》帝魏，生此说。曰：便是它大本领处不曾理会，纵有一二言语可取，但偶然耳。问：他以心、迹分看了，便是错处。曰：它说"何忧何疑"，也只是外面恁地，里面却不恁地了。又问："动静见天地之心"，说得似不然。曰：它意思以方员为形，动静为理，然亦无意思。而今自家若见个道理了，见它这说话，都似不曾说一般。

文中子《续经》，犹小儿竖瓦屋然。世儒既无高明广大之见，因遂尊崇其书。

天下皆忧，吾独得不忧；天下皆疑，吾独得不疑。又曰：乐天知命吾何忧？穷理尽性吾何疑？盖有当忧疑者，有不当忧疑者，然皆心也。文中子以为有心、迹之判，故伊川非之。又曰：惟其无一己之忧疑，故能忧疑以天下；惟其忧以天下，疑以天下，故无一己之忧疑。

大抵观圣人之出处，须看他至诚恳切处及洒然无累处。文中子说：天下皆忧，吾独得不忧；天下皆疑，吾独得不疑。又曰：穷理尽性吾何疑？乐天知命吾何忧？此说是。

或问：文中子僭拟古人，是如何？曰：这也是他志大，要学古人。如退之则全无要学古人底意思。柳子厚虽无状，却又占便宜，如致君泽民事，也说要做。退之则只要做官，如末年潮州上表，此更不足说了。退之文字尽好，末年尤好。

章如愚《文中子》：隋王通所与门人答问，薛收、姚义集而名之曰《中说》。唐杜淹为序，宋朝阮逸注。宋咸以文中悉模《论语》句，迹仲尼事，且谓李靖、陈叔达、房、魏诸公，未尝师事，作《过文中子》。又为驳《中说》凡二十二事，共十卷。王福畤《记》：贞观初，杜淹问王凝曰：子圣贤之弟也，有闻乎？仲父曰：凝亡兄尝讲道于河汾，亦尝预于斯，《六经》之外无所闻也。淹曰：昔人咸有记焉。盖薛收、姚义缀而名之曰《中说》。兹书天下之昌言也，微而显，曲而当，旁贯大义，宏阐教源。门人请问之端，文中行事之迹，则备矣。子盍求诸家？家仲父曰凝，以丧乱以来未遑及也，退而求之，得《中说》一百余纸，大抵杂记，不着篇目首卷及序，则蠹绝磨灭，未能诠次。十九年，仲父被起为洺州从事，又以《中说》授予，曰：先兄之绪言也。余再拜曰：《中说》之为教也，务约致深，言寡理大，其比《论语》之记乎？孺子奉之，无使失坠。因而辨类分综，编为十篇。

《群书考索》卷十

田锡《睦州夫子庙记》：夫世之浇淳在乎时，礼之用舍由乎上。故颜回谓舜亦人也，孟轲曰回亦人也。若然，则克念谓之圣，罔念谓之狂，必也。祖述夫子之至仁，宪章颜氏之亚圣，则文中子亦圣人也，韩文公亦圣人也。乃知取法于延陵季子，问礼于柱史老聃，生而知之乎？学而知之乎？勉人之学，读是碑也；迁庙之志，见是记也。罪言者得于斯，知言者得于斯。

《国朝二百家名贤文萃》卷一百二十一、《严陵集》卷八

王禹称《投宋拾遗书》：某尝谓书契以来，以文垂教者，昔曰孔孟之道。始否而终泰，则孟不足以侔于孔也。何者？夫子连聘七十国而无尺土之位，则否于始也明矣。洎祖述尧舜，宪章文武，张三纲之目，提五常之领，制

礼以检人迹，作乐以和人事，恢刑政以救人失，崇祭祀以介人福，使后之为君者、为臣者、为父者、为子者，不可斯须而离也，则泰于终也又明矣。孟子生不享其位，死不行其教，所著书亦在世之空文尔，孰学而行之乎？唯皮子请以孟氏为学科，属唐祚将终，弃而不用，可痛惜哉！孟轲氏没，扬雄氏作。时哀、平失道，贤、莽用权，子云以穷愁着书，始务脱祸。故作《太玄》准《周易》，《法言》准《论语》，微机深旨，世人鲜知，能师而受者，止一侯芭而已。方之孟氏，季孟间也。扬雄氏丧，文中子生，知隋运将终，圣道来跻，退居河、汾间，修先王之业，九年而成《王氏六经》。门弟子有若巨鹿魏徵、河南房玄龄、京兆杜如晦，咸北面而师之。隋文中子迹逝矣，门弟子归于唐，尽出先师之道以弼于文皇，故能立贞观之业，垂三百年，传十八叶，夫岂非王氏教之效欤？谓隋之夫子焉。虽劣于仲尼而复优于孟、扬又明矣。文中子灭，昌黎文公出，师戴圣人之道，述作圣人之言。从而学者，有若赵郡李翱、江夏黄颇、安定皇甫湜，固其徒也。然位不足以行其道，时不足以振其教，故不能复贞观之风矣。独以词旨幽远，规正人伦，亦曰唐之夫子焉。下韩氏二百年，世非无其文章，罕能聚徒众于门，张圣贤之道矣。其或者复授于明公乎？明公履孔、孟、扬雄之业，振仲淹、退之之辞，矧天与其时，身得厥位，则追还唐风，不为难焉。然登明公之门、师明公之道者甚未众，止闻胡、田二君矣。岂明公道高德深之所隔也？而诲人诱善之未至耶？

《圣宋文选》卷七

刘弇《龙云集》卷二十八"策问中"第六：问：世传王氏《中说》十篇，观其书简洁峻整，毅然如豪士自好者之不可犯。而其所自为，要不折衷于孔子者盖鲜。世至取其配扬、孟，则如通信可谓贤者矣。然通平居顾尝为大言，或自谓名世，或比董常于颜子。至其《续六经》，则尤号少所逊避。而所谓《中说》者，又尝模窜剿取《老》《庄》《论语》之文，以助环状。昔人至谓通书为"太公家教"，厥有由也。或曰通出污世，不激诡不足以明道。或曰隋唐史无通传，其事迹又不旁见，疑无有通者，殆后人讬为之也。呜呼？通言仁寿、大业后事，与夫有唐之方兴，房、杜未及礼乐，若合符节。至其论《诗》《易》《春秋》也，有所谓决不偶然者。然则非通，尚谁者为之乎？通之书既如此，宜必有可以施之方今者。

又第七策问：王通有言：安得圆机之士，与共语九流哉。盖学者之于九流尚矣。自马迁着书，论列百子，而比次之，其要有六，则道家、儒家、墨家、法家、名家、阴阳家是也。其后班固述《艺文志》，颇探取迁遗意弗论，列者寖广其术，别而为九，以为此九者，其所自名家者也，故谓之九流。然固论九家，其始必曰"某家盖出于某官"，则疑固盖不徒附着也。至其论儒家，则颇以为"其流盖出于司徒之官"。曾谓大儒之效，而司徒之官，乃可尽之乎。且固号博物洽闻，其言要必有足稽者。然则所谓九家者，于今何官近之？使居是官者，能各尽其一官之术，亦足以为治乎？订正是否，非吾子安属。

黄震《黄氏日钞》卷五十五：《文中子》之书，以《易》《老》并言，以释、老与儒为三教，盖亦六朝流习耳。迹其言议，多有近理。如曰：廉者常乐无求，贪者常忧不足。如曰：人有不及可以情怨，非意相干可以理遣。如曰：易乐者必多哀，轻施者必多夺。问：何以息谤？曰：无辩。问：何以止怨？曰：无争。然要以其指归，大要亦不出《老子》慈俭之说。于圣门，未有得焉。至其主摽枝、野鹿之说，谓上无为下自足，至治之代，人老死不相往来，则习《老子》之说而不之考也。古者，鸿荒之世，人之异于禽兽者几希，圣人者作，教之以相生相养之道，然后渐有伦理，以趋于治。太古何尝有治至？后世圣人然后有治耳。且上果无为，则下亦乌能自足耶？若夫帝国战德，皇国战无为，德与无为而以战言，虽《老子》未尝道。甚至借圣门以掩释教之蔽，谓：《诗》《书》盛而秦灭，非仲尼之罪；玄虚长而晋乱，非老、庄之罪；齐戒修而梁亡，非释迦之罪。呜呼，晋则长玄虚矣，梁则修齐戒矣，秦果盛《诗》《书》者乎？呜呼，曾谓《文中子》而有此，恐亦后世附会之尔。

王应麟《困学纪闻》卷十：《中说前述》云：隋文帝坐太极殿，召见，因奏太平之策十有二焉。按：《唐会要》武德元年五月，改隋大兴殿为太极殿。隋无此名。

《诗》失于齐、鲁，当从龚氏本云：《论》失于齐、鲁。谓《论语》也。上文已言齐、韩、毛、郑，《诗》之末也，不当重出。

封禅，秦汉之侈心。此河汾笃论也。房、魏学于河汾，而议封禅之礼，不以为非，安在其为守师说乎？梁有许懋，而唐无人焉，曾谓房、魏不如懋乎！

龚氏注《中说》，引古语云：上士闭心，中士闭口，下士闭门。愚按：《楚辞·橘颂》云：闭心自谨终不过失兮。王逸注：闭心，捐欲也。

《中说》于文取陆机，于史取陈寿，自魏、晋而下言之也。

记注兴，而史道诬矣。注，当作"注"。记注，谓汉、晋以后起居注之类。虚美隐恶，史无直笔，故曰诬。阮逸谓若裴松之注《三国志》，恐非。

张玄素《问礼》，注云：史传未见。玄素，蒲州人，《唐书》有传。注以为未见，非也。

戎狄之德，黎民怀之，三才其舍诸。此叔恬之言也。元魏之君，唯称孝文，然治家无法，佳兵不已，再传而遂乱，安在其黎民怀之也？

文中子游马颊之谷，遂至牛首之溪。龚氏本云：子游黄颊之谷，遂至白牛之溪。注云：王绩尝题诗黄颊山壁。愚按：《负苓者传》：文中子讲道于白牛之溪。当从龚本。

仲长子光，《中说》称之，王无功为《传》云：著《独游颂》及《河渚先生传》以自喻。文中子比之虞仲夷逸，又为祭文云：明道若昧，进道若退。鸟飞知还，龙亢靡悔。藏用以密，养正以蒙。不见其始，孰知其终？

无功《答冯子华书》曰：吾家三兄生于隋末，伤世扰乱，有道无位，作《汾亭》之操，盖孔氏《龟山》之流也。吾尝亲受其调，颇谓曲尽。近得裴生琴，更习其操，洋洋乎觉声品相得。又曰：吾往见薛收《白牛溪赋》，韵趣高奇，词义旷远，嵯峨萧瑟，真不可言！壮哉邈乎，扬、班之俦也。高人姚义常谓吾曰：薛生此文不可多得，登太行，俯沧溟，高深极矣！可附《中说》注。

李百药曰：分四声八病。按《诗苑类格》沈约曰：诗病有八：平头、上尾、蜂腰、鹤膝、大韵、小韵、旁纽、正纽。唯上尾、鹤膝最忌，余病亦通。

杜淹《文中子世家》：二子：长曰福郊，少福畤。龚氏本载《前述》长子福奖。刘禹锡撰《王质碑》云：文中子生福祚，福祚生勉，勉生怡，怡生潜、质。潜之季子为谏议大夫、给事中，终宣歙观察使，《唐书》有传。福畤之子，见于《文艺传》者，勔、勮、勃、助、劼、劝。太原府君召三子而教焉，龚氏注云：文中子三子：福奖、福祚、福畤。福奖疑即福郊也。

书此以补《世家》之阙。

　　王无功《游北山赋序》云：余周人也。本家于祁，永嘉之际，扈迁江左。地实儒素，人多高烈，穆公衔建元之耻，归于洛阳。同州悲永安之事，退居河曲。始则晋阳之开国，终乃安康之受田。其赋云：白牛溪里，冈峦四峙，信兹山之奥域，昔吾兄之所止。许由避地，张超成市。察俗删诗，依经正史。组带青衿，锵锵儳儳。阶庭礼乐，生徒杞梓。山似尼丘，泉疑泗洙。又注云：此溪之集，门人常以百数。河南董恒、南阳程元、中山贾琼、河南薛收、太山姚义、太原温彦博、京兆杜淹等十余人，称为俊颖。而姚义慷慨，同侪方之仲由；薛收以理达，方庄周。门人多至公辅，而文中之道未行。然无功不及房、杜、魏，何哉？郑毅夫论《中说》之妄，谓：李德林卒于开皇十二年，通时年八九岁，未有门人，而有德林请见，归而有忧色，援琴鼓《荡》之什，门人皆沾襟；关子明太和中见魏孝文，如存于开皇间，亦一百二三十岁矣，而有"问礼于子明"。是二者，其妄不疑。晁氏《读书志》谓：薛道衡仁寿二年出襄州，通仁寿四年始到长安，其书有"内史薛公见子于长安"。用此推之，则以房、杜为门人，抑又可知也。

　　《世说》其言清以浮，有天下分裂之象；《中说》其言闳以实，有天下将治之象。

　　《玉海》卷五十三：文中子《中说》，《唐志·儒家》：王通《中说》五卷。《崇文目》十卷。王道、天地、事君、周公、问易、礼乐、述史、魏相、立命、关子明、王福畤家书、杂录，《中说》编为十篇，成十卷，阮逸注。《王绩传》：兄通，隋末聚徒河汾，仿古作《六经》，为《中说》拟《论语》，不为诸儒称道，惟《中说》独存。唐李翱以比《太公家教》。及司空图、皮日休始重之。宋兴，柳开、孙何振而张之，遂行于世，阮逸《序》：《中说》者，门人对问之书，薛收、姚义集而名之。贞观二年，御史大夫杜淹始序《中说》及《世家》，龚鼎臣得唐本于齐州李冠家，以甲乙冠篇，而分篇始末皆不同。又本文多与逸异。日休作《碑》。阮、龚各以所得本为训义。宋咸撰《过文中子》十卷，又驳《中说》二十二事。程子称其书胜荀、扬，陈亮参取阮、龚本类次为十六篇。其无条目可入，与凡可略者不录。司马光《补传》。

　　真德秀《西山读书记》卷三十：文中子之学：程子曰：王通者，隐德君子也。当时有少言语，后来为人附会，不可谓全书。论其粹处，殆非荀、扬所及。若《续经》之类，皆非其作。又曰：《中说》有后人缀辑之。〇一本云：文中子本是一隐君子，世人往往得其议论，附会成书。其间极有格言，荀、扬说不到处。又有一件事，半截好，半截不好。如魏徵问圣人有忧乎，曰：天下皆忧，吾独得不忧？问疑，曰：天下皆疑，吾独得不疑？徵退，谓董常曰：乐天知命，吾何忧？穷理尽性，吾何疑？此言极好。下半截却云：征所问者迹也，吾告汝者心也。心、迹之判久矣。便不是。又曰："有是心则有是迹。王通云云，非也。又曰：文中子言古之学者聚道，不知道如何聚得？又曰：《文中子》书以明内齐外为《家人》之义。古今善之。非取象之意也。所谓齐乎巽，言物洁齐于巽方，非巽有齐义也。如战乎干，干非有战义也。愚按，司马氏《补传》之外，其言有曰：人里不居，田不井授，终苟道也。虽舜禹不能理矣。又曰：罪莫大于好进，祸莫大于多言，痛莫大于不闻过，辱莫大于不知耻。又曰：我未见谦而有怨，亢而无辱，欲愿其德而不章也。又曰：弃德背义，而患人之不己亲，好疑尚诈，而患人之不己信，则有之矣。又曰：处贫贱而不慑，可以富归矣。童仆称其恩，可以从政矣。交游称其信，可以立功矣。又曰：多言者不可以与远谋，多动者不可以与久处。又曰：疑滞者智之螙也，忿怒者仁之螣也，纤吝者义之蠹也。又曰：古之从仕者养人，今之从仕者养己。又曰：古之仕也以行其道，今之仕也以逞其欲。又曰：恭则物服，悫则有成，平则物化。李密问王霸之略，子曰：不以天下易一民之命。问英雄，子曰：自知者英，自胜者雄。问勇，曰：必也义乎。密出，子曰：乱天下者必是夫也。幸灾而免祸，受强而好胜，神明不与也。李密见子而论兵，子曰：礼信仁义，则吾论之，孤虚诈力，吾不与也。楚公问用师之道，子曰：行之以仁义。曰：若之何决胜？子曰：莫如仁义，过此，败之招也。楚难作，使使召子，子不往，谓使者曰：为我谢楚公。天下崩乱，非至公血诚不能安。苟使其道，无为祸化。凡此亦名言也。其散见于诸篇者不与焉。至于其行，则有若所记：子躬耕，或问曰：不亦劳乎？子曰：一夫不耕，或受其饥，且庶人之职也，亡职者罪无所逃天地之间。吾得逃乎？子之家，《六经》毕备，朝服祭器不假。曰：三纲五常，可自出也。子之言必有方，应而不唱，唱必有大端。乡人有丧，子必先往，反必后。乡人有水土之役，则具畚锸以往，曰：吾非从大夫之后也。子见耕者，必揖而劳之。铜川大夫有病，子不交睫者三月。人问者，送迎之，必泣以拜。铜川府君之丧，勺饮不入口者三日。方春乡社，子必与执事，谢其劳而相其役。子居家，虽孩孺必狎，其使人也，虽童仆必敛容。子之居，常湛如也，言必恕，动必义。与人款曲以待其会。子不相形，不祷疾，不上非义。越公以《食经》遗子，不受，曰：羹藜含糗，无所用也。答之以《酒诰》及《洪范》三德。文中子之行，大略具是。合言行而观，其亦可谓隐德君子矣。程子之评，其当矣夫。

叶大庆《考古质疑》卷五：大庆谓容斋之所辩证是矣。尝观杜淹所撰《世家》，年世既已抵牾，且或疏略自戾，岂止如容斋所疑乎？盖容斋所疑，尚犹有可诿者。大庆之所疑，因得以附见焉。《世家》云：开皇四年文中子始生；又曰开皇九年江东平，铜川府君叹曰：王道无叙，天下何为而一乎，文中子侍侧十岁矣云云。大庆按，开皇四年文中子始生，至九年方六岁，何为而言十岁乎？此其疏略自戾，不待他人攻其失也。又云：十八年，文中子有四方之志，受《书》于东海李育，问《礼》于河东关子明。大庆按，子明乃北魏孝文帝太和末年为晋阳穆公府记室，穆公荐于孝文，孝文曰：嘉谋良策，勿虑不行，朕南征还日，当共论道以究治本（原注：穆公，文中子高祖。以上见《中说》后《录关子明事》）。计其年代，当齐永明帝永泰元年戊寅岁也。自是以至开皇十八年戊午，盖一百一岁矣。使子明为记室时方弱冠，至是亦百二十余岁矣，安得有文中子问《礼》于子明之事？非年岁之抵牾乎？容斋所疑反不及此，何也？虽然，杜淹所撰，岂其欲大吾师之道而彰其名，故不暇详究其年月，而起后人之诋訾乎？容斋遂并疑《中说》为阮逸所作。大庆则未敢以为然也。何者？逸乃我宋仁宗朝人，《唐书艺文志》已有王通这《中说》，皮日休有《文中子碑》，亦言序述《六经》，敷为《中说》，李、薛、房、杜皆其门人。而刘禹锡作《王华卿墓铭序》，在其家世行事甚详，云"门多伟人"，则与其书所言合矣。司空图又谓"文中子致圣人之用，房、卫数公皆为其徒。恢文武之道，以济贞观治平之盛"。至于李翱读《文中子》，具以其书并之《太公家教》。刘蒉读《文中子》，又以"六经奴婢"讥之。是虽当世儒者好恶不同，推尊之或过，毁损之失真，要知自唐已有此书，决非阮逸所作明矣。岂容斋偶忘之乎？盖容斋所疑，不过因薛收、李靖之事，安知薛收不于文中子既死而方应义举、李靖初年从学而后乃投笔乎？十三年之难，若以史所载田蚡之死都护之置例之，则亦杜淹叙述之误耳。长孙太尉之隙，若以《左传》所称陈桓公、田成子，汉史张良称汉王之等例之，则亦王绩追书之误尔。然则大庆所谓容斋所疑尚有可诿者以是。特杜淹、王绩之徒有所谬误，亦何足以疑《中说》哉。

又：大庆前谓《中说》非阮逸所作甚明。绩考《中说》，亦有可疑处。往往王氏子弟如王凝、福畤不无附会于其间，何以言之？《王道篇》云：李德林请见之，与之言，归，有忧色，门人问子，子曰：德林与吾言终日，言文而不及理。门人退，子援琴鼓《荡》之什，门人皆沾襟焉。又《礼乐篇》云：安平公问政。即德林也。大庆按，《通鉴》：德林死于开皇之十年，时文中子方七岁，固未有门人，德林何为请见而问政？门人何为闻琴而沾襟，此其谬误，断无可疑。故谓王凝、福畤不无附会其间者，此也。

吴师道《书文中子后》：程子曰：王通隐德君子也，其言为人附会，不可谓全书，论其粹处，非荀、扬所及。《续经》之类，皆非其作。朱子极论《续经》之僭，而又曰：至于假卜筮，象《论语》，而强引唐初文武名臣以为弟子，是乃福畤之所为，而非其意。二先生所以论王氏者当矣。愚尝观韩之《送王含序》，谓读《醉乡记》，悲其托于昏冥以逃，不遇圣人为之归者。以为绩盖通之弟，通之学知尊孔氏，与韩同科。何以无一言及之？称《醉乡》之文辞，而《续经》、《中说》乃反不道耶？因是而思福郊、福畤与其门人既附会成书，当时耳目犹近，故藏于家而不敢出。意数世之后，殆不复有辨之者，故刘禹锡、李翱始举其名，二人与韩同时，而韩独不见，盖其传犹未广。唐季皮日休、司空图好之而始章，其出没隐见之故可知矣。然其岁月事实，抵牾乖剌，终不足以掩后世之耳目也。夫子之于亲，弟子之于师，其所以尊崇褒美之者，固无不极其至。然当以诚心不欺为主，虚美诬辞，岂所以为爱也哉。不惟自陷于妄伪，而反为父师之累，至有不信其真有是人者，郊、畤、门人之罪，可胜诛哉。因书之以为世戒。

《礼部集》卷十八

胡祇遹《田师孟寄纸索鄙俚以此寄赠》，老来细嚼群圣言，愈觉造语难为工。好名苦心《续六经》，至今识者非王通。昌黎老笔不作史，自视难与《春秋》同。

《紫山大全书》卷四

宋濂《诸子辨》:《文中子中说》十卷，隋王通撰。通字仲淹，文中盖门人私谥，因以名其书。世之疑通者有三:一云《唐书·房杜传》中，略不及其姓名，此书乃阮逸伪作，未必有其人。按皮日休着《文中子碑》，谓通生乎陈、隋之世，以乱世不仕，退于汾晋，序述《六经》，敷为《中说》，以行教于门人。皮，唐人也，距隋为近，其言若此。果无是人乎? 书果逸之伪作乎? 一云通行事于史无考，独《隋唐通录》称其有秽行，为史官所削。然史氏之职，善恶毕书，以为世法戒。人有秽行，见诸简策者多矣，何特削通哉? 一云房、杜、李、魏、二温、王、陈辈，未必其门人，脱有之，何不荐诸太宗而用之? 隋大业十三年五月，通已先卒，将焉荐之? 刘禹锡作《王华卿墓志》，载其家世行事，有曰门多伟人。虽未可必其为房、杜诸公，要不可谓非硕士也。第其书出于福郊、福畤之所为，牵合傅会，反不足取信于人。如仁寿四年，通始至长安，李德林卒已九岁，而书有德林请见之语。江都有变，通不及闻，而书有泫然而兴之言。关朗在太和中见魏孝文，自太和丁巳至通生之岁开皇四年甲辰，一百七年矣，而书谓问礼于关子朗。此最为谬妄者也。噫! 孟子而下，知尊孔子者曰荀、杨。杨本黄老，荀杂申、商，唯通为近正。读者未可以此而轻訾之。

杨维桢《鹿皮子文集序》:言有高而弗当，义有奥而弗通，若是者后世有传焉，无有也。又况言庞而弗律，义淫而无诡者乎。自孔氏后，立言传世者，不知几人焉。其灭没不传，卒与齐民共腐者，亦不知几人焉。故以唐人言之，卢殷之文凡千余篇，今皆安在哉? 非其文不传也，言庞义淫，非传世之器也。自今观之，孔孟而下，人乐传其文者，屈原、荀况、董仲舒、司马迁，又其次王通、韩愈、欧阳修、周敦颐、苏洵父子。

《东维子集》卷六

胡应麟《少室山房笔丛》正集卷十二:王仲淹之着《中说》也，唐宋以还，知之者十而三，罪之者十而七，疑之者十而九，甚至以河汾有秽行，史削之。夫仲淹生隋季世，遁迹闾岩，一时与游董常数子而外，亡论房、李、魏、王，若风马牛决不相及，即薛收、杜淹，识者疑焉。而隋史成于武德、贞观之间，计《中说》当时润饰于王氏诸子者，尚未行世，未必知隋有若人，史置弗录，胡怪也。余读仲淹书，独慨夫士之生于三代之下者，一坏于管、商，载靡于厘、翟，三汩于申、韩，四湛于黄老，五淫于庄、列，六殉于昙、摩，下逮六朝南北，即瑰伟绝特盖世之英，亦将望是数者，趋焉息焉。其于周公、仲尼之道，盖邈不知其何物矣。仲淹勃兴衰运，直欲悬揭而日月之。今绎其遗言，源流洞如，规模廓如，词义秩如，温如、豁如。即性命、天人之极，彼或未窥。是非大谬圣人者，固已鲜矣。藉令而命杏坛，讵出端木、颛孙之下？若之何后世之知之者弗胜夫，罪之者之众也？至刻画颜、曾，步趋邹、鲁，福郊、福畤之为，固无事辩。特其肩任太弘，论建太广，志意太骤，稍似有以启其端者。紫阳所为三叹而致惜欤。

又题《读中说》，入《少室山房集》卷一百三

又卷十四：王氏《元经》十五卷，称王通撰，薛收注。宋世已艰得其本。意今藏书家不复有之。据《通考》晁、陈所论，经传皆阮逸也。其书始晋太熙，终陈亡。陈振孙谓唐神尧讳渊，其祖景皇讳虎，故《晋书》戴渊、石虎皆以字行。薛收唐人，于传称戴若思、石季龙宜也。《元经》作于隋世，乃亦云若思，逸之心劳日拙，盖不能自掩矣。右陈氏论甚精。然不特经不当称，即传称季龙、若思亦足占其伪也。何以故薛收河汾高弟，文皇并天下，收与天策之选，不数岁而卒。当时偕诸学士运筹帷幄，固无暇于著述。藉令果传《元经》，当在河汾授受之际，此时唐尚未兴，何缘预知其讳而改之耶？亦有古书本不讳，后人避本朝之讳而改者，如《山海经》启皆为开之类。此又各当求其故，不可执泥一端。若《元经》之伪，则此足以尽瘗之矣。

冯少虚《董扬王韩优劣》：儒者立言，所以明道也。有得于道，虽浅言之而常合；无得于道，虽深言之而常离。如此而董、扬、王、韩优劣辨矣。（略）王仲淹起隋之末造，当众口哓哓中，慨然以著述为己任。其立言指事，一禀于仲尼，故曰通于夫子受罔极之恩。即此一言，而通之人品、学术可知矣。桓文借名尊周，夫子然且予之，况通之于仲尼。何后世耳食之夫，猥以吴楚狱通？不知于老庄辈，又执何辞以声罪致讨乎。或又以《太平十二策》姗通出处，不知开皇孰与新莽？若以雄而律通，则与惩羹吹薤何异。况献策不报，即翻然赋《东征》之歌，退而讲道河汾，且屡征不起。

此其于出处间，岂不大有可观哉。明道称其极有格言，考亭称其循规蹈矩，诚谓其与道合耳。通之后，越百余年而得韩愈氏。愈之文，天下宗之，而不知因文见道，盖亦有足多者。

《少虚集》卷十六

何乔新《怀文中子》：洙泗启道统，绵延及孟轲。轲没圣绪绝，兹道寝以讹。河汾有名儒，志道心靡它。礼乐事探讨，诗书重研磨。董薛与王魏，从游共切磋。上希绍绝绪，下欲障颓波。《续经》虽云僭，格言亦已多。云何末学士，持论纷诋诃。欲知经世心，《东征》有遗歌。

《椒丘文集》卷二十一

薛瑄《河汾五贤咏·文中子》：古人不可见，古俗宁复淳。依依万春乡，竦属连清汾。良时旷莫与，鸣鸟寂不闻。悠悠礼乐志，终与麋鹿群。颓波逝东极，寒云满四津。惜哉经世言，淆杂多芜榛。时无伊川子，此意将谁论。

《敬轩文集》卷二

俞汝为《重创先儒文中子庙碑》：隋大儒王先生通字仲淹，沁之铜川人。汉征君霸之后也。世称龙门人。（略）仲淹自谓曰吾家铜川六世矣，读书山中，遗址尚在。州人祀之乡贤。父隆，为隋国子博士，开皇四年生仲淹。十岁侍父侧，忧皇纲不振，父异之。十八年，父燕居，歌《伐木》而召仲淹，告以在三之义。仲淹于是有志四方。就族父仲华学《易》，河东关子明学《礼》，会稽夏琠学《诗》，东海李育受《书》，北平霍汲正《乐》。不解衣带者六年，而学已大成。西游长安见帝，上《太平十二策》。帝不用，作歌而归。再征之不至，乃续《诗》《书》，正《礼乐》，修《元经》，赞《易》道。门人从游者以千计。房玄龄、魏徵等皆入室弟子也。大业中，召署蜀郡司户，再征为著作郎，并不就。仆射杨素重之，劝之仕，不应。常谓李绩等曰："吾周之后也，世习礼乐，不遇王者，其天乎！"所著有《礼论》十卷、《续书》二十五卷、《续诗》十卷、《元经》十五卷、《赞易》十卷，并未梓行。及卒，门人谥曰文中子。贞观初，弟子收其议论分为六部，号曰《王氏六经》。又取问对之书，勒成《中说》。州人于读书处立祠祀之，以房、魏诸君子从祀焉。唐襄阳皮袭美志之详矣。祠在铜川紫金山。余入境，以先儒道脉幸有存者，欲以身肩之，以请两台，报可。属州贰乔可大、参军拱经纪其事。中祠堂五楹,设龛座,前后轩楹各三,东起茶厅,后寝堂各三,左右库房,东西庑室各三。祠前号房东西各五,固以重门,翼以便门,缭以崇垣,不三月而规制大备。中设隋大儒乡贤文中子木主,以魏徵、房玄龄、薛收、程元、李靖、杜如晦、贾琼、陈叔达、温大雅、姚义等配享,从故典也。祠以春秋上丁,如祀乡贤仪。丹垩既饰,祀事孔明,翼如楚如,可垂永久。士民欢然相庆,谓数百年旷典,不图修举自今也。房、魏事业,必有振而起者。乃记其事于石,系之以铭,铭曰:于维大道,苞籥自天。晦明续绝,千古已然。河洛未兆,孰起其先。洙泗既往,孰嗣其传。卓哉大儒,奋起铜川。遭隋之乱,韬光自全。讲道河汾,从者如泉。累征不起,潜心简编。亦有《中说》,为世真诠。羽翼斯文,厥功伟焉。庙貌既斩,二百余年。谁其新之,台省名贤。咸有德意,祗肃用宣。乃召匠氏,乃植乃埏。工无烦费,士也告虔。有俨其宫,有楚其边。以起后人,振迅而前。百世无斁,侑此芳荃。

《山西通志》卷一百九十九

郑瑗《井观琐言》:宋咸作《驳中说》,谓《文中子》乃后人所假托,实无其人。按王绩有《负苓者传》,陈叔达答绩书有曰:贤兄文中子恐后之笔削陷于繁碎,宏纲正典,暗而不宣,乃兴《元经》,以定真统。陆龟蒙《送豆庐处士序》亦曰:昔文中子生于隋代,知圣人之道不行,归河汾间修先君之业。又云:丈人文中子外诸孙也。云云,后司空图、皮日休俱有《文中子碑》。五子皆唐人,绩乃文中子之弟,而叔达又亲及门者也,文中子果不诬矣。但史失其传,其书亦出后人所增益张大,牵合附会,痕迹宛然。在唐时已不甚为人所尊仰,故韩、柳诸贤俱无称述。或谓即宋阮逸伪作,亦非。李翱《答王载言书》云:理有是者,而词章不能工,王氏《中说》是也。宋龚鼎臣尝得唐本《中说》于齐州李冠家,则《中说》之传久矣。然陈同父类次《文中子》分十篇,举其端二字以冠篇,篇各有序,惟阮逸本有之。又:阮氏本与龚氏本文各不同,如阮本曰:严子陵钓于湍石,尔朱荣控勒天下,故君子不贵得位。龚本则曰:严子陵钓于湍石,民到于今称之;尔朱荣控勒天下,死之日民无得而称焉。"龚本曰:出而不声,隐而不没,用之则成,舍之则全。阮本则因董常而言终之,曰:吾与尔有矣。由是观之,则逸或不能无增损于其间,以启后人之疑也。

　　王士祯《御书山林云鹤四大字以赐范君彪西赋诗纪事》：往时文中子，著《说》拟《鲁论》。黄颊白牛溪，讲道无虚辕。寥寥千载后，先生蔼鸿轩。薪火远相续，绝学赖以存。毫芒必辨晰，刊落归本根。宣发照仁素，霜林几飞飘。理学两备考，吾道屏与藩。明行揭晓景，芳辞缀兰荪。辟异有正轨，绍圣无旁门。书成遣长须，缄示征余言。谓尝及昭代，沿流溯其源。投桃寓饮醇，如嘲一门髦。更味便面诗，笔妙孤胜骞。付属殊有意，云龙难追奔。所多职事牵，索索真气昏。何尝策杖从，清凉以涤烦。乃知薛收辈，平生幸攀援。报章谢不敏，聊以志勿谖。

《山西通志》卷二百二十四

　　刘召南《读文中子》：将文中子之微言固不止是，而好事后进，有剿入而乱其真者耶。若以为阮逸伪作，则断乎非逸所能办。聊志于此，以示传疑。

《读书记》卷三

　　吴琠《题文中子读书处》：废洞依稀石麓阴，山灵招我一来寻。泥横残篆碑犹在，门掩苍崕鸟乱吟。献策缘知非钓主，退耕何事已违心。浮沉千载谁能识，房魏区区尚古今。

《山西通志》卷二百二十四

　　董文甫《文中子读经》：纷纷述作史才雄，听似秋来百草虫。不是春雷轰蛰窟，蚓蛇会得化成龙。

《山西通志》卷二百二十四

　　崔瑗《中说考序》：序曰：《中说》之作也，何传之难而湮之易乎，知者寡而罪者众乎。由魏、晋而来，天其闭道也已矣，是故长玄虚而盛斋戒，竞杀伐而攻谖诈，言道则惟空寂，为文则饰藻丽。而王氏仲淹者出，独师孔子，言宗《论语》，述准《六经》，学修于近，治求其本，邦昌则献其谋，邦欲乱则退而让之。秦汉而下，其罕若人之俦乎。罪之者曰：僭经也，拟孔子也。夫学不师圣，将奚择焉？古不云乎，非先王之法言不敢道，非先王之德行不敢行。法圣人而谓之非，何耶？昔夫子之时，《坟》《典》《丘》《索》纷如也，《诗》且三千篇，列国之史叛经，四代之礼乐兼学之夫。上古之治朴而陋，不可复也。中古之治文而骄，不可由也。存其文质之中，不俚以倨，不华以伪，简可习也，约弗乱也，其诸夫子之《六经》邪？是故《桑中》《鹑奔》可参雅颂，斥君悔谝可殿典谟，假仁窃礼可与存义，气变漓而事改，化消薄而武低，吾不可如之何也。已而彝伦攸斁，将欲捄于文，创不巨则痛不深，惩不刻则劝不勇，存其正以行其非，鉴于乱以有其治。譬诸膏粱药石，养生者弗偏废也。自汉而后，道降矣，治驳矣，文则烦以芜矣，而是非得失之故，宜察史氏之述。最若马迁、班固者，疵谬不殚举，视丘明且劣矣。夫两汉尚行尊经，宁无一言几于道者？不然，则民彝其遂泯乱与？故仲淹其有忧世之志乎，而其《续经》俱亡。《中说》十篇，醇驳相淆，又或依仿《论语》为书，读者厌之。铣为别白其词，劝量其旨，类分为三，曰内，曰外，曰杂。内篇九篇，义美文驯；外篇九篇，词若夸张，义亦错杂；其余放言不伦，疑出后人所附，润为杂篇。削杜淹之诞为《世家》，凡二十篇。间为发蕴纠失，曰释。然后仲淹之书，真赝粲列，可以羽翼孔氏，传诸其人。《洹词》卷五休集，刘熙载《艺概·文概》：王仲淹《中说》，似其门人所记。其意理精实，气象雍裕，可以观其所蕴，亦可以知记者之所得矣。又：荀子与文中子皆深于礼乐之意。其文则荀子较雄峻，文中子较深婉，可想其质学各有所近。

俞正燮《法言文中子》：文中子王通必有其人，作书者盖王凝父子，夸诞可怜人也。其子之家庙座必东南向，不忘先人之国，似非情理。又云子之家朝服祭器不假。又云子躬耕，庶人之职也。何当有朝服？盖虚造语言，随意所之耳。

《癸巳存稿》卷十四

姚际恒《古今伪书考》：称隋王通撰，宋阮逸注。世有以其姓名史所不载，疑并无其人者。案王仲言《挥麈录》曰：唐李习之尝有《读文中子》；刘禹锡作《王华卿墓志》，载其家世及通行事甚详；皮日休有《文中子碑》，见文集。胡元瑞又言《王勃传》称"祖通，隋末大儒"，则是有其人矣。又有疑其书为阮逸伪造者。案《唐志》已有五卷，胡元瑞谓"刘贲已斥其拟经之罪"，则又非皆逸伪造矣。予谓既有其人，又其书为所作，则适以见通一妄夫耳。尔何人斯，而敢上比孔子，作伪书以拟《论语》乎？即孔子之后再有圣人，亦当别出言行；未闻有比其书便可为圣人者。甚至于颜子，亦取一门人早死者拟之，其可恶甚矣！若夫捏造唐初宰相以为门人，当时英雄勋戚辈直斥之无婉词，又何其迂诞不经也！以至武夫悍卒日仆仆于其门而问道讲经，虽三尺童子亦知其是事矣！说者又以为出于其子福畤、福郊之所为。然则其父报仇，子且行劫，有所由来，宁足为通洗罪乎！至其书之舛错者，犹不一焉。如仁寿四年，通如至长安，李德林卒已九年，而书有"德林请见"之语。江都有变，而书有"泫然而兴"之言。关朗在太和中见魏孝文；自太和丁巳至通生之岁开皇四年甲辰，一百七年矣；而书谓问礼于关子明。《隋书》"薛道衡子收初生，即出继族父儒，至于长成，不识本生"；而书有"薛公命子往事之"之语。此皆晁氏所摘发者，若此，抑又无论矣。自宋之程、朱极为揄扬，以为"隐德君子"，以为"其学近正"，以为"愈于退之"，自此后人遂依声附和，不敢于轻议。噫！其书中以佛为圣人，以无至无迹为道，以五典潜，五礼错为治，亦曾见之否耶？诸人于其舛错悖戾，率举而归之于二子与阮逸，然则通之善处又安在也？自予论之，惟以此书为阮逸伪造则已，通犹可免；若以为非阮逸伪造，则无可解免矣。即以为福郊、福畤之所为，亦于通无可解免矣。通耶，郊、畤耶，逸耶，吾不得而知之；总不若火其书之为愈也。

《四库全书总目提要》：《中说》十卷（副都御史黄登贤家藏本）旧本题隋王通撰。《唐志》文中子《中说》五卷、《通考》及《玉海》则作十卷，与今本合。凡十篇。末附序文一篇及杜淹所撰《文中子·世家》一篇，通子福畤录唐太宗与房、魏论礼乐事一篇，通弟绩与陈叔达书一篇。又录关子明事一篇，卷末有阮逸序，又有福畤贞观二十三年序。晁公武《郡斋读书志》尝辨通以开皇四年生，李德林以开皇十一年卒，通方八岁。而有德林请见，归援琴鼓荡之什，门人皆沾襟事。关朗以太和丁巳见魏孝文帝，至开皇四年通生已相隔一百七年，而有问礼于朗事。薛道衡以仁寿二年出为襄州总管，至炀帝即位始召还。又《隋书》载道衡子收，初生即出继族父儒，及长不识本生，而有仁寿四年通在长安见道衡，道衡语其子收事。洪迈《容斋随笔》又辨《唐书》载薛收以大业十三年归唐，而世家有江都难作，通有疾，召薛收共语事。王应麟《困学纪闻》亦辨《唐会要》载武德元年五月始改隋太兴殿为太极殿，而书中有隋文帝召见太极殿事。皆证以史传，抵牾显然。今考通以仁寿四年自长安东归河汾，即不复出，故世家亦云大业元年一征又不至。而周公篇内乃云子游太乐，闻龙舟五更之曲。阮逸注曰：太乐之署，炀帝将游江都，作此曲。《隋书·职官志》曰：太常寺有太乐署，是通于大业末年复至长安矣。其依托谬妄，亦一明证。考《杨炯集》有《王勃集序》，称祖父通，隋秀才高第，蜀郡司户书佐，蜀王侍读。大业末，退，讲艺于龙门。其卒也，门人谥之曰文中子。炯为其孙作序，则记其祖事必不误。杜牧《樊川集》首有其甥裴延翰序，亦引《文中子》曰，言文而不及理，王道何从而兴乎二语。亦与今本相合。知所谓文中子者实有其人。所谓《中说》者其子福郊、福畤等纂述遗言，虚相夸饰，亦实有其书。第当有唐开国之初，明君硕辅不可以虚名动。又陆德明、孔颖达、贾公彦诸人老师宿儒，布列馆阁，亦不可以空谈惑。故其人其书皆不着于当时，而当时亦无斥其妄者。至中唐以后，渐远无征，乃稍稍得售其欺耳。宋咸必以为实无其人，洪迈必以为其书出阮逸所撰，诚为过当。讲学家或竟以为接孔、颜之传，则慎之甚矣。据其伪迹炳然，诚不足采，然大旨要不甚悖于理。且摹拟圣人之语言自扬雄始，犹未敢冒其名。摹拟圣人之事迹则自通始，乃并其名而僭之。后来聚徒讲学，酿为朋党，以至祸延宗社者，通实为之先驱。《坤》之初六，履霜坚冰。《姤》之初六，系于金柅。录而存之，亦足见儒风变古，其所由来者渐也。

《四库全书总目提要》卷九十一《子部儒家类》

《四库全书总目提要》：《元经》十卷（江苏巡抚采进本），旧本题隋王通撰。唐薛收续，并作传。宋阮逸注。其书始晋太熙元年，终隋开皇九年，凡九卷，称为通之原书。末一卷自隋开皇十年迄唐武德元年，称收所续。晁公武《读书志》曰：案《崇文》无其目，疑阮逸依托为之。陈振孙《书录解题》曰：河汾王氏诸书，自中说以外，皆唐《艺文志》所无。其传出阮逸，或云皆逸伪作也。唐神尧讳渊，其祖景皇讳虎，故《晋书》戴渊、石虎皆以字行。薛收唐人，于传称戴若思、石季龙宜也。《元经》作于隋世大业四年，亦书曰若思何哉？今考是书，晋成帝咸和八年书张公庭为镇西大将军，康帝建元元年，书石虎侵张骏。公庭即骏之字，犹可曰书名书字，例本互通。至于康宁三年书"神虎门"为"神兽门"，则显袭《晋书》，更无所置辨矣。且于周大定元年直书杨坚辅政。通生隋世，虽妄以圣人自居，亦何敢于悖乱如是哉？陈师道《后山谈丛》、何薳《春渚纪闻》、邵博《闻见后录》并称逸作是书，尝以稿本示苏洵。薳与博语未可知，师道则笃行君子，断无妄语，所记谅不诬矣。逸，字天隐，建阳人，天圣五年进士，官至尚书屯田员外郎。《宋史·胡瑗传》，景佑初，更定雅乐，与镇东军节度推官阮逸同校钟律者，即其人也。王巩《甲申杂记》又载其所作诗，有"易立太山石，难芳上林柳"句，为怨家所告，流窜以终，生平喜作伪书，此特其一耳。《文献通考》载是书十五卷，此本止十卷，自魏太和以后，往往数十年不书一事，盖又非阮逸伪本之全矣。至明邓伯羔《艺彀》，称是书为关朗作。朗，北魏孝文帝时人，何由书开皇九年之事。或因宋人记《关朗易传》与此书同出阮逸，偶然误记耶。其书本无可取，以自宋以来，流传已久，姑录存之。而参考诸说，附纠其依托如右。

《四库全书总目提要》卷九十一《史部编年类》

章炳麟《检论》：其言长安见李德林援琴鼓《汤》，及杜淹所为《世家》称通问礼关朗，其年齿皆不逮。而房玄龄、杜淹、陈述达年皆长通，不得为其弟子。近世黄式三辨之。《旧唐书》称"通仕至蜀郡司户书佐"，疑其言献策者亦妄也。诸此诈欺之文，世或以为福郊、福畤增之。案通弟绩既以通比仲尼，如《汾亭操》比《龟山》，百牛溪比尼丘泗洙之类。子姓袭其唐虚宜然。然其年世尚近，不可颠倒。而勃去通稍远矣，生既不识李、房、杜、陈之畴，比长，故老渐凋，得以妄述其事。《唐书》称通尝起汉魏尽晋作书百二十篇续古《尚书》，有录无书者十篇，勃补完缺遗，定著二十五篇。由今验之，《中说》与《文中子世家》皆勃所谰诬也。

朱一新《无邪堂答问》卷一：劳植楠字缵臣，南海人。问《文中子》真伪。答：《中说》非伪书。周、秦诸子无不有自相抵牾之说，盖多为后人所杂乱也。《中说》之杂乱正与此同。特其书抵牾尤甚，又句摹字仿，俨欲以圣自居，人所骇怪，遂并其书而伪之耳。考唐人言《文中子》者，皮日休、陆龟蒙、司空图三家之书，昔人已多援据。（新、旧《唐书》虽无通传，而事迹著述，散见于王绩、王勃传及《经籍志》中，但皆五代后人之词，不具引。《唐书·王绩传》末，有兄通，字仲淹，隋大业中名儒，自有传云云。而今《隋》《唐书》皆无之，岂刘昫误记耶？）然犹出于唐末。若李习之、刘去华、裴延翰，《杜樊川集序》《四库提要》已引之。则中唐人；王无功、杨盈川、陈叔达，则唐初人也。《续诗》《续书》《元经》之作，皆见盈川所为《王子安集注》。叔达《答无功书》亦有贤兄文中子，兴《元经》以定真统之语，复言薛记室因《元经》著《春秋》。与盈川《序》中薛收为

《元经》传者相和。又因沾善诱，颇识大方，则叔达之为仲淹弟子无疑，与《世家》亦合。无功文中屡及其兄之事（今《东皋子集》三卷，缀辑而成，非足本）。《困学纪闻》曾引述条，今文皆具在。其《游北山赋》云：察俗删《诗》，依经正史；山似尼丘，泉疑洙、泗。（《纪闻》引作"泗、涞"是也）自注有：吾兄仲淹续孔子《六经》近百余卷，门人弟子相趋成市，故溪今号王孔子之溪。又《王子安集》有《倬彼我系诗》云：伊我祖德，思济九埏。其位则屈，其言则传。爰述帝制，大蒐王道。曰天曰人，是祖是考。《礼》《乐》咸若，《诗》《书》具草。是通当日有疑圣之名，固是事实。刘梦得作《王质墓志》，《旧唐书》多采入《质传》中，决非伪作。其言文中子家世、行事甚详，云当时位伟人咸出其门。则《世家》所云房、杜、李、魏皆门人之说，亦非尽属子虚，特夸饰在所不免耳。（《北山赋》自注亦云：门人多至公辅。其所与诸弟子惟无李靖、窦威、陈述达之名，余七人皆与《世家》同。然叔达之为弟子，其《答无功书》中尝自言之，则此注所举或未备也。据无功所撰《负苓者传》《答冯子华书》，亦以薛收、姚义、程元皆为通之弟子。详书中语意，似房、李二公非弟子也。又有"吾家魏学士"之语，未知即指郑公否。薛收撰有《文中子碣铭》，见《文苑英华》。此或由后人伪造，然其文亦略具初唐风格。）《中说》非通自著，盖为其徒姚义、薛收等所缀辑，本书《后序》固明言之。后儒致疑者，惟晁公武《读书志》、叶大庆《考古质疑》。辨李德林、关子明薛道衡三事，年岁相悬，必非事实。（晁氏引《隋唐通录》谓通有秽行，为史臣所削，杂书不足据。）若太极殿之名，诸弟子纂辑时，由后改前，事所常有。游太乐署诸节，小小抵牾，亦无足怪。惟通既以圣自居，诸弟子遂以圣尊之。唐以前又不知僭经之为非，自子云《法言》后，规模沿袭，动辄成风，《中说》之模拟，亦犹是也。知尊其师而不知所以尊，龙川陈氏所谓适足为是书之累耳。（通书之僭，在唐时已为刘蕡所斥。见《文苑英华》，亦见《南部新书》。）洪氏《容斋随笔》、王氏《挥麈后录》皆疑阮逸伪作。逸他书今犹可考，安能为此？其所伪者乃《元经》，非《中说》也。（焦弱侯《笔乘》谓今所传《中说》，阮、龚二本时有异同，或阮逸不无增损于其间，说当近是。案释契嵩《镡津文集》有《文中子碑》、《书文中自传后》二篇，契嵩，宋仁宗时人，与阮逸同时，其集收入《释藏》中，亦非后人所能作伪。而其言如是，则《中说》之非出于阮逸明矣。）朱竹垞谓为子虚亡是之流（《经义考》），指为黎丘之鬼（《诗集》）。盖为宋咸之说所误。咸作《过文中子》《驳中说》，见《山堂肆考》。至王四庄、姚立方辈，肆口漫骂，更无足论矣。（姚氏《古今伪书考》多处于臆断。古来伪书惟子部最多，经部作伪不易。汉魏六朝经师，一字之殊，断断考辨，若张霸、刘炫之伪造者，终不能售其奸。近人辄疑经，唐以前无是也。《皇清经解》中颇有此弊。大率以己之意见治经，有不合者，则锻炼周内，以证古书之伪，而后可伸其私说。若推此不已，其祸殆烈于焚书。自《法言》后，若马融《忠经》、郑氏《女孝经》之类，亦皆僭拟圣经。虽陈因可厌，古人自有此体。《忠经》世以为伪，丁俭卿《论语孔注证伪》谓《崇文总目》有马融《绛囊经》一卷。融乃唐居士，《忠经序》有臣融崔野之臣云云。马季长贵戚豪家，安得称"崔野"？是唐马融所作明矣。今案：《忠经·广至理章》有"邦国乎康"之语。汉人讳"邦"，邦国未有连文者，足见丁氏之言信而有征。《四库提要》谓《玉海》引宋《两朝志》载有海鹏《忠经》，疑此书为鹏所作。然书中讳"民"字、"治"字，似当以丁说为正。后人误题南郡太守耳。）

梁启超《中国历史研究法》：有虚构伪事而自著书以实之者，此类事在史中殊不多观。其最著之一例，则隋末有妄人曰王通者，自比孔子，而将一时将相若贺若弼、李密、房玄龄、魏徵、李绩等皆攀认为其门弟子，乃自作或假手于其子弟以作所谓《文中子》者，历叙通与诸人问答语，一若实有其事。此种病狂之人，妖诬之书，实人类所罕见。而千年来所谓河汾道统者，竟深入大多数俗儒脑中，变为真史迹矣。谭献《复堂日记》：文中子之人可尊，《文中子》之书可疑，而不尽伪也。

《中说校释》附录三 文中子年谱

隋文帝开皇四年（584年，陈后主至德二年，后梁宣帝大定二十三年）甲辰文中子王通生。

杜淹《文中子世家》曰："开皇四年，文中子始生，铜川府君筮之，遇《坤》之《师》，献兆于安康献公，献公曰：'素王之卦也，何为而来？地二化为天一，上德而居下位，能以众正，可以王矣！虽有君德，非其时乎！是子必能通天下之志。'遂名之曰通。"

《录关子明事》："开皇四年，铜川夫人经山梁，履巨石而有娠，既而生文中子，先丙午之期者二载尔。"

《全唐文》卷一百六十一

按：孙奇逢《理学宗传》，郑振铎《中国文学年表》，姜亮夫《历代名人年历碑传总表》，杨家骆《历代人物里通谱》，均从杜淹王文中子生于隋开皇四年（584年）之说，惟吴荣光《年谱》作隋开皇三年（583年）。

五月，陈以江总为仆射。

六月，隋初用甲子元历。

隋以渭水多沙，命宇文恺开广通渠。从大兴城东引渭水，东到潼关三百余里，以便漕运。

九月，隋整顿文风，戒其浮华。隋诏公私文翰，并宣实录。李谔亦上书力矫文弊。

十一月，陈起临春、结绮、望仙三阁，作《临春乐》《玉树后庭花》等曲。江总等朝夕酣歌赋诗。

释慧暅六十九岁，转为僧邑大僧正。

释道宣《续高僧传》卷九《隋江表徐方中寺释慧暅传》

释智琳补为南徐州僧都讲。

　　　释道宣《续高僧传》卷十《隋丹阳仁孝道场释智琳传》

释志念著《迦延杂心论》《广铭》各九卷，盛行于世。

　　　释道宣《续高僧传》卷十一《隋勃海沙门释志念传》

隋薛道衡聘陈，文帝令勿以言辞相折。

卢思道、薛道衡、颜之推、魏澹、刘臻、李若、萧该、辛德源等八人会于陆爽家，议音韵，后陆爽子法言据以作《切韵》。

　　　　　　　　　　　　　　　陆法言《切韵序》

王孝宽生。孔颖达十一岁（郑《表》574年，周建德三年甲午生）。房玄龄七岁（郑《表》578年，宣政元年戊戌生）。魏徵五岁（郑《表》580年，大象二年庚子生）。晋王杨广十七岁。江总六十六岁。刘臻五十八岁。李德林五十四岁。颜之推五十四岁。阮卓五十四岁。陆琼四十八岁。刘焯四十一岁。牛弘四十岁。许善心二十七岁。杨广十六岁。

隋文帝开皇五年（585年，陈后主至德三年，后梁二十四年）乙巳二岁。

　　正月，隋颁新修五礼（即吉、凶、军、宾、嘉）。隋作输籍法。

　　五月，梁主岿殂，太子琮立。隋置义仓。

　　隋复置江陵总管，在朔方（今内蒙古杭锦旗北）、灵武（今宁夏陶乐西南）、筑长城，东至河（黄河），西至绥州（今陕西绥德），绵延七百里。

　　李德林五十五岁，受令撰录作相时文翰，勒成五卷，谓之《霸朝杂集》。

　　　　　　　　　　　　　　　《隋书·李德林传》

　　薛道衡四十六岁，是年初在陈，作《人日思归》。自陈归，建言平陈。杨素上平陈之计，为文帝所赏，拜信州总管。

　　　　　　　　　　　　　　　《隋书·杨素传》

　　魏澹奉文帝令，别作《魏书》而成，未几卒，年六十五岁。

　　刘焯四十二岁，复入京，与杨素、牛弘、苏威、元善、萧该、何妥、房晖远、崔崇德、崔赜等于国子共论古今滞义。

　　　　　　　　　　　　　　　《隋书·儒林·刘焯传》

李谔上表正文体。

释慧远六十三岁，应泽州刺史千金公请，返回故乡。

释道宣《续高僧传》卷八《隋京师净影寺释慧远传》

尉迟恭敬德生。刘臻五十九岁。阮卓五十五岁。颜之推五十五岁。卢思道五十一岁。陆琼四十九岁。蔡凝四十三岁。牛弘四十一岁。许善心二十八岁。杨广十七岁。

隋文帝开皇六年（586 年，陈后主至德四年，后梁广运元年）丙午三岁，知书。

王福畤《录关子明事》曰："开皇六年丙午，文中子知书矣，厥声载路。"

《全唐文》卷一百六十一

正月，隋颁历于突厥。

二月，隋令崔仲方发丁十五万，于朔方（今内蒙古杭锦旗北）以东，缘边险要，筑数十城。

八月，隋杀其上柱国梁士彦，宇文忻、刘昉。

十月，隋以杨尚希为礼部尚书。

文中子弟王凝生，一岁。《王绩集编年校注》所附《王绩年谱》云："王通以开皇四年生，王绩以开皇九年生，以常情而推之，则王凝之生年，或在开皇六年。"未为确定，只是合理推测，以作参考。

江总六十八，十月加宣惠将军、量置左史。寻授尚书令。

卢思道五十二岁，上奏议置六，除大理事，又谏殿庭杖罚，隋文帝嘉纳之。是年卒于京师。

刘焯四十三岁，与刘炫考定石经文字。

陆玠卒，年三十七年。陆琼卒，年五十岁。

刘臻六十岁。李德林五十六岁。阮卓五十六岁。颜之推五十六岁。薛道衡四十七岁。卢思道五十二岁。蔡凝四十四岁。牛弘四十二岁。许善心二十九岁。杨广十八岁。

隋文帝开皇七年（587 年，陈祯明元年，后梁广建二年）丁未四岁。

正月，陈改元祯明。隋令诸州岁贡士三人。

二月，隋发丁男十万余人修长城。

四月，隋开扬州山阳渎，通漕运，为攻陈作准备。

九月，隋灭梁，以其主萧琮为莒公。

十一月，隋文帝问取陈之策。

陈主杀其大市令章华。

江总六十九岁，为《孙玚墓志铭》《游栖霞寺诗》。

章华作《上后主书》。

刘焯四十四岁，因释奠，与刘炫二人论义，深挫诸儒，咸怀妒恨，遂为飞章所谤，除名为民。于是优游乡里，专以教授著述为务，孜孜不倦。

辛德源为蜀王杨秀掾。

《隋书·辛德源传》

孙万寿在滕王瓒幕为文学。

　　　　　　　　　　　　　　《隋书·文学·孙万寿传》

释慧藏六十六岁，文帝征请入京，谒帝承明，讲《金刚般若论》等。

　　　　释道宣《续高僧传》卷九《隋西京空观道场释慧藏传》

释昙迁四十六岁，与名僧大德谒文帝于大兴殿。

　　　　释道宣《续高僧传》卷十八《隋西京禅定道场释昙迁传》

释灵干受敕住兴善寺，为译经证义沙门。

　　　　释道宣《续高僧传》卷十二《隋西京大禅定寺道场释灵干传》

释辩相随慧远回京，创建净影寺。

　　　　　释道宣《续高僧传》卷十二《唐京师胜光寺辩相传》

释宝袭受诏入京，住兴善寺。

　　　　释道宣《续高僧传》卷十二《唐京师大总持寺释宝袭传》

释洪遵入京，与五大德同时奉见文帝。

　　　　释道宣《续高僧传》卷二十一《隋西京大兴善寺释洪遵传》

释道因生。于德芳生。刘臻六十一岁。李德林五十七岁。阮卓五十七岁。颜之推五十七岁。薛道衡四十八岁。卢思道五十三岁。蔡凝四十五岁。牛弘四十三岁。许善心三十岁。杨广十九岁。

隋文帝开皇八年（588年，陈祯明二年）戊申五岁。

三月，隋诏暴后主罪状，为攻陈作舆论准备。

六月，江总七十岁，号中权将军。作《营涅槃忏还途作诗》。

八月十三日，释昙延卒，时年七十三岁。

十月，隋下诏伐陈，写诏书三十万纸，遍谕江外。隋发兵八路攻陈。

陈主奏妓饮酒赋诗不辍。

李德林五十八岁，授柱国，封郡公。

薛道衡四十九岁，任淮南道行台尚书吏部，兼掌文翰。

于志宁仲谧生。樊积庆兴生。

刘臻六十二岁。李德林五十八岁。阮卓五十八岁。颜之推五十八岁。薛道衡四十九岁。卢思道五十四岁。蔡凝四十六岁。刘焯四十五岁。牛弘四十四岁。许善心三十一岁。杨广二十岁。

隋文帝开皇九年（589 年，陈祯明三年）巳酉六岁。江东平，文中子叹皇纲不振，忧民劳世乱，铜川府君告以元经之事。

杜淹《文中子世家》曰："开皇九年，江东平，铜川府君（原注：文中子之父）叹曰：'王道无叙，天下何为而一乎？'文中子侍侧，十岁矣。"

按：孙奇逢《理学宗传》亦从杜氏十岁之说。唯宋叶大庆曰：世家云开皇四年，文中子始生，又曰开皇九年，江东平，铜川府君叹曰：王道无叙，天下何为而一乎？文中子侍侧，十岁云云。大庆按开皇四年，文中子始生，至九年方六岁，何为而言十岁乎？（《考古质疑》卷五）杜文显然错误，故从叶说为六岁。

文中子弟王绩生，一岁。王绩生年之考。

　　　　康金声、夏连保《王绩集编年校注》所附《年谱》
正月，隋总管贺若弼、韩擒虎进军灭陈，执其主叔宝，陈亡。
以许善心为散骑常侍。
以陈江总、袁宪等为开府，仪同三司。
闰四月，以吏部尚书苏威为尚书右仆射。
六月，以荆州总管杨素为纳言。
十二月，隋修定雅乐，诏毁甲仗与文学。
江总入隋，作《鲁广达墓志铭》并题诗赞之。
姚蔡入长安，为秘书丞，受诏撰梁、陈二代史书。

虞世基入长安，为通直郎，直内史省。

虞世南入长安。

杨广二十岁，为太尉。

李德林五十九岁，取高阿那肱卫国县市店事为隋文帝所嫌。

薛道衡五十岁，自伐陈还，除吏部侍郎。

牛弘四十五岁，受诏改定雅乐，自作乐府词，撰定圆丘五帝凯乐，并议乐事，牛弘上奏，又论六十律不可行。

孙万寿以衣冠不整，配发江南。作《远戍江南赠京邑知友》诗。

晋王杨广引虞绰、王胄、庾直为学士。

阮卓卒，年五十九。蔡凝卒，年四十七。殷不害卒，年八十五。

刘臻六十三岁。颜之推五十九岁。薛道衡五十岁。卢思道五十五岁。刘焯四十六岁。许善心三十三岁。

隋文帝开皇十年（590 年）庚戌七岁。

隋帝猜忌，不悦学。

史万岁攻溪洞，十旬无声，问者皆以为灭，万岁置书竹筒中，浮报杨素。

二月，李君才卒。杀李君才。

姚善意懿生。

四月，贬李德林为怀州刺史而卒。

五月，改革府兵制。

七月，杨素为内史令。

十月，达摩笈多抵达长安。

释道宣《续高僧传》卷二《隋东雒宾上林翻经馆南贤豆沙门达摩笈多传》

十一月，镇压江南豪族叛乱。平定岭南。以秦王俊为并州总管。

颜之推六十岁。其名著《颜氏家训》疑作于是年左右，不久，颜之推卒。

李德林六十岁，获罪，出为湖州刺史，转怀州刺史。

杨坚作《宴秦孝王于并州作诗》。

《隋书·五行志》

潘徽为秦王杨俊学士。稍后作《述思赋》、《万字文》及《韵纂》。

晋王总管扬州，设千僧斋，授菩萨戒师名。

《佛祖统纪》卷二十三《历代传教表》

释昙迁四十九岁，本年春隋文帝巡幸晋阳，劝谏文帝请僧尼私度者，并听出家。

释灵裕七十四岁，在洛州灵通寺。

释僧粲六十二岁，被敕迎入京师，住兴善寺。

王绩二岁。江总七十二岁。刘臻六十四岁。薛道衡五十一岁。卢思道五十五岁。刘焯四十七岁。许善心三十三岁。陈叔宝三十八岁。杨广二十二岁。

隋文帝开皇十一年（591年）辛亥八岁。

正月，张景略卒，年六十八岁。

六月，诏立僧尼寺记。

八月，郑译卒，著有《乐府声调》，今佚。

释智凯六十岁，作《将赴晋王诏求四愿》。

释灌顶从智凯居扬州禅众寺。

释真观作《愁赋》。

李德林卒，时年六十一岁。《隋书·经籍志》著录有集十卷。

陆爽卒，时年五十三岁。据《隋书·陆爽传》载，爽，陆法言父，与太子左庶子宇文恺等撰《东宫典记》七十卷。

滕王瓒卒。李德林卒，时年六十一岁。辛彦之卒于是年。《颜氏家训》著者颜之推约卒于本年（530年或531—591年）。

王绩三岁。江总七十三岁。刘臻六十五岁。薛道衡五十二岁。卢思道五十六岁。刘焯四十八岁。许善心三十四岁。陈叔宝三十九岁。杨广二十三岁。

隋文帝开皇十二年（592年）闰二月壬子九岁。

六月，释慧远卒，时年七十岁。薛道衡撰碑文，虞世基书写，于氏镂刻，时号三绝。

七月，苏威免官。

十月，韩擒虎卒。

十二月，以杨素、高颎掌朝政。

江总七十四岁，作《秋日游昆明湖》诗。

《文苑英华》卷一百六十四

薛道衡五十三岁，除名，配防岭表。寻诏征还，直内史省，作《秋日游昆明湖》。

《隋书·薛道衡传》

元行恭作《秋日游昆明湖诗》。又作《过故宅诗》。

释童真受敕于大兴寺，对翻梵本。

薛收、伯襄生。许敬宗生。

王绩四岁。刘臻六十五岁。卢思道五十六岁。刘焯四十九岁。许善心三十五岁。陈叔宝四十岁。杨广二十四岁。

隋文帝开皇十三年（593年）癸丑十岁。

二月，隋皇作仁寿宫于歧州（今陕西凤翔）北，使杨素为监修。

五月，禁私修国史。诏民间有撰集国史、藏否人物者皆令禁绝。

废大义公主。

禁藏谶纬。

诏议明堂制度。

祖孝孙从毛爽受三百六十律法。

崔安上敦礼生。

江总七十五岁，本年春得许南还。作《卞山楚庙诗》《于长安归还扬州九月九日行薇山亭赋韵》诗。

释昙迁五十二岁，隋文帝至歧州，劝谏收集佛像。

王绩五岁。刘臻六十七岁。卢思道五十七岁。刘焯五十岁。许善心三十六岁。陈叔宝四十一岁。牛弘四十九岁。薛道衡五十四岁。杨广二十五岁。

隋文帝开皇十四年（594年）甲寅十一岁。

正月，释信行卒，年五十五岁。

四月，行新乐，毁前代金石，万宝常闻新乐，泣曰：淫厉而哀，天下不久尽矣。禁民间流行音乐。《隋书·高祖纪》载：隋文帝下诏"正乐雅声，详考已讫，宜即施用。"又谓："人间音乐，流僻日久。""宜加禁约"。

六月，诏废公廨制。

七月，以苏威为纳言。

八月，关中大旱，文帝率民就食于洛阳。

十月，陈叔宝隋文帝登洛阳邙山，侍饮赋诗曰："日月光天德，山河壮帝居。太平无以报，愿上东封书。"并上表请封禅。帝谓陈叔宝以作诗之功，何如思安时世。

《资治通鉴》卷一百七十八

许善心三十七岁，作《于太常寺听陈国蔡子元所校正声乐诗》。

《初学记》卷十五

江总卒于江都，时年七十六岁。本年作《南还寻草市宅诗》。有集三十卷，佚。著作今存《江令君集》辑本。

释昙迁五十三岁，劝谏朝廷供奉寺庙。

暗提斯那自中天竺摩竭提国动身来长安。九年后之仁寿二年至东土。

李绩生。

裴忌卒，年七十三岁。陈廷茂卒，年六十一岁。音乐家万常宝（约556—594）卒于是年。

王绩六岁。刘臻六十八岁。卢思道五十八岁。刘焯五十一岁。陈叔宝四十二岁。牛弘五十岁。薛道衡五十五岁。杨广二十六岁。

隋文帝开皇十五年（595年）乙卯十二岁。

二月，隋收天下兵器。

晋王杨广遣使迎智者至扬州禅众寺，上所著《净名义疏》，九月，智者辞归天台。

三月，隋仁寿宫建成，文帝临幸。

五月，吐谷浑遣使奉献。

十二月，诏文武官员以四年为一任，任满由新官代替。

释真观法师在杭州虎林建天竺寺。

许善心三十九岁，从隋文帝幸泰山，还，授虞部侍郎。

杨广二十七岁，为扬州总管，文帝祀之泰山，领武侯大将军。

释彦琮撰《众经法式》。

北天竺暗那崛多于大兴善寺译《佛本行经》等三十三部。

王绩七岁。刘臻六十九岁。卢思道五十九岁。刘焯五十二岁。陈叔宝四十三岁。牛弘五十一岁。薛道衡五十六岁。杨广二十七岁。

隋文帝开皇十六年（596年）丙辰十三岁。

六月，并州（今山西太原西南）蝗灾。

许善心三十九岁，作《神雀颂》。

《隋书·许善心传》

何妥卒。撰有《周易将疏》十三卷，《孝经义疏》三卷，《庄子义疏》四卷，文集十卷，并行于世。

释宝袭受敕补为大论众主于通法寺，四时讲化，方远总集。

释道宣《续高僧传》卷十二《唐京师大总持寺释宝袭传》

释童真受诏为涅槃众主。

释道宣《续高僧传》卷十二《隋西京大禅定道场童真传》

褚遂良生，释玄奘生。

王绩八岁。刘臻七十岁。卢思道六十。刘焯五十三岁。陈叔宝四十四岁。牛弘五十二岁。薛道衡五十七岁。杨广二十八岁。

隋文帝开皇十七年（597年）丁巳十四岁。

正月，宝贵揣开皇以来新所译经奏上。帝亲为制序。翻经学士费长房进《开皇三宝录》十五卷。长房先为沙门，周武帝时反俗，隋兴入预译经。

二月，平南宁（今云南曲靖）夷。桂州（今广西桂林）群夷归附。

七月，平李世贤起事。秦王俊免官。

史万岁讨南宁羌，勒石颂美隋德而返。

十一月，释智凯卒，时年六十七岁。智凯，陈、隋时高僧，佛教天台宗的创立者。曾口述《法华玄义》《法华文句》《摩诃止观》等，由弟子集录成书。

薛道衡五十八岁，隋文帝称其善职，进位上开府，赐物白段。

许善心四十岁，除秘书丞，于是秘藏图籍尚多淆乱，善心仿阮孝绪《七录》更制《七林》，各为总序，冠于篇首。又于部录之下，区分其类例焉。又奏追李文博、陆从典等学者十余人，正定经史错谬。

潘徽入晋王广（炀帝）幕为学士。

释僧粲六十七岁，受敕为二十五众第一摩诃衍匠，故著《十六大乘论》，又著《十地论》两卷。

文帝敕立五众，慧迁为十地众主，处宝光寺。

王绩九岁。刘臻七十一岁。卢思道六十一。刘焯五十四岁。陈叔宝四十五岁。牛弘五十三岁。杨广二十九岁。

隋文帝开皇十八年（598 年）戊午十五岁，文中子出就师友，接受群经。

杜淹《文中子世家》："十八年，铜川府君宴居，歌《伐木》而召文中子……文中子于是有四方之志。盖受《书》于东海李育，学《诗》于会稽夏琠，问《礼》于河东关子明，正《乐》于北平霍汲，考《易》于族父仲华，不解衣者六岁，其精志如此。"

《中说·立命篇》："琼曰：夫子十五为人师焉。陈留王孝逸，先达之傲者也。然白首北面，岂以年乎？"

正月，禁民间造大船。

二月，水陆三十万伐高丽，无功而返。

十二月，自京师至仁寿宫，置行宫十二所。

杨素法突厥归，作《出塞》两首，薛道衡、虞世基俱有和作。

《文苑英华》卷一百九十七

马宪卒，年七十。

刘臻卒，年七十二。存《河边枯树》诗一首。

段志元生。

王绩十岁。薛道衡五十九岁。卢思道六十一。刘焯五十五岁。陈叔宝四十六岁。牛弘五十四岁。许善心四十一岁。杨广三十岁。

隋文帝开皇十九年（599 年）己未十六岁，游学于师友。

正月，大赦天下。

晋王杨广三十一岁，入长安。

二月，晋王广来朝。

八月，隋除左仆射高颎名。

九月，以太常卿牛宏为吏部尚书。

十二月，突厥内乱。

杨素《山斋独坐赠薛内史》诗二首，当作于是时。薛道衡有《敬酬杨仆射山斋独坐》诗。

释智炬住止京都日严寺，著《中论疏》等。

徐克孝卒，年七十三。

龙德威生。

王绩十一岁。薛道衡六十岁。卢思道六十二。刘焯五十六岁。陈叔宝四十七岁。牛弘五十五岁。许善心四十二岁。杨广三十一岁。隋文帝开皇二十年（600年）庚申十七岁，游学于师友。

二月，贺若弼作诗下狱赦出之。

杀太平公史万岁。

诏盗毁佛天尊像，以逆论。

四月，突厥犯塞。

六月，秦王俊薨。

十月，废太子勇及诸子为庶人。

十一月，天下地震。

隋文帝立晋王杨广为皇太子，是年杨广三十二岁。

袁充表开皇以来，昼日渐长，太平之应，百工并加课程。

刘焯五十七岁，与刘炫为废太子杨勇所召，及至，隋文帝命事蜀王杨秀，刘炫、刘焯迁延不止，蜀王大怒，遣人枷送于蜀，配之军防，其后典校书籍。及蜀王废，与诸儒修定《五礼》。

牛弘五十六岁，受命与杨素、苏威、薛道衡、许善心、虞世基、崔子发等并召诸儒，论新礼降杀轻重。弘所立议众咸推服之。

杨素作《赠薛内史》诗，薛道衡作《重酬杨仆射山序》诗。

陆法言被除名。

杜正玄举秀才，尚书试方略，正玄应对如响，下笔成章。正玄授晋王行参军，转豫章王记室。

王绩十二岁。薛道衡六十一岁。卢思道六十三。刘焯五十七岁。陈叔宝四十八岁。许善心四十三岁。

隋文帝仁寿元年（601年）辛酉十八岁。游学于师友。

举本州秀才，射策高第十九，除蜀州司户，辞不就。

薛收《文中子碣铭》

废太学、四门学、州县学，只留国子学生七十人。不久，改国子学为太学。

正月，大赦，改元。

以杨素为尚书左仆射，以苏威为尚书右仆射。又以杨素为行军元帅，出云州击突厥。

杜君绰生。

三月，作《舍利塔记》。

四月，孔子庙碑成。

六月，诏废太学、四门及州县学。

洪州总管苏孝慈卒。

七月，改国子为太学。

许善心四十四岁，摄黄门侍郎。

文帝下诏普建灵塔，前后诸州凡一百一十一所。

南天竺三藏达摩笈多，北天竺暗崛多于大兴善寺重译《法华》为八卷，名曰《添品》。

左仆射虞庆则造仁觉寺，请释智正主持。

王绩十三岁。薛道衡六十二岁。卢思道六十四。牛弘五十七岁。刘焯五十八岁。陈叔宝四十九岁。杨广三十三岁。

隋文帝仁寿二年（602年）壬戌十九岁，游学于师友。

隋文命杨素等修定五礼。诏杨素三五日一内省，论大事。

八月，皇后独孤氏崩。

九月，陇西地震。

令狐长熙卒，年六十三。

司马文达兴生。

刘焯五十九岁，与刘炫回都修定《五礼》及律。

许善心四十五岁，加摄太常少卿，与牛弘等议定礼乐。

刘炫上言学校不宜省员，又作《抚夷论》，以为辽东不可伐。

文帝令释彦琮等撰《众经目录》。

汉王扬谅远迎志念法师。

褚亮作《左屯卫大将军周孝范碑铭》并序。

《文馆词林》

王绩十四岁。薛道衡六十三岁。卢思道六十五。牛弘五十八岁。陈叔宝五十岁。杨广三十四岁。

隋文帝仁寿三年（603年）癸亥二十岁，献《太平十二策》，不报，归而讲学河汾。

杜淹《文中子世家》："仁寿三年，文中子冠矣，慨然有济苍生之心。西游长安，见隋文帝，帝坐太极殿召见，因奏太平策十有二策……下其议于公卿，公卿不悦。时将有萧墙之衅，文中子知谋之不用也，作《东征》之歌而归……帝闻而再征之不至。"

《东征之歌》，诗乃骚体，宋释志磐《佛祖统纪》卷三十九"法运通塞志"及元释念常《佛祖通载》卷十一。又元释觉岸《释氏稽古录》卷二有详细传记。

《元经薛氏传》续元经第十："癸亥，经：仁寿三年，春，河大水，文中子奏《策》于太极殿。年二十四。"按：司马光《资治通鉴》记曰："是岁（仁寿三年）龙门王通，诣阙献《太平十二策》，上不能用，罢归。通遂教授于河、汾之间。"（《资治通鉴》卷一百七十九《隋纪三》）明袁了凡、王凤洲《纲鉴合编》：纲：《隋纪》文帝癸亥三年九月，龙门王通献策，不报。鉴曰：通诣阙，献《太平十二策》，上不能用，罢归，通遂教授于河汾之间，弟子自远至者甚众。累征不起，杨素甚重之（袁、王《纲鉴合编》卷十八）。

清高宗乾隆间敕传恒等监修《御批通鉴辑览》：癸亥三年秋，龙门王通，献策不报

《通鉴辑览》卷四十七

清齐召南编《历代帝王年表》，癸亥，仁寿三年，置常平仓，王通献策不报。

《历代帝王年表》隋年表

清吴荣光编《历代名人年表时事》栏亦特载：仁寿三年，龙门王通献太平十二策，不报。

按王福畤《录关子明事》曰："仁寿四年甲子，文中子谒见高祖而道不行。"

《中说·礼乐篇》："陈叔达谓之曰：'吾视夫子之道，何其早成也'。阮逸注曰：'子谒隋文帝，时年二十一，是早成。'"《元经薛氏传》曰"年二十四"，当均为误记。

此年，王绩十五岁。文中子先入长安，其后王绩亦入长安，遂谒杨素、薛道衡二公，被誉为"神仙童子""今之庚信"。详见隋文帝开皇九年谱。

正月，诏杨素、苏威、牛弘、薛道衡、许善心、王劭修定五礼。

葬皇后于太陵。

九月，置常平仓。

十二月，蜀王秀废为庶人。

河南诸州水。

燕荣卒。崔儦卒，年七十二岁。

薛道衡六十四岁，为襄州总管。

卢思道六十六。牛弘五十九岁。许善心四十六岁。陈叔宝五十一岁。杨广三十五岁。

隋文帝仁寿四年（604年）甲子二十一岁。

正月，隋文帝至仁寿宫。是月，诏赏罚支度，事无巨细，并付皇太子广。

七月，太子广弑帝（文帝年六十四）于仁寿宫，时年六十四岁，杨广即位，十年三十六岁。诛废太子勇，流尚书柳述、侍郎元严于岭南，贬许善心为给事中。

以洛阳为东京。

九月，皇甫元宪卒，年五十一。王延卒。

陈后主叔宝卒于洛阳，年五十二。著作今存《陈后主集》辑本。

薛道衡六十五岁，转番州刺史，作《入郴江诗》。

《初学记》卷六

杨素以平汉王谅功，炀帝遣素弟约赍手诏劳之，素上表陈谢。素从帝至洛阳，帝义素领营东京大监，拜其子万石，仁行，姪挺皆义同三司，赏物五万段，绮罗千匹。汉王谅之妓妾二十人。又作《赠薛番州》诗。

刘焯六十三岁，迁太学博士，俄以疾去职。

牛弘六十岁，引刘炫修律令。时立格以为州县佐史，三年而代之；九品以上官之妻不得再醮，刘炫诸论驳之，牛弘从炫。后除太学博士，以为卑去职。

许善心四十七岁，出为岩州刺史，因汉王谅反，不之官。

隋文帝时期，写佛经四十六藏，凡十三万卷。修治故经四百部。造金铜檀像六十余万躯，修之故像一百五十万九千余躯。宫内造刺绣并织成像，及画像不可称计。崇辑寺宇五千余所。译经道俗二十四人。所出经论垂五百余卷。

王绩十六岁。卢思道六十五。许善心四十七岁。陈叔宝五十二岁。

隋炀帝大业元年（605年）乙丑二十二岁，炀帝征之，辞以疾，不至。退志其道，乃隐北山白牛溪，续《诗》《书》，正《礼》《乐》，修《元经》，赞《易》道。

杜淹《文中子世家》曰："大业元年，一征又不止，辞以疾。……乃续《诗》《书》，正《礼》《乐》，修《元经》，赞《易》道，九年而《六经》大就。"

王绩《游北山赋》自注曰："吾兄通，字仲淹。……大业中隐居此（白牛）溪，续孔氏《六经》近百余卷。"

薛收《文中子碣铭》："时年二十二矣，以为卷怀不可以垂训……乃续《诗》《书》，正《礼》《乐》，修《元经》，赞《易》象。"

《全唐文》卷一百三十三

名匠李春建赵州安济桥，约在大业初年。（一说在开皇二十年以前）

二月，炀帝以杨素为尚书令。

释灵裕卒，年八十八岁。

三月，营建东京，开通济渠，引汴水，开邗沟，置离宫，造龙舟。

五月，民部尚书义丰侯韦冲卒。

七月，杨素为太子太师。

八月，幸江都。

薛道衡六十六岁，年末上表求致仕。

隋炀帝作诗赐牛弘。时年牛弘六十一岁。

许善心四十八岁，转礼部侍郎，

虞绰为秘书学士，奉诏与秘书郎虞世南、著作佐郎庾自直等撰《长州玉镜》等书十余部。后迁著作郎，与虞世南、庾自直、蔡允恭等四人常居禁中，以文翰待诏。

王胄为著作郎。

庾自直为著作郎。

建立大禅定寺，敕童真为道场主。

王绩十七岁。刘焯六十二岁。杨广三十七岁。

隋炀帝大业二年（606年）丙寅二十三岁，续《续六经》。

正月，东京建成。

二月，制定舆服。

杨素奉炀帝命，与牛弘、宇文恺、虞世基、许善心等制定舆服。

三月，车驾发江都。

释慧觉从江都入京，卒于泗州之宿顶县，年五十三岁。虞世南为碑文，虞世基为铭文。

四月，炀帝还东京。大赦，免天下租税。

裴蕴奏征天下散乐，鱼龙山车等大集东都，制舞人衣，两都锦彩，为之空竭。

六月，以杨素为司徒。

七月，皇太子昭薨。

杨素卒。

姚察卒于东都洛阳，年七十四。

薛道衡六十七岁，是年至长安，上《高祖文皇帝颂》。炀帝览之不悦，顾谓苏威曰："道衡致美先朝，此《鱼早》之义也。"拜司隶大夫，将置之罪。

许善心四十九岁，为宇文述所谮，左迁给侍郎，降品二等。

孙万寿为齐王文学。因诸王多次被夷灭，因谢病免。

释彦琮为东都作颂。

释道宣《续高僧传》卷二《隋东都上林园翻经馆沙门释彦琮传》

释无碍受诏入洛阳，于四方馆刊定佛法。

王绩十八岁。刘焯六十三岁。牛弘六十二岁。杨广三十八岁。

隋炀帝大业三年（607 年）丁卯二十四岁，续《续六经》。

遣朱宽入海至流求（今台湾）。诏十科举人，中有"学业优敏，文才美秀"一条，或即进士科之始（《通典》说）。

时西域人多到张掖贸易，吏部尚书裴矩收集资料，撰成《西域图记》，已佚。

正月，改州为郡，颁大业律。

诏天下州郡七日行道，总度千僧，制发愿文。

九日，释智脱卒，时年六十七岁。虞世南作碑文。

三月，隋炀帝自洛阳还长安，赐天下大酺，因为五言诗，诏王胄等和之。河间王弘薨。

七月，筑长城。

八月，巡幸榆林，作《云中受突厥主朝宴席赋诗》。

十二月六日，释昙迁卒，时年六十六岁，沙门明则为《行状》。

杀太常卿高颎，尚书宇文弼，光禄大夫贺若弼。

王绩十九岁。其《山中叙志》诗及《梁鸿孟光赞》或作于是年。

狄仁杰生。

薛道衡六十八岁。刘焯六十四岁。牛弘六十三岁。许善心五十岁。杨广三十九岁。

隋炀帝大业四年（608 年）二十五岁，续《续六经》。

文中子闻炀帝开永济河，叹曰："人力尽矣"（按《中说·魏相篇》："御河之役，子闻之曰：'人力尽矣。'"阮逸注："魏郡白沟，炀帝开永济渠，名御河，运粮征辽。"）

日本第一次遣隋使小野妹子一行到隋，炀帝命裴世清陪送日使回国。

正月，开永济渠。

三月，炀帝如五原，巡长城。

四月，起汾阳宫。

七月，发丁男二十万筑长城，自榆谷而东。

八月，炀帝祠恒岳，大赦天下。

王绩二十岁。是年春复游长安。三月，作《三日赋》。《咏妓》一诗，亦或作于是年。

许善心五十一岁，作《方物志》，上之。

释敬业被诏入鸿胪馆，教授番僧。

李孝同生。

释道安生。

薛道衡六十九岁。刘焯六十五岁。牛弘六十四岁。杨广四十岁。

隋炀帝大业五年（609 年）己巳二十六岁，续《续六经》。

正月，改东京为东都。

三月，车驾西巡河右，到燕支山（今甘肃武威境）。

九月，车驾入长安。

禁民间兵器。

杀司隶大夫薛道衡。（薛收父，以"空梁落燕泥"诗句见嫉被杀）

薛道衡被隋炀帝所杀，时年七十岁。

《隋书·薛道衡传》

诸葛颍从隋炀帝征吐谷浑，加正议大夫。

释智聚卒，时年七十二岁。虞世南作碑文。释智海卒，秘书学士王瓒作碑文。

王绩二十一岁。刘焯六十六岁。牛弘六十五岁。许善心五十二岁。杨广四十一岁。

隋炀帝大业六年（610 年）庚午二十七岁，续《续六经》。

正月，炀帝陈百戏于端门，执乐者万八千人。

二月，张镇周、陈稜回到洛阳，报告赴流求事。

三月，帝如江都。张衡坐语言，放还田里。

七月，释彦琮卒，时年五十四岁。

十月，梁毗卒。长孙炽卒。

十一月，牛弘卒，时年六十六岁。

十二月，穿江南河，从京口（今镇江）到余杭（今杭州）八百余里，隋运河全部完成，诏百官戎服从驾。

虞世基作《奉和幸江都应诏》诗。

《艺文类聚》卷三十九

虞世南作《奉和幸江都应诏》诗。

《艺文类聚》卷三十九

刘炫射策高第，除太学博士。

释普明受诏入大禅定道场，止十八夏，明预上班。

释慧乘受诏入东都，于四方馆作大讲主。

陆让卒，年六十二。

冯本生。

王绩二十二岁。刘焯（士元）卒，年六十七。

《隋书·儒林传》

许善心五十三岁。杨广四十二岁。

隋炀帝大业七年（611年）辛未二十八岁，续《续六经》。

正月，真定侯郭衍卒。

三月，姚辩卒，年六十六。

五月，文中子弟王度自御史罢归河东。

六月，文中子弟王度复归长安。

七月，陈叔毅修孔子庙碑。

十二月，于时辽东战士及馈运者填咽于道，昼夜不绝，苦役者始揭竿而起。《杂曲歌词》中《长白山歌》当作于此时。

诸葛颍卒，《隋书》本传称其时年七十七岁，疑未确。

许善心五十四岁，从隋炀帝至涿郡，炀帝方自御戎以东讨，善心上封事忤旨，免官。其年，复征为守给事郎。

《隋书·许善心传》

王绩二十三岁。

刘炫（士元）卒，年六十八（见《隋书·儒林传》本传）。杨广四十三岁。

隋炀帝大业八年（612年）壬申二十九岁，续《续六经》，闻炀帝兴辽东之役。叹曰：祸自此始矣。又闻夫下治船，叹曰：林麓尽矣！

《中说·周公篇》："辽东之役，子闻之曰：'祸自此始矣。'"阮逸注曰："炀帝大业八年征辽，二百万众并陷。九年又征之。"

《中说·立命篇》："辽东之役，天下治船，子曰：'林麓尽矣，帝省其山，其将何辞以对？'"

正月，大军集于涿郡。

内史令元寿卒。

二月，观王雄卒。

三月，段文振卒。

麦铁杖卒、钱士雄卒、梦金叉战死。

五月，杨达卒。

六月，炀帝幸辽东。

七月，辛世雄战死。班师。

十月，宇文恺卒。

十一月，韩寿卒。败将宇文述、于仲文等除为民。

王绩二十四岁。是年王度在台直。冬，兼著作郎，奉诏撰国史。

隋炀帝四十四岁，作《泛龙舟》、《纪辽东》（二首）及《白马篇》诸诗。又作《伐辽东诏书》。

虞绰征辽东，炀帝舍临海顿，见大鸟，诏绰为铭。见《隋书·文学·虞绰传》，又《炀帝纪》亦记其事，不著绰名。

王胄作《纪辽东》诗，当在此时。

释道岳受诏住大禅定寺。

张衡卒。是岁大旱，疫，人多死。

于仲文卒，年六十八岁。

刘炫（士元）卒，年六十九。杨广四十四岁。

隋炀帝大业九年（613年）癸酉三十岁，《续六经》完成。（杜淹《文中子世家》：九年而六经大就，《王绩编年校注·王绩年谱》有考）授徒讲学。杨玄感反，遣人召文中子，子谢绝之。

杜淹《文中子世家》："门人自远而至，河南董常、太山姚义、京兆杜淹、赵郡李靖、南阳程元、扶风窦威、河东薛收、中山贾琼、清河房玄龄、巨鹿魏徵、太原温大雅、颖川陈叔达等咸称师，北面受王佐之道焉。往来受业者不可胜数，盖千余人。"

《中说·天地篇》："楚难作，使使召子，子不往，谓使者曰：'为我谢楚公，天下崩乱，非王公血诚不能安，苟非其道，无为祸先。'"阮逸注曰："杨玄感袭封楚国公，举黎阳叛，故曰难作。"按：《隋书·炀帝纪下》："九年六月乙巳，礼部尚书杨玄感反于黎阳。八月壬寅左翊卫大将军宇文述等破杨玄感于阌乡，斩之，余党悉平。"

正月，征天下兵，集于涿郡。杜彦冰、王润等起兵，陷平原郡。平原李德逸聚众数万，称"阿舅贼"，攻伐山东。灵武白榆安，称"奴贼"，北连突厥以反隋。此后，四方反隋者连年不绝。

王绩二十五岁，在长安其兄王度处。

二月，复宇文述等官爵，由征兵讨高丽。

六月，杨玄感反。

七月，刘元进举兵。

八月，斩杨玄感。

十一月，杨孝慈战死。

以唐公李渊为宏化留守。

李密作《淮阳感秋》诗。

虞绰与杨玄感厚，有告绰以禁兵书借杨玄感者，遂被徙且末，至长安，绰逃亡，潜渡江，游辽东，后为人所执，斩于江都。本年作《于婺州被囚诗》。时年五十四岁。

王胄坐与杨玄感交，徙边。胄亡匿，潜还江南，为吏所捕，诛死，年五十六。

许善心五十六岁，摄左翊卫长史，从渡辽，授建节尉。炀帝尝言及高祖受命之符，因问鬼神之事，敕善心与崔祖璿撰《灵异记》十卷。许善心又欲承父志作《梁史》。

释静藏受诏入鸿胪馆教授东蕃。

萧平仲卒，年五十六。

冯孝慈卒。

刘炫（士元）卒，年六十九。杨广四十五岁。

隋炀帝大业十年（614年）甲戌三十一岁，尚书召署蜀郡司户，不就。

司马光《文中子补传》

八月，郑荣卒。

十月，炀帝如东都，杀太史令庾质。

王绩二十六岁，应孝悌廉洁举，射高第。授秘书正字，辞以疾，未就。乞署外职，除扬州六合县丞。笃于酒，屡被弹劾。时天下乱，藩部法严，乃叹曰："罗网高悬，去将安之。"遂出所授俸钱，积之县城门前。托以风疾，轻舟夜遁（见吕才《东皋子集序》）。《王绩集》有《古意六首》诗，或即作于本年为六合县丞之时。

许善心五十七岁，从炀帝至怀远镇，加授朝散大夫。

隋代民歌《炀帝幸江南时闻民歌》，出现于本年。

刘炫卒，时年六十八岁。《隋书》本传云：刘炫"著《论语述义》十卷，《春秋攻昧》十卷，《五经正名》十二卷，《孝经述议》五卷，《春秋述议》四十卷，《尚书述议》二十卷，《毛诗述议》四十卷，《注诗序》一卷，《算术》一卷，并行于世。"

杨广四十六岁。

隋炀帝大业十一年（615年）乙亥三十二岁。以著作郎国子博士征，亦不就。

司马光《文中子补传》

正月，隋炀帝增秘书省官百二十员，并以学士补之。本年十月，隋炀帝寻幸东都，作五言诗令美人咏。时年四十七岁。按：隋炀帝好读书著述，自为扬州总管，置王府学士至百人，常令修撰，以至为帝，前后二十余载，修撰未尝暂停。

五月，炀帝幸太原，避暑汾阳宫。

七月，张寿卒。

令学士修书，成万七千余卷。

以李渊为山西河东抚慰大使。

王绩二十七岁。约是年春，始遍游山水。先至嵩山少室，即入箕山，度颍水，历太和，视玉井，遂出于宋下。游江南，渡广陵扬子江，跻摄山曲芳岭，约八月，涉浙江，观潮出海，直入南浦，遂登天台，还复会稽，更游豫章，过风城，访故人。（以上行踪，据王度《古镜记》）王绩《登箕山祭巢许文》、《祭关龙逢文》及《绩溪岭》诗，当作于是年。

文中子弟王度时仍在长安为御史。

《古镜记》

褚亮作《隋车骑将军庄元始碑铭》并序。《文馆词林》卷四百五十三，称其十一年下葬

隋炀帝大业十二年（616年）丙子三十三岁。

春，炀帝作毗陵宫。

四月，潘长文卒。

除纳言苏威名。

十月，宇文述卒。

李密投翟让，助其反隋。

王绩二十八岁，自豫章丰城县寻真至庐山，婆娑数月，始北归至河北。《集》中有《荆轲刺秦王赞》《蔺相如夺秦王璧赞》《子推抱树死赞》等赞文或即客游河北燕、赵一带时所作也。姑系之于是年。

许善心五十九岁，去年，摄左亲卫武贲郎将，领江南兵宿卫殿省。及今年驾幸江都，追叙前勋，授通议大夫，诏还本品，行给事郎。

隋炀帝大业十三年（617年）丁丑三十四岁。

《南北朝文学编年史》记载，此年文中子卒，所据唯《世家》。

李渊以王侑为帝，是为恭帝，尊炀帝为太上皇。渊自为大丞相，封唐王。

正月，窦建德称长乐王。

二月，李密称魏公，召魏徵掌记室。

五月，唐公起义师于太原。

六月，王绩归长安，岁末，还河东。时年二十九岁。

《古镜记》

七月，李轨称凉王。

十一月，唐公入京师。

据《古镜记》：是年王度仍在长安。其后，行踪不可考。

杨广四十九岁，作《幸江都作诗》，丰和者有虞世南、虞世基兄弟。

《隋书·五行志》

信都郡伺功书佐南阳刘斌为窦建德中书舍人。

释无碍入京住庄严寺。

卢明月卒。王威卒。高君雅卒。高德儒卒。翟让卒。

隋炀帝大业十四年戊寅、高祖武德元年（618年）三十五岁。

五月，文中子卒。《中说·王道篇》："子不豫，闻江都有变，泫然而兴曰：'生民厌乱久矣。天其或者将启尧、舜之运，吾不与焉，命也。'"寝七日而终。按：王绩《游北山赋》自注曰："吾兄仲淹以大业十三年卒于乡馆，时年三十三。"薛收《文中子碣铭》则曰："以大业十三年五月甲子遭疾，终于万春乡甘泽里第，春秋三十二。"杜淹《文中子世家》亦曰："十三年江都难作，子有疾……寝疾七日而终。"

考炀帝被弑为大业十四年（618年），三子均误记十四为十三。按其误记，文中子之寿年，绩赋为三十三，薛收为三十二。《旧唐书》勃传亦记：文中子卒于义宁元年。而司马光《文中子补传》云："十四年，病终于家，门人谥曰文中子。"与前考综合，今从《补传》。清钱保塘所编《历代名人生卒年录》亦云："王通，大业十三年卒，年三十五。"其说前错后对。《中国历史大事年表》亦记文中子卒于此年，云："学者王通死（584—618年），通字仲淹，门人私谥文中子，绛州龙门（今山西河津）人。弟子甚多，著有《中说》。"

三月，江都粮竭，炀帝欲迁都丹阳，令民修筑宫室。将士思归北方。右屯卫将军宇文化及弑其君广于江都，帝时年五十。

五月，唐王李渊迫隋恭帝禅位，改元武德，唐立。隋亡。

九月，唐追谥隋炀帝。谥法："好内远礼，去礼远众，逆天虐民"为"炀"。

李密为王世允所败，降唐，魏徵亦随降唐。祖君彦为王世允所杀。

十月，李密至长安，唐封之为刑国公。

十二月，密复叛唐出走，旋被杀（582—619 年）。

王绩三十岁。隐居乡里，躬耕东皋，与隐者仲长子光甚密，遂结庐河渚，与之为邻，琴酒自乐。至唐武德五年三月复仕唐，待诏门下省。《集》中有《无心子传》、《仲长先生传》及《野望》诗一首，或即作于是年。

唐窦威卒，以窦抗、陈叔达为纳言。

许善心六十一岁，与虞世基为宇文化及所杀。

庾自直为宇文化及所挟北上，自直愤激而卒。庾自直有集十卷，佚。今存《初发东都应诏诗》一首。又有《类文》三十七卷，亦佚。

刘感卒。尧君素卒。李密卒。

参 考 文 献

（汉）班固撰，（唐）颜师古注：《前汉书》，北京：中华书局，1998 年。

北京大学图书馆编：《北京大学图书馆藏善本书目》，北京：北京大学出版社，1958 年。

北京图书馆善本室编：《影印善本书目录》，北京：中华书局，1992 年。

（宋）晁公武撰，孙孟校证：《郡斋读书志校证》，上海：上海古籍出版社，1990 年。

（晋）陈寿撰，（宋）裴松之注：《三国志》，北京：中华书局，1959 年。

（宋）陈振孙撰，徐小蛮、顾美华点校：《直斋书录解题》，上海：上海古籍出版社，1987 年。

（明）程荣纂辑：《汉魏丛书》，长春：吉林大学出版社，1992 年据明万历新安程氏刊本影印本。

崔富章：《四库提要补正》，杭州：杭州大学出版社，1990 年。

（南朝宋）范晔撰，（唐）李贤注：《后汉书》，北京：中华书局，1998 年。

（唐）房玄龄等：《晋书》，北京：中华书局，1974 年。

胡玉缙撰，吴格整理：《续四库提要三种》，上海：上海书店出版社，2002 年。

（清）李道平撰，潘玉廷点校：《周易集解纂疏》，北京：中华书局，1994 年。

（宋）李昉：《太平御览》，北京：中华书局，1960 年据上海涵芬楼影印宋本复制重印本。

（唐）李吉甫撰，贺次君点校：《元和郡县图志》，北京：中华书局，1983 年。

（唐）李延寿：《北史》，北京：中华书局，1974 年。

（唐）李延寿：《南史》，北京：中华书局，1975 年。

李裕民：《四库提要订补》，北京：书目文献出版社，1990 年。

刘纬毅主编：《山西文献总目提要》，太原：山西人民出版社，1998 年。

（后晋）刘昫等：《旧唐书》，北京：中华书局，1975 年。

陆费逵总勘：《四部备要》子部，上海：中华书局，1936 年据明世德堂本校刻本。

罗伟国，胡平编：《古籍版本题记索引》，上海：上海书店出版社，1991 年。

骆启坤，韩鹏杰主编：《永乐大典》精编，北京：九州图书出版社，1998 年。

（元）马端临：《文献通考》，北京：中华书局，1986 年据商务印书馆万有文库“十通”本重新影印本。

南京大学图书馆编：《古籍善本图书目录》，非卖品，1987 年。

（宋）欧阳修，宋祁等：《新唐书》，北京：中华书局，1977 年。

（唐）欧阳询撰，汪绍楹校：《艺文类聚》，上海：上海古籍出版社，1999 年。

钱玄，钱兴奇编著：《三礼辞典》，南京：江苏古籍出版社，1998 年。

（清）阮元：《四库未收书目提要》，北京：商务印书馆，1955 年。

（清）阮元校刻：《十三经注疏》附校勘记，北京：中华书局，1980 年据世界书局影印阮刻本影印本。

（汉）司马迁撰，（宋）裴骃集解，（唐）司马贞索隐，（唐）张守节正义，顾颉刚等标点：《史记》，北京：中华书局，1959 年。

上海古籍出版社编辑：《二十二子》，上海：上海古籍出版社，1986 年据光绪初年浙江书局本影印本。

上海书店编：《四部丛刊初编》子部，上海：上海书店，1989 年涵芬楼借印常熟瞿氏铁琴铜剑楼藏宋刊本。

（汉）司马迁撰，（宋）裴骃集解，（唐）司马贞索隐，（唐）张守节正义，顾颉刚等标点：《史记》，北京：中华书局，1959 年。

（清）孙希旦撰，沈啸寰、王星贤点校：《礼记集解》，北京：中华书局，1989 年。

四库全书存目丛书编纂委员会：《四库全书存目丛书》子部杂家类《纂图互注四子书》，济南：齐鲁书社，1995 年。

王重民：《中国善本书提要》，上海：上海古籍出版社，1983 年。

（宋）王存撰，王文楚、魏嵩山点校：《元丰九域志》，北京：中华书局，1984 年。

王绍曾主编：《清史稿艺文志拾遗》，北京：中华书局，2000 年。

王云五等：《丛书集成初编》，北京：中华书局，1985 年。

（唐）魏徵，令狐德棻等：《隋书》，北京：中华书局，1978 年。

（唐）徐坚等：《初学记》，北京：中华书局，2004 年。

（唐）姚思廉：《梁书》，北京：中华书局，1973 年。

（清）永瑢等：《四库全书简明目录》，上海：上海古籍出版社，1985 年。

（清）章学诚撰，叶瑛校注：《文史通义校注》，北京：中华书局，1994 年。

（宋）郑樵：《通志》，杭州：浙江古籍出版社，2000 年。

中国古籍善本书目编辑委员会：《中国古籍善本书目》，上海：上海古籍出版社，1994 年。

"中央研究院"历史语言研究所编印：《善本书目》，非卖品，1969 年。

（清）朱彬撰，饶钦农点校：《礼记训纂》，北京：中华书局，1996 年。

（清）朱彝尊：《经义考》，北京：中华书局，1998 年。

后　记

　　本书为全国高校古籍整理委员会项目，2008 年立项，到 2017 才完成，实在是惭愧。主要原因是在我已经做完本书校释之时，不幸家中被盗，小偷破门而入，窃走了我的笔记本电脑，当时也没备份，几年辛劳，付之东流。本不想做了，可拿了国家课题必须有结果，有个交代，只好从头再来，从零做起。中间因别的写作任务而耽误了进程，中途开小差，编了本教材《国学经典导读》，又汇集部分论文，加上所写，为《经学子学与文学论》一书，况且还有教学任务，《中说校释》就一直拖到了今天。

　　在起初校释时，就与吾师赵逵夫先生谈过注释的原则，具体怎么来做，先生也给出了许多建议，现在所完成者，离先生的期望可能还有较大差距。因本人学识所限，舛误之处在所难免，望同仁不吝指正。

　　2016 年，科学出版社编辑任晓刚先生玉成其事，不胜感激，因有些地方还需要完善，就一拖再拖。本书出版之际，感谢晓刚的力推和其中付出的辛劳。

李小成

丁酉年孟夏于西安市太白南路 212 号寓所